完善探究型校本课程图谱
提升初中学生核心素养

主编·刘生金
副主编·曹 明 周丹妮

上海社会科学院出版社

图书在版编目(CIP)数据

完善探究型校本课程图谱 提升初中学生核心素养 / 刘生金主编；曹明，周丹妮副主编 .— 上海 ：上海社会科学院出版社，2023
 ISBN 978-7-5520-3798-2

Ⅰ. ①完⋯ Ⅱ. ①刘⋯ ②曹⋯ ③周⋯ Ⅲ. ①课程建设—教学研究—初中 Ⅳ. ①G632.3

中国国家版本馆 CIP 数据核字(2023)第 174501 号

完善探究型校本课程图谱 提升初中学生核心素养

主　　编：刘生金
副 主 编：曹　明　周丹妮
责任编辑：路　晓
封面设计：黄婧昉
出版发行：上海社会科学院出版社
　　　　　上海顺昌路 622 号　邮编 200025
　　　　　电话总机 021-63315947　销售热线 021-53063735
　　　　　http://www.sassp.cn　E-mail：sassp@sassp.cn
照　　排：南京理工出版信息技术有限公司
印　　刷：苏州市古得堡数码印刷有限公司
开　　本：787 毫米×1092 毫米　1/16
印　　张：23.25
字　　数：488 千
版　　次：2023 年 11 月第 1 版　2023 年 11 月第 1 次印刷

ISBN 978-7-5520-3798-2/G·1274　　　　　　　　　　定价：116.00 元

版权所有　翻印必究

"浦东新优质学校"系列教育丛书编审委员会

主任 高国忠

编委（按姓氏笔画排列）

丁黎忠　卜文雄　毛力熊　双慧红　方志明　朱　伟
朱　慧　刘玉华　汤　韬　李百艳　李　军　吴　瑶
忻　卫　张　伟　陈菊英　陈　斌　陈　强　赵春芳
赵国雯　徐宏亮　曹佳颖　廖静瑜

本书编委会

主任 刘生金

编委（按姓氏音序排列）

曹　明　陈　力　冯　骉　黄爱民　黄奕荣　李雪萌
汤翔华　王文颖　王聿娟　周丹妮　朱　弘

丛 书 前 言

新优质学校是新时代公办学校的价值标杆。自2011年以来,上海市就积极推进新优质学校的研究与实践,走过了地毯式调研、能力建构、经验提炼、集群发展和成长营推进等阶段,涌现了一批学校典型,成就了一批校长,使数十万师生受益,其理念与成果已经广为人知,为建设更加公平、更有质量的上海基础教育做出了应有的贡献。

浦东新区是上海市率先探索新优质学校建设的区之一,经过十多年的区校共同努力,取得了不少骄人的成绩。呈现在我们面前的书稿,就是他们的部分成果。细细读来,令人感佩。

一是对新优质学校理解到位。他们认为新优质学校的核心是追求教育的本原,关注人的发展。创建新优质学校的出发点是追求教育过程丰富性、师生关系和谐性、学习活动多样性,以促进人的和谐发展。又认为新优质学校创建的最终目标是形成学校内在的发展机制。而建立学校内在的发展机制,就需要协调学校各方面的教育因素,充分发掘各方面的教育潜力,培育教师高度的教育责任感、使命感和积极性,使学校的办学理念成为全体教师自觉的实践行为,学校各项教育活动能按照既定的目标自动且高效地运行。确实,新优质学校的核心理念就是回归育人本原,追求学生的全面发展、素养提升和精神品格成长,而这一切的实现就在于学校要提升学生的学习生活质量,优化学校的内在发展机制。可见浦东新区的理解是到位的,在创建过程中也抓住了关键。

二是立足区情主动探索。浦东新区是上海市最大的区,其面积与人口均约占上海市的五分之一,地域大,学校多,既有市中心城区学校,也有远郊乡村学校,如何推进新优质学校建设确实是一个挑战。浦东新区先后开展四批新优质学校的创建工作,目前共有区级新优质学校66所。在区教育局的领导下,浦东新区采取由浦东教育发展研究院教育科研指导部作为项目管理主体、初中与小学教育指导中心协作的集群发展策略,有目的、有计划、有组织地实施,构建平台、形成载体、开展交流,搞得有声有色,项目校取得了明显进步。这种发挥三级网络联通、多元主体协同优势的做法,是浦东新区独有的,也只有这样,浦东新区的新优质学校建设,才能责任到人、到项目、到单位,形成层层轧实的工作格局。

三是着眼前沿引领改革。仔细分析书稿中的典型成果,发现他们有满足学生发展需要的课程建构,有立足学生差异、促进学生学习方式变革的教学改革,有优化家校共育、评价导向的管理探索……所有成果都与上海乃至全国教育改革同频共振,许多项目具有鲜明的改革引领价值,如北蔡中学的中学音乐生活化教学、浦东新区实验小学的基于实证的学生过程性评价、上海市实验学校东校的初中历史单元教学等,是当前亟须研究的课题。同时,每个项目又都有明显的设计感,遵循课题研究的思路,采用行动研究或实证研究的策略与方法,既有实践的丰富性,又有研究的规范性,提升了研究成果的可信度,体现了浦东人干事创业的精气神。

随着国际局势的风云变幻和国内双循环新格局的形成,为党育人、为国育才的任务愈益急迫。为了培养担当民族伟大复兴使命的时代新人,党中央、国务院和相关教育部门近年来先后出台了多项改革政策,从顶层架构了教育发展的"四梁八柱",明确回答了"培养什么人,怎么培养人,为谁培养人"的问题,提出培养德智体美劳全面发展的社会主义事业建设者与接班人,确立了立德树人的根本任务。通过"双新"课程教学改革明确了培养"有理想、有本领、有担当"的育人目标,树立了素养导向。以新时代评价改革总体方案,树立了贯彻落实党的教育方针,落实全面发展、素养培育的指挥棒……所有这一切,预示着基础教育大变革的到来,在此背景下,作为引领公办学校办学方向的新优质学校要进一步明确方向,不断改革,持续迈向新优质。

一是要积极回应教育改革要求。教育改革要求是学校发展面临的挑战,也是学校发展难得的机遇,是学校发展的重要动力源。在建立高质量教育体系成为主题,"双减"政策、"双新"课改先后出台的背景下,如何建立新的质量观,建立保障学生全面发展、素养发展的育人体系,着力提升国家课程校本化实施质量、形成素养培育的课堂教学、探索有利于学生全面发展和素养提升的评价体系等,都是当前需要解决的大课题,作为新优质学校要率先探索突破。

二是要坚守新优质学校的办学信念。新优质学校也会用到一般学校用到的理论与技术,但是它与其他学校的根本区别在于办学理想与信念。新优质学校坚持回归教育本原,促进学生全面发展、素养培育及精神品格成长;坚持提升学生学习生活质量,办学生喜欢的学校,丰富学生的学习生活经历,促进学生主动发展;强调学校主动发展,坚持在常态条件下,学校主动探索,走内涵发展之路;强调为人民办学,坚持有教无类、因材施教,办好老百姓家门口的每一所学校。这是新优质学校成长的内在密码,必须始终坚持。

三是要坚持在常态条件下解决常见的问题。新优质学校坚持"不挑选生源、不聚集资源、不争抢排名"的"三不"理念和"不靠生源、靠师资,不靠政策、靠创新,不靠负担、靠科学"的"三不三靠"思路。这体现了新优质学校寻求一种有别于传统重点学校发展的新路径,那就是不靠优势物力、财力、师资和生源来办学,而是在按国家标准配置教育资源的前提下,在常态办学条件下,学校通过解决发展中的常态问题,不断走向新优质。这就是尹后庆先生讲的"坚持在最常见的学校解决最常见的问题"。学校如能解决好最常见学校的最常见问题，不仅具有中国意义，而且具有世界意义。

四是要积极促进新优质学校高质量发展。高质量发展既是一种结果，更是一种策略。作为结果应该根据学生身心发展规律，把学生培养成为德智体美劳全面发展的社会主义建设者与接班人，使每一个学生都获得符合其潜能的发展，使每一个学生都有人生出彩的机会。作为一个阶段的发展策略，应该坚持把最常见的学校办成老百姓满意的学校，使学校教育为促进社会公平正义和共同富裕起到基础性和先导性作用。

上海市正在筹划新一轮新优质学校发展规划，将在新时代教育改革的大势中寻找一条高质量发展之路。浦东新区是社会主义现代化建设引领区和上海区域教育综合改革创新示范区，期待浦东新区进一步发挥其独特的先行先试、敢为天下先的精神，在新优质学校建设上涌现出更多的典型，贡献出更多的智慧。

上海市教育科学研究院上海市新优质学校研究所所长

前　言

上海市罗山中学"生活探究课程"从学生真实生活和发展需要出发,将日常生活中的情境转化为探究主题,通过探究学习,培养学生运用知识解决实际问题的素养。学校的探究型校本课程,从2008年至今,已有15年的历史,目前已成为学校教育教学的常态化工作,学校有一半以上的教师参与了这一课程纸质资源的开发与实施。

本综合成果是上海市罗山中学在2018年由浦东新区教育局立项的区级重点课题"核心素养背景下提高探究型校本课程实施效能的研究"的研究成果汇编,也是罗山中学"生活探究课程"从2008年开始,15年探索的传承与创新发展的结晶。

近三年的时间里,学校在区级重点课题"核心素养背景下提高探究型校本课程实施效能的研究"(2018—2021年)的探索实践,既有课题内涵的阐释、文献研究的综述和学生素养现状的调查,也有初中学生核心素养发展培养内容的定位,还有围绕提升初中学生核心素养,完善探究型校本课程图谱(框架)及其纸质资源编制(概述),提升课程实施效能的相关实施策略、形式、方法,以及课题评价体系的重点行动研究成果的提炼。它反映了课题研究在完善学校探究型校本课程图谱架构、系列纸质资源开发、提升初中学生核心素养、促进教师发展和在践行上海市优质学校项目的育人理念、促进学校办学特色发展方面的积极价值。

本册综合成果集,对基础教育学校,尤其是城区初级中学学科教师如何根据国家与学科核心素养的要求、学生实际,基于真实的生活问题和兴趣,明确探究主题,编制适应相应主题的探究型校本课程的纸质资源,围绕提高课程实施效能之"八维度"(容量度、拓展度、精深度、促思度、科学度、愉悦度、积极度和育人度),设计有针对性的相关实施策略、实施方法和评价举措等,开展课题规范、系统的评价研究,构建课题操作框架,总结实施经验,形成系列的、较为规范和具有一定新意的课题研究综合成果,具有较好的参考价值;对基础教育学校教科室(组)和区(县)科研部门如何组织课程(尤其是初中探究型课程),促进初中学生核心素养(尤其是创新素养)发展,也具有较好的参考价值。

学校过去也曾组织过区级项目的研究,积累了一定的教科研经验。学校非常重视本课题的研究,提供了专项科研经费,保证项目所需的研究资料、研究时间、研究开支和软硬件设备投入,有利于本课题的顺利开展。上海市罗山中学现任校长刘生金,是一位研究型校长。

他热爱教育科研,先后主持参与过多项市级、区级课题研究项目,其成果多次获浦东新区教育科研成果评选等第奖。本课题组主要成员,均为中青年教师,具有大学本科学历,中高级职称占比高,是学校教育、教学工作的骨干力量,有较新的教育理念和丰富的教育教学工作经验,大都曾参与过课题项目的研究,多名教师撰写的多篇文章发表在各级各类期刊上,具备一定的教育科研能力。

因此,学校依托上海市浦东教育发展研究院(简称"浦东教发院")强大的科研资源,并在浦东教发院原资深科研员曹明老师的指导下,开展了这样一项覆盖学校整体工作的区级课题研究,并将培养核心素养的工作融入学科、社会、社团和主题教育活动,形成了一定的可复制的研究成果和经验。

课题自 2018 年 5 月启动。2019 年 9 月,课题被正式立项为区级课题。在课题研究中,在学校聘请的浦东教发院原资深科研员曹明老师的全程"蹲点"指导下,围绕课题选题、研究方案与开题报告设计和八项内容研究的推进,开始了共同研究的历程。至 2021 年 6 月,共计开设了 9 节课题研究课,包含了语文、化学、理财、电影、生涯、武术、定格动画、版画等 9 门学科三大类别的研究课。同步开展了探究课程纸质学习资源的开发,并基本完成了初稿(17 册)。每学期,课题组都会邀请曹明老师等专家,开展与课题研究内容进程相适应的有针对性的现场集体培训,提供资源和多样化的定期与随机的个别辅导;每学年,还组织开展了课题研究子课题报告、专题总结和主题式案例撰写的专题培训等。

通过三年多的努力,基本完成了研究初期的计划目标。本课题参与浦东新区第 10 届教育科研成果评选,荣获一等奖。学校被评为教育科研先进集体。研究和实践表明:课题研究的实践是符合校情和学情的,研究内容是有助于学生成长的,研究方法、进程安排、推进举措等是适切的,研究实效是明显的,研究成果是规范、丰富和具有一定创意及辐射性的。

本课题的研究,是上海市浦东教发院原资深科研员曹明老师全程精心指导的结果,也是学校广大师生积极参与、潜能激发与智慧付出的结果。

本书是其中的成果丛书之六。其中收录了结题总报告 1 篇、一级子课题报告 3 篇、研究课例 9 篇、主题式案例 7 篇,共计 20 篇。

本书在编辑中,若有不足之处,敬请读者指正。

编 者

2023 年 3 月

目　录

丛书前言…………………………………………………………汤林春　001
前　言………………………………………………………………………005

第一篇　结题总报告

"核心素养背景下提高探究型校本课程实施效能的研究"结题
　　总报告………………………………………刘生金　曹　明　周丹妮等　003

第二篇　研究子报告

核心素养背景下提高探究型校本课程实施效能的研究情报综述………陈　力　069
核心素养背景下提高探究型校本课程实施效能现状调查（前测报告）………黄爱民　081
核心素养背景下提高学科拓展类探究型校本课程实施效能的实践研究
　　——以提高"小成分大用途""我们需要化学"化学学科拓展类探究型校本
　　课程实施效能的实践研究为例………………………………汤翔华　125

第三篇　课例研究

实施"三式三法"　提高化学拓展类探究型校本课程实施效能"六维度"
　　——以"小成分大用途：糖"教学实践与分析为例………………汤翔华　165
实施"三策三式"　提高社会实践类探究型校本课程实施效能"五维度"
　　——以"属于垃圾的 place"研究课两次实践与分析为例……………冯　矗　184
实施"五步三式三法"　提高社团活动类探究型校本课程实施效能"四维度"
　　——以提高"学会时间管理　助力生涯梦想"生涯社团探究型校本课程
　　活动为例……………………………………………………周丹妮　203
实施"二策四式"　提高社会实践类探究型校本课程实施效能"五维度"
　　——以"我的金钱我做主"探究成果展评实践与分析为例…………王文颖　220

实施"四式三法" 提高"健体操创编"探究型校本课程实施效能"六维度"
——以"武术套路创编"探究型校本课程教学实践与分析为例……………… 黄爱民 235

实施"五式" 提升美术综合实践活动课程实施效能"四维度"
——以美术学科拓展类校本课程"定格动画"总结评价课"我们都是影评人"
　　教学实践与分析为例…………………………………………………………… 朱 弘 246

实施"三策三式" 提高学科探究型校本课程实施效能"五维度"
——以"探究《论语》对话语境·探究成果展评"探究型校本课程活动实践
　　与分析为例…………………………………………………………………… 王聿娟 254

基于美术核心素养实施"五式五法" 以版画形式表现浦东本土文化(古镇建筑)的
　　探究型校本课程实施效能
　　　　——以"屏'刻'版画·家乡的粉墙黛瓦"研究课的实践与分析为例……… 黄奕荣 273

实施"三策四式四法" 提高"西方主题电影鉴赏"探究型校本课程实施
　　效能……………………………………………………………………………… 李雪萌 283

第四篇 教 师 心 得

用"倾听"催生观念,以"合作"获取认知……………………………………… 黄奕荣 297
下课了,为何"孔子"和他的"弟子们"还意犹未尽……
——以学科探究型校本课程之"探究《论语》对话语境·探究成果展评"
　　活动为例………………………………………………………………………… 王聿娟 299
从"小富翁"里获得的宝藏
——"成为'小富翁'从现在开始"主题课程探究活动分析………………… 王文颖 310
论学科拓展类探究型校本课程的多元文化拓扑与融合
——"中美节日美食的文化探究"主题开展并延伸文化的内容活动分析
　　………………………………………………………………………………… 邱自菊 315
如何提升学科拓展类探究型校本课程学材编制质量
——以"西方电影作品鉴赏"校本探究课程学材编制和活动展评研究课
　　实践与分析为例………………………………………………………………… 李雪萌 329
如何提升学科探究性学习课例研究实效和师生素养
——以学科探究型校本课程之"探究《论语》对话语境·探究成果展评"
　　活动实践分析为例……………………………………………………………… 王聿娟 340
用好学材提升课堂效能,透过实践优化学材质量
——以社会实践类探究型校本课程"属于垃圾的 place"学材编制和研究课
　　实践与分析为例………………………………………………………………… 冯 蟲 347

form
第一篇 结题总报告

古典名著選譯　第一輯

"核心素养背景下提高探究型校本课程实施效能的研究"结题总报告

上海市罗山中学　刘生金
上海市浦东教育发展研究院　曹　明
上海市罗山中学　周丹妮　陈　力　汤翔华　冯　矗　黄爱民
　　　　　　　　朱　弘　王文颖　王聿娟　黄奕荣　李雪萌

一、课题提出

（一）概念界定

1. 核心素养：是指学生应具备的，能够适应终身发展和社会发展需要的必备品格和关键能力，是关于学生知识、技能、情感、态度、价值观等多方面要求的综合表现。本课题研究侧重于基于学生乐学善学、勤于反思和信息意识三个学会学习核心素养的探究型课程学习效能（学习意识、学习能力和学习行为）。

2. 探究型校本课程：是指由学校结合本校的传统和优势、学生的兴趣和需要开发或选择的，采用探究性学习为主要学习方式的，适合本校的课程。学校的探究型校本课程分为学科教学、社团活动和社区实践三个类型。

3. 效能：是指有效的、集体的效应，即人们在有目的、有组织的活动中所表现出来的效率和效果。它反映了所开展活动目标选择的正确性及其实现的程度。在本课题中，是指完成学校学科教学、社团活动和社区实践三大类型探究型课程学习资源17门（册）的编制，提升探究型课程实施效能的"八维度"（具体见表3），提升学生的探究学习"三素养"（探究学习的意识、能力和良好行为习惯），促进学会学习和提高整体学习质量；提升教师的探究型校本课程之纸质资源编制、课程活动设计与实施、课程评价和其他专业素养。

4. 核心素养背景下提高探究型校本课程实施效能的研究：是指通过对课题内涵、文献研究、现状调查、学生素养发展目标、学生素养发展培养内容、完善课程编制、课程的实施原则、实施途径和评价体系等九项内容开展研究，完成学校学科教学、社团活动和社区实践三大类型探究型编制课程学习资源17门（册）的编制；提升探究型课程实施效能的"八维度"

(具体见表3);提升学生的探究学习"三素养"(探究学习的意识、能力和良好行为习惯),进而提升学会学习"三素养"(乐学善学、勤于反思和信息意识)和整体学习质量;提升教师的探究型校本课程纸质资源(简称"学材")编制、课程活动设计与实施、课程评价的素养和其他专业素养;固化一定数量的学校探究型校本课程学材;提升单位时间内课程实施效能的"八维度"(容量度、拓展度、精深度、科学度、促思度、积极度、愉悦度和育人度)①,提高学校课程特色水平,更好地办好老百姓家门口的好学校。

(二)研究依据

1. 落实党中央和教育部相关文件精神的需要

党的十八大和十八届三中全会提出了各学段教育要把关于立德树人的要求落到实处的精神,教育部研制印发的《关于全面深化课程改革落实立德树人根本任务的意见》,提出了中国学生需要发展的核心素养,是指"应具备的适应终身发展和社会发展需要的必备品格和关键能力"。2016年9月13日,教育部发布的中国学生发展核心素养成果明确指出,学生应具备的核心素养,其核心是培养"全面发展的人";核心素养的构成,分为文化基础、自主发展、社会参与三个方面,综合表现为人文底蕴、科学精神、学会学习、健康生活、责任担当、实践创新六大素养,共十八个基本要点构成,并明确了各自的表现。核心素养的要求,为提高探究型校本课程实施效能的研究,提供了课程理论与目标的引领;本课题的研究,也需要落实中国学生核心素养发展的精神与要求,尤其是如前所述的学会学习核心素养方面的乐学善学、勤于反思和信息意识三个方面的素养。

2. 落实基础教育课程改革相关精神的需要

2001年6月,教育部在其发布的《基础教育课程改革纲要》中明确提出:"学校在执行国家课程和地方课程的同时,应视当地社会、经济发展的具体情况,结合本校的传统和优势、学生的兴趣和需要,开发或选用适合本校的课程。"同时要求"引导学生质疑、调查、探究,在实践中学习,促进学生在教师指导下主动地、富有个性地学习"。新课程的培养目标中也要求学生"具有初步的创新精神、实践能力、科学和人文素养以及环境意识;具有适应终身学习的基础知识、基本技能和方法"。随着课程改革的不断深入,探究型校本课程已经成为学校课程改革研究的主要内容之一,研究核心素养背景下探究型校本课程实施效能则成为当前学校课程建设的一项重要内容,直接关系课程改革的成效。

3. 符合"做中学"理论

美国著名的教育家约翰·杜威在批判传统学校教育的基础上,提出了"从做中学"这个

---

① 曹明于2008—2018年间陆续提出"五维度"并确定了这"八维度",并于2021年3月,将"八维度"收录在其相关著作中。

基本原则。杜威认为,"从做中学"也就是"从活动中学""从经验中学",它使得学校里知识的获得与生活过程中的活动联系了起来。中国人民教育家陶行知曾师从杜威,他在研究了西方教育思想并结合中国国情后,提出了"教学做合一"的教育理论。"探究性学习"是"做中学"的核心价值。在学校探究型校本课程的设计时,采用了"做中学"的理念,把探究性学习作为主要学习方式,让他们在观察、提问、设想、动手实验、表达、交流等探究活动中,体验科学探究的过程,建构基础性的科学知识,获得初步的科学探究能力,培养科学态度、科学精神、科学思想和科学思维的方法,从而促进学生核心素养的发展。

4. 实现学校发展目标的需要

学校的办学思路:让学生享受有创意的幸福生活;让教师拥有研究性的教学生涯;让学校充满和谐合作的精神氛围。学校遵循"让每个人得到和谐可持续发展"的办学理念,把满足学生健康成长的需求作为一切工作的出发点和落脚点,以"课程——让学生享有创意的成长历程"为推进载体,坚持以学生发展为本,充分发挥学生的学习潜能,努力提高学生的综合能力。学校重视课程建设,积极贯彻课程改革,学校在探究型校本课程的设计和实施方面实践探索了很多年,2012—2017年的六年间,共开发了134门探究型校本课程,为学校课程改革的探索积累了宝贵的经验。但同时,也发现在课程的目标、学材的编制、实施与评价中,存在着许多问题——主要存在"四个方面的缺少":一是缺少显性成型与之配套的纸质类学习资源(学材);二是课程之学材的编制,缺少核心的价值导向和较为成熟、系统的架构;三是课程的实施,更多的是基于课程承担教师的经验,缺少规范、科学、系统的设计;四是课程的评价比较零散,缺少原状评估、适应课程评价改革的过程表现性评价以及全面、规范和鼓励特色发展的总结性(结果)评价——这些都直接影响学生的发展、教师的成长和学校课程改革的成效。因此,学校需要基于探究型校本课程实施的已有基础与真实问题,借助这样一个在核心素养目标引领和新区科研部门相关专家精心指导下规范、系统的课题研究,促进学校探究型校本课程的学材体系编制、实施与评价研究,构建课程之学材体系,全面提高课程实施效能的"八维度",促进师生素养的发展,以及学校办学理念的落实和特色发展,进一步成为家门口的好学校。

5. 提升教师专业素养和促进学生发展的需要

多年来,学校积极开展教育教学研究,改进课堂教学,在多门学科的教学上形成了自己的特色,培养了一支敬业爱岗、业务精湛的优秀教师队伍。探究型校本课程是学校教育教学研究中的一项重要内容,课程的开发和实施让参与研究的教师们在相关的专业素养上得到了很大的提升。同时,也发现教师们在探究型校本课程学材的开发、实施、课程评价和组织管理方面的素养,都略显不足,也大大影响了探究型校本课程的实施效能。因此,开展这项课题研究,旨在促进教师的课程学材的科学开发、实施、评价和探索成果的总结、反思、改进与交流辐射等能力,从而提升教师的其他专业素养。

学校的办学理念是"让每个人得到和谐可持续发展",把满足学生健康成长的需求作为一切工作的出发点和落脚点,坚持以学生发展为本,充分发挥学生的学习潜能,努力提高学生的综合能力。实践证明,探究型校本课程作为国家课程和地方课程的重要补充,在学校教育中的地位和作用已经得到了学校、学生和家长的认同。但是,现在的学生在学会学习方面还是存在许多不足的,只有好的探究型校本课程才能更有效地进行学生核心素养的培养和提高。因此,对探究型校本课程实施效能开展研究,切实提高课程的实施效能,才真正体现了以学生为本,促进学生的发展。

(三) 研究现状

1. 文献概况

课题组文献研究人员在中国知网中将检索条件设置为"主题"内容和"精确"匹配,将课题名称中的核心词和课题全名作为关键词进行检索,搜索课题相关的文献资料。输入"探究型+校本课程"为关键词搜索,结果为从2000—2018年共有170条;输入"核心素养+校本课程"为关键词搜索,结果为从2016—2018年共有89条;输入"校本课程实施"为关键词搜索,结果为从2002—2018年共有102条;输入"课程效能"为关键词搜索,结果为从2004—2018年共有40条;输入"课程实施效能"为关键词搜索,结果为0条;输入课题名称"核心素养背景下提高探究型校本课程实施效能的研究"为关键词搜索,结果为0条。以上搜索到的文献资料,以期刊为主,研究内容比较零散,不具有整体性,涉及探究型校本课程实施效能的更少之又少。

2. 国外研究

在整理搜集的国外研究资料后,发现其中与本课题相关的文献极少。《外国中小学教育》刊登的陈玉玲和左晓媛撰写的《基于核心素养导向的美国中小学校本课程评价体系研究》,比较详细地介绍了美国在本课题相关内容方面开展的研究情况。21世纪以来美国中小学大力推进校本课程开发,并建构起以"学生核心素养"为导向、以"评价即改进"为理念、以"学习能力与服务能力"为重心的校本课程评价体系。21世纪初,美国政府颁布了《21世纪素养框架》与《21世纪学习框架》,提出中小学生需要具备三大素养,即学习创新素养(批判性思维、交流、合作与创造)、信息、媒介和技术素养以及生活和职业素养(灵活性与适应性、自主性与自我认识、社会与跨文化理解、产出与问责、领导力与责任力),进一步明确了校本课程的内涵与标准,即校本课程必须以学生核心素养为导向,让校本课程走进现实生活。学生核心素养培养促使美国中小学的校本课程开发更加具体化。作为校本课程开发重要组成部分的校本课程评价,逐渐由外部总结性评价转变为内外结合的基础性评价与过程性评价。美国中小学校本课程评价目标旨在改进教学质量,促进学生核心素养发展;评价内容包括对课程的评价、对学生的评价和对教师的评价三个方面;评价方法坚持质性评价与量性评价相结合；评价原则体现出发展性、文化基础和科学性等原则。美国中小学校本课程评价致力于促进学生人格与个性发展，尤其是社会性发展；聚焦于学生问题解决与学习能力提升，重视培养学生的协作精神和主人翁意识；强调评价方法的科学性与合理性，通过评价改进教学质量；而且评价主体不断扩大，包含学校管理者、教师、校本课程开发人员、家长、学生与社区成员等利益群体。

3. 国内研究

在整理搜集的资料后，发现直接与本课题相关的文献甚少。例如《教育研究》刊登的靳玉乐撰写的《校本课程的实施经验、问题与对策》从理论与政策基础、实践、观念的变革与创新三个方面总结了我国校本课程实施的经验，对我国校本课程发展中的几个问题作了简要分析，提出了对策，特别是针对教师的课程意识与课程开发能力薄弱的问题，提出校本课程实施要给教师赋权增能，强调教师角色由单一化向多元化转变，教师是发展者、决策者、诠释者和行动研究者，同时更需要增强教师参与课程开发的意识和能力。《教育理论与实践》刊登的顾书明撰写的《校本课程实施中的几种适应性教学策略的选择和运用》提出适应性教学策略的选择和运用在校本课程实施中具有重要意义，意味着校本课程的实施更强调课程活动的目标性和计划性，意味着校本课程活动的非盲目性，也意味着教师既作为课程活动决策者，又是研究型决策者，并对校本课程实施中通常选用的因材施教策略、促进自我发展策略、自主学习策略和主题探索策略等适应性教学策略的运用进行了说明。《内蒙古师范大学学报（教育科学版）》刊登的毛雪梅撰写的《校本课程实施中的教学因素分析》从教学论的视角对影响校本课程实施的教师、学生、教育目的、教学方法、教学环境、对校本课程实施的评价、课程的开发等诸多因素进行了分析。

又如《教育科学论坛》刊登的郑智超和李凯撰写的《核心素养视野下的校本课程开发管理》提出核心素养视野下的校本课程管理兼有管理与课程的特性，既是一种管理智慧的运用，也是一种多元主体参与的活动，更是学校渐进发展的历程，作为课程活动和管理活动的结合体，校本课程开发管理的优劣在一定程度上影响着学校校本课程建设的质量，文章从校本课程开发管理的内涵、常见问题和改进策略进行了说明。《教育科学论坛》刊登的彭纹撰写的《基于核心素养的校本课程建设研究综述》提出通过梳理已有研究文献发现基于核心素养的校本课程内涵解读并不统一，其建设的意义重大，基于核心素养的校本课程建设集中在课程结构与内容、教学策略、教师队伍、校长领导力、质量评估等方面，研究要加强历史经验梳理、重视国际经验借鉴、突出问题取向和增强前瞻性。

再如《未来教育家》刊登的夏桂敏撰写的《基于核心素养的校本课程建设》提出在校本课程的研发和实施过程中要体现以人为本，尤其是以学生核心素养发展为本的教育改革思路，培养学生适应终身发展和社会发展需要的必备品格和关键能力，促进学生全面发展，并针对研发基于核心素养的校本课程促进师生发展、探索校本课程的实施途径形成办学特色和建设校本课程的多元评价方式三个方面的研究情况进行说明。《教学与管理》刊登的张斌撰写的《基于核心素养的校本课程建设》提出基于核心素养的校本课程建设有助于学生必备品格与关键能力的养成、教师专业素养的提升和学校文化的特色化发展，核心素养引领下的校本课程建设愿景可以围绕多样化的校本课程实践、多主体的校本课程开发、多渠道的校本课程研究以及多维度的校本课程评价四个方面进行建构，课程目标具象化、课程内容综合化、课程实施创新化和课程评价立体化是促进核心素养在校本课程领域落地的有效探索。

上海市蔡路中学、上海市实验学校东校、浦东新区青少年活动中心等教育单位，在浦东教发院曹明老师的指导下，分别于 2010 年、2011 年开始，开展了"基于发展农村初中学生'双自'素养的校本课程建设研究"（区级课题）、"学生良好学习方式养成教育社会实践课程建设的研究"（区级课题）、"青少年活动中心 5H 课程体系建设的实践与研究"（区级重点和市教委一般课题）——在 2016 年浦东新区第八届科研成果奖评选中，蔡路中学和浦东新区青少年活动中心的课题成果分获二等奖；上海市实验学校东校的课题成果获区一等奖，并获 2021 年上海市教学成果奖评选二等奖。这些学校的校本课程建设类研究成果，它们的研究内容，普遍涉及了课题内涵、文献综述、学生相关素养现状调查、相关素养培养内容分解、课程之纸质资源（学材）编制、实施的系列内容和评价体系的研究——对这些，对本课题明确八项研究内容，尤其是对课程学材编制、实施和评价体系之框架的确定，和对课题新的生长点的确定，具有很好的启示价值。

4. 结论与定位

这些研究中，涉及"课程效能"方面的内容范围非常宽泛，涉及探究型校本课程方面的主要是针对课程的开发和实施的研究，而对课程评价体系的研究和从学校层面进行"核心素养背景下提高探究型校本课程实施效能的研究"的甚少。

因此，在一所现代大都市的市级新优质初中学校层面，对"核心素养背景下提高探究型校本课程实施效能的研究"的课题内涵、文献研究、学生素养现状调查、学生素养发展目标和素养发展培养内容、实施原则、实施途径和评价体系八项内容开展较为整体的、系统的，兼具理论、现状调查和实践探索的研究，具有较高的理论意义和实践价值，也具有一定的新意。

二、研究概况

（一）研究目标

1. 理论目标

通过研究，对八项内容开展研究，构建本课题的操作框架，总结实施的经验，丰富核心素养背景下提高初中探究型校本课程实施效能的理论。

2. 实践目标

通过研究,对现有的探究型校本课程进行梳理,继承高效的课程,改进低效的课程,并推动新课程的开发,产生17门具有较高实施效能的探究型校本课程纸质资源(学材);提升初中生探究学习"三素养"(探究学习的意识、能力和良好行为习惯),进而提升学会学习"三素养"(乐学善学、勤于反思和信息意识)和整体学习质量;提升教师的探究型校本教材编制、课程活动设计、实施和评价的素养;提高学校探究型校本课程实施效能的"八维度",进一步提高学校的办学特色水平,更好地成为老百姓家门口的好学校。

(二) 研究组织

1. 研究思路

开题论证后,根据参与论证专家的意见,在浦东教发院曹明老师的指导下,进一步明确了研究思路,课题组把这一思路用研究路径图的形式加以实现,具体如图1所示。

通过路径图的制定,明确了研究的总体思路,对课题按计划实施起到了引领和促进作用,也为提高课题研究成果的科学性奠定了基础。

2. 推进策略

(1) 组织保障。本项目在学校聘请的上海市浦东教育发展研究院原资深科研员曹明老师的全程精心指导下,先后由学校张亚芳、刘生金校长牵头,科研室负责教师协助校长统筹,探究课程教研组共同组建而成的学校课题研究工作推进小组,形成了课程研究指导、实施与管理体系,对提升探究型校本课程的实施效能进行规划、实施、反馈和监控,保证了课题不同阶段的研究进程、学材编制和研究课程设计、实施与课例撰写及总课题结题报告与其他多样化研究成果的质量。

(2) 经费保障。根据本项目的实施计划,学校拿出了部分专项资金,并严格执行资金使用计划,保障本项目研究所需软件、硬件的资金使用,提高了资金利用率,保障了开展探究型校本课程学材编制和实践研究、成果的总结与结题交流等工作的顺利实施。

(3) 制度保障。将探究型校本课程的发展列入学校发展规划总体发展目标之中,制订了提升探究型校本课程实施效能的发展目标和实施计划,有良好的运行机制。学校对探究课程的执行情况进行定期研究、检查、评定、总结,档案资料齐全、规范。

(4) 绩效奖励。将本课题研究的全程参与情况纳入学校绩效奖励方案,给予参加学校相关总课题、子课题、个人小课题、课例研究和成果总结、发表等的教师一定的绩效奖励,较好地调动了教师参与的积极性和主动性,保证了课题实施的进程和质量。

(5) 师资保障。学校通过层层遴选,组建了一支年轻肯干、专业素养良好的探究型校本课程学材编制、课程实施、评价探索和课程管理的教师队伍。他们较强的动手操作与教学实

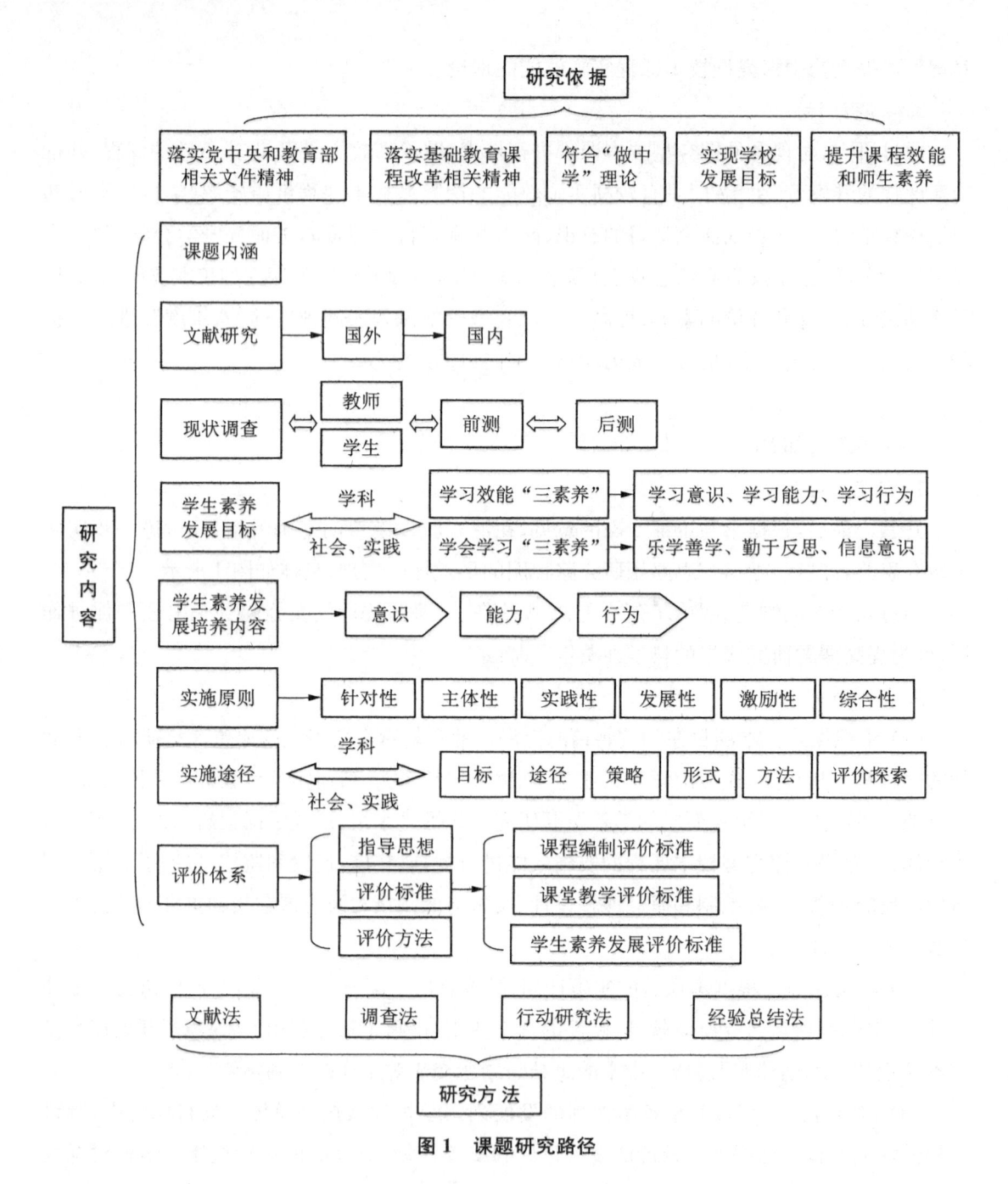

```
                                    研究依据
        ┌─────────┬──────────┬──────────┬──────────┬──────────┐
  落实党中央和教育部  落实基础教育课   符合"做中    实现学校    提升课程效能
   相关文件精神    程改革相关精神   学"理论    发展目标    和师生素养
```

```
         ┌─ 课题内涵
         │
         ├─ 文献研究 ──→ 国外 ──→ 国内
         │
         ├─ 现状调查 ⟷ 教师  ⟷  前测 ⟷ 后测
         │          学生
         │
         ├─ 学生素养    学科    学习效能"三素养" → 学习意识、学习能力、学习行为
  研究    发展目标  ⟷                      
  内容    └         社会、实践  学会学习"三素养" → 乐学善学、勤于反思、信息意识
         │
         ├─ 学生素养发 ──→ 意识 → 能力 → 行为
         │  展培养内容
         │
         ├─ 实施原则 ──→ 针对性 主体性 实践性 发展性 激励性 综合性
         │
         ├─ 实施途径    学科
         │          ⟷           目标 途径 策略 形式 方法 评价探索
         │          社会、实践
         │
         └─ 评价体系 ──┬ 指导思想
                    ├ 评价标准 ──┬ 课程编制评价标准
                    │         ├ 课堂教学评价标准
                    └ 评价方法 └ 学生素养发展评价标准
```

```
     文献法    调查法    行动研究法    经验总结法
        └────────┴──────┬──────┴────────┘
                    研究方法
```

图 1　课题研究路径

践经验、探索创新意识、克服研究中困难的坚守精神，从而保证了课题研究各项内容的顺利开展；课题组对创意实施的鼓励，也更好地激发了教师参与到课题研究的创意实践，提升了课题研究的水平。

（6）时间保障。学校在预备年级开设了探究课程，每周有 2 个课时，并纳入课表。同时，聘请浦东教发院原科研员曹明老师，以定期（每周二上午）和据需相结合，进行课题的全程现场伴随式研究指导；还经常开展线上互动指导和在家修改相关成果文稿。两方面努力，为课题的推进提供有力的时间保障和课题研究技术、智力与成果逐步完善、固化的保障。

（三）研究方法

1. 文献法

在课题研究的各个环节中，通过查阅教育类专著、期刊，以及搜索中国知网和万方数据库等，获取相关研究文献资料，分析和借鉴他人的研究成果和经验，为本研究提供有价值的参考依据和理论，指导课题研究各项工作的开展。借助研究数据平台，每学年更新收集的文献资料，丰富文献研究的基础。

2. 调查法

（1）前测。在2018年3—9月，课题研究进入准备阶段。对2017年9月入学、2018年9月入学的预备年级参与探究型校本课程学习的学生和课程指导教师，针对以往的探究型校本课程的实施效能和学生探究素养现状，使用问卷星网络平台，进行上机问卷的实测；2018年11月30日中午，组织了25名探究型校本课程指导教师进行了教师前测问卷调查；2018年12月3—4日，组织了对202名七年级学生的前测问卷调查；2018年12月3—6日，组织了299名六年级学生的前测问卷调查。通过分析调查数据，梳理出不同届次相应调查年级学生探究型校本课程学习效能和探究素养方面存在的不足。如，探究型课程缺少校本纸质学材、探究型学材内容都是封闭型的设定、探究过程和探究的成果缺乏科学有效的评估等。这为提高课题研究设计和制订有针对性的实施计划提供了依据。

（2）后测。在研究的总结阶段，2021年6月3日，采用问卷调查的方法，对2020学年第一学期和第二学期参加探究型校本课程学习的学生，针对探究型校本课程的实施效能和学生探究素养的现状进行调查；通过将2018年与2021年的相关问卷调查数据进行比较、分析，找出探究型校本课程实施效能的变化效果。此外，在2022年3月8日以探究型校本课程指导近两年教师为调查样本，采用《核心素养背景下提高探究型校本课程实施效能现状调查（后测：教师问卷）》施测。通过将2018年与2022年的相关问卷调查数据进行比较、分析，找出探究型校本课程实施效能的变化效果，为课题成果的总结提供实证依据。

3. 行动研究法

在课题实施阶段，参考总课题的内涵与实践目标、所厘定的学生探究素养分年级发展目标和探究素养培养内容，按照行动研究"计划—实施—观察—调整"的基本程序，对核心素养背景下提高探究型校本课程实施效能的课程学材编制的各板块内容、学科拓展类与社团活动、社会实践三大类校本探究课程实施途径之实施目标、具体途径、策略、形式和评价举措,以及评价体系中的评价标准与评价方法,在两届预备年级学生中,组织两轮行动研究。

其中,第一轮行动研究时间为2018年3月—2019年8月。在第一轮行动研究结束后,根据课题组核心成员对学材的研读、师生使用情况的了解和曹明老师分享的"三类探究型学材封面、目录与正文的修改建议和要求"集体辅导的文本,对17门学材的封面设计、每一门课程学材的结构(即探究准备、探究知识学习、探究实践、回顾总结/探究评价四大板块)与内容(四大板块下,各有三到六项探究活动设计)、编写体例、课程导言如何增进显性导学性、每次活动中如何打破封闭型设计、探究学习的过程性评价和课程的终结性评价标准等如何设计清晰,提出了学材主要板块内容的续改总体思路——核心是注意落实"九个变";并提示了修改思路落实的若干具体建议;还附有上海市育民中学2019年区级重点课题研究中,专题教育组相关教师所编制的学材之第五章的参考实例,提示了"学材编制时,认知性内容中如何增加学习者的主体性、互动性"等的参阅取向。据此,学材编制组的教师陆续按此要求进行了修改;总课题组形成了第二轮行动研究计划。

第二轮行动研究时间为2019年9月—2021年6月。在预备年级中,根据修改后的学材和第二轮行动研究计划,继续按照行动研究的四步基本步骤,进行第二轮的行动研究,基本达到了课题研究目标。

4. 经验总结法

在课题准备阶段,收集本校前几年探究型校本课程开发和实施的资料,提炼相关经验,为本课题的研究提供参考;在课题实施阶段,及时注意总结各类研究经验和阶段性成果;在课题总结阶段,整理分析课题研究资料,撰写相关专题总结和子课题、总课题的研究报告。

(四) 研究过程

以学校总课题组组织的专家现场集体与个别化一定周期(如半天到1天,下同)的指导及线上一定周期的互动指导。相关分类研究成果文本的分次一定周期的指导计算为1次课题组活动,结合校内一定周期的显性课题组活动,统计课题研究三个阶段的课题组活动次数。其中,2018年3月—2019年8月的课题研究准备阶段,记录为49+20=69次;实施阶段(2019年9月—2021年6月),记录为51+24=75次;总结阶段(2021年7月—2022年3月),记录为26+36=62次。三个阶段合计为:206次+结题阶段和结题后深化研究20余次,合计约226次(具体见表1)。

另有课题组承担子课题成员的大量"有独有合"的学习、实践探索和成果总结与交流等活动,没有完整计入研究过程的总表。如,单是汤翔华老师承担的子课题"核心素养背景下提高学科拓展类探究型校本课程实施效能的实践研究——以提高'小成分大用途''我们需要化学'化学学科拓展类探究型校本课程实施效能为例",从2018年8月—2022年5月中旬,就记录了91次活动(预计到将成果编入成果选出版,还有四五次活动)。

表1 "核心素养背景下提高探究型校本课程实施效能的研究"之研究过程

序号	日期	主要研究内容	人员
\multicolumn{4}{c}{准备阶段(2018年3月—2019年8月)}			
1	2018-03	张亚芳校长邀请浦东教发院资深科研员曹明老师来校,商讨拟报区级课题事宜,介绍学校课程建设特色,分析学校现有探究型校本课程的开展情况,明确了优势(从2008年开始,已开设了10年余;有探究型校本课程134门)与不足[有课程、无纸质学材的普遍现状,有实施、无固化的显性总结性课程编制与实施、评价的系统、规范的成型的成果。后将总体不足概括为:在学材编制、课程实施与评价等方面,存在"四个缺少"(见前研究依据下的阐释)]——这样的不足,成了影响本校探究型校本课程实施效能提高的重要因素。曹老师提出:建议结合学生核心素养培养的时代要求和罗山中学的探究型校本课程开展的现实情况,不妨借鉴指导的东昌东校同类区级课题"提高校本课程实施效能的研究"——把落脚点放在"提高校本课程实施效能"方面,从而确定了本课题的选题和课题研究方向:把研究重心放在学科拓展类、社团活动和社会实践三大类,校本探究课程的纸质学材编制、实施和评价体系方面,以提升校本课程实施效能的"八维度",促进学生提升探究学习意识、能力和良好行为习惯"三素养";提升教师探究型课程开发、实施和评价研究素养并带动提升其他专业素养;促进学校固化相应的课程成果,提升课程特色建设水平	学校课题组核心成员和浦东教发院曹明老师
2		收集情报资料,设计课题研究方案	
3		成立课题组,明确分工,落实研究任务	
4		聘请浦东教发院资深科研专家曹明老师指导,组织培训,学习相关理论,进行区级课题研究方案设计的集体指导	
5	2018-03至2018-04	学校组织撰写课题申请书	核心成员
6	2018-04	聘请专家指导,修改完善课题申报方案	曹明和课题组核心成员
7		细化完善课题方案,申报出区级课题	
8	2018-05至2018-08	进一步收集情报资料和整理学校探究型课程资料	核心成员

(续表)

序号	日期	主要研究内容	人员
9	2018-09	新一轮探究型课程纸质资源（学材）开发和实施开始	核心成员
10		根据现状，课题负责人由张亚芳变更为刘生金校长；课题组主要成员进行了若干变更，向上级提交变更申请报告，获批同意	
11		根据课题组主要成员变更情况，进行分工情况调整	
12		参加区级课题立项工作会议，启动开题准备工作	
13＋8	2018-09 至 2019-01	新一轮行动研究继续——探究型课程指导教师每两周组织开展一次交流研讨活动（9次）	部分成员
14	2018-10-11	课题研究指导，总课题开题报告启动准备工作	曹明、部分成员
15＋3	2018-10-25	1. 课题组内会议，分解课题，进行总课题解读，确立一批子课题； 2. 研究分工，成立子课题组，辅导子课题开题报告的撰写； 3. 子课题承担人尝试撰写开题报告初稿	曹明、课题组核心成员和子课题承担人
16	2018-10-31	聘请专家指导，组织培训，指导子课题开题报告初稿的修改	曹明、部分成员
17		开展与课题相关的国内外文献综述初步研究成果的互动指导	
18		设计学生探究素养现状和探究型校本课程实施现状调查（前测）问卷，选择参与探究型校本课程学习的六、七年级学生501名和课程指导教师25名开展问卷调查活动	
19＋1		1. 聘请专家指导，修改完善总开题报告和子课题开题报告设计； 2. 指导前测工作的开展	
20＋2	2018-11-14	完善总课题开题报告、子课题开题报告、小课题开题报告，编制现状调查问卷，开展调查活动，初步分析调查数据，申请并召开课题开题会议	全体成员
21	2018-11-27	调查问卷设计指导，包括"核心素养背景下提高探究型校本课程实施效能现状调查"之"教师问卷""学生问卷"以及"学生素养现状调查问卷"	曹明、部分成员
22	2018-12-10	开题交流内容个别子课题、小课题指导	曹明、部分成员
23＋2	2018-12-19	1. 课题开题工作策划和会务准备 2. 进行前测调查数据的初步分析 3. 召开课题开题会议，听取专家论证意见	专家、部分成员
24	2019-01-03	调查报告情报综述指导	曹明、部分成员

(续表)

序号	日期	主要研究内容	人员
25	2019-01	根据专家意见,修改完善课程方案	全体成员
26		探究型课程学期总结和展示交流	
27		课题工作学期总结	
28	2019-01 至 2019-02	完成前测调查报告初稿	全体成员
29		继续收集情报资料,并进行初步梳理和分析	
30		收集和整理一学期探究型课程资料	
31	2019-02	新学期探究型课程开发和实施继续进行	全体成员
32+1		聘请专家指导,组织培训,指导研究计划的制订,修改完善前测调查报告	
33	2019-02 至 2019-06	探究型课程指导教师每2周组织开展一次交流研讨活动	部分成员
34	2019-03-22	课题组全员培训,布置本学期工作	全体成员
35	2019-03	完成前测调查报告	核心成员
36		针对本学期实施的探究型课程制订行动研究计划	
37		聘请专家指导,修改、完善行动研究计划	
38+1	2019-04-16	课题研究设计交流,3位成员发言 课题研究课教学设计与课后"一体式"课例的撰写讲座	曹明、全体成员
39	2019-04-25	进行磨课、组织公开课、听课评课,主题为:核心素养背景下实施"三式三法"提高化学拓展类探究型校本课程实施效能——以"小成分大用途:糖"教学实践与分析为例	部分成员
40+1	2019-05-17	研究课课例辅导2个小课题	曹明、部分成员
41	2019-05-27	进行磨课、组织公开课、听课评课,主题为:核心素养背景下实施"三程三策三式七任务"提高社会实践类探究型校本课程实施效能——以"属于垃圾的place"研究课为例	曹明、部分成员
42		进行磨课、组织公开课、听课评课,主题为:核心素养背景下实施"五步三式三法"提高社团活动类探究型校本课程实施效能的实践研究——以提高"学会时间管理,助力生涯梦想"生涯社团探究型校本课程活动为例	曹明、部分成员
43+1	2019-06-17	小课题课例和论文撰写辅导	曹明、部分成员
44	2019-06-20	完成课题情报综述初稿	部分成员
45	2019-06	收集和整理研究资料,对研究结果进行分析和反思,发现存在的问题,对行动研究计划进行调整	全体成员
46		探究型课程学期总结和展示交流	
47		课题工作学年总结	

(续表)

序号	日期	主要研究内容	人员
48	2019-07 至 2019-08	收集和整理一学期探究型课程资料	全体成员
49		根据课题研究需要,继续收集情报资料	
实施阶段(2019年9月—2021年6月)			
50	2019-09	新一轮探究型课程开发和实施开始	核心成员
51		针对本学期实施的探究型课程制订行动研究计划	
52		聘请专家指导,组织培训,修改完善行动研究计划	
53	2019-10-08	课题组工作会议,现场指导	部分成员、曹明
54	2019-09	探究型课程指导教师每2周组织开展一次交流研讨活动	部分成员
55	2019-10-08	课题组工作会议,组织开展课题组和子课题组的研讨会议,聘请专家指导,组织培训,指导课题研究的开展	曹明、部分成员
56+6	2019-10-29	小课题研究,7位教师个别化单独辅导	曹明、部分成员
57	2019-10	探究型课程指导教师每2周组织开展一次交流研讨活动	部分成员
58	2019-11-01	课题中期检查撰写辅导	曹明、部分成员
59	2019-11-05	整理研究材料,提供课题中期报告的撰写	全体成员
60	2019-11-10	构建课题中期报告的框架-1	周丹妮
61		与教发院曹明老师进行现场互动,重构中期报告框架	曹明、周丹妮
62		完成中期报告-1	刘生金、周丹妮
63		曹明老师网上修改反馈中期报告	曹明
64		完善中期报告-2	刘生金、曹明、周丹妮等
65	2019-11-15	参加浦东教发院组织的课题中期检查交流,听取论证意见	刘生金、周丹妮
66	2019-12-05	课例研究培训	部分成员、曹明
67	2019-12-18	研究公开课课前教师个别化单独辅导	王文颖、周丹妮、曹明
68	2019-12-25	公开课:乐学、善学背景下实施"三程""独合结合"合理赚钱用钱探究体验学习效能"我的金钱我做主"、课后研讨	王文颖、曹明、部分成员
69	2020-01 至 2020-05	疫情原因,网上课程暂停,课题研究组成员以文献研究、资料查阅研读为主	全体成员
70+1	2020-06-11	研究公开课课前两位教师个别化单独辅导	黄爱民、朱弘、曹明
71	2020-06-17	研究公开课:基于乐学善学背景下实施"三法四式"提高"健体操创编"探究型校本课程实施效能的探索——以武术套路创编教学实践与分析为例	部分成员、曹明、黄爱民、朱弘

(续表)

序号	日期	主要研究内容	人员
72	2020-06-17	研究公开课：核心素养背景下实施"三式三法"提高美术拓展类探究型校本课程实施效能——"定格动画"研究课程设计	部分成员、曹明、黄爱民、朱弘
73		研究公开课课后研讨	
74＋1	2020-06-20	修改两位教师的课例研究，分享课后经验	部分成员、周丹妮
75	2020-06-30	期末课题研究工作总结	刘生金、周丹妮、部分成员
76	2020-07至2020-08	收集和整理一学期探究型课程资料，编写学材	部分成员
77		根据课题研究需要，收集研究数据，整理研究资料	部分成员
78	2020-08-28	新一届探究型课程实施指导教师会议	部分成员
79	2020-09	新一轮探究型课程学材开发和实施开始	核心成员
80		根据课题组主要成员变更情况，进行分工情况调整	
81		进一步推进课题研究，制订结题工作计划	
82	2020-09至2021-01	探究型课程指导教师每2周组织开展一次交流研讨活动	部分成员
83	2020-09-17	课题组成员例会，并邀请孙艳老师分享探究执教经验	孙艳、部分成员
84	2020-10-14	到立信会计学校参加结题活动，并学习经验	部分成员
85	2020-10-15	课题组学期会议	刘生金、部分成员
86＋1	2020-10-27	聘请专家指导，组织培训，主题是"例说课题研究中主题式案例和专题总结的撰写"；指导探究型课程教师的主题式案例撰写设计	曹明、周丹妮、部分成员
87＋1	2020-11-12	组织新一轮的问卷测试，完成包括"核心素养背景下提高探究型校本课程实施效能现状调查"之"教师问卷"、"学生问卷"及"学生素养现状调查问卷"	部分成员
88	2020-12-03	组织课题组内教师交流分享经验	部分成员
89	2020-12-15	曹明老师单独辅导开设公开研究课的王丰娟老师教学活动设计	曹明、部分成员
90	2020-12-25	曹明老师单独辅导拟开设公开研究课的李雪萌老师的教学活动设计	曹明、部分成员
91＋1	2020-12-29	事先，曹明老师网上反馈王丰娟老师的研究课设计-2；核心素养背景下语文学科探究型课程实施"三策四式"激发学生多元活力的实践研究——以"探究《论语》对话语境·探究成果展评"活动为例	王丰娟、曹明、部分成员
92	2021-01-20	课题工作学期总结、探究型课程学期总结和展示交流	全体成员

(续表)

序号	日期	主要研究内容	人员
93+16	2021-01 至 2022-02	基本完成17册学材撰写或修改，推进课题研究结题工作	曹明、部分成员
94	2021-02	根据专家意见，制订新学期课题研究计划	曹明、刘生金、周丹妮
95		课题工作学期安排与布置	
96	2021-03 至 2021-12	探究型课程指导教师每2周组织开展一次交流研讨活动	部分成员
97	2021-03-03	参加浦东教发院科研工作新学期专题培训	周丹妮
98+1	2021-04-13	曹明老师专题讲座和个别化辅导	曹明、王聿娟
99+1	2021-05-16	事先，曹明老师网上反馈黄奕荣老师的研究课设计；基于美术核心素养实施"五式五法"表现浦东本土文化（古镇建筑）的探究型校本课程实施效能——以"屏'刻，版画·家乡的粉墙黛瓦"区级课题研究课实践与分析为例，研究公开课，课后研讨	黄奕荣、刘生金、部分成员
100+1	2021-06-11	事先，曹明老师网上反馈李雪萌老师的研究课设计-2；基于核心素养实施"二程三策三式"进行西方电影鉴赏的学科拓展类探究型校本课程实施效能——以"西方电影鉴赏·活动展评"区级课题研究课实践与分析为例	李雪萌、刘生金、部分成员
总结阶段（2021年7月—2022年3月）			
101	2021-09-12	探究型课程指导教师每2周组织开展一次交流研讨活动	部分成员
102	2021-09	新学期探究型课程开发和实施继续进行	全体成员
103	2021-09-03	课题组成员会议，下达课题撰写目标与任务书	全体成员
104	2021-09-28	专题培训会议，总课题报告、子课题报告撰写培训会议	曹明、全体成员
105+2	2021-10-19	汤翔华老师子课题报告撰写辅导、李雪萌老师学材修改辅导、周丹妮老师总课题报告撰写辅导	曹明、部分成员
106	2021-10-26	黄奕荣老师课例撰写修改辅导	曹明、黄奕荣
107	2021-11-02	厘清课题结题相关事宜，并辅导周丹妮老师修改总报告，推进课题研究结题工作	曹明、周丹妮
108	2021-11-09	辅导王文颖老师课例撰写，商议12月结题时间、形式与流程	曹明、王文颖
109+1	2021-11-16	子课题报告撰写辅导	汤翔华、黄爱民
110	2021-11-24	学材修改主题培训会	曹明、部分成员
111+1	2021-11-30	学材、课例撰写的单独辅导	曹明、朱弘、崔诗研
112+4	2021-12-07	课题组成员按照要求修改学材格式和内容	陈力、王文颖、冯骉、李雪萌

(续表)

序号	日期	主要研究内容	人员
113	2022-01-05	结题撰写辅导	曹明、周丹妮
114	2022-02-20	厘清课题结题事项,确定结题时间、地点、邀请专家等事宜	曹明、刘生金
115	2022-02-22	结题汇报模拟辅导-1	曹明、刘生金、冯翯、周丹妮、李雪萌
116	2022-03-03	结题报告后测报告修改意见	曹明、周丹妮
117	2022-03-08	结题报告中综合成果选、子课题的修改反馈	曹明、汤翔华、周丹妮
118	2022-03-09 到 2022-04-29	17门课例课程资料梳理,统一封面、目录、课程导学、内容与结构、体例和综合探究成果展评评价标准、文档格式等要求,自主修改+课题组收集、编辑	曹明、汤翔华、学材编者
119		子课题、课例、主题式案例类成果梳理,统一格式与自主修改	
120		总报告局部修改	
121		综合成果选梳理汇编	
122+11	2022-04-30 到 2022-05-16	"1总4分"参加结题交流材料多次修改反馈	曹明、刘生金、周丹妮和参与成果交流教师
123+17		17册校本课程学材总体设计、修改、定稿	周丹妮、曹明、盛老师、黄老师、刘生金
124+3		结题会邀请函设计和多次修改定稿	
125		综合成果选封面、前言、目录修改、定稿	曹明、周丹妮、
126		综合成果选全书修改、结题用初定稿	刘生金、曹明、周丹妮等
127	2022-06-06	全体研究成员按照专家建议,进一步调整完善论文内容	全体成员
128	2022-06-14	修改课例、主题式案例报告,商议排版等问题	汤翔化、周丹妮、曹明
130	2022-06-28	汇总研究成果,整理成册,交出版社初稿	周丹妮、曹明
合计	226次(准备阶段49+20=69次;实施阶段51+24=75次;总结阶段26+36=62次;结题阶段和结题后深化研究20余次)		

三、研究实施

(一) 课题内涵

1. 核心素养

这是指学生应具备的,能够适应终身发展和社会发展需要的必备品格和关键能力,是关于学生知识、技能、情感、态度、价值观等多方面要求的综合表现。本课题研究侧重于基于学生乐学善学、勤于反思和信息意识三个学会学习核心素养的探究型课程学习效能(学习意识、学习能力和良好学习行为习惯"三素养")。24项三级指标的具体分解,参见表2。

2. 探究型校本课程

这是指由学校结合本校的传统和优势、学生的兴趣和需要开发或选择的,采用探究性学习为主要学习方式的,适合本校的课程。在本课题中,学校的探究型校本课程分为学科拓展、社团活动和社区实践三大类型——实际完成编制的课程纸质资源(学材)为17门,另有32门左右的课件版学材。

3. 效能

这是指有效的、集体的效应,即人们在有目的、有组织的活动中所表现出来的效率和效果,反映了所开展活动目标选择的正确性及其实现的程度。在本课题中,是指通过研究,完成学科拓展、社团活动和社区实践三大类型探究型编制课程学习资源17门(册)的编制;提升探究型课程实施效能的"八维度",提升学生探究性学习意识、学习能力和良好学习行为习惯之"三素养"(24项总体指标,见表3)、学会学习素养和提升整体学习质量;提升教师的探究型校本课程纸质资源的编制、课程活动设计、实施和课程评价等素养。

4. 核心素养背景下提高探究型校本课程实施效能的研究

这是指通过对课题内涵、文献研究、现状调查、学生素养发展目标、学生素养发展培养内容、完善课程编制、课程的实施原则、实施途径和评价体系等九项内容开展研究,完成学校学科教学、社团活动和社区实践三大类型探究型编制课程学习资源17门(册)的编制;提升探究型课程实施效能的"八维度";提升学生的探究"三素养",进而提升学会学习"三素养"和整体学习质量;提升教师的探究型校本课程纸质资源(学材)编制、课程活动设计与实施和课程评价的素养和其他专业素养;固化一定数量的学校探究型校本课程学材,提升单位时间内课程实施效能的"八维度",提高学校课程特色水平,更好地建设老百姓家门口的好学校。

(二) 文献研究

1. 电子版情报汇编

学校课题组通过查阅教育类专著、期刊和报纸，以及用"效能、教育效能、核心素养、探究型＋校本课程、核心素养＋校本课程、核心素养背景下提高探究型校本课程实施效能的研究"等关键词在中国知网和万方数据库中进行搜索，通过这些途径收集到与课题相关的文献资料共100余篇，其中期刊类资料80余篇，专著类资料10余部。

目前，课题组成员定期阅读电子情报，累计收集电子情报200余篇。

2. 情报研究综述报告

2019年6月完成一稿，2020年3月完成二稿，2021年8月完成三稿，完成《核心素养背景下提高探究型校本课程实施效能的研究情报综述》(1.6万余字)。文献中，分别对国内外关于核心素养的研究现状、国内外关于探究性学习的研究现状、国内外关于校本课程的研究现状、国内外关于课程效能的研究现状进行研究文献综述。(详见本书第二篇中的相关研究子报告)

(三) 现状调查(前测)

1. 调查目的

通过本次前测的调查，从课程编制质量、课程实施现状、课程对学生探究型学习素养的影响和教师素养四个方面了解现有探究型校本课程的实施效能，在对调查数据进行分析后，形成调查结果，作为总课题研究的依据。

2. 调查内容

课题组设计了《核心素养背景下提高探究型校本课程实施效能现状调查(前测：教师问卷)》《核心素养背景下提高探究型校本课程实施效能现状调查(前测：学生问卷)》和《核心素养背景下提高探究型校本课程实施效能之学生素养现状调查(前测问卷)》三份调查问卷。

3. 调查工具

(1) 调查方法：问卷法。

(2) 调查技术：选用信息处理软件进行数据分析(如问卷星)，借助问卷星组织调查，进行数据分析统计。

4. 调查实施

2018年11月，课题组设计了三份调查问卷，主要收集以下信息。

第一，教师：基本信息、课程编制方面、课程实施、学生素养方面、教师专业素养方面、教师整体教学素养方面、改进建议。

第二，学生：基本信息、课程编制方面、课程实施方面、学生探究型课程学习效能之素养方面、学生核心素养之学会学习素养方面、学生整体素养方面、改进建议。

第三,学生素质现状:基本信息、学生探究型课程学习效能素养方面、学生核心素养之学会学习素养方面。

采用问卷调查法,使用问卷星网络平台进行上机实测。2018年11月30日中午,组织25名探究型校本课程指导教师进行教师前测问卷调查;2018年12月3—4日,组织202名七年级学生进行前测问卷调查,2018年12月3—6日组织299名六年级学生进行前测问卷调查(六、七两个年级合计学生501名)。

表2 前测问卷调查情况

时间	调查对象	调查样本量	调查问卷
2018年11月30日	探究型校本课程指导教师	25人	问卷1
2018年12月3—4日	七年级学生	202人	问卷2、问卷3
2018年12月3—6日	六年级学生	299人	问卷2、问卷3

5. 调查结论与建议

2019年6月初,完成《核心素养背景下提高探究型校本课程实施效能现状调查(前测报告)》(详见本书第二篇中的相关研究子报告)。以下撷取其中的前测调查结果和建议部分:

(1)前测调查结论

数据表明,一是在没有经历过探究型校本课程的学习时,学生的探究型课程学习效能素养和学会学习核心素养的水平比较低;二是当学生完成了探究型校本课程的学习后,他们的探究型课程学习效能素养和学会学习核心素养的水平都有所提高(七年级与六年级数据对比所得),但对学生素养发展的影响程度相差很大,总体效果不理想;三是探究型校本课程的开发质量不够高,课程的具体实施不完善,课程实施中指导教师对学生探究型课程学习效能素养和学会学习核心素养不够关注,指导教师的科研基本素养和日常教学专业素养有待提升。

(2)实施建议

我们应该把握探究型校本课程常态化实施的时机,充分利用学校教师参与探究型校本课程开发和实施的热情及学生参与探究型校本课程学习的兴趣,及时开展核心素养背景下提高探究型校本课程实施效能的研究。

通过课题的研究,要把握以下三点:一是通过参与探究型校本课程的学习能真正有效地提升学生的探究型课程学习效能"三素养"、学会学习"三素养"和整体学习质量;二是通过参与探究型校本课程的开发和实施能切实提升教师的探究型校本教材编制、课程活动设计、课程实施和课程评价的素养;三是通过完善原有课程和开发新课程,生成一批具有较高实施效能的探究型校本课程。

因此，在课题的研究中，建议把行动研究的重点放在以下三个方面：一是细化学生素养发展内容，把探究型课程学习效能素养具体化，同时对教师的素养培养内容进行研究；二是加强探究型校本课程开发和实施的研究，明确各类探究型校本课程的目标、途径、策略、形式、方法和评价等；三是开展探究型校本课程的研究课，编制探究型校本课程教材，开展相关的主题活动营造科研氛围，进一步提高学校的办学水平。

（四）学生素养发展目标

1. 总目标

通过本课题的研究，期待产生 20 门（实际完成 17 门，另有 32 门左右的课件版学材）较高实施效能的探究型校本课程（学材）。

提升学生的探究学习（即学习效能）"三素养"、学会学习"三素养"和整体学习质量。

2. 分类课程目标

通过把学生素养发展目标进行分解，总课题组确定了学科拓展、社团活动和社会实践三大类探究课程之分类课程的目标。具体如表 3 所示：

表 3　核心素养背景下提高探究型校本课程实施效能学生探究学习素养发展分类课程目标

课程类型	Ⅰ级素养	Ⅱ级素养	发展目标
学科拓展	意识	认识价值意识	90%的学生具有严谨求知意识
			90%的学生具有健康审美意识
			80%的学生具有较强责任意识
		学习运用意识	80%的学生具有积极学习意识
			60%的学生具有勇于探索意识
			80%的学生具有解决问题意识
			60%的学生具有创意表现意识
			90%的学生具有团队合作意识
		反思总结意识	60%的学生具有审视学习状态意识
			80%的学生具有总结学习经验意识
	能力	程序性能力	60%的学生具有程序性能力：提出问题→制订计划→收集证据→分析论证→评估判断→交流展示
		具体方法性能力	90%的学生具有调查类能力
			80%的学生具有操作类能力
			60%的学生具有展示类能力
			60%的学生具有信息类能力

(续表)

课程类型	I级素养	II级素养	发展目标
学科拓展	行为	程序性行为	60%的学生具有程序性行为:提出问题→制订计划→收集证据→分析论证→评估判断→交流展示
		具体方法性行为	90%的学生具有调查类行为
			80%的学生具有操作类行为
			60%的学生具有展示类行为
			60%的学生具有信息类行为
		坚持性行为	80%的学生具有坚持学习行为
			60%的学生具有坚持探索行为
		反思总结性行为	60%的学生具有审视学习状态行为
			80%的学生具有总结学习经验行为
社团活动	意识	认识价值意识	90%的学生具有严谨求知意识
			90%的学生具有健康审美意识
			80%的学生具有较强责任意识
		学习运用意识	60%的学生具有积极学习意识
			60%的学生具有勇于探索意识
			80%的学生具有解决问题意识
			60%的学生具有创意表现意识
			90%的学生具有团队合作意识
		反思总结意识	60%的学生具有审视学习状态意识
			80%的学生具有总结学习经验意识
	能力	程序性能力	60%的学生具有程序性能力:提出问题→制订计划→收集证据→分析论证→评估判断→交流展示
		具体方法性能力	80%的学生具有调查类能力
			80%的学生具有操作类能力
			60%的学生具有展示类能力
			60%的学生具有信息类能力
	行为	程序性行为	60%的学生具有程序性行为:提出问题→制订计划→收集证据→分析论证→评估判断→交流展示
		具体方法性行为	80%的学生具有调查类行为
			80%的学生具有操作类行为
			60%的学生具有展示类行为
			60%的学生具有信息类行为

(续表)

课程类型	Ⅰ级素养	Ⅱ级素养	发展目标
社团活动	行为	坚持性行为	60%的学生具有坚持学习行为
			60%的学生具有坚持探索行为
		反思总结性行为	60%的学生具有审视学习状态行为
			80%的学生具有总结学习经验行为
社会实践	意识	认识价值意识	90%的学生具有严谨求知意识
			90%的学生具有健康审美意识
			80%的学生具有较强责任意识
		学习运用意识	80%的学生具有积极学习意识
			80%的学生具有勇于探索意识
			80%的学生具有解决问题意识
			60%的学生具有创意表现意识
			90%的学生具有团队合作意识
		反思总结意识	60%的学生具有审视学习状态意识
			90%的学生具有总结学习经验意识
	能力	程序性能力	80%的学生具有程序性能力:提出问题→制订计划→收集证据→分析论证→评估判断→交流展示
		具体方法性能力	90%的学生具有调查类能力
			80%的学生具有操作类能力
			80%的学生具有展示类能力
			80%的学生具有信息类能力
	行为	程序性行为	80%的学生具有程序性行为:提出问题→制订计划→收集证据→分析论证→评估判断→交流展示
		具体方法性行为	90%的学生具有调查类行为
			80%的学生具有操作类行为
			80%的学生具有展示类行为
			80%的学生具有信息类行为
		坚持性行为	60%的学生具有坚持学习行为
			60%的学生具有坚持探索行为
		反思总结性行为	80%的学生具有审视学习状态行为
			80%的学生具有总结学习经验行为

探究型校本课程之学科拓展、社团活动和社会实践三大探究课程类型的分类课程目标的厘定,较好地引导了探究课程指导教师进行学情诊断和具体课次课程实施时课时目标的厘定,有利于引导探究课程的有效组织,引导了学生的发展方向,为评价标准的制定和运用奠定了基础。

(五) 学生探究素养发展培养内容

1. 确立依据

(1) 中国学生发展核心素养研究成果

2016年9月13日上午,中国学生发展核心素养研究成果发布会在北京师范大学举行。核心素养课题组历时三年集中攻关,并经教育部基础教育课程教材专家工作委员会审议,最终形成研究成果,确立了人文底蕴、科学精神、学会学习、健康生活、责任担当、实践创新等六大核心素养。其中学会学习主要是学生在学习意识形成、学习方式方法选择、学习进程评估调控等方面的综合表现,具体包括乐学善学、勤于反思、信息意识等基本要点。

(2) 上海市普通中小学课程方案

在上海市普通中小学课程理念中明确要求"倡导自主探究、实践体验、合作交流的学习方式与接受性学习方式有机结合,倡导'做''想''讲'有机统一的学习过程"。

(3) 新中考改革实施意见

2021年3月《上海市高中阶段学校招生录取改革实施方法》中明确指出:中考新增历史和道法两个科目;英语"听说测试"模块计入中考总分;实验操作考以前只有及格和不及格之分,现明确分数;体育考试科目选项中新增加了4分钟跳绳、乒乓球、羽毛球、网球和武术。这些考试内容改革,对于学生的综合能力要求更高,要求学生们除了了解书面的知识点内容,对于综合能力以及素质要求有所增加,要求学生除了掌握书面知识点内容以外,还需要重视知识点的应用与操作,对实践能力也有相应的新增要求。

(4) 上海市中考综合素质评价及实施办法

为适应本市深化初中课程改革和进一步推进高中阶段学校考试招生改革的需要,根据上海市教育综合改革的相关要求和精神,在《上海市进一步推进高中阶段学校考试招生制度改革实施意见》(沪教委规〔2018〕3号)的基础上,上海市实施中考综合素质评价及实施办法,初中学生综合素质评价内容主要有四个板块:品德发展与公民素养、修习课程与学业成绩、身心健康与艺术素养、创新精神与实践能力,具体内容如下:

第一,品德发展与公民素养。主要反映学生践行社会主义核心价值观、弘扬中华优秀传统文化等方面的表现,包括爱党爱国、理想信念、社会责任、集体意识、诚实守信、仁爱友善、遵纪守法、安全素养、文明礼仪等。重点记录学生遵守日常行为规范方面的表现,参加社会考察、公益劳动、职业体验、安全实训、共青团和少先队等德育活动、国防民防教育活动的情况。

第二,修习课程与学业成绩。主要反映学生初中阶段各门课程知识和技能掌握情况以及运用知识解决问题的能力等。重点记录基础型课程成绩、拓展型课程和探究型课程的学习经历。

第三，身心健康与艺术素养。主要反映学生的健康生活方式、卫生保健、体育锻炼习惯、身体机能、运动技能和心理素质,对艺术的审美感受、理解、鉴赏和表现的能力。重点记录《国家学生体质健康标准》测试结果,参加体育运动、健康教育、艺术活动经历及表现水平等情况。

第四，创新精神与实践能力。主要反映学生的创新思维、调查研究能力、动手操作能力和实践体验经历等。重点记录学生参加探究学习、科技活动等方面的过程和成果。针对初中版为"探究性学习"。

（5）上海市中小学生学业质量绿色指标

在学生学业水平指数中明确提出"在关注学生标准达成度的同时,也要关注学生的高层次思维能力。高层次思维能力主要包括知识迁移能力,预测、观察和解释能力,推理能力,问题解决能力,批判性思维和创造性思维能力等"。

（6）涉及学科的核心素养

在课题开展的三年中实施的探究课,如"我的金钱我做主""小成分大用途：糖""探究《论语》对话语境""西方电影作品鉴赏""时间管理"等,涉及以下学科核心素养:科学精神、学会学习、责任担当、健康生活、实践创新、人文底蕴。

（7）本课题的精神

本课题研究的主要目标就是提高学生基于学会学习核心素养的探究型课程学习效能"三素养"；学会学习方面的认识价值意识、学习运用意识、反思总结意识、程序性能力、具体方法性能力、程序性行为、具体方法性行为、坚持性行为和反思总结性行为等素养,进一步促进学生整体素养的发展。

2. 素养分解

总课题组初步分解了表4所示的核心素养背景下提高探究型校本课程实施效能之学生探究素养发展培养内容的意识、能力和良好行为习惯的24项三级要素：

表4 核心素养背景下提高探究型校本课程实施效能之学生探究素养发展培养内容分解

一级要素	二级要素	三级要素
意识	认识价值意识	严谨求知意识
		健康审美意识
		较强责任意识
	学习运用意识	积极学习意识
		勇于探索意识
		解决问题意识
		创意表现意识
		团队合作意识
	反思总结意识	审视学习状态意识
		总结学习经验意识

(续表)

一级要素	二级要素	三级要素
能力	程序性能力	提出问题→制订计划→设计实验→分析论证→评估判断→交流展示
	具体方法性能力	调查类能力
		操作类能力
		展示类能力
		信息类能力
行为	程序性行为	提出问题→制订计划→收集证据→分析论证→评估判断→交流展示
	具体方法性行为	调查类行为
		操作类行为
		展示类行为
		信息类行为
	坚持性行为	坚持学习行为
		坚持探索行为
	反思总结性行为	审视学习状态行为
		总结学习经验行为

学生探究素养发展培养内容的意识、能力和良好行为习惯的24项三级要素的明确,较好地引导了教师探究型校本课程学习资源的编制;引导了实践教师探究型课程学生核心素养发展的定位和如何开展相关次第的研究课或活动中学生核心素养发展的定位(本课化);引导了学生探究课程学习中核心素养发展的方向,为后续相关评价标准的制定奠定了基础。

（六）完善课程纸质资源编制

1. 课程理念

上海市罗山中学"校本探究课程"从学生真实生活和发展需要出发,将日常生活中的情境转化为探究主题,通过探究学习,培养学生运用知识解决实际问题的核心素养,逐步形成了"学科拓展""社团活动""社会实践"三大板块共同组成的系列"校本探究课程",从而实现让"学生享有创意的成长历程"的理念。

2. 课程目标

（1）开发17门具有较高实施效能的探究型校本课程纸质资源(学材);另有32门为课件版学材。

（2）提升学生的探究性学习"三素养"、学会学习"三素养"和整体学习质量。

3. 课程结构与内容

表5所呈现的,是课程实施期间,参与研究教师所编制得到17门具有较高实施效能的探究型校本课程纸质学材的结构与内容构成:

表5 探究型课程纸质资源(学材)结构与内容

序号	学材名称	课程板块
1	基本种植方法探究实践	(1) 探究准备:认识探究课程、组建探究小组、设计探究规划。 (2) 理论学习:确定种植蔬菜品种、学习蔬菜相关知识、制作蔬菜海报。 (3) 菜地播种:分配实验菜地、认识实验工具、尝试菜地播种、观察菜地变化。 (4) 种植实践:记录日常观察、看护蔬菜生长、收获劳动成果、后续探究活动。 (5) 回顾总结:回顾探究活动、总结经验体会、评价探究学习、制作探究展板。
2	种植技术探究实践	(1) 探究准备:回顾探究活动、调整探究小组、设计探究规划。 (2) 理论学习:确定种植蔬菜品种、学习蔬菜相关知识、制作蔬菜海报。 (3) 培育菜苗:学习育苗方法、尝试暖房育苗、尝试菜地育苗、观察菜苗变化。 (4) 种植实践:记录日常观察、实施看护措施、收获劳动成果、后续探究活动。 (5) 回顾总结:回顾探究活动、总结经验体会、评价探究学习、制作探究展板。
3	给流浪宝贝安个家	(1) 探究准备:认识探究课程、组建探究小组、设计探究规划。 (2) 了解流浪宠物现状:走访小区、走访物业和居委、上网查阅资料。 (3) 设计制作问卷调查:介绍什么是问卷调查、组织学生分组书写问卷调查、综合整合成最终的问卷、下发并回收问卷调查、进行分析。 (4) PPT、小报制作:制作PPT、制作宣传小报。 (5) 期末总结展示:回顾探究活动、总结经验体会、评价探究学习、制作探究展板。
4	垃圾分类我先行	(1) 探究准备:认识探究课程、组建探究小组、设计探究规划。 (2) 发达国家垃圾分类介绍:挪威、日本、新西兰、新加坡、英国、美国。 (3) 垃圾分类知识抢答竞赛:教师出题、学生分组出题。 (4) 垃圾分类宣传小报制作:分小组制作宣传小报、收集图文素材;制作垃圾分类宣传小报、评选优秀小报。 (5) 期末总结展示:回顾探究活动、总结经验体会、评价探究学习、制作探究展板。
5	公共设施的眼泪	(1) 探究准备:认识探究课程、组建探究小组、设计探究规划。 (2) 知识储备:熟悉公共设施、了解设施作用、把握设施现状。 (3) 分析归因:咨询居民看法、搜集法规条例、小组归纳原因。 (4) 尝试解决:搜集各类方法、可行性讨论、尝试付诸实践。 (5) 回顾总结:回顾探究活动、总结经验体会、评价探究学习、制作探究展板。

(续表)

序号	学材名称	课程板块
6	给垃圾安个家	(1) 探究准备：认识探究课程、组建探究小组、设计探究规划。 (2) 理论学习：常见生活垃圾了解、常见垃圾成分探究。 (3) 了解方法：国内其他城市方法、国外城市方法、上海方法。 (4) 尝试行动：制作宣传报、撰写倡议书、后续探究活动。 (5) 回顾总结：回顾探究活动、总结经验体会、评价探究学习、制作探究展板。
7	小成分大用途	(1) 探究准备：认识探究课程、组建探究小组、设计探究规划。 (2) 化学的魅力：有趣的化学、神奇的化学、化学的作用、化学的历史、展望化学的前景、反思体会。 (3) 小成分大用途：观察物品成分、成分用途探究、展示交流分享。 (4) 回顾总结：回顾探究活动、总结经验体会、评价探究学习、制作探究展板。
8	我们需要化学	(1) 探究准备：调整探究小组、了解课题要求、设计探究规划。 (2) 我们需要化学：化学慧光、饮食之基、绚丽生活、迷人材料、生命旅行、走向未来、反思体会。 (3) 食品中的化学：认识探究内容、布置探究任务、展示交流分享、小结交流分享。 (4) 糖：讲解探究内容、布置探究任务、展示交流分享、小结交流分享。 (5) 回顾总结：回顾探究活动、总结经验体会、评价探究学习、制作探究展板。
9	英文绘本制作	(1) 探究准备。 (2) 阅读绘本：阅读绘本故事、回答阅读问题、小组讨论绘本写作思路。 (3) 故事创作：中文编写故事、英文翻译、按照故事内容分页。 (4) 绘画：根据故事内容进行绘画、上色。 (5) 总结与展示：以小组为单位利用投影仪对绘本内容进行展示；教师最终评估与平时评估成绩相结合，确定最佳小组；总结本学期探究课的成果并分享心得。
10	中美节日与饮食	(1) 探究准备：认识探究课程、组建探究小组、设计探究规划。 (2) 各小组选定内容：确定中美节日、选定介绍节日、制作PPT。 (3) 交流分享展示：组员分享、其他小组讨论交流、总结。 (4) 撰写剧本：观看影片、讨论故事情节、确定剧本主题、编写剧情并修改。 (5) 排练表演：各小组表演、小组交流。 (6) 回顾总结：回顾探究活动、总结经验体会、评价探究学习、制作探究展板。
11	如何与西方人打交道	(1) 探究准备：认识探究课程、组建探究小组、设计探究规划。 (2) 各小组选定内容：整体了解西方国家、选定介绍国家、制作PPT。 (3) 交流分享展示：组员分享、其他小组讨论交流、总结。 (4) 制作海报：了解海报、欣赏优美海报、完成本组海报草图、完成最终海报。 (5) 海报展示与交流：各小组展示分享、组际交流。 (6) 回顾总结：回顾探究活动、总结经验体会、评价探究学习、制作探究展板。

(续表)

序号	学材名称	课程板块
12	成为"小富翁"从现在开始	(1) 探究准备:认识探究课程、组建探究小组、设计探究规划。 (2) 通过"大富翁"游戏对"金钱"的认识:"大富翁"游戏、对金钱的认识、上网查阅相关资料。 (3) 通过影视作品了解金融知识:观看电影作品、查找相关金融知识、进行身边人的金融相关采访、分享学习采访收获。 (4) PPT、小报制作:制作 PPT、制作宣传小报。 (5) 期末总结展示:回顾探究活动、总结经验体会、评价探究学习、制作探究展板。
13	探究《论语》对话语境	(1) 探究准备:认识探究课程、组建探究小组、设计探究规划。 (2) 理论学习:集中学习《论语》、探究《论语》对话、分类整理《论语》。 (3) 剧本创作与修改:尝试剧本创作、观影学写台词、反复修改剧本。 (4) 剧本表演:模仿电影表演、观看表演综艺、学期汇报准备。 (5) 学期汇报展评总结:回顾探究活动、总结经验体会、评价探究学习、制作探究展板。
14	音自心中淌,乐自笔尖来	(1) 探究准备:认识探究课程、组建探究小组、设计探究规划。 (2) 知识储备:音乐的起源与发展、各地区的音乐、乐器、乐理。 (3) 音乐故事:音乐家的成长故事、名曲背后的故事、我与音乐的故事。 (4) 创作班歌:搜集班歌,欣赏、分析;创作班歌,填词、作曲;展示班歌,演绎、评价。 (5) 回顾总结:回顾探究活动、总结经验体会、评价探究学习、制作探究展板。
15	西方电影作品鉴赏	(1) 探究准备:认识探究课程、组建探究小组、设计探究规划。 (2) 理论学习:西方电影发展历史、电影主题与类型、电影赏析维度。 (3) 鉴赏与实践:个人英雄拯救世界、经济萧条带来的危机、难民何去何从、种族歧视问题。 (4) 展示与评价:活动内容、评价标准、汇报展示。 (5) 回顾总结:回顾探究活动、总结经验体会、评价探究学习、制作探究展板。
16	生涯体验营	(1) 探究准备:认识生涯探究课、生涯教育的意义、社团小组创建。 (2) 认识探索:自画像、兴趣岛、价值拍卖。 (3) 潜能开发:造房子、棉花糖意大利面、寻宝活动。 (4) 体验选择:职业初探、时装秀、家族职业树。 (5) 学期汇报展评总结:回顾探究活动、总结经验体会、评价探究学习、制作探究展板。
17	职业连连看	(1) 探究准备:认识探究课程、组建探究小组、设计探究规划。 (2) 认识探索:生涯相关知识、职业采访、资料检索。 (3) 潜能开放:生涯人物采访、五一中期汇报。 (4) 体验选择:家长课堂、反馈互动、相互评价。 (5) 学期汇报展评总结:回顾探究活动、总结经验体会、评价探究学习、制作探究展板。

4. 课程体例——"六个部分"

所谓"体例",是指课程学材编制时,相关篇章需要遵守的若干相对固定的板块,以规范学材编制,提升编制质量。本课题之课程学材编制的基本体例,包括以下六个部分:课程导言(向读者简要介绍课程缘起、主要内容和学法建议)、探究准备(课程实施前期的团队组建与课程规划)、理论学习(本课程相关的理论知识和操作技巧的"独合结合"学习)、实践探究(在教师的带领下学生着手开始实践运用,并解释反馈与修正)、展示与评价(组织课程学习的综合探究成果的展示交流与小组的自评、互评与师评)、回顾与总结(引导学生回顾课程学习的经历,学生"独合结合"总结参与课程学习的主要过程和经验与收获)。

5. 课程实施计划

课程的实施计划,在本课题中,是三类探究课程课标。

表6 探究课程实施计划

序号	时间	班级	探究主题	课题类型	执教老师
1	2018年上	预备1	小成分大用途	学科教学	汤翔华
2	2018年上	预备2	文字作品动漫画展现	社团活动	徐霄峰
3	2018年上	预备3	邻里关系	社会实践	庄嘉君
4	2018年上	预备4	电脑游戏制作	社团活动	叶 峰
5	2018年上	预备5	给流浪宝贝安个家	社会实践	朱轶凌
6	2018年上	预备6	力的神奇奥秘	学科教学	刘琳芳
7	2018年上	预备7	公共设施的眼泪	社会实践	冯 晶
8	2018年上	预备8	爱心帮——社区公益慈善	社会实践	冯一帆
9	2018年下	预备1	小成分大用途	学科教学	汤翔华
10	2018年下	预备2	"造型广场"——人物漫画造型艺术	社团活动	徐霄峰
11	2018年下	预备3	英语电影的中文译制	学科教学	庄嘉君
12	2018年下	预备4	酷豆游戏实验室	社团活动	叶 峰
13	2018年下	预备5	垃圾分类我先行	社会实践	朱轶凌
14	2018年下	预备6	英文绘本制作	学科教学	崔诗研
15	2018年下	预备7	属于垃圾的 place	社会实践	冯 晶
16	2018年下	预备8	向中式英语 say no	学科教学	冯一帆
17	2019年上	预备1	民族大交融	学科教学	陈丽萍
18	2019年上	预备2	关注气象 关注环境	学科教学	王美霞
19	2019年上	预备3	改编课本剧	学科教学	王艳华

(续表)

序号	时间	班级	探究主题	课题类型	执教老师
20	2019年上	预备4	我的金钱我做主	社会实践	王文颖
21	2019年上	预备5	运动小健将	社团活动	倪思逸
22	2019年上	预备6	欧美音乐	学科教学	崔诗研
23	2019年上	预备7	英语趣配音	学科教学	王喆俊
24	2019年下	疫情	武术：少年连环拳	学科教学	黄爱民
25	2019年下	疫情	我们都是影评人	学科教学	朱弘
26	2020年上	预备1	英语演讲的艺术	学科教学	邱自菊
27	2020年上	预备2	成为"小富翁"从现在开始	社会实践	王文颖
28	2020年上	预备3	浦东本土民间文化与现代版画的融合探究	学科教学	黄奕荣
29	2020年上	预备4	探究《论语》对话语境	学科教学	王聿娟
30	2020年上	预备5	丝绸之路——未解之谜	社团活动	张丽霞
31	2020年上	预备6	剧本中的奇妙知识	社会实践	涂冰清
32	2020年上	预备7	DC与漫威故事的异同	社团活动	褚佩瑜
33	2020年上	预备8	西方电影作品鉴赏	学科教学	李雪萌
34	2020年下	预备1	如何与西方人打交道	社会实践	邱自菊
35	2020年下	预备2	镜头内外的我们	社团活动	王文颖
36	2020年下	预备3	浦东本土民间文化与现代版画的融合探究	学科教学	黄奕荣
37	2020年下	预备4	音自心中淌，乐自笔尖来	社团活动	王聿娟
38	2020年下	预备5	蚕丝之美	社会实践	张丽霞
39	2020年下	预备6	我的生涯探究之旅	社会实践	周丹妮
40	2020年下	预备7	以著名建筑和人文为线索的旅游路径规划	社会实践	褚佩瑜
41	2020年下	预备8	西方电影作品鉴赏	学科教学	李雪萌
42	2021年上	预备1	"剧"焦心灵	社团活动	赵子叶
43	2021年上	预备2	走进原版阅读	学科教学	崔诗研
44	2021年上	预备3	思维导图——探究与创造	学科教学	倪睿淳
45	2021年上	预备4	职业连连看	社会实践	周丹妮
46	2021年上	预备5	科学"探险家"	学科教学	徐俊锋
47	2021年上	预备6	韩语与韩文化	社团活动	卫弈晨
48	2021年上	预备7	西方电影作品鉴赏	社会实践	李雪萌
49	2021年上	预备8	旅行的意义	社会实践	孙慧

6. 课程保障

(1) 课时保障：学校基本实现了探究型课程的常态化，在预备年级安排每周2个课时，并排入课表。

(2) 专家指导和教研时间保障：浦东教发院曹明老师每周二上午，定期来校进行课题研究相关主题的集体、小组或个别指导；学校每两周组织一次探究课的教研活动，使执教教师有机会交流授课心得和相互学习。

(3) 资源保障：建立共享数据平台，将历年授课情况收集整理，并上传到学校共享平台，方便教师们学习和参考，此外购买数据库，以供教师们更新相关文献，提供学习平台。

(4) 制度和管理保障：制定了一系列探究型课程的研修制度和管理措施，使探究型课程在组织管理、绩效管理上都得到了保证，确保了探究型课程的有效落实。

(七) 课程实施

1. 实施原则

所谓"原则"，是指课程实施时需要把握的相关准则。本课程实施中，主要把握以下"六原则"。

(1) 针对性原则

所谓"针对性原则"，是指课题研究过程中需要针对不同的内容、问题和情况，来制订研究计划和加以实施，以更好地提升学生的探究型三类课程相关学习效能"三素养"（学习意识、学习能力和学习行为）、学会学习"三素养"（乐学善学、勤于反思和信息意识）和整体学习质量的准则。

① 针对课题文献情报，在不同的阶段，根据课题研究的需要进行文献资料的收集、整理和分析。

② 针对现状调查结果，分析现有课程所存在的问题，进行完善课程的研究；

③ 针对课程的编制，制订课程规划，选择学习内容，生成课程材料；

④ 针对课程的实施，设计探究活动方案，组织学生学习活动；

⑤ 针对课程的评价，制定各类评价标准，开展课程实施效能的评价活动等。

针对性原则的落实，主要聚焦在每次活动都有针对性，引导了教师和学生怎么去做，提高了教学的实效性，让教学走向高效。聚焦研究的五项具体针对性，将不同时期的研究重心做实做细，将相应内容细化，从而提高了完成上述五项研究内容不同阶段的实效，提高了科学性。

(2) 主体性原则

所谓"主体性原则"，是指学生是学习的主体，提高探究型校本课程实施效能的实施过程是以学生为主体的，以更好地提升学生的探究型三类课程相关学习效能"三素养"、学会学习

"三素养"和整体学习质量的准则。

① 学生素养现状调查中的主体性：一为参与前后测问卷调查准备，二为填写调查问卷，三为参加课例研究中相关实施效果的调查，四为参与相关具体探究课程实施的过程性调查。

② 三类探究型校本课程编制中的主体性。

③ 三类探究型校本课程实施中的主体性。

④ 三类探究型校本课程（学材）评价中的主体性，一为由学生直接填写学材评价标准；二为由学生提出完善建议。

⑤ 三类探究型校本课程（学材）反思、改进中的主体性。

展现学生主体性原则，既是探究课程原本的宗旨，也是我校办学宗旨的体现，调动了学生的积极性和参与感，变"要我学"为"我要学"，进一步提升学生的核心素养能力。

（3）实践性原则

所谓"实践性原则"，是指本课题的实施，需要在课堂教学、校园实施、家庭实施、社区实施、社会实施和评价过程中，以更多的实践操作为主，来提高校本探究型课程的实施效能，促进学生核心素养之各自"三素养"等的发展准则。

① 课堂教学中的实践，学会某项技能掌握的操作实践，先会后熟。

② 校园实施中的实践，提高在校园里的自我管理能力。

③ 家庭实施的实践，能够动手开始操作，培养自主意识和能力。

④ 社区实施的实践，关心社区发展，学会助人为乐。

⑤ 社会实施的实践，能够面对和适应社会环境，获得自我价值观。

⑥ 评价过程的实践，将评价的标准落实在实际的操作之中。

通过实践性原则的落实，让学生从实际出发，将所学所看所知转化为行动，从而又能够获得新的知识和领悟。

（4）发展性原则

所谓"发展性原则"，是指随着课题研究的进行，将会不断地发现影响提高校本课程实施效能的因素，需要适时进行多元化调整，以更好地提升学生的探究型三类课程相关学习效能"三素养"、学会学习"三素养"和整体学习质量的准则。

① 各级课题调整研究方案的局部调整；

② 探究型校本课程·纸质资源设计的局部调整；

③ 学生学习素养发展方面的局部调整。如，核心素养背景下探究型校本课程实施效能之学生"三素养"发展整体目标、相关一级子课题和教师小课题之学生素养发展目标、学生个体学习素养的发展目标的局部调整。又如，核心素养背景下探究型校本课程实施效能之学生学习"三素养"发展培养内容的分层局部调整。

通过发展性原则，发现课程中的不足和优势，总结课程的经验，从而体现课程的活力，让课题研究的内容切近实际情况。

(5) 激励性原则

所谓"激励性原则"，是指在三类探究型校本课程的实施过程中，教育者和受教育者都需要注意挖掘课程学材、教学组织、学习参与、学习质量等方面的进步与良性变化的元素，适时进行多元化的激励，以保持教育者和学习者提高探究型校本课程·纸质资源优势传承，不足积极弥补、空缺主动开发，以更好地服务于提升学生的课堂学习效应、探究型学习"三素养"、学会学习"三素养"和整体学习质量的实施准则。

① 课程学材，以书面鼓励性反馈为媒介。

② 教学组织，教师及时实施表扬和鼓励。

③ 学习参与，激发学生参与活动的热情。

④ 学习质量，促进学生养成良好的行为习惯。

通过激励性原则，调动师生参与到探究型校本课程学习的热情，加大日常对学生的正面反馈，让学生在学习过程中拥有积极乐观的心态，促进学生自主发展。

(6) 综合性原则

所谓"综合性原则"，是指提高核心素养背景探究型校本课程实施效能的研究，其学生素养发展导向与研究的组织，都带有整合的元素，以更好地促进三类课程学材的编制、实施和评价，促进学生三类课程实施效能和学会学习之"三素养"的发展准则。

① 三类课程学材的编制、实施和评价中的整合实施——一为需要各学科协调行动，共同参与课程学材的传承、弥补和新开发；二为共同协调学期、学年和整个研究周期的实施计划；三为共同参与每次重大探究性学习活动，尤其是带有多学科参与重大探究性学习活动的协调组织。

② 学生素养发展的综合性。一为整体导向的综合性；二为核心素养背景下探究型校本课程实施效能之学生发展培养目标的综合性；三为核心素养背景下探究型校本课程实施效能之学生发展培养内容的综合性；四为实施途径中，校园、家庭、社区和社会实施（简称"四区域"实施）中实践操作为主的综合性。

③ 课程评价的综合性。一为学材本身的评价的综合性，二为课程学习的综合性，三为教师课程实施评价的综合性。

④ 课程实施中激励性评价的综合性。既有每次过程评价，一次活动的课中，一次活动结束后的整体评价，四个单元四大活动，一个板块活动结束后激励性的综合评价。一门课程探究型成果的综合评价。

通过四类综合性原则的实施，进一步将对学生的评价多元化，以总体的视角看待学生的成长与发展,为核心素养的培养奠定基础。

2. 实施途径

所谓"实施途径",是指本课题之学科拓展类、社团活动和社会实践三大类校本探究课程实施中的相关路径——主要探索了各路径的实施目标、实施具体途径、实施策略、实施形式和评价举措,以促进课程实效相关效能的提高和提升学生课程实施效能之相关意识、能力和良好行为习惯,促进学会学习和提高整体学习质量。

以下,撷取三条实施途径中实施目标、实施具体途径(教学或活动环节视角)、实施策略、实施形式、实施方法和评价举措方面一些共性做法,分别加以介绍。

（1）实施目标

如冯骉老师在社会实践类探究型校本课程"属于垃圾的 place"公开研究课中,分以下三大维度,定位了学生核心素养的培养内容。

案例1　实施目标

本次研究课,通过组织学生独立为辅、小组合作探究为主完成课前、课中和课后"三程""三大方面、七项任务",有机培养学生以下科学精神、责任担当、学会学习三方面的核心素养（简称核心"三素养"）。

1. 科学精神方面——勇于探究

围绕"垃圾分类的意义、垃圾分类的做法、垃圾分类的推广"这三个主任务,学生勇于开展探究性学习：

一是学生根据自己对于"垃圾分类"这一问题的认识,提出疑惑和关注点,提出和确定小组探究的主题,锻炼注意观察社会现象、进行质疑和确定小组探究主题的能力和提升质疑探疑精神;二是主动地运用已经掌握的相关知识和方法,从观察视频、网络检索、现场听取分享等途径,主动收集化解"垃圾分类"问题的方式方法;三是合作进行梳理概括、撰写成文,并尝试制作课中展示交流用的 PPT,注意通过合理的方式方法,来解决制作 PPT 时的困难;四是课中勇于交流和注意撷取其他小组交流的信息;五是课后勇于独立反思、总结撰写参与课前、课中探究的经验与不足,敢于参与下次课始的全班交流。

2. 责任担当方面——社会责任

学生小组合作为主、独立为辅,主动完成课前"垃圾分类"的意义、分类的方式方法信息的多渠道收集、筛选,总结课中交流用文稿和 PPT 准备任务,课中小组参与全班课前探究成果的分享、评价、归纳总结,课后独立撰写学课反思和下次课始参与全班交流,提高完成三大方面、七项具体任务时个人和小组的责任心;主动锻炼相应能力;潜移默化地理解垃圾分类的必要性,增进自己身为一名社会合格公民和青少年对于社会所肩负的责任心。

3. 学会学习方面——乐学善学、勤于反思、信息意识

（1）乐学善学

学生围绕主题"垃圾分类"的"三大方面、七项任务"进行探究活动时，能围绕完成驱动型探究任务，借助"三程学习单"和其他"二策二式"的整合运用与引导，能积极投入"三程七项任务"的小组合作为主、独立学习为辅的探究活动；能尽量快速、高质地完成任务，进一步熟悉此类探究型课程的学习策略和方式方法，注意将学习时所感知到的经验迁移到其他学科的学习中；增进探究学习的愉悦感和自信。

（2）勤于反思

一是课前反思，小组合作协定本组对所选垃圾分类类型，收集、汇总材料，构思课中交流拟用的探究成果文字及制作与美化 PPT 过程中所做的"独合结合"反思，完善本组课前探究交流成果；二是学生参与小组探究成果当堂展示、点评、小结中的反思，促进自主内化探究成果课中展示、点评和小结归纳能力；三是学生根据课后学习单"优缺点反思表"，独立完成课后本人、本组的笔头反思和参与下次课始的交流，进行自评与互评，能认识到课前探究准备、课中展示交流、小结归纳和课后笔头反思等的优势、不足和待改之处，锻炼进行自我梳理，显性呈现"三程"探究经验教训和促进后续更有效地参与"三程"探究学习、日常学习的能力，增进对勤于反思的价值认识和注意养成勤于反思习惯的意识。

（3）信息意识

学生在参与"三程"完成"三大方面、七项任务"中，小组合作为主，独立学习为辅，观察视频、网络收集小组所选"垃圾分类"探究类别、撰写本组汇报探究成果材料和制作 PPT、参与课中展示成果、点评和小结归纳、课后独立反思与撰写个人和本组的"优缺点反思表"、下次课始参与全班交流与自评互评中，锻炼重心不一的信息技术运用能力；增进对多元化信息技术运用所带来的便捷性、丰富性、趣味性、高质性等优势的感受，增进自觉运用意识。

这就很好地引导了落实举措、三维目标和实施过程中的课题研究的指向，促进了本课实施效能"五维度"的有效落实和学生核心素养的发展。

（2）实施途径——"三程"实施

参与课例研究的教师，普遍组织了学生课前、课中与课后"三程"的实施。如，仍以冯老师于 2019 年 5 月 27 日下午第 2 节在学校录播教室，对预备（7）班学生进行了本课的首次教学实践为例——这是其"三程"实施的过程表（见案例 2），学生围绕"三大方面、七大任务"进行独立学习为辅、小组合作为主的探究。其中前三个环节为课前完成；第四到六环节为课中完成；第七环节是课中布置，课后学生先独立撰写文本反思，在下次课上参与全班交流。这样的"三程"一以贯之的设计与实践，使得学生核心"三素养"得到了"三个很大的提升"并提高了课程实施效能的"五维度"。

案例2 实施途径——"三程"探究

一、首次实践过程

时间分配（分）	教学环节	教师活动	学生活动	课题研究
15	一、确定探究主题、创建探究小组和明确组员间的任务分工，锻炼协定小组探究主题和合理分工、建设小组文化的素养	1. 组织学生讨论、投票，师生共同确定探究主题，围绕"垃圾分类"这一社会现象与话题展开。 2. 在自由分组的原则下，明确分组的要求：组员人数（6—7人1组），组长选择，小队文化的创建。 3. 借助多媒体指导，明确6个探究小组（垃圾分类的意义组、垃圾分类的"四分法"的四个组合和分类的推广方式方法组）和组员的分别任务。	1. 参与讨论、投票和确定探究课题为"属于垃圾的place"。 2. 学生自由分组，每组6—7人，共计6组，并设计组标志，选出组长。 3. 确定每组的课堂记录员、资料搜集员、分析编辑员、展示演讲者。	锻炼学生参与讨论、投票、协定小组探究主题和组内合理分工、明确各自任务，建设小组文化的能力；增进个人合作责任和组员间和谐合作意识。
60	二、组织小组合作观看视频、各组按所选垃圾分类相关小组成员分工从网络收集资料、仔细进行内部分类与筛选，培养从视频、网络等渠道收集、分类、筛选所需信息加以归纳能力和内化	1. 组织学生观看《公开的秘密》垃圾分类9集系列短片，要求学生独立观看并记录重点。 2. 要求学生按照小组主题与分工，根据课前学习单的任务表，从网络渠道搜集垃圾分类相关资料。 3. 要求学生阅读、梳理、筛选出有用的分类信息，利用Word文档，加以分类整理与提炼，汇总到本小组相关成员处。 4. 注意了解进程，对完成速度快、质量好、有一定特色的资料和个人、小组，做随机激励与引导。	1. 独立观、听、记，注意从视频中收集所需的垃圾分类的概念、意义等方面的信息。 2. 根据分工，借助学习单，从网络渠道搜集垃圾分类相关资料，包括但不限于"垃圾的种类""生活垃圾的定义""我国现行的垃圾分类政策""国外城市垃圾分类的现状"。 3. 独立阅读、梳理、筛选有效信息，借助Word文档，对视频、新闻、百度百科条目的大段文字，进行分类与要点提炼。 4. 独立听、思，内化。	培养学生的信息意识；初步了解垃圾分类的概念和意义；锻炼修正成员从视频、网络等渠道收集所需信息加以分类、筛选、内部分类和归纳的能力；提高后续小组探究成果提炼和制作交流PPT的速度。
60	三、6个小组按要求分别确定课前探究主题的成果文本、制作课堂展示用的PPT并利用课余时间完成模拟试讲，锻炼小组合作梳理、提炼符合主题的探究成果、制作PPT、进行模拟交流的能力和增进信息意识与合作精神	1. 要求6个小组利用课余时间，完成探究文本成果撰写和制作课堂展示的PPT，组内完成模拟交流。 2. 关注小组进程，随机提出修改意见。	1. 根据要求，小组合作撰写探究成果文本，制作PPT。 2. 根据教师意见，进行修改，扩充图片内容，删除关联性不大的文字，对于视觉效果等进行调整和优化。	增进学生的信息意识和探究成果展示准备意识；锻炼小组合作梳理、提炼符合主题的课前探究文本成果、制作PPT、进行模拟交流的能力；增进信息合作精神。

(续表)

时间分配(分)	教学环节	教师活动	学生活动	课题研究
28	四、组织6个小组代表当堂展示交流,锻炼展示表达能力,进行互动答疑解释能力,同步观、听、记、思和准备评价能力;增进信息意识和合作精神	1.要求按照课前抽签顺序,各小组有序到讲台处,借助多媒体进行课前探究主题成果的当堂展示交流;需响应台下学生的提问互动。 2.注意观察、倾听,做随机激励与引导;提示注意根据评价标准,边观听、边记录、思考如何客观公正进行自评互评。	1.由小组代表到讲台处借助多媒体作探究成果的展示交流,与台下同学互动答问解疑(交流小组的其他成员,可以参与互动插话解释)——实际完成了5个小组的成果展示交流。 2.独立听、思;按要求对照评价标准,观、听、记、思,准备进行评价;注意撷取交流信息和教师的激励与引导、内化。	锻炼学生展示表达能力,进行互动答疑解释能力,同步独立观、听、记、思和准备评价能力;增进信息意识和合作精神,提高成果表现表达的自信心。
5	五、组织小组成员据标自评、组际互评与交流、听取教师评价,锻炼根据评价标准客观公正自评互评能力,明确分析优势不足,注意扬长避短,增进评价自信,勇于探究、交流	1.组织其他组员点评,组织组内互评。 2.教师针对性补充点评。	学生利用评分标准进行评分与口头点评,小组代表进行交流与回答。	锻炼学生借助评价标准进行自评、互评和提高表达能力,促进学生勇于探究素养的发展。
5	六、总结归纳探究内容、方法,培养科学与合作精神,提升小结素养,巩固"垃圾分类的四分法",推广的方式方法和责任意识,提升合作探究精神	借助PPT进行小结,归纳垃圾分类的意义、"四分法"和做好推广的方式方法;肯定各小组的课前准备的充分性和课堂交流材料的科学性、丰富性、相互协作性。	独立听、观、思、记录;注意内化小结的内容和合作精神。	增进课尾小结意识;进一步熟悉"垃圾分类的四分法"和做好分类推广的方式方法等探究内容,内化小结方法;增进责任意识,勇于探究精神和合作精神。
2	七、课后独立进行笔头反思和下次课始小组代表参与全班交流,锻炼独立反思、撰写成文能力,锻炼小组代表汇总整理参与全班交流的能力和勇于交流的精神;增进及时反思意识和做好垃圾分类人人有责的意识	1.要求学生课后先独立撰写书面反思,再小组进行汇总。 2.下次课上,抽取小组代表,参与全班交流;注意观察和倾听;并做随机激励与引导。	1.独立听、思,课后准备撰写学课反思,再小组代表进行汇总,准备参与全班交流材料。 2.小组代表参与全班交流,其余学生听、思;听取教师随机激励与引导、思考、内化。	锻炼学生课后独立反思、撰写成文能力,小组代表汇总整理、准备参与全班交流和实际参与交流的能力和勇于交流的精神;增进全班学生及时反思意识和做好垃圾分类人人有责的意识。

(3) 实施策略

在课程实施中，参与实践的教师，主要研究了鼓励质疑、任务驱动、合作学习、反思总结和适时激励等策略，都较好地引导了学生相关"三程"探究活动的实施。如，李雪萌老师于2021年6月11日对预备年级学生所组织的学科探究型校本课程"西方电影作品鉴赏·综合探究成果展评"活动中，实施了"任务驱动策略"。

案例3　实施策略——"任务驱动策略"

在本次课中，教师要求6个小组分别选取自己最喜欢的一部电影来进行鉴赏，最终以PPT的形式进行小组汇报。由组长来根据各小组成员的特点和优势进行职责分工。职责内容包括：制作PPT，进行影片背景/内容介绍，进行人物介绍，选取电影主题，介绍拍摄/记叙手法，从背景音乐、题材、演员演技、特效等特色维度进行鉴赏（选取1—3个特色维度进行鉴赏即可）。

具体而言，教师总计实施如下7项任务：
① 确定主题与分工
② 资料收集与筛选
③ PPT加工与制作
④ 当堂小组展示
⑤ 当堂点评交流
⑥ 当堂小结归纳
⑦ 课后笔头反思

明确具体的各项任务首先确保了本次研究课学生课前探究活动的参与度。其次，帮助学生更好地开展了课题的探究。因为明确翔实的任务，使得学生在探究时有整体的框架，有具体的操作依据，有明确的达成目标。再次，很好地提高了课堂探究的效率。因为这使学生带着小组和自己的任务进行探究，就能更加专注于它，从而更加保质保速地完成。最后，还培养了学生对于整个探究过程的一种深入思考，有机促进了探究性学习相关意识、能力和良好学习行为习惯的养成。

(4) 实施形式

在课程实施中，参与实践的教师，普遍研究了"三程三单"式、借助信息技术式、范例式、多元引导式、模拟体验式、适时激励式等实施形式，都较好地引导了学生相关"三程"探究活动的实施。如，王聿娟老师于2020年12月29日对预备年级学生所组织的学科探究型校本课程"探究《论语》对话语境·探究成果展评"活动中，实施了"三式"，以下，撷取其前"二式"

的做法实例。

案例4 实施形式——"评价量规引导式"

这是指在探究过程中,引导学生对即将进行的探究活动设计必要的评价标准和具体的量化内容,来引导学生学习,更有效地完成探究的实施形式。基于评价的学习,会让学生更明确学习的目标和内容。

对本课而言,有以下"三程"探究中,借助评价量规的引导:

课前:教师制定背诵评价标准,让学生知晓规则,提高效率。结合小组展示探究成果、剧本表演、和学生商讨相应的评价量规的维度与标准,参照网络资源,确定一份完整明确的剧本表演的评价量规,用于课前准备阶段的排练。教师准备一份不完整的小组学期汇报交流的评价量表,为上课提高效能做准备。

课堂上:背诵比赛环节,让评价组根据规则进行正误判断;表演环节,让评价组根据剧本创作与表演评价量规进行打分,并结合评价量规,进行点评再小组汇总。小组合作进行学期汇报过程中,填写完整的评价量表。让学生借助评价量规的引导,提高对相应活动的认识和参与的积极性。同时随时思考,随时质疑,及时评价。

课后:同样借助评价量规,进一步反思总结个人和小组的探究完成情况,总结经验,寻找不足。

这样的引导,增进了学生评价反思总结的意识和改进的意识;引导了评价实施的可操作性、客观公正性;引导探究过程的实施,提高了课堂实施的效能。

案例5 实施形式——"借助信息技术式"

这是指在整个探究过程中,师生使用各种信息技术手段来帮助学生完成探究任务,辅助教师引导学生,以提高学科类校本探究课程的实施效能的形式。

课前:学生在探究《论语》对话语境时,需要整合网络资源,包括文字资料和影视资料,加深对《论语》的理解,同时要完成剧本创作,也需要寻找相应的网络资源,了解剧本的基本构成,用Word或PPT的形式进行汇总,在进行课堂展示时,提前制作PPT帮助展示汇报内容。

课堂上:整节课的清晰流程需要教师制作PPT,把课堂各个环节需要使用多媒体的内容呈现在课件里,节约时间,提高课堂的容量度。小组在剧本表演过程中借助多媒体资源呈现背景或穿插音乐等还原当时的情境,增强表演的场面感。

课后:课后反思总结,以Word文档的形式,提交在钉钉作业里,优秀作业也方便学生进行共同学习。

通过各种信息技术的整合运用,既锻炼了信息技术的运用能力,增进了信息意识;又方便了收集、筛选、梳理、提炼所需的信息,提高了探究的速度和质量;还保持了学生探究的兴趣,落实学习主体的地位,在提升学生核心素养的同时,提高课堂效能。

这是冯骉老师在前述一课中实施的。

案例6　实施形式——"适时激励式"

① 课前:当学生搜集垃圾分类方式方法方面资料准确,完成任务速度较快时,教师进行个别的口头表扬,从而激励了相应的行为。

② 课中与课后:一是课中——当演讲展示课前探究成果小组的学生表达清晰有条理,或者是展示方式有新意时,教师会在全班面前进行点名表扬,并给予奖励积分;二是当学生评价他组表现时,能抓住关键且用语规范时,教师会进行口头表扬;学生回答问题积极时,教师也会进行口头表扬;三是发动学生借助"评价标准"进行预设评价,重在发现各组的优势和特色,各组之间互相激励;四是在课尾的集中小结环节,教师不仅总结表彰在垃圾分类的意义、四分法、推广的方式方法成果展评中的出色表现,更注意对最为突出的小组给予奖励积分,并对其他在制作探究成果PPT过程中付出特别贡献的学生在全班面前作点名表扬;五是课后——对学生独立完成的课后学习单"优缺点反思表"中本人、本组参与课前与课中探究的情况进行的书面小结与反思,在下次课始参与全班交流时,注意倾听和随机激励与引导。这样,一方面激发起学生完成相应任务的热情,保证了学生在课堂上的参与度;另一方面,引导了学生注重提高"三程"完成探究任务中的速度、质量和一定创意性,注意客观公正地进行自评互评、注意承担合作责任和增进合作精神,注意及时进行文字反思交流,能够扬长避短。

(5) 实施方法

实施方法,在课程实施中用得较多的,是以下"四法"。

① 讲授法:是指教师在课程实施过程中运用口头语言向学生描绘情境、叙述事实、解释概念、论证原理和阐明规律的教学方法。在学习理解难度较高的新知识时,采用讲授的方法进行教学;在学生学习过程中,进行全体指导时,采用讲授的方法进行指导;在学生展示交流活动中,进行即时分析时,采用讲授的方法进行解说等。

比如,陈力老师在"植物种植"探究型课程中,通过视频、图片和实地讲授的方式,让学生明白了植物种植的基本要求和季节变化等。

② 榜样法:是指教师选择在课程活动中有优异表现的个人或集体加以表扬,针对性地组织开展交流活动,引导其余学生以他们为榜样进行学习和效仿的教学方法。在课程实施

的过程中,发现表现优异的学生、进步明显的学生、任务完成质量高的个人或小组等都要及时地予以肯定和表扬,并树立学习榜样。

例如,李雪萌老师的"西方电影鉴赏"课程中,李老师对一位出色完成任务的同学进行表扬,鼓励其他同学向这位同学学习和模仿,从而带动班级其他同学的学习热情。

③ 实训法:是指教师根据课程实施的需要和学生的实际情况,合理地设计实训内容,引导学生有目的、有计划地开展实训学习活动的教学方法。在课题实施的过程中,理论知识的学习、操作技巧的练习、专业技术的训练、应用能力的锻炼等都可以采用实训的方法。

比如,黄爱民老师在"少年连环拳"课程中,通过对学生一个一个动作的实训指导,帮助学生更快更标准地学会少年连环拳。

④ 反馈法:是指教师通过安排学生完成学习任务、进行展示交流、撰写活动小结和开展评价活动等方式,适时反馈学生的学习效能情况。每堂课设计适量的学习任务、适时安排汇报交流活动、每个阶段结束撰写活动小结、课题结束撰写活动总结等。

比如,在汤翔华老师"小分子大用途"探究型校本课程中,通过学生现场操作实验得出的反馈情况,让学生能在很短的时间里分辨出小分子的用途,从而增进学生对"小分子"的认识,细致地观察出它们的特性。

以下分享汤翔华老师于2019年4月25日下午第2节课在学校资源教室对六(1)班学生所上"小成分大用途:糖"的公开研究课中所尝试的"实训法"。

案例7　实施方法——"实训法"

课前:对学生合作小组开展如何运用信息技术,从网络渠道收集资料和制作PPT课件的实训。培养了学生团队合作意识,对所收集的信息进行梳理、判断、筛选、概括的能力;增进了小组合作进行信息收集、处理和运用意识。

课堂导入后:在课堂中学生小组合作进行展示交流活动,注意加强观察、倾听,及时加以表彰与引导。培养了学生团队合作意识以及参与全班交流的能力。

课尾:组织全班学生合作梳理、总结和表达本次学习活动(课前与课堂)所学内容、方法和个性化的体会,并讲解糖类与营养、健康的关系。锻炼了全体学生合作课尾集中小结的方法;增进了小结意识,促进良好课尾小结习惯养成;增进了对膳食平衡意义的感受。

(6) 评价举措

在课程实践中,教师普遍设计了相关随机激励的举措、预设激励的评价标准和相关评价方法的运用。有的教师的评价举措,研究得比较全面,如汤翔华老师在其子课题报告《核心素养背景下提高学科拓展类探究型校本课程实施效能的实践研究——以提高"小成分大用途""我们需要化学"化学学科拓展类探究型校本课程实施效能为例》中,探索了4项评价标准,即《核心素养背景下提高化学学科拓展类探究型校本课程实施效能课程·纸质学材编制评价标准》《核心素养背景下提高探究型校本课程实施效能之学生探究素养发展评价标准》《核心素养背景下提高探究型校本课程实施效能之研究课评价标准》和《"小成分大用途"化学学科拓展类探究型校本课程学生整体学习质量评价标准》;3种评价方法,即量表法、观察法和综评法,各有细化的操作举措。尤其是4项评价标准,既有对课程纸质学材的评价,又有研究课的评价标准,还有对学生探究学习素养和整体学习质量发展的评价标准;既对学生的探究学习有很好的过程引导,又对学习结果的目标有所引导;还提供了较为规范和细化的评价操作要求,学生容易把握,增进了学生的据标评价意识,锻炼了客观公正评价的能力;促进了课程实效效能"六维度"的提升。

(八) 评价体系

1. 指导思想

(1) 中国学生发展核心素养之学会学习方面的素养发展要求

① 乐学善学:能正确认识和理解学习的价值,具有积极的学习态度和浓厚的学习兴趣;能养成良好的学习习惯,掌握适合自身的学习方法;能自主学习,具有终身学习的意识和能力等。

② 勤于反思:具有对自己的学习状态进行审视的意识和习惯,善于总结经验;能够根据不同情境和自身实际,选择或调整学习策略和方法等。

③ 信息意识:能自觉、有效地获取、评估、鉴别、使用信息;具有数字化生存能力,主动适应"互联网+"等社会信息化发展趋势;具有网络伦理道德与信息安全意识等。

(2) 党中央国务院关于新时期推进教育评价改革的总体方案精神和《教育部关于推进中小学教育质量综合评价改革的意见》

该"意见"明确提出:"遵循学生身心发展规律和教育教学规律,坚持科学的教育质量观,充分发挥评价的正确导向作用。"党中央、国务院的"总体方案"要求,突出重点,注重导向,把学生的品德发展水平、学业发展水平、身心发展水平、兴趣特长养成、学业负担状况等方面作为评价学校教育质量的主要内容,着力构建中小学教育质量综合评价指标体系。此外,还要改进评价方式方法,科学运用评价结果。

(3) 上海市教育委员会《关于切实规范中小学课程教学工作深入实施素质教育的若干意见》的精神

该"若干意见"明确提出:"改变单纯以学生学业成绩作为衡量教育质量的观念,树立全面的教育质量观。从评价理念、评价内容、评价技术和结果应用等多方面探索科学的学业评价方法，提升教学质量，促进学生综合素质的全面发展。"学校遵循"让每个人得到和谐可持续发展"的办学理念，把满足学生健康成长的需求作为一切工作的出发点和落脚点，坚持以学生发展为本，充分发挥学生的学习潜能，努力提高学生的综合能力。

（4）上海市中小学生学业发展绿色指标

绿色指标：包括学生学业水平指数（包含学生学业成绩的标准达成度、学生高层次思维能力指数以及学生学业成绩均衡度。其中学生学业成绩均衡度包括总体均衡、区县间均衡和学校间均衡三个方面）、学生学习动力指数（学生学习动力指数主要有四个方面，分别为学生学习自信心、学习动机、学习压力和学生对学校的认同度）、学生学业负担指数、师生关系指数等。可以看得出，在学校教育方面，我们以"绿色指标"为导向，树立全面发展的质量观。"绿色指标"内容多元、方法多样，学校要帮助教师掌握评价方法，指导教师在落实评价中学习评价，积累正确使用评价促进教学的体验，提高在学校生活中关注并指导学生学习过程的能力。

（5）罗山中学的学校办学理念和学生发展目标

上海市罗山中学是一所有着 60 多年办学历史的公建配套初级中学，现有 30 个班级，1 000 余名学生。在长期的办学过程中，学校秉持"奋进"校训，始终贯彻"让每一位师生阳光出彩"的办学理念，积累了丰富的办学经验，是一所在浦东新区被教育同行关注、受学生家长欢迎的"上海市新优质学校"。对学生的发展目标，是让学生享有成长的历程，把满足学生健康成长的需求作为一切工作的出发点和落脚点，坚持以学生发展为本，充分发挥学生的学习潜能，努力提高学生的综合能力。

（6）本课题的研究目标、所定学生素养发展目标和素养发展培养内容

通过研究，对课题内涵、文献研究、现状调查、学生素养发展目标、学生素养发展培养内容、完善课程编制、实施原则、实施途径和评价体系等九项内容开展研究，构建本课题的操作框架，总结实施的经验，丰富核心素养背景下提高初中探究型校本课程实施效能的理论。提升教师的探究型校本教材编制、课程活动设计、课程实施和课程评价的素养；提高学校探究型校本课程实施的整体效果，进一步提高学校的办学特色水平。

2. 评价标准

（1）总课题研制的总体评价标准

主要包括以下三类三项评价标准——见"表7—表9"。

①《核心素养背景下提高探究型校本课程实施效能课程编制评价标准》

②《核心素养背景下提高探究型校本课程实施效能课堂活动评价标准》

③《核心素养背景下提高探究型校本课程实施效能学生素养发展评价标准》

表7 核心素养背景下提高探究型校本课程实施效能课程之学材评价标准

评价指标Ⅰ(分)	评价指标Ⅱ(每项5分)	评价要求(分)	评价分值	小计
课程意义(10)	是国家课程的有益补充,能彰显学校特色。	是(5);较是(4);一般(3);需努力(2—0)		
	注重学生素养发展的需求。	是(5);较是(4);一般(3);需努力(2—0)		
课程目标(20)	知识、能力和情感目标齐。	做到(5);大多做到(4);基本做到(3);基本做不到(2—0)		
	表达明确清晰。	做到(5);大多做到(4);基本做到(3);基本做不到(2—0)		
	表达简洁具体。	做到(5);大多做到(4);基本做到(3);基本做不到(2—0)		
	考虑学生分层的因素,贯彻因材施教的原则。	做到(5);大多做到(4);基本做到(3);基本做不到(2—0)		
课程内容(20) 探究型课时是三类课程要做三类评价,第一、二、三类隐性地给学生使用。过程性实施中一直在评价的,小样本抽样。	内容层次分明,框架清晰。	做到(5);大多做到(4);基本做到(3);基本做不到(2—0)		
	内容表达科学,启发性强。	做到(5);大多做到(4);基本做到(3);基本做不到(2—0)		
	内容设计具有创新性。	做到(5);大多做到(4);基本做到(3);基本做不到(2—0)		
	内容突出探究性学习能力的培养。	做到(5);大多做到(4);基本做到(3);基本做不到(2—0)		
课程设计(35)	制订教学计划、合理安排教学进度。	做到(5);大多做到(4);基本做到(3);基本做不到(2—0)		
	根据学生的实际,设计内容开放、容量适量、层次分明。	做到(5);大多做到(4);基本做到(3);基本做不到(2—0)		
	灵活运用多种教学方法。	做到(5);大多做到(4);基本做到(3);基本做不到(2—0)		
	面向全体学生,因材施教。	做到(5);大多做到(4);基本做到(3);基本做不到(2—0)		
	恰当使用现代化教育技术。	做到(5);大多做到(4);基本做到(3);基本做不到(2—0)		
	安排学生进行展示交流活动。	做到(5);大多做到(4);基本做到(3);基本做不到(2—0)		
	及时收集学生活动资料。	做到(5);大多做到(4);基本做到(3);基本做不到(2—0)		

(续表)

评价指标Ⅰ(分)	评价指标Ⅱ(每项5分)	评价要求(分)	评价分值	小计
课程评价(15)	内容可操作性。	强(5);较强(4);一般(3);需努力(2—0)		
	方法科学性。	强(5);较强(4);一般(3);需努力(2—0)		
	具有激励性和制约性。	强(5);较强(4);一般(3);需努力(2—0)		
特色加分(10)	加分原因:	特色明显(10—9);特色较明显(8—7);特色一般(6);特色不明显(5—0)		
综合评定	总分:	等第:	评价人(身份):	
评价说明	1. 评价主体:①课程指导教师;②参与课程学生;③课题组成员;④其他_____。 2. 比值:各评价主体的比值相同,满分均为100分,各评价主体评价完成后算平均分。 3. 总分计算:满分100分,特色加分可加入总分,但满分累计不超过100分。 4. 分数和等第间的转换:优(100—90分)、良(89—75分)、合格(74—60分)、需努力(59—0分)。			

注:《核心素养背景下提高探究型校本课程实施效能课程编制评价标准》设计了六个评价项目,每个评价项目都有具体的要求,可以很好地为教师编制和完善探究型校本课程提供参考。

表8 核心素养背景下提高探究型校本课程实施效能之研究课评价标准

教师		时间		节次	
上课内容				授课班级	
评价项目(分)	评价内容(每项10分)	评价要求(分)	评价分值	小计	
教学思想(10)	注重激发学生积极参与课堂探究性学习活动的兴趣,提高探究性学习能力,促进学生的可持续发展。	是(10—9);较多是(8—7);一般(6);需努力(5—0)			
教学目标(20)	符合学生探究型课程学习的需求,符合课程目标的需求。	做到(10—9);大多做到(8—7);基本做到(6);基本做不到(5—0)			
	有显性培养学生探究性学习能力的目标。	做到(10—9);大多做到(8—7);基本做到(6);基本做不到(5—0)			
教学内容(20)	内容正确充实,选择恰当,与教学目标相对应。	做到(10—9);大多做到(8—7);基本做到(6);基本做不到(5—0)			
	能根据培养学生探究性学习能力的需要组织内容。	做到(10—9);大多做到(8—7);基本做到(6);基本做不到(5—0)			
教学过程(20)	激发学生学习兴趣,有效地组织学生进行探究性学习活动,师生平等交流对话,学生学习积极主动,敢于质疑和发表自己的看法。	做到(10—9);大多做到(8—7);基本做到(6);基本做不到(5—0)			
	关注全体学生,重视探究性学习方法指导,注重启发性和针对性,教学方法灵活生动,注意生成性资源和发挥教学机制。	做到(10—9);大多做到(8—7);基本做到(6);基本做不到(5—0)			

(续表)

教师			时间		节次		
上课内容					授课班级		
评价项目(分)	评价内容(每项10分)			评价要求(分)		评价分值	小计
教师素养(20分)	为人师表,课堂中语言、板书、肢体语言和课堂管理等教学基本功扎实,现代教育技术运用熟练恰当。			做到(10—9);大多做到(8—7);基本做到(6);基本做不到(5—0)			
	知识丰富,功底厚实,课改意识强,有创新意识,努力形成教学特色。			做到(10—9);大多做到(8—7);基本做到(6);基本做不到(5—0)			
科研素养(10)	课题研究意识强,能将课题研究的相关精神有机地融入教学全过程。			做到(10—9);大多做到(8—7);基本做到(6);基本做不到(5—0)			
特色加分(10)	加分原因:			特色明显(10—9);特色较明显(8—7);特色一般(6);特色不明显(5—0)			
综合评定	总分:		等第:		评价人(身份):		
评价说明	1. 评价主体:①课程指导教师;②观课教师;③课题组成员;④其他_____。 2. 比值:各评价主体的比值相同,满分均为100分,各评价主体评价完成后算平均分。 3. 总分计算:满分100分,特色加分可加入总分,但满分累计不超过100分。 4. 分数和等第间的转换:优(100—90分)、良(89—75分)、合格(74—60分)、需努力(59—0分)。						

表9　核心素养背景下提高探究型校本课程实施效能学生素养发展评价标准

Ⅰ级指标(分)	Ⅱ级指标(分)	Ⅲ级指标(每项10分)	评价要求(分)	分项分值	小计
意识(100)	认识价值意识(30)	严谨求知意识	明显(10—9);较明显(8—7);一般(6);不明显(5—0)		
		健康审美意识	明显(10—9);较明显(8—7);一般(6);不明显(5—0)		
		较强责任意识	明显(10—9);较明显(8—7);一般(6);不明显(5—0)		
	学习运用意识(50)	积极学习意识	明显(10—9);较明显(8—7);一般(6);不明显(5—0)		
		勇于探索意识	明显(10—9);较明显(8—7);一般(6);不明显(5—0)		
		解决问题意识	明显(10—9);较明显(8—7);一般(6);不明显(5—0)		

(续表)

Ⅰ级指标（分）	Ⅱ级指标（分）	Ⅲ级指标（每项10分）	评价要求（分）	分项分值	小计
意识（100）	学习运用意识（50）	创意表现意识	明显(10—9)；较明显(8—7)；一般(6)；不明显(5—0)		
		团队合作意识	明显(10—9)；较明显(8—7)；一般(6)；不明显(5—0)		
	反思总结意识（20）	审视学习状态意识	明显(10—9)；较明显(8—7)；一般(6)；不明显(5—0)		
		总结学习经验意识	明显(10—9)；较明显(8—7)；一般(6)；不明显(5—0)		
能力（50）	程序性能力（10）	提出问题→制订计划→设计实验→分析论证→评估判断→交流展示	具备(10—9)；大多具备(8—7)；基本具备(6)；基本不具备(5—0)		
	具体方法性能力（40）	调查类能力	具备(10—9)；大多具备(8—7)；基本具备(6)；基本不具备(5—0)		
		操作类能力	具备(10—9)；大多具备(8—7)；基本具备(6)；基本不具备(5—0)		
		展示类能力	具备(10—9)；大多具备(8—7)；基本具备(6)；基本不具备(5—0)		
		信息类能力	具备(10—9)；大多具备(8—7)；基本具备(6)；基本不具备(5—0)		
行为（90）	程序性行为（10）	提出问题→制订计划→收集证据→分析论证→评估判断→交流展示	持续(10—9)；较长持续(8—7)；较少持续(6)；很少持续(5—0)		
	具体方法性行为（40）	调查类行为	持续(10—9)；较长持续(8—7)；较少持续(6)；很少持续(5—0)		
		操作类行为	持续(10—9)；较长持续(8—7)；较少持续(6)；很少持续(5—0)		
		展示类行为	持续(10—9)；较长持续(8—7)；较少持续(6)；很少持续(5—0)		
		信息类行为	持续(10—9)；较长持续(8—7)；较少持续(6)；很少持续(5—0)		
	坚持性行为（20）	坚持学习行为	持续(10—9)；较长持续(8—7)；较少持续(6)；很少持续(5—0)		
		坚持探索行为	持续(10—9)；较长持续(8—7)；较少持续(6)；很少持续(5—0)		
	反思总结性行为（20）	审视学习状态行为	持续(10—9)；较长持续(8—7)；较少持续(6)；很少持续(5—0)		
		总结学习经验行为	持续(10—9)；较长持续(8—7)；较少持续(6)；很少持续(5—0)		

(续表)

Ⅰ级指标（分）	Ⅱ级指标（分）	Ⅲ级指标（每项10分）	评价要求（分）	分项分值	小计
特色加分（20）	加分原因：		特色明显（20—18）；特色较明显（17—15）；特色一般（14—12）；特色不明显（11—0）		
综合评定	总分：	等第：	评价人（身份）：		
评价说明	1. 评价主体：①课程指导教师；②参与课程学生；课题组成员；④其他_____。 2. 比值：各评价主体的比值相同，满分均为240分，各评价主体评价完成后算平均分。 3. 总分计算：满分240分，特色加分课题加入总分，但满分累计不超过240分。 4. 分数和等第间的转换：优（240—216分）、良（215—180分）、合格（179—144分）、需努力（143—0分）。					

以上三个总体评价指标在实践过程中，逐一得到了很好的运用，三个评价指标的运用，为本研究提供各种依据，让课程实践过程有参考，证明课题的研究实效明显。

（2）子课题和课例研究中的评价标准

每一个子课题的研究都是在原来三个指标的基础上加以优化，比如，李雪萌老师在"西方电影作品鉴赏·活动展评"谈到，本节课程设计的学生活动环节是要求6个小组就自己最喜爱的电影进行鉴赏，最终以PPT讲解的形式在课堂上进行汇报展评。教师倾听学生的汇报展示，并在全部小组展示结束后给予中肯意见和鼓励性评价。台下观众依据评价表（见表10）对各小组表现进行点评和评分，最终根据总分排名选出3个优胜组并颁发奖励。

表10 "西方电影作品鉴赏·活动展评"研究课评价标准

评价指标Ⅰ（分）	评价指标Ⅱ（分）	评价要求（分）	计分	小计
探究成果和PPT主题（20）	突出	突出（10—9）；较突出（8）；一般（7—6）；不突出（5—0）		
	丰富	丰富（10—9）；较丰富（8）；一般（7—6）；不丰富（5—0）		
探究成果和PPT结构（20）	完整	完整（10—9）；较完整（8）；一般（7—6）；不完整（5—0）		
	合理	合理（10—9）；较合理（8）；一般（7—6）；不合理（5—0）		
PPT选材（20）	契合	契合（10—9）；较契合（8）；一般（7—6）；不契合（5—0）		
	新颖	新颖（10—9）；较新颖（8）；一般（7—6）；不新颖（5—0）		

(续表)

评价指标Ⅰ(分)	评价指标Ⅱ(分)	评价要求(分)	计分	小计
多媒体技术使用(20)	娴熟	娴熟(10—9);较娴熟(8);一般(7—6);不娴熟(5—0)		
	流畅	流畅(10—9);较流畅(8);一般(7—6);不流畅(5—0)		
文字表达(20)	逻辑	清晰(10—9);较清晰(8);一般(7—6);不清晰(5—0)		
	文字	优美(10—9);较优美(8);一般(7—6);不优美(5—0)		
口头讲解(20)	音量	洪亮(10—9);较洪亮(8);一般(7—6);声音小(5—0)		
	情绪	饱满(10—9);较饱满(8);一般(7—6);有气无力(5—0)		
团队合作(20)	分工	合理(10—9);较合理(8);一般(7—6);不合理(5—0)		
	配合	默契(10—9);较默契(8);一般(7—6);不默契(5—0)		
特色加分(20)	***	1. 能从各维度分析电影,思考深刻; 2. 对团队稍加介绍,表现力强; 3. 其他(自填):_____	符合(20—16) 大多符合(15—11) 一般(10—6) 较少或不符合(5—0)	
综合评定	总分:		等第:	评价人(身份):
评价说明	1. 满分:140 分; 2. 特色加分处理:计入总分,但计入后,总分不超过满分; 3. 评价主体:权重一致; 4. 分数和等第间的转换:各评价主体的原始总分相加后,除以评价主体总人数——140—126 分为优;125—111 分为良;110—96 分为合格;95—0 分为需努力			

教师的评价和台下学生的现场点评相对主观,对于最终各展评小组得分仅提供参考意见,最终影响排名的是各小组的评价表得分。小组电影鉴赏PPT展评活动要求台下观众组从PPT主题、结构、选材、多媒体使用技术、文字表达、讲解和团队合作等指标对台上展评组进行评分。每一指标设置满分为20分,总计共140分(另设置特色加分20分)。总分最终将转化为等级(优、良、合格、需努力),作为每小组的最终考评结果。该表将相对主观的评价标准量化,使得评价结果更加客观且具有可信度。

再比如,王聿娟"探究《论语》对话语境·探究成果展评"中,也使用了评价量表(见表11),

课上王老师要求学生背诵,从各小组探究专项内容中各提供10条值得积累的《论语》名句和教师推荐的10句名言中随机抽取六条组成一组。每组组长随机抽取一组,按照座位顺序顺时针或逆时针依次作答。答对的题多者取胜。而评分表就是在原有基础上,进一步优化。

表11 探究《论语》对话语境的剧本表演评价量表

评价要素 （Ⅰ级）	评分内容 （Ⅱ级）	层级四 （10—9分）	层级三 （8分）	层级二 （7—6分）	层级一 （5—0分）	计分 得分	小计
主题内容 （40分）	表演内容与《论语》语境的关系	非常符合	符合	基本符合	不符合		
	矛盾冲突的合理性与激烈程度	合理 很激烈	合理 较激烈	基本合理 不够激烈	不合理 不激烈		
	台词与人物的性格特征	非常符合	比较符合	基本符合	不符合		
	台词与情节变化的关系	有效推动	符合	基本符合	不符合		
表演技巧 （40分）	演员与角色造型	非常吻合	吻合	基本吻合	不吻合		
	口齿清楚程度与情感表达程度	非常清楚、恰到好处	清楚、比较适中	基本清楚、适中	不清楚、不恰当		
	服装道具的使用与舞台效果	恰到好处	合理	基本合理	基本无		
	表现力	强	较好	一般	缺少表现力		
表演整体效果 （20分）	配合默契程度	非常默契	较好	一般	基本没有		
	现场反应	强烈	较好	一般	差		
特色加分 （10分）	形式新颖有创意	非常好	较好	一般	缺少		
综合评定	总分：		等第：		评价人（身份）：		

评价说明：
1. 满分：100分。
2. 特色加分计入总分,但计入后的总分不能超过满分。
3. 各评价主体的权重一致。
4. 分数和等第间的转换：各评价主体的原始分相加后得到的平均分按四个等级处理：100—90分为优秀；89—75分为良好；74—60分为合格；59—0分为不合格。

3. 评价方法

随着研究进行,我们进一步细化了以下五种相关现状和课题研究成效整体的评价方法。

（1）量表法

量表法是指运用量表对对象进行测量研究的方法。①运用总课题的3个评价量表,进行三条实施途径之探究课的过程评价;②运用表9,对学生素养发展情况实施前的诊断性评价,实施一定阶段后的中期评价,实施结束前的结果性评价;③运用总课题的量表和自开发的特定量表,各一级子课题和教师小课题进行前测调查、过程性实施后的调查和一定阶段后的结果性评价,以实现评价的诊断、引导和促进发展的价值。

(2) 问卷法

问卷法,是通过由一系列问题构成的调查表收集资料以测量人的行为和态度的研究方法。根据本课中的课题研究实施前、实施后的现状,将设计和制作调查问卷,对参与探究型校本课程学习的学生和课程指导教师进行"罗山中学探究型校本课程实施效能现状调查"的前测和后测,以提高课题设计的针对性和研究成效的科学性;在一级子课题和小课题研究中,将运用总课题的调查问卷和自开发的调查问卷,进行相应的前测、过程性调查与实施一定阶段后的调查,以更清晰地把握被研究对象的相关现状,提高实践研究设计的针对性;为行动研究的调整提供依据;为引导学生发展和理解实施后的实效提供精确的数据,提高成效表达的科学性。

(3) 观察法

观察法是指研究者根据一定的研究目的、研究提纲或观察表,用自己的感官和辅助工具去直接观察被研究对象,从而获得资料的一种方法。在本课题研究过程中,将运用总课题的相关量表和参与研究教师自开发的观察表,组织开展三大实施四途径下相关研究课和校内外学生的自主、合作探究活动等的现场观察,记录观察情况并进行分析,了解实施的情况,为改进教与学,进一步提高实施效能提供依据。

(4) 探究成果展评法

这是指对学生参与探究型课程之过程性成果和结果性成果进行评鉴的办法。通常情况下,要求小组长完成一份总结报告,并在报告中说明协作组成员对协作任务的完成情况、完成任务过程中所应用的策略和具体实施过程、最终成果的价值和存在的问题等。评定人员可以依据具体的指标体系进行定量计分,也可以按照各组成果和报告的优异程度排列等级。

(5) 综评法

所谓"综评法",是指采用多元化评价对某一事物、人员素养等进行一个综合性的结果性评价。在本课题研究过程中,是对全体预备年级参与校本探究课程学习活动的学生的学期、学年、课程全程结束时一定阶段的探究型校本课程的实施中的过程性参与情况、成果情况、终结性探究型成果情况,参加课程活动后的学生探究型学习"三素养"、学会学习"三素养"和整体学习质量等情况,按一定的比例,进行累计计分和分析,最终得出综合性的结果性等第和评语评价的办法。这就很好地促进了学生既注意参加好每次的课程活动,注意积累过程性探究成果;又注重提高课程终结性探究成果的提炼、概括,提高成果质量和课程实施效能;更引导了学生将课程与发展探究意识、知识和良好探究行为习惯结合起来,并注意将探究学习的素养迁移运用到学科学习中,提升了学习卡整体学习质量;也促进了教师注意更好地提高探究型校本课程的实施效能。

四、成效和成果

（一）主要成效

1. 探究型校本课程纸质资源编制方面

2021年8月，《上海市教育委员会关于印发上海市中小学2021学年度课程计划及其说明的通知》(沪教委基〔2021〕32号)，明确指出，着力减轻学生过重课业负担的要求，加强教育管理，认真执行课程计划，努力提高教育质量。通过本课题的研究，对现有的探究型校本课程进行梳理，继承高效的课程，改进低效的课程，并推动新课程的开发。目前，已形成17门（册）具有较高实施效能的探究型校本课程之纸质资源，而在研究开展之前的四年，一直没有积累出这个方面的成果。

2. 探究课程实施效能"八维度"方面

（1）容量度

比如，王聿娟"探究《论语》对话语境·探究成果展评"中，教师根据学生之前的探究进度，同时考虑到本班学生的能力情况以及本次展示的难易程度，适当地提升了本课的容量度。通过课前学习单提升容量度：课前学生背诵准备，教师PPT比赛课件制作、小组学期汇报交流PPT的制作等可以有效提升容量度。小组剧本创作后，教师对各个小组的剧本创作进行了逐一点评，提出了修改意见，保证在课堂上展示的高效进行。课前和学生一起探究评价量表中各个评价的维度，了解评价标准，也可以有效地提高课堂的容量度。通过课堂上"三策三式"提升容量度：课堂上如果每一组单独表演加上小组评价，每组需要10分钟，但是三组表演的同时，另外三组借助评价量规进行评价，然后再汇总交流，能节省至少6分钟的时间，有效提升容量度。

本次课上把每个小组表演的背景用PPT做展示，避免了布景耗时，也确保课堂上每一环节的顺利推进。通过精心准备，提升整堂研究课的容量度。通过课后反思表格的设计，可以让学生对课堂的每一个环节进行记录和反思，增加本课容量度。

（2）拓展度

比如，汤翔华老师《小成分大用途：糖》一文是对上海教育出版社《化学九年级第二学期》（试用本）第七单元"食品中的营养素"中教学内容的拓展，是对糖类这一内容进行细化和拓展，贴近学生的生活。小组合作探究蔗糖、淀粉和葡萄糖，补充了学生独自学习为辅与小组合作为主进行网络渠道收集处理探究内容、开展交流及评价，学生小组实验合作探究食物中是否存在淀粉等活动，引导学生充分经历科学探究的过程，用心体验、用心感受、用心观察、用心参与，在活动过程中培养学生的科学探究能力，发展学生的科学素养。

(3) 精深度

比如，黄爱民老师在"武术套路创编"中说，本课的容量按照课堂教学环节各项学生活动的安排、学生负荷的预设，比较体育与健身的常态课，属于中等，但由于需要学生自主与小组合作创编相关武术套路，进行展评反思改进，还要表现出武术的精气神，增加了一定的难度和深度。

(4) 促思度

比如，黄爱民老师在"武术套路创编"中说，本课中学生课前进行自主创编不少于8个动作的武术套路，课堂参与听讲、观察、相关武术套路的自主创编、小组合作创编、参与全班展评和反思改进；课后自主修改完善自编武术套路，进行自练、自评活动，锻炼学生回忆已学套路，培养整合或迁移运用所学进行相关武术新套路的自编、小组合作创编，有机融入武术的精气神，参与全班展评交流和课后自主练习、内化，培养相关复现思维、发散思维、集聚思维、交流赏析与自主反思改进思维，从而更好地掌握本课的学习重点和难点。

(5) 科学度

王文颖老师"我的金钱我做主"课前以个人自我记录为主，课堂中以小组合作的形式交流钱生钱的方法，并开展小组合作评价，让学生有更多的机会主动地体验整个探究的过程，培养学生的探索精神和实践能力。

(6) 积极度

在王文颖老师"我的金钱我做主"课程中，为了让课程完美呈现，她课前加强家校互动，根据孩子的探究表现，鼓励家长进行相应的奖励，激发"独合结合"参与课前、课中相应探究成果总结、展评，课尾集中小结和课后完善成果活动的兴趣，调动学生课尾小组合作探索小结方式方法的积极性，培养积极规划下一年金钱的实际合理运用能力。

(7) 愉悦度

比如，朱弘老师在"我们都是影评人"中谈到，学生要在课前进行定格动画的制作，课内进行展示，还有进行初中学生所喜欢的微信互动投票，再加电影颁奖的模拟，均能调动学生参与的积极性，让学生愉悦学习，增进整个学习过程和结果的愉悦性。

(8) 育人度

比如，朱弘老师在"我们都是影评人"中列举到，她会组织学生以合作小组为单位依次介绍自己的定格动画作品，充分锻炼学生协作探究能力和沟通技巧。组织学生对六个合作小组课堂探究式学习情况开展课堂评价，锻炼全体学生的探究成果点评能力、交流能力，增进自主反馈、改进意识。

3. 学生素养发展方面

(1) 探究型课程学习效能之"三素养"方面

① 探究意识方面

王文颖老师在"我的金钱我做主"课程中，尝试促进学生的探究意识，她总结道，该课程尝试锻炼学生独立制订"圣诞活动计划"和小组合作创造"班级小富翁"计划能力；独立记录每天的收入和支出能力；独立了解生活中一些生活物品的价格能力；"有独立、有合作"让学生体会了解赚零用钱的辛苦；会合理地使用自己的零用钱；小组合作体验合理赚钱的方法；尝试独立总结自己和小组合作探究成果、制作PPT、准备课堂交流的能力；尝试对探究成果进行自评互评能力、反思改进能力，规划下一年合理用钱计划能力，内化评价的鉴定、诊断、引导和促进改进功能；增进对本课"三程""独合结合"整合实施"二策三式"进行探究成果展评之价值的认识。

② 探究能力方面

王聿娟老师在"探究《论语》对话语境·探究成果展评"上感叹说，学生通过小组合作搜集整理资料、制作课件、撰写剧本、排练表演剧本、展示成果、交流评价等方式，能全面参与合作交流，体会合作学习与个人学习相结合的方式，学会探究，学会合作，学会学习。在合作收集资料，讨论、分析本学期探究过程和收获的过程中，提高学生从学习经历和成果中分析和反思自我的能力。

③ 探究良好行为习惯方面

黄爱民老师谈到，在探究进行时，学生进一步巩固武术基本手型、步型、动作路线及少年连环拳套路，通过"善学""乐学""反思"核心素养能力的培养，80%左右的学生能利用已有知识创编个人自锻武术套路，掌握武术精气神三要素。通过教学五个环节的开展，"四式三法"探究型课程的实施，引导学生积极思考、观察、对比，以探究学习、小组"独""合"形式完成武术套路创编，积极培养学生"学会学习"的核心素养，发展学生力量、协调、柔韧等核心身体素质。

（2）学会学习"三素养"方面

黄爱民老师在"武术套路创编"中，发现学生核心素养发展具有有效性，他的课堂教学实施以自主创编、合作创编、展评反思改进、随机激励多种流程，以分小组的形式进行。在整个教学过程中，学生在组长的带领下按教学要求各自展现套路设计，并选择编排，努力完成小组创编，一起学练展示，基本有效实施了本课的形式展现。确立以核心素养中学会学习的"乐学善学"和"勤于反思"作为研究方向，学生通过复习"少年连环拳"、创编武术自锻套路的教学流程，通过自练—观察—交流—反思—总结的流程在练中学、合作学，积极引导学生主动参与探究学习，培养学生学会学习的核心素养。

此外，根据任课教师的感受，学生乐学善学、勤于反思和信息意识——学会学习三类核心素养，也有程度不一的提升。这是由于除了三类探究型校本课程的公开课实施、课程教师自主实施外，还有学科教师以课题研究为导向，注意在基础课、拓展课的课程实施中，也有机渗透探究的思想，学校还积极组织科技节、艺术节、英语节、生涯活动等隐性的探究活动课程，从而与探究型校本课程一起，系统全面推进学生学会学习"三素养"的程度不一的发展。

（3）学科学习整体素养方面

朱弘老师认为，本课终结性评价巧妙借用颁奖典礼中获奖嘉宾的获奖感言（学生对定格动画单元课程过程中所遇到的问题、如何解决、获得收获的自我评价和反思)和主持人对罗山中学第一届定格动画影片节结语(教师总结)回顾式地对这节课,也是对整个定格动画单元课程教学最终结果所进行的评价。达到了培养学生分析归纳、总结自评能力;内化学习内容和个性化经验的效果。用科技化、现代化的教学方式,借助定格动画视频展示微信网络投票等多媒体信息技术整合,很好地提高了学习的实效性。

(4) 学生问卷前后测数据比较

① 2021年6月3日,采用问卷调查的方法进行后测,调查内容分为三个方面:基本信息(单选题2题);学生探究型课程学习效能素养方面(单选题24题);学生核心素养之学会学习素养方面(单选题6题)。样本对象是2020学年第一学期和第二学期参加探究型校本课程学习的学生,发放问卷288份,实测266人,均为六年级学生,其中男生132人,女生134人,样本回收率为92%。

比如,在第13题"你在平时的学习中具备提高程序性能力(提出问题→制订计划→设计实验→分析论证→评估判断→交流展示)"方面,2018年选择具备、较多具备的占比为25.08%和34.11%,而2021年分别为42.48%和31.58%,说明经过近四年的课题研究,探究型课程对学生程序性能力的提升达到了14.87%。在第26题"你在平时的学习中能有总结学习经验行为"中,2018年选择有、较多有的占比为38.46%和34.11%,而2021年分别为49.25%和33.08%,说明学生的总结学习经验的行为在探究型课程中有9.76%的涨幅。在第30题"你在平时的学习中善于总结经验"中,2018年选择善于、较善于的占比为34.45%和38.13%,而2021年分别为50%和27.44%,说明学生经过探究型课程的学习,善于总结经验能力提升了4.86%。数据的对比,证明了本课题研究对学生素养现状的提升效果比较好,学生在科研的推进过程中很多方面都受益匪浅。

② 2021年6月3日,采用问卷调查的方法进行后测,调查内容分为七个方面:基本信息(单选题2题);课程编制方面(单选题4题);课程实施方面(单选题4题);学生探究型课程学习效能之素养方面(单选题24题);学生核心素养之学会学习素养方面(单选题6题);学生整体素养方面(单选题2题);改进建议(简答题1题)。样本对象是2020学年第一学期和第二学期参加探究型校本课程学习的学生,发放问卷288份,实测233人,均为六年级学生,其中男生113人,女生120人,样本回收率为80.90%。

比如,在第10题"你参与的探究型校本课程的反思总结有针对性"方面,2018年选择达到、较多达到的占比为55.94%和32.67%,而2021年分别为61.8%和23.18%,对比发现经过课题的研究,学生在反思总结方面更有针对性,提升比较明显。在第31题"你在参与探究型校本课程的学习过程中、后能有或巩固持续的坚持学习行为"中,2018年选择做到、较多做到的占比为53.96%和35.15%,而2021年分别为60.94%和23.61%,说明学生经过探究型学习,在这个选项上有6.98%的学生实现了明显的改变。在第41题"通过参与探究型校本课程的学习,对提升你的探究型课程学习素养、学会学习素养和促进学习整体质量提高的影响符合以下哪种情况?"中,2018年选择明显、较明显的占比为58.91%和31.68%,而2021年分别为61.37%和27.04%,说明学生经过一年的探究型校本学习,在提升自己的学习素养、学会学习素养、促进学习整体质量方面有进步等。经过数据分析,发现本课题实施后学生对课程实施效能的评价也有所提升,为学生素养发展方面的成果总结提供可靠的数据依据。

4. 教师专业素养发展

(1) 课程纸质资源的编制方面

参与编制的教师,都完成了各自承担的三大类探究型校本课程;资源编制的质量,普遍达到了较高水平。通过编制课程纸质资源梳理课程设计思路,通过制订课程规划、选择学习内容、生成课程材料,让探究教学有理可循、有图可看、有案可查,大大地提升了教学的效能。

比如,李雪萌老师在开始编制学材的时候遇到不少困难:第一,缺乏中学校本教材编写经验,可借鉴资源少。第二,格式问题、细节问题繁多,需专注并反复修改。第三,需设计活动增强教材的趣味性及与学生的互动性。第四,时间紧、任务重,需把握好有限的时间。

在李雪萌老师的辛勤努力及各位教师的耐心帮助下,这本学材最终得以与学生们见面,它具备如下特色:第一,评价具有客观性,实践活动有量化可操作的评价标准。第二,与学生互动性强,话题前后设置问题链接或知识拓展链接。第三,具有实践参考性,在课堂实践中编写,并根据成效不断调整。第四,发挥学生自主性,设计了丰富多彩的实践活动,展评效果好。

(2) 课题研究整体素养方面

经过三年多的实践与研究,学校参与课题研究的教师队伍,在探究型校本课程之纸质资源编制、探究课程的活动方案设计、课程活动实施和课程活动评价等方面,积累了较多的素材和经验,这使参与课题研究的教师,普遍拓展了核心素养背景下相关类型探究型校本课程纸质资源编制、探究课程的活动方案设计、课程活动实施和课程活动评价的一定知识;提高了相应能力;形成了多样化的一批研究成果;增进了研究兴趣和意识。

(3) 其他专业素养方面

① 教育教学理念方面,在课题研究实践中,教师努力将探究型的理念内化,转变为自己的教育教学管理行为,培养自身的核心素养。尤其是课例研究过程参与和素养的提升,使得教师们能以研究的视角探究自己本学科的专业素养,将其迁移应用到日常教育教学管理过程中,一定程度上提升了整体教育教学管理素养。

② 学科常态课教学设计方面,在课题研究实践中,帮助了许多常态化课程教学设计的优化,不少教师因为执教过探究型课程,实现了从以教师为中心向以学生为中心的教学理念转变。他们表示,因为探究课程的引领,他们在平日的教学中,更加注重引导学生探究学习,调动学生的积极性,从而提高了课堂的效能。

③ 学科常态课教学实施效能方面，教师在参与课题研究课的共同备课、观课、评课、改课、撰写课例、修改完善的磨课、教研的过程中，用探究型校本课程的魅力吸引学生，使学科基础型、拓展型课程实施的常态课的课堂更加精彩高效。

④ 学科课例撰写方面，成员多次改稿子，以研究者的视角，精心打磨一节课，更加熟悉教学，提升教学能力。同时，课题组为执教的老师们在科研写作方面提供了学习的平台。经过学科课例的撰写培训，成员们了解了学术规范，从而提升自身及学校的科研质量。

⑤ 教育教学成果方面。从2018年9月至2022年3月，在学校课题组的积极推进下，本校教师在教育教学论文以及比赛中收获颇丰，累计在市级、区级发表相关论文等9篇，在征文评选中有2篇文章获得市级和区级的等第奖，大大地激发了教师们的科研热情，提升了本校科研氛围，积累了丰富的研究成果。此外，通过本研究，本课题组还将把研究成果结集出版，宣传课题研究成果，为教师研究提供有效的借鉴，进一步增强课题成果的影响力。

表12　课题研究的教育教学成果列表

序号	类别	论文名称	发刊单位	时间	作者
1	论文	《给予核心素养提升的教学实践》	《浦东教育研究》	2018.7	王新秀
2	论文	《以地图为主线　培养核心素养》	《浦东教育研究》	2018.9	王美霞
3	论文	《跨学科教学在初中体育课中的初探》	《明日》	2018.11	朱夏丽
4	论文	《学科核心素养背景下的学校英语组建设"五视角"》	《浦东教育研究》	2018.12	刘惠娟
5	论文	《初中英语教学生活化的探索》	《浦东教育研究》	2018.12	王　夷
6	论文	《团队互助加速我成长》	《浦东教育研究》	2018.12	冯一帆
7	论文	《"石库门"资源探寻活动实录》	《浦东教育研究》	2020.2	朱　弘
8	论文	《核心素养背景下提升初中美术综合实践活动课程实施效能的有效评价研究——以"定格动画"单元课程总结评价课"我们都是影评人"为例》	《教育信息化论坛》	2021.5	朱　弘
9	论文	《立足探究教学　落实核心素养——以"密度"教学为例》	《浦东教育研究》	2021.5	颜玲玲
10	论文	《"三式三法"提高化学拓展类探究型校本课程实施效能——以"小成分大用途:糖"教学与实践分析为例》	《浦东教育研究》	2021.12	汤翔华
11	评比	《核心素养背景下提高探究型校本课程实施效能的研究情报综述》	市教科院普通教育研究所	2019.9	陈　力 庄嘉君
12	评比	《实施"五步三式三法"，提高社团活动类探究型校本课程实施效能的实践研究》	浦东新区教育学会	2019.12	周丹妮

⑥ 教师可持续发展方面。课题研究和与日常教育教学工作的有机结合,激发了全校教师参与教研、教学等方面的热情和主动性,教师们积极探寻个人适合发展的路径,保障了教师队伍可持续发展,从而实现教师培养的专业化,为教师能力的提升提供平台和晋升渠道。

(4) 教师问卷前后测数据比较

2022年3月8日使用《核心素养背景下提高探究型校本课程实施效能现状调查(后测:教师问卷)》,调查内容分为七个方面:基本信息(单选题2题);课程编制方面(单选题6题);课程实施(单选题4题);学生素养方面(单选题12题);教师专业素养方面(单选题19题);教师整体教学素养方面(单选题4题);改进建议(简答题1题)。对探究型校本课程指导近2年教师共13名(原16个班共16人,因故离职2人,1人连续任教)为调查样本,共发放问卷13份,实际回收有效问卷13份,样本有效回收率100%。通过对比2018年前测数据和2022年的后测数据,发现总体上教师专业素养发展方面进步明显。

比如,在第6题"教师对探究型校本课程(教材)的课程目标清晰性的评价"方面,2018年选择清晰、比较清晰的占比为56%和20%,而2022年分别为69.23%和23.08%,说明经过近四年的课题研究,课程目标清晰度的评价提升。在第36题"探究型校本课程指导教师在日常教学设计中有针对性的三情(学情、课标和教材)分析能力"中,2018年选择强、较强的占比为36%和60%,而2022年分别为61.54%和30.77%,说明教师在课程设计针对"三情"方面的分析能力得到了明显的提高。在第46题"通过参与探究型校本课程的编制和实施,对您任教学科教学质量整体提高的影响"中,2018年选择明显、较明显的占比为24%和48%,而2022年分别为46.15%和38.46%,说明教师经过探究型校本课程的编制和实施的培训学习,教学质量整体上明显地提高,从数据方面印证了本课题研究对课程实施效能的提升效果明显。

5. 学校课程建设和办学特色方面

学校课程建设和办学特色方面的实效,主要表现为以下"六个完善":一是完善了学校课程方案;二是完善了校本探究类课程的设计框架;三是使学校学科拓展类、社团活动类和社会实践类三类探究型校本课程之纸质资源成果得以基本固化;四是完善了校本探究课程过程实施举措和过程,程度不一地提高了课程实施效能的"八维度";五是完善了学校三类探究型校本课程的评价体系;六是完善了学校校本课程的开发、实施和评价的资料积累,增进了后续学校进一步开展基于学生真实问题的课题研究的自信。

(二) 主要成果

1. 三类探究型校本课程之纸质资源

17门纸质学材(见图2)和32门课件版学材。

图 2 罗山中学三类 17 门探究型校本课程封面

2. 课题综合成果选

包括：

(1) 总课题结题报告(5.6 万余字)

(2) 课题情报综述 1 篇

(3) 现状调查报告(前)1 篇

(4) 实施途径子课题报告 2 篇

(5) 课题研究课课例 9 篇

(6) 研究教师主题式案例 6 篇

3. 成果发表或区级及以上获奖篇

本课题研究硕果累累，比如陈力、庄嘉君共同撰写的《核心素养背景下提高探究型校本课程实施效能的研究情报综述》荣获上海市教育科学研究院普通教育研究所等颁发的 2019 年中小学幼儿园课题情报综述征文三等奖。周丹妮老师所撰写的《实施"五步三式三法"提高社团活动类探究型校本课程实施效能"四维度"——以提高"学会时间管理　助力生涯梦想"生涯社团探究型校本课程活动为例》荣获 2019 年浦东新区教育学会论文三等奖。探究课执教老师朱弘先后发表两篇探究型课程的文章《"石库门"资源探寻活动实录》《核心素养背景下提升初中美术综合实践活动课程实施效能的有效评价研究——以"定格动画"单元课程总结评价课"我们都是影评人"为例》等。教师们在本研究中积极参与,从而扩大本次区级课题成果的影响力。

4. 课题电子类成果

开题交流论证会、研究课录像、学生探究活动录像、成果展示等电子类资料共 10 盘。

五、结论与经验

（一）基本结论

鉴于中国学生发展核心素养的大背景和学校传统探究型课程实施存在的"四个方面缺少",在区级科研部门专家的建议和全程指导下,确定了本课题及内涵、文献研究、现状调查、学生素养发展目标和素养发展培养内容、课程编制六个方面内容,课程的实施原则、途径之目标、具体途径、策略、形式、方法和评价体系之指导思想、评价标准（1 总 20 余小项）和评价"五法"共八项内容——明确了研究路径、采取了六条推进策略,结合借助文献法、调查法、行动研究法和经验总结法,组织开展研究,较为全面地完成了预设八项内容的研究,构建了本课题操作框架,总结了实施的经验,丰富了核心素养背景下提高探究型校本课程实施效能的理论。

通过研究,形成了学科拓展、社团活动和社会实践类 17 门课程纸质学材和 32 门课件版学材,改变了原来"四个方面缺少"的现状,固化和丰富了学校探究型课程体系,提升了学校特色课程建设水平;有效地提升了初中生探究性学习意识、能力和良好行为习惯"三素养";提升了乐学善学、勤于反思和信息意识核心"三素养";提升了学习整体质量;有效地提升了教师探究型校本课程学材编制、实施、总结、反思和改进素养;提升了课题研究素养和其他专业素养;形成了三类探究型校本课程纸质学材 17 门、课件版学材 32 门和课题综合成果选 1 册（28 篇各类论文）;促进了学校课程体系建设和办学特色方面实现了"六个完善",扩大成果的社会影响;学校进一步成为老百姓家门口的好学校。

可见,本课题研究的针对性是强的;所定八项研究内容、所构建的研究路径、采取的六条推进策略、四种科研方法是适切的;课程学材开发数量超额完成、质量得到完善提升、特色进一步彰显;促进了学生探究学习、学会学习素养和整体学习质量全面提升;促进了教师课程建设素养、课题研究素养和其他专业素养有效发展;促进了学校扭转探究型校本课程原本"四个方面缺少"的局面,构建了较为丰富的特色课程体系,提升了特色水平和学校品牌的影响力。

（二）基本经验

一是基于国家目标导向和学校的基础，从问题出发是课题研究彰显生命力的前提；二是明确研究思路（路径图）、采取有针对性的推进策略（六条）和课程保障（四个方面），是课题研究能够顺利推进的组织保障；三是本课题从选题、申报、开题、实施、总结、结题、成果完善与后续出版也再次用事实表明，科研专家在课题研究中的全程伴随式互动指导与教师个人、团队主动性的发挥，是课题研究得以顺利进行、取得成效、提升质量与影响力的关键。

参考文献

[1] 林崇德.21世纪学生发展核心素养研究[M].北京：北京师范大学出版社,2016.

[2] 约翰·杜威.我们怎样思维·经验与教育[M].北京：人民教育出版社,1991.

[3] 陶行知.教育的真谛[M].武汉：长江文艺出版社,2013.

[4] 赵希强.探究性学习方式研究与实践[M].济南：山东大学出版社,2009.

[5] 李臣之.校本课程开发[M].北京：北京师范大学出版社,2015.

[6] 邹尚智.课堂教学技能：名师经验[M].天津：天津教育出版社,2013.

[7] 杨向东,崔允漷.课堂评价[M].上海：华东师范大学出版社,2012.

[8] 夏雪梅.以学习为中心的课堂观察[M].北京：教育科学出版社,2012.

[9] 吴骏德,曹明.实施"双自"教育促进自主发展[M].上海：同济大学出版社,2017.

[10] 褚宏启.核心素养的概念与本质[J].华东师范大学学报（教育科学版）,2016(01).

[11] 钟启泉.基于核心素养的课程发展挑战与课题[J].全球教育展望,2016(01).

[12] 张华.论核心素养的内涵[J].全球教育展望,2016(04).

[13] 王俊莉,赵金花,李丽娟.学生发展核心素养评价体系的校本建构与实施[J].课程·教材·教法,2017(10).

[14] 彭炆.基于核心素养的校本课程建设研究综述[J].教育科学论坛,2017(07).

[15] 张磊.基于学生发展核心素养校本课程建设的思考[J].宁夏教育,2017(07).

[16] 夏桂敏.基于核心素养的校本课程建设[J].未来教育家,2017(08).

[17] 秦晓华.走进生命走向生活——基于核心素养培育的校本课程建设[J].江苏教育,2017(10).

[18] 徐学福.探究学习的内涵辨析[J].教育科学,2002(03).

[19] 王爱玲.探究意识及其培养[J].教育理论与实践,2004(06).

[20] 单新宇.对探究性学习进入课堂的认识与运用[J].中国科教创新导刊,2010(25).

[21] 张荷花,杜建群.探究式教学模式在校本课程实施中的运用[J].亚太教育,2015(06).

[22] 马艳华.物理探究性实验校本课程的开发[J].中学物理,2011(01).

[23] 林考星.建构"化学探究性实验"校本课程[J].化学教学,2016(07).

[24] 廖哲勋.关于校本课程开发的理论思考[J].课程·教材·教法,2004(08).

[25] 吕立杰,袁秋红.校本课程开发中的课程组织逻辑[J].教育研究,2014(09).

[26] 刘贞贞.浅析校本课程建设过程中的问题与思考[J].内江科技,2017(12).

[27] 刘兆瑞.校本课程评价的实践与思考[J].当代教育科学,2007(19).

[28] 傅欣.校本课程评价工具开发问题、理念与实践[J].教育发展研究,2014(20).

[29] 李正福.构建中小学校本课程监测的基本框架[J].滇西科技师范学院学报,2017(04).

[30] 李正福,周家荣.中小学校本课程领导能力评价:基于设计、过程和结果的一个框架[J].上海教育评估研究,2018(01).

[31] 弗兰西斯科·索夫,杨燕燕.课程效能评价——以"教育效能与教育评价"为例[J].外国教育研究,2005(05).

[32] 田燕.课程管理效能模式刍议[J].江苏教育学院学报(社会科学版),2006(01).

[33] 薛国凤.课程效能的影响因素与实践策略[J].教育发展研究—决策参考,2007(11B).

[34] 葛斌,吴志华.课程质量评价的选择策略之一:课程效能评价[J].教育科学,2012(01).

[35] 周蕾.课程效能及结构分析[J].宁波教育学院学报,2013(03).

[36] 金卫东,曹明."第二代"家庭教育指导手册[M].上海:同济大学出版社,2015.

[37] 王玮航,曹明等.学生良好学习方式养成教育社会实践课程建设的研究[G]//陈英.浦东新区第八届教育科研成果选集(上册).上海:上海科学普及出版社,2017:211-231.

第二篇 研究子报告

核心素养背景下提高探究型校本课程实施效能的研究情报综述

上海市罗山中学　陈　力

一、开题界定

所谓"核心素养背景下提高探究型校本课程实施效能的研究",是指通过对课题内涵、文献研究、现状调查、学生素养发展目标、学生素养发展培养内容、完善课程编制、课程的实施原则、实施途径和评价体系等九项内容开展研究,完成学校学科教学、社团活动和社区实践三大类型探究型课程学习资源17门/册的编制;提升探究型课程实施效能的"八维度"(容量度、拓展度、精深度、科学度、促思度、积极度、愉悦度和育人度)[①];提升学生的探究"三素养"(探究学习的意识、能力和良好学习行为习惯),进而提升学会学习"三素养"(乐学善学、勤于反思和信息意识)和整体学习质量;提升教师的探究型校本课程纸质资源(简称"学材")编制、课程活动设计与实施和课程评价的素养和其他专业素养;固化一定数量的学校探究型校本课程学材;提升单位时间内课程实施效能的"八维度",提高学校课程特色水平,更好地建设老百姓家门口的好学校。

所谓"核心素养背景下提高探究型校本课程实施效能的研究情报综述",是指通过查阅中国知网2000年1月1日到2018年10月31日期间的8种数据库(具体见"二、文献概况"),用"效能、教育效能、核心素养、探究型校本课程、核心素养背景下提高探究型校本课程实施效能的研究"等关键词进行搜索,收集到与课题相关的文献资料概况,对相应的国内外研究现状进行梳理、分析、归纳,为学校总课题把握研究内容的重心和新意,提出建议;为参与学校总课题研究的教师提供有针对性的情报研究依据;为参与教师提高子课题开题报告设计、开展实施和进行成果总结,提供基于文献研究方面的依据。

二、文献概况

本子课题组文献研究人员在中国知网8种数据库(中国学术期刊网络出版总库、教育期

---

① 上海市浦东教育发展研究院曹明于2008—2018年间陆续提出"五维度"到"八维度",见包卫达、曹明所著《基于积极心理学原理的有效教育实证研究——课例选》,同济大学出版社,2021。

刊、中国博士学位论文全文数据库、中国优秀硕士学位论文全文数据库、中国重要会议论文全文数据库、国际会议论文全文数据库、中国重要报纸全文数据库、中国学术期刊全文数据库)中,将内容检索条件设置为"主题"和"精确",将检索控制条件(时间)设置为2000年1月1日到2018年10月31日,用课题名称中的核心词和课题全名为关键词进行检索,搜索与课题相关的文献资料。以"核心素养"为关键词进行检索,共得相关文献37 063篇,其中基础教育与中等职业教育相关文章有30 475篇;以"探究性学习"为关键词进行检索,共得相关文献14 442篇,其中基础教育与中等职业教育相关文章有9 345篇;以"校本课程"为关键词进行检索,共得相关文献20 466篇,其中基础教育与中等职业教育相关文章有11 070篇;以"探究型校本课程"为关键词进行检索,共得相关文献11篇,其中基础教育与中等职业教育相关文章有7篇;以"课程效能"为关键词进行检索,共得相关文献82篇,其中基础教育与中等职业教育相关文章有13篇;以"课程实施效能"为关键词进行检索,共得相关文献4篇,其中基础教育与中等职业教育相关文章有0篇;以"核心素养背景下提高探究型校本课程实施效能的研究"为关键词进行检索,共得相关文献0篇。

三、国内外关于核心素养的研究现状

(一)国外核心素养研究

1. 核心素养研究的背景

从国际上来看,核心素养研究的兴起和发展,无论是在哪个国家或地区,都与时代的发展、社会的变革,以及教育改革的深化紧密相连。在全球化、信息化与知识社会的背景下,各国综合国力的竞争变得越来越激烈,已经从过去表层的生产力水平竞争,转化为深层的以人才为中心的竞争,在这样的背景下,一种新型的人才观逐渐形成——它要求未来的教育应该致力于培养具有21世纪核心素养的人。为此,以经济发展为核心,致力于公民素养的提升,逐渐成为世界各国发展的共同主题,这促使各国际组织、国家和地区加大了对人才标准研究的力度,重视培养和造就人才。例如,1997年12月,经济合作与发展组织率先启动"素养的界定与遴选:理论和概念基础"项目(简称"DeSeCo项目"),并于21世纪初提出了核心素养指标体系。随后,世界上的一些主要发达国家或地区,例如,美国、英国、芬兰、澳大利亚等,也纷纷启动了基于核心素养的教育目标体系研究,希望能够遴选出符合自己国家需求的核心素养指标,并进一步开发完善以核心素养为基础的课程改革方案,全面提升自己国家的教育质量。

2. 核心素养的内涵

DeSeCo项目团队认为:"首先,核心素养是对每个人都具有重要意义的素养,并且这些素养是能够发展与维持的。其次,核心素养是帮助个人满足各个生活领域的重要需求并带来益处的素养。最后，核心素养是有益于实现预期结果的素养。"在此基础上，DeSeCo 项目团队明确了核心素养的内涵："核心素养是指覆盖多个生活领域的、促进成功的生活和健全的社会的重要素养"。DeSeCo 项目团队把核心素养分为三大类：互动地使用工具、自主行动和在异质社会团体中互动。欧盟国家在终身学习的背景下确定核心素养的内涵，对学生作出要求，其中包括母语交流、外语交流、数学素养和科技素养、数字化素养、学会学习、社交和公民素养、主动与创新意识、文化意识与表达等八个领域的内容，强调学会学习、重视传统基本能力的创新学习。英国关于核心素养的界定是紧紧围绕社会和科技的发展来展开的，主要是为了培养学生适应社会的能力。其核心素养包括：公民素养、学习素养、信息管理素养、人际关系素养、形势管理素养。由此可见，学生核心素养不再是学生个人的行为，而是和社会紧密相关并与之互动，最终形成不断提升个体及社会所需要的能力。

（二）国内核心素养研究

1. 国内核心素养的定义

钟启泉教授在《核心素养十讲》中提到："核心素养"指的是，同职业上的实力与人生成功直接相关的涵盖了社会技能与动机、人格特征在内的统整的能力。我们之所以要提倡核心素养，是为了公平而优质的教育。对于核心素养的研究，有助于我们基于核心素养转型课堂教学，以此解决应试教育的顽疾，实现学校改革。

2. 国内核心素养研究的进程

教育部《关于全面深化课程改革 落实立德树人根本任务的意见》于 2014 年 3 月正式印发，这份文件中有个词特别引人关注——核心素养体系。研究提出各学段学生发展核心素养体系，明确学生应具备的适应终身发展和社会发展需要的必备品格和关键能力，突出强调个人修养、社会关爱、家国情怀，更加注重自主发展、合作参与、创新实践。此概念一经提出，就得到了教育工作者的广泛关注，对核心素养的概念、建构模型、实施展开了一系列讨论。由北京师范大学等数十所高校的近百名研究人员组成联合课题组，历时三年集中攻关，并经教育部基础教育课程教材专家工作委员会审议，最终形成研究成果。2016 年 9 月 13 日上午，"中国学生发展核心素养"研究成果发布会在北京师范大学举行。会议指出，学生发展核心素养，是指学生应具备的、能够适应终身发展和社会发展需要的必备品格和关键能力，是关于学生知识、技能、情感、态度、价值观等多方面要求的综合表现；中国学生发展核心素养的总体框架，以培养"全面发展的人"为核心，分为文化基础、自主发展、社会参与三个方面，综合表现为人文底蕴、科学精神、学会学习、健康生活、责任担当、实践创新六大素养，具体细化为国家认同等 18 个基本要点。

3. 国内核心素养研究方向

国内对学生核心素养的研究是紧密围绕学生自身能力和社会所要求的能力展开研究

的,对"学生个体能力""社会需要能力"的侧重点有所区别。窦桂梅等侧重从个人本位的角度理解:学生核心素养的目的是让学生通过学习逐步形成自己的个性特征,成为一个完整的个体,从一定程度上能满足个体在未来社会中的发展。李艺等指出,核心素养的核心要义不是培养学生成为单纯的有知识、有技能并掌握方法的人,而是使之成为有修养、有智慧的人。张华认为,核心素养不是只适用于特定情境、特定学科或特定人群的特殊素养,而是适用于一切情境和所有人的普遍素养,这就是"核心"的含义,核心素养是一种跨学科素养,核心素养也是知识、技能和态度等的综合表现,它是知识、能力、态度或价值观等方面的融合,既包括问题解决、探究能力、批判性思维等"认知性素养",又包括自我管理、组织能力、人际交往等"非认知性素养",更为重要的是,核心素养强调的不是知识和技能,而是获取知识的能力。成尚荣认为,"核心素养之'核心'应当是基础,是起着奠基作用的品格和能力,决定着核心素养的内涵、重点和发生作用的方式。因此,完全可以说,核心素养就是基础性素养。"他在文中还强调了核心素养的基础性是随着社会的发展而发展的,所以,核心素养是发展的概念,既可以表述为"学生发展核心素养",还可以表述为"学生核心素养发展",总之,"发展"二字不能省略,"发展"应是核心素养的生命力之所在。褚宏启则更加具体地谈到了"21世纪核心素养",他认为,21世纪素养分为三大类:学习与创新素养,包括:批判性思考和解决问题能力、沟通与协作能力、创造与革新能力;数字化素养,包括:信息素养、媒体素养、信息与通信技术素养(ICT素养);职业和生活技能,包括灵活性与适应能力、主动性与自我导向、社交与跨文化交流能力、高效的生产力、责任感、领导力等。

4. 国内核心素养研究现阶段成果

如上所述,2016年9月13日,林崇德教授带领中国学生发展核心素养项目组,历时三年研究,发布了教育部认可的成果。提出:中国学生发展核心素养,是指学生应具备的、能够适应终身发展和社会发展需要的必备品格和关键能力。中国学生发展核心素养以培养"全面发展的人"为核心,分为文化基础、自主发展、社会参与等三个方面,综合表现为人文底蕴、科学精神、学会学习、健康生活、责任担当、实践创新等六大素养,具体细化为人文积淀、人文情怀、审美情趣、理性思维、批判质疑、勇于探究、乐学善学、勤于反思、信息意识、珍爱生命、健全人格、自我管理、社会责任、国家认同、国际理解、劳动意识、问题解决、技术运用等18个基本要点。各素养之间互相关联、互相补充、互相促进,在不同情境中整体发挥作用。

四、国内外关于探究性学习的研究现状

(一)国外探究性学习研究

1. 国外探究性学习研究的起源

探究性学习的思想来源,可追溯到16—18世纪的著名哲学家、思想家、教育家培根和卢

梭。培根早在16世纪末17世纪初,就提出要将科学看作是"探究的程序或方法";18世纪初,卢梭把人的"主动性"看作教育的基础和出发点,把激发兴趣作为"主动探求"的力量源泉,提倡培养儿童的主动探求精神和从经验中学习,提出教育应以"儿童为中心"。

2. 国外探究性学习研究的历史发展

19世纪末20世纪初,杜威在实用主义哲学、功能主义心理学和民主主义信念的理论基础上,构建了他的实用主义教育思想体系,系统地阐述了教育与生活、学校与社会、社会与课程、知与行、思维与教学、教育与职业、教育与道德、儿童与教师八大关系,进而构建成一个综合而完整的教育理论体系。杜威创造性地确立了四个教育哲学命题:"教育即经验的不断改造""教育是一个社会的过程""教育即生活""教育即生长"。教育的本质,是儿童经验的不断改造和连续发展。经验在本质上总是社会情境的产物,因此,"教育是一个社会的过程",儿童经验的连续发展不仅表现在儿童生活与成人生活的连续性上,而且表现在儿童生活的方方面面,如学校、社会、家庭及自然,等等,只有在生活中,人的个性才能得到自然真实的展现。生活的本质是生长。生长既有社会的含义,也有儿童个体的含义。因此"教育即生活""教育即生长"。

20世纪50年代早期到60年代末,美国的学术改造运动围绕着学术学科的主要思想观念和研究方法修正学校中的传统课程领域,推动了美国的教育改革。1961年,几乎与美国认知心理学家布鲁纳进行"发现学习"研究的同时,施瓦布教授在他的报告《作为探究的科学教学》中倡导通过"探究"的方式学习科学知识。他指出:"如果要学生学习科学方法,那么有什么学习与通过积极地投入探究的过程中去更好的呢?"并提出了"探究的诱发"的课堂教学策略。这一策略,是为了把讲授科学知识作为一种研究过程而设计的,先后被美国生物科学课程研究会引进,用于中学生物学课程教学,形成生物科学探究教学模式,并被用于社会科学课程设计、社会探究式教学中。以后,又用于心理探究、技术探究、符号探究、数学探究等领域。

20世纪80年代起,西方国家纷纷倡导"主题探究"与"设计学习"。美国在基础教育领域提出以"问题解决为中心"的教学方法,倡导教师运用情境创设,激发学生独立探究、提出问题,以培养学生多向思维的意识与习惯。

3. 国外探究性学习研究的实施模式

"动手做"是一种基于探究性学习的课程实施模式,强调通过做科学来学习科学、强调从周围环境中就地取材、强调科学家的参与。这种模式的基本程序是:提出问题—动手做实验—观察记录—解释讨论—得出结论—表达陈述。这种模式的特点是教师通过设置适当的活动和任务,使学生投入真实的情境中去,在亲自动手操作的实践过程中学习知识、掌握科学的思维方法、培养对科学的积极态度。它的行动口号是:听会忘、看能记住、做才能学会。在美国,基于动手做模式的各种课程、教学项目和活动进行普及实践并取得成功,领导这一科学教育改革活动的是美国物理学家、诺贝尔奖获得者雷翁·勒德曼教授。1992年，在诺贝尔物理奖获得者乔治·夏尔帕克教授的倡导下，法国科学院将这一模式引入初等学校的教学中；1999年9月，法国科学院、国家教育研究院、教育部、工艺研究部联合制定了《小学科学教学动手做活动指南》，在全国范围内推广这一模式。

（二）国内探究性学习研究

1. 国内探究性学习研究的起源

20世纪80年代初以来，美国著名认知科学家、信息加工理论和人工智能创始人之一的西蒙教授，与中国科学院心理研究所朱新明研究员合作，研究了通过"示例演练学习"的方法获取数学、物理等学科知识的过程和效果。这种学习模式，以"例题＋问题＋小结"的形式组织学习材料，使学生自主地获取知识。采用这一模式，教师不需要通过讲解传授知识，而是为学生创造良好的学习条件，引导和辅助学生通过考察实例和解决问题，自主地归纳和发现所学的知识。1985—1987年的一项试验表明：利用这种学习模式，学生可在两年内学完3年的初中数学课程，并达到应届毕业生的水平。在大量实验研究和教学试验的基础上，朱新明等提出了知识与技能获取的"条件建构—优化理论"，并将这一学习模式系统地应用于中学教学中，称为"示例演练教学法"。1993年，由朱新明和司马贺主编的《初中数学示例演练试验教材》正式出版，在我国的学校进行教学试验，在减轻师生负担、提高教学质量方面，取得了显著的效果。

2. 国内探究性学习研究的实施模式

在"条件建构—优化理论"和示例演练教学法的基础上，结合建构主义理论及其倡导的学习方式和教学模式的优点，提出了"情境探索学习"实施模式。这一模式的核心思想有两点：应为不同类型学习者设置适合于他们知识水平和心理特点的特定情境，引导他们进行积极的探索，并在探索过程中自主地选择适当的辅导内容和辅导方式；通过在一系列精心设计的情境中进行探索，学习者应该不仅获得基本知识和基本技能，而且掌握有效学习的方法，发展创新意识和实践能力。通过将各种不同的情境和相应的探索活动有机地结合起来，就可以实现多样化的情境探索学习。这种多样化，使得情境探索学习模式可以灵活地适用于不同类型的学科，成为一种可以广泛应用的、能够有效促进学生探究学习的新型教学模式。它能够充分发挥学生的学习主动性和创造性，使学生自主地获取知识，并在获得知识的同时，发展解决问题的能力和学习能力；可以有效地转变"教师讲学生听"的传统教学模式，使教师从"知识传授者"转变为"知识探索指导者"。将情境探索模式成功地用于学科知识学习的关键在于两点：一是要考虑不同类型的学生在知识背景和学习能力方面的特点，分别为他们设置有利于知识获得和技能发展的情境；二是要在学生探索过程中，进行交互式的、恰到好处的指导，既给学生留有足够的思考和发现的空间，又不使学生长时间地在无谓的错误上浪费大量的时间。在上述模式中,基于探究学习的课程实施基本上突出了探究学习的特征:第一是自主性,即在课堂实施中,尽可能有利于学生的自选课题,自定方案;第二是过程性,即在课程实施中,注重探究的过程,但是过程本身不能是固定的模式化;第三是系统性,即在课程实施中,应把整个课程视为一个系统,协调各个要素的关系,做好整体规划设计;第四是开放性,即在课程实施中,探究的内容不只限于学科知识,还可有自然的、现实生产和生活的以及社会的等诸多方面的知识。

五、国内外关于校本课程的研究现状

（一）国外校本课程研究

1. 国外校本课程研究的起源

校本课程开发兴起于 20 世纪 70 年代,最初是由菲吕马克和麦克米伦两位学者在 1973 年 7 月的一次讨论课程的国际性会议上提出的,界定为学校中的教师对课程的计划、设计和实施。国外学者在反思五六十年代课程发展趋势中认为,课程改革亟须具有教学实践经验、了解学生情况的广大一线教师的参与,以改变课程专家理论脱离学校实际的情况。1979 年,经济合作与发展组织指出:校本课程的出现,其实也是教育制度内权限与资源重新分配的现象。它基于这样的理念:设计课程最适宜的空间,是教师与学生进行教与学活动的地方——学校。

2. 国外校本课程研究的基本理念

菲吕马克认为,校本课程开发是指从事教学工作的有关人员,如教师、行政人员、社区人士与学生,为提高学校的教育综合水平所计划、指导的各种活动。斯基尔贝克认为,校本课程开发是指学生学习方案的规划、设计、实施和评价,由学校教育人员负责。奥尔顿认为,校本课程开发是对原有教材的改编、选择或者是学校自己新编的教材。

斯基尔贝克认为,校本课程开发一般要经历以下五个阶段:第一,学校必须分析情境(情境分析);第二,依据情境分析的结果,拟定适切性的目标(目标制定);第三,建构适切性的课程方案(编制方案);第四,进行解释、交付实施(解释与实施);第五,进行追踪与方案的重建(追踪与重建)。

3. 课程开发的主要模式

在李介的《国外校本课程开发模式带给我们的启示》中,介绍了国外校本课程开发中,曾经出现过的四种主要模式。其一是目标模式,主要代表人物是美国著名的课程论专家拉尔夫·泰勒,该模式以目标为课程开发的基础和核心,围绕课程目标的确定、实现和评价而进行的课程开发模式。其二是过程模式,由英国著名的课程理论专家斯滕豪斯确立,该模式主要论证了课程研制过程中的基本原则及方法:一般目标与程序原则;课程设计及课程内容选择的依据;开放的课程系统与形成性评价。其三是实践模式,主要代表人物是美国著名的课程理论专家和生物学家施瓦布,该模式被认为是课程"范式"的转换,具有以下四个特点:强调课程的终极目的是"实践兴趣";把教师和学生看作是课程的主体和创造者;强调课程开发的过程与结果、目标与手段的连续统一;强调通过集体审议来解决课程问题。其四是情境模式,主要代表人物是英国教育学家斯基尔贝克,该模式立足于对具体的学校情境进行微观层面分析的基础上,构建校本课程的研发模式。

4. 校本课程评价

在陈玉玲和左晓媛的《基于核心素养导向的美国中小学校本课程评价体系研究》中,比较详细地介绍了美国在中小学校本课程评价相关内容方面开展的研究情况。21世纪以来,美国在国内中小学大力推进校本课程的开发,并系统地建构起以"学生核心素养"为导向,以"评价即改进"为理念,以"学习能力与服务能力"为重心的校本课程评价体系。21世纪初,美国政府颁布了《21世纪素养框架》与《21世纪学习框架》,提出中小学生需要具备三大素养,即学习创新素养(批判性思维、交流、合作与创造),信息、媒介和技术素养以及生活和职业素养(灵活性与适应性、自主性与自我认识、社会与跨文化理解、产出与问责、领导力与责任力),进一步明确了校本课程的内涵与标准,即校本课程必须以学生核心素养为导向,让校本课程走进现实生活。学生核心素养培养促使美国中小学的校本课程开发更加具体化,作为校本课程开发重要组成部分的校本课程评价,逐渐由外部总结性评价转变为内外结合的基础性评价与过程性评价。美国中小学校本课程评价目标,旨在改进教学质量,促进学生核心素养发展;评价内容,包括对课程的评价、对学生的评价和对教师的评价三个方面;评价方法,坚持质性评价与量性评价相结合;评价原则,体现出发展性、文化基础和科学性等原则。美国对中小学校本课程的评价,注重促进学生人格与个性的发展,尤其是社会性的发展;聚焦学生问题解决与学习能力的提升,重视培养学生的合作精神和自主意识;强调评价方法的科学性与合理性,通过评价进而改进教学质量;而且评价的主体不断扩大,包含了学校管理者、教师、校本课程开发人员、家长、学生与社区成员等不同的群体。

(二) 国内校本课程研究

1. 国内校本课程研究的萌芽

1999年的第三次全国教育工作会议中,提出我国基础教育试行国家课程、地方课程和学校课程"三级课程、三级管理"的课程管理政策。这促进了我国专家学者们对校本课程开发更多的研究和关注。2001年,教育部发布的《基础教育课程改革纲要(试行)》中,明确提出了"建立国家、地方和学校的课程三级管理模式"。这样,原本由中央主导的课程管理权力不断被下放至地方和学校,学校不再单纯是课程的实施者,它也可以作出课程相关的决定、参与课程决策并需要承担相应责任。如何在国家课程标准的统一下,体现学校办学特色,融合专家课程和教师课程实践等新问题,不断地得到了学者的关注,校本课程越来越成为人们关注的焦点。2003年,我国基础教育课程改革实验规模进一步扩大;2004年,课程改革试验工作进入全面推广阶段。

2. 国内校本课程研究的概念

关于校本课程开发的概念,尚无一致的界定。徐玉珍认为,校本课程中最重要的理念就是坚持"学生为本"的课程理念。其指出,不论是何种类型的课程开发,都必须同时考虑到这样三个方面,即社会发展、学生的需要和学科知识体系;但不同的课程开发模式,对这三个方面有不同的侧重,学校本位的课程开发所表达的是一种"学生为本"的课程观念,因而更重视学生的学习需要,尤其重视个体学生的有差异的学习需要,同时兼顾社会需要。吴刚平指出:"学校自主开发并不意味着学校可以任意作为,它还必须考虑到许多相关因素的影响,反映校本课程开发的基本理念和操作流程,才能保证校本课程开发的健康有序运行。""因此,校本课程开发要基于学生的实际发展需求;同时也要明确校本课程开发的主体是教师;在校本课程开发的过程中要善于利用各种课程资源;必须将校本课程开发纳入国家基础教育课程计划中通盘考虑。"总的来说,可将校本课程定义为:学校依照国家课程标准,结合自身情况,由学生参与、家长支持、社区保障所制定的课程。

3. 课程开发的实施方式

在拓爱伟的《校本课程开发研究综述》一文中,介绍了六种课程开发的实施方式。其一是课程选择,是指从众多可能的课程项目中,决定学校付诸实施的课程计划的过程。其二是课程改编,是针对与原有课程准备对象不同的群体,进行的学程上的修改,或者根据课程内容、结构安排等的不同理解而进行的调整。其三是课程整合,指超越不同知识体系而以关注共同要素的方式,来安排学习的课程开发活动,主要的目的就是将关联学科和跨学科间有共性的知识提取出来,形成系统的知识。其四是课程补充,指为提高国定课程的教学成效而进行的课程材料开发活动,目的是将国定课程中没有涉及的知识进行补充。其五是课程拓展,是指以拓宽课程的范围为目的而进行的课程开发活动。其六是课程创编,是指全新的课程单元的开发,比如突出学校特点的"特色课程"、地方性专题即"乡土教材",主要目的就是体现地方特色,满足学生差异性需求。

4. 校本课程评价

在校本课程评价方面,林一刚借鉴了斯基尔贝克的校本课程开发程序,从而得出了校本课程评价的主要对象:对校本课程开发的情境与目标定位的评价、对校本课程方案的可行性的评价、对校本课程实施过程(教学过程)的评价、对校本课程实施效果的评估。同时强调:"对于这些方面的评价,最重要的意图不是为了说明,而是为了改进。"在研究校本课程可借鉴的模式和方法方面,斯塔弗比尔姆的 CIPP 模式,其中包括背景评价、输入评价、过程评价和成果评价。

六、国内外关于课程效能的研究现状

在弗兰西斯科·索夫和杨燕燕的《课程效能评价——以"教育效能与教育评价"为例》一文中,对于课程效能的评价进行了比较系统的介绍。文中定义,"效能"是指在不损害质量与绩效的前提下对目标的达成度。为了能对课程效能作出全面的评价,建立了从PTO(个人、团队和组织)和PIE(规划、实施和评价)六个维度的基本考察框架。文中定义,"课程评价"是对课程协助学生掌握学习内容并达成教学目标的程度所作出的价值判断。主要列举了三种评价方法:一是米歇尔·斯克里文评价,包括总结性评价和形成性评价;二是唐纳德·科克帕特里克评价,由反应、学习、行为、结果和最终评价五个层次组成;三是CIPP评价,由背景评价、输入评价、过程评价和成果评价构成。根据以上的考察维度和评价方法,在实际课程的实施前、实施中和实施后设计和采用具体的策略对课程效能进行评价。

在薛国凤的《课程效能的影响因素与实践策略》一文中,定义了"效能"是指一事物潜在地影响和改变其他事物的能力,而"课程效能"是指课程对促进个体与社会发展所发挥积极作用的能力及其实际结果。对于影响课程效能的因素,确定为学校改革(课程效能的重要依托点)、教师素养发展(课程效能的内部影响因素)和课程体制改革(课程效能的外部影响因素)。

在葛斌和吴志华的《课程质量评价的选择策略之一:课程效能评价》一文中,定义了"课程效能评价"是指在一定条件下,对课程给学生发展产生影响程度的价值判断。对效能的理解,基于这样两种认识思想:"增值"思想和"净影响"思想。增值就是学生学业在学习前与学习后对比时变化的部分;净影响,就是排除了学校课程以外的因素影响获得的"纯"课程影响。

在周蕾的《课程效能及结构分析》一文中,定义了"课程效能"是指课程在促成个体经验增长和课程目标达成上突然发生的有效结果和能力。课程效能结构的要素,由教师经验、学生经验、教师和学生经验的相互影响、教育结果四部分组成。

在朱忠琴和郭学军的《课程效能与普通高中国家课程校本实施》一文中,定义了"课程效能"是一个综合性的概念,强调的是学校育人目标的达成或实现,即课程在促进个体经验增长和课程目标达成上所产生的有效结果和能力。在学校层面,课程效能主要通过课程的规划、课程的实施以及课程的评价等环节来实现。实现学校课程效能的途径有四条:一是增强教师课程效能意识,完善课程规划;二是加强校长课程领导力建设,提升校长的课程改革能力;三是加强教师培训,提升教师的课程开发与课程实施能力;四是设立指向目标的课程评价,完善课程评价的功能。

七、结论与建议

通过整理文献资料，发现已有的国内外相关研究成果，虽然对上海市罗山中学（简称"学校""本校"）区级总课题的研究具有一定的启示，但现有研究针对核心素养背景下提高探究型校本课程实施效能的系统研究很少，直接与本课题相关的研究成果几乎没有。

在本校进行核心素养背景下提高探究型校本课程实施效能的研究过程中，将借鉴国内外一些成熟的理念，进而优化本校自己的研究。我们将明确核心素养的内涵：核心素养是帮助人们满足各个生活领域的重要需求，同时能带来益处的素养。所以，我们将以此为目标进行校本课程的设计。我们将采用"情景探索学习"的实施模式，我们将为不同类型和层次的学习者创设适合于他们知识水平和心理特点的学习情境，引导他们积极开展探索，并在探索过程中，自主选择适当的辅导内容和方式；通过在一系列特定情境中进行探索实践，让参与探索的学习者不仅获得探究性学习的基本知识和技能，同时能掌握有效学习的方法，进而发展创新意识和实践能力。

鉴于直接与学校总课题相关的研究成果几乎没有，因此，确定本课题的研究内容，拟在上海这样一个现代化的大都市，罗山中学这样一所上海市新优质学校的公办初级中学，对课题内涵、文献研究、现状调查、学生素养发展目标、学生素养发展培养内容、实施原则、实施途径和评价体系等八项内容，开展规范、系统的研究，构建本课题的操作框架，总结实施的经验，丰富核心素养背景下提高探究型校本课程实施效能的理论。这也是学校总课题的一定新意所在。

参考文献

[1] 教育部基础教育二司委托，北京师范大学牵头的核心素养课题组.《中国学生发展核心素养》发布[N].人民日报,2016-09-13.

[2] 约翰·杜威.我们怎样思维·经验与教育[M].北京：人民教育出版社,1991.

[3] 陶行知.教育的真谛[M].武汉：长江文艺出版社,2013.

[4] 赵希强.探究性学习方式研究与实践[M].济南：山东大学出版社,2009.

[5] 李臣之.校本课程开发[M].北京：北京师范大学出版社,2015.

[6] 邹尚智.课堂教学技能：名师经验[M].天津：天津教育出版社,2013.

[7] 杨向东,崔允漷.课堂评价[M].上海：华东师范大学出版社,2012.

[8] 夏雪梅.以学习为中心的课堂观察[M].北京：教育科学出版社,2012.

[9] 吴骏德,曹明.实施"双自"教育促进自主发展[M].上海：同济大学出版社,2017.

[10] 张贤志.核心素养研究综述[J].教育视界,2015(09):56-58.

[11] 邱小健,龚筠茜,邱恬.学生核心素养问题的研究综述[J].教育与教学研究,2017(09):11-15.

[12] 杨宝山,李亦非,孙福万,王晶.基于探究学习的课程改革[J].现代教育科学,2002(12):5-9.

[13] 高佩."探究性学习"的概念、分类及意义[J].现代教育科学,2003(03):17-19.

[14] 李兆文,邵然.国内外关于"校本"研究的文献综述[J].价值工程,2014(12):293-295.

[15] 李介.国外校本课程开发模式带给我们的启示[J].教育理论与实践,2010(09):18-20.

[16] 刘佳艳.校本课程开发的文献综述[J].新课程(中旬),2013(07):170-171.

[17] 拓爱伟.校本课程开发研究综述[J].辽宁教育,2014(09):44-48.

[18] 陈玉玲,左晓媛.基于核心素养导向的美国中小学校本课程评价体系研究[J].外国中小学教育,2018(10):55-61.

[19] 弗兰西斯科·索夫,杨燕燕.课程效能评价——以"教育效能与教育评价"为例[J].外国教育研究,2005(05):57-60.

[20] 薛国凤.课程效能的影响因素与实践策略[J].教育发展研究,2007(11B):7-11.

[21] 葛斌,吴志华.课程质量评价的选择策略之一:课程效能评价[J].教育科学,2012(02):27-31.

[22] 周蕾.课程效能及结构分析[J].宁波教育学院学报,2013(03):87-89.

[23] 朱忠琴,郭学军.课程效能与普通高中国家课程校本实施[J].当代教育科学,2014(14):13-15.

[24] 曹明,杨哲明,何月清."基于发展农村初中学生'双自'素养的校本课程建设研究"情报综述[G]//王丽琴.走向实证的基础教育科研之路·浦东新区中小幼教师优秀科研成果选.上海:华东师范大学出版社,2019:2-14.

核心素养背景下提高探究型校本课程实施效能现状调查（前测报告）

上海市罗山中学　黄爱民

一、调查缘起

为更好地贯彻落实教育部《基础教育课程改革纲要》关于开发校本课程的要求和教育部《关于全面深化课程改革落实立德树人根本任务的意见》和《中国学生发展核心素养》的要求，提高上海市罗山中学（简称"本校""学校"）多年来进行的探究型校本课程实施效能，2018年3月，学校成立了"核心素养背景下提高探究型校本课程实施效能的研究"课题组。

2018年11月，在总课题组指导下，本子课题组成员设计了《核心素养背景下提高探究型校本课程实施效能现状调查（前测：教师问卷）》《核心素养背景下提高探究型校本课程实施效能现状调查（前测：学生问卷）》和《核心素养背景下提高探究型校本课程实施效能之学生素养现状调查（前测问卷）》3份调查问卷，并组织课程指导教师和参与课程的全体学生进行问卷调查活动，旨在全面了解现有探究型校本课程的实施效能和师生素养的现状，为提高总课题研究设计、实施的针对性，为后续对比衡量课题研究的效果提供科学性依据。

二、调查概况

（一）调查时间

根据上述3份调查问卷，2018年11月30日中午，学校组织了探究型校本课程指导教师进行了教师的前测问卷调查；2018年12月3—4日，组织了开设探究型课程的七年级全体学生对学校探究型课程实施效能和自身素养的前测问卷调查；2018年12月3—6日，组织了开设探究型课程的六年级学生对学校探究型课程实施效能和自身素养的前测问卷调查。

（二）调查对象

以25名探究型校本课程指导教师为调查样本，共发放问卷25份，实际回收有效问卷

25份,样本有效回收率100%。(见表1)

表1 样本结构

选项(教龄/年)	小计	比例(%)
A. 0—5	9	36.00
B. 6—10	7	28.00
C. 11—20	7	28.00
D. 21—30	2	8.00
本题有效填写人次	25	

以已经完成探究型校本课程学习的七年级全体学生为调查样本,共发放问卷202份,实际回收有效问卷202份,样本有效回收率100%。(见表2)

表2 样本结构(所在的班级)

选项	小计	比例(%)
A. 1	30	14.85
B. 2	30	14.85
C. 3	29	14.36
D. 4	31	15.34
E. 5	25	12.38
F. 6	29	14.36
G. 7	28	13.86
本题有效填写人次	202	

以正在参与探究型校本课程学习的六年级全体学生为调查样本,共发放问卷299份,实际回收有效问卷299份,样本有效回收率100%。(见表3)

表3 样本结构(所在的班级)

选项	小计	比例(%)
A. 1	35	11.72
B. 2	38	12.71
C. 3	36	12.04
D. 4	36	12.04
E. 5	39	13.04

(续表)

选项	小计	比例(%)
F. 6	39	13.04
G. 7	39	13.04
H. 8	37	12.37
本题有效填写人次	299	

(三) 调查内容

1.《核心素养背景下提高探究型校本课程实施效能现状调查(前测:教师问卷)》

调查内容分为七个方面:基本信息(单选题2题);课程编制方面(单选题6题);课程实施(单选题4题);学生素养方面(单选题12题);教师专业素养方面(单选题19题);教师整体教学素养方面(单选题4题);改进建议(简答题1题)。

2.《核心素养背景下提高探究型校本课程实施效能现状调查(前测:学生问卷)》

调查内容分为七个方面:基本信息(单选题2题);课程编制方面(单选题4题);课程实施方面(单选题4题);学生探究型课程学习之素养方面(单选题24题);学生核心素养之学会学习素养方面(单选题6题);学生整体素养方面(单选题2题);改进建议(简答题1题)。

3.《核心素养背景下提高探究型校本课程实施效能之学生素养现状调查(前测问卷)》

调查内容分为三个方面:基本信息(单选题2题);学生探究型课程学习素养方面(单选题24题);学生核心素养之学会学习素养方面(单选题6题)。

(四) 调查方法

采用问卷调查法,使用问卷星网络平台。

(五) 调查实施

2018年11月30日中午,组织25名探究型校本课程指导教师在计算机教室集中,在对填写调查问卷的操作进行必要说明后,现场完成"前测:教师问卷"的填写,并在线提交问卷。

2018年12月3—4日,利用初中信息科技课程的上课时间,组织已经完成探究型校本课程学习的七年级学生,以班级为单位,在计算机教室集中,在对填写调查问卷的操作进行必要的培训后,现场完成"前测:学生问卷"的填写,并在线提交问卷。

2018年12月3—6日,利用探究型校本课程和电脑美术课程的上课时间,组织正在参与探究型校本课程学习的六年级学生,以班级为单位,在计算机教室集中,在对填写调查问卷的操作进行必要的培训后,现场完成填写,并在线提交问卷。

(六)数据处理

本次前测调查活动,采用问卷星网络平台。调查数据处理利用平台中的功能完成,进行数理统计和逻辑分析研究。在此基础上,撰写调查报告。

三、调查结果与分析

(一)《核心素养背景下提高探究型校本课程实施效能现状调查(前测:教师问卷)》

1. 探究型校本课程的编制质量有待提高

表4数据表明,课程指导教师认为探究型校本课程的课程方案是合理的评价,56%的教师认为是合理的,44%认为合理性不够,有少数课程指导教师认为不合理。表5数据表明,课程指导教师认为探究型校本课程的课程理念合理性的评价,有68%的教师认为是合理的,但还有32%认为合理性不够,甚至有少数认为是不合理的。表6数据表明,课程指导教师认为探究型校本课程的课程目标清晰性的评价,有56%认为是清晰的,但还有44%认为清晰性不够。表7数据表明,课程指导教师认为探究型校本课程的课程架构(目录)是合理的评价,有64%认为是合理的,但还有36%认为合理性不够。表8数据表明,课程指导教师认为探究型校本课程的课程内容组织是合理的评价,有60%认为是合理的,但还有40%的课程指导教师认为合理性不够。表9数据表明,课程指导教师认为探究型校本课程的课程纸质学习材料(学材)内容文字表述是准确简洁的评价,有56%认为是准确简洁的,44%认为准确简洁性不够。

表4—表9数据说明:探究型校本课程的指导教师们经过了多年课程指导的实践经历,积累了一定的探究型校本课程开发和实施的经验,所以部分探究型校本课程学材,是有一定质量的。但是,由于探究型校本课程的学材开发和实施一直处于自主探索的状态,没有确定编制校本学材时规范、清晰、全面的要求,对教师的培训和研讨主要集中在如何引导学生开展探究学习活动,关于课程设计和学材编制的培训很少涉及,因此指导教师们进行探究型校本课程的开发和实施,主要依靠自己的经验积累和自主探索,这样生成的校本课程必然是优劣掺杂,所以探究型校本课程的学材编制质量总体有待提高。

表 4　教师对探究型校本课程(教材)的课程方案合理性的评价

选项	小计	比例(%)
A. 合理	14	56.00
B. 较合理	7	28.00
C. 一般	3	12.00
D. 较少合理或不合理	1	4.00
本题有效填写人次	25	

表 5　教师对探究型校本课程(教材)的课程理念合理性的评价

选项	小计	比例(%)
A. 合理	17	68.00
B. 较合理	3	12.00
C. 一般	3	12.00
D. 较少合理或不合理	2	8.00
本题有效填写人次	25	

表 6　教师对探究型校本课程(教材)的课程目标清晰性的评价

选项	小计	比例(%)
A. 清晰	14	56.00
B. 较清晰	5	20.00
C. 一般	6	24.00
D. 不够清晰或不清晰	0	0
本题有效填写人次	25	

表 7　教师对探究型校本课程(教材)的课程架构(目录)合理性的评价

选项	小计	比例(%)
A. 合理	16	64.00
B. 较合理	4	16.00
C. 一般	5	20.00
D. 较少合理或不合理	0	0
本题有效填写人次	25	

表8 教师对探究型校本课程(教材)的课程内容组织合理性的评价

选项	小计	比例(%)
A. 合理	15	60.00
B. 较合理	5	20.00
C. 一般	5	20.00
D. 较少合理或不合理	0	0
本题有效填写人次	25	

表9 探究型校本课程(教材)的课程学材内容文字表述准确简洁性的评价

选项	小计	比例(%)
A. 符合	14	56.00
B. 较符合	6	24.00
C. 一般	5	20.00
D. 较少符合或不符合	0	0
本题有效填写人次	25	

2. 探究型校本课程的具体实施有待完善

表10数据表明,课程指导教师对探究型校本课程实施的具体活动方案设计合理性的评价,有64%认为是合理的,但还有36%认为合理性不够。表11数据表明,课程指导教师认为探究型校本课程实施的具体活动之课前准备是充分的评价,有60%认为是充分的,但还有40%认为充分性不够。表12数据表明,课程指导教师认为探究型校本课程实施的具体活动之预设目标是有效达成的评价,有48%认为是有效达成的,但还有52%认为预设目标的有效达成度不够。表13数据表明,56%的课程指导教师认为探究型校本课程具体活动实施后的反思总结是有针对性的,44%认为针对性不够。

表10—表13数据说明:探究型校本课程的指导教师们在多年课程指导的实践经历中积累了丰富的教学经验,所以部分探究型校本课程的具体实施是有一定成效的。但是,近几年受疫情的影响,探究型校本课程的活动,主要在学校范围内开展,走出学校学习、请进学校交流和专家培训指导等都很少,出现了故步自封的情况。这样,必然影响到教师们课程指导能力的提升,出现指导教师设计的课程实施内容,不能取得理想成效的情况,所以探究型校本课程的具体实施,有待完善。

表 10　教师对探究型校本课程实施的具体活动方案设计合理性的评价

选项	小计	比例(%)
A. 合理	16	64.00
B. 较合理	6	24.00
C. 一般	3	12.00
D. 较少合理或不合理	0	0
本题有效填写人次	25	

表 11　教师对探究型校本课程实施的具体活动之课前准备充分性的评价

选项	小计	比例(%)
A. 充分	15	60.00
B. 较充分	8	32.00
C. 一般	2	8.00
D. 较少充分或不充分	0	0
本题有效填写人次	25	

表 12　教师对探究型校本课程实施的具体活动之预设目标有效达成度的评价

选项	小计	比例(%)
A. 达成	12	48.00
B. 较多达成	9	36.00
C. 一般	4	16.00
D. 较少达成或不达成	0	0
本题有效填写人次	25	

表 13　教师对探究型校本课程具体活动实施后的反思总结有针对性的评价

选项	小计	比例(%)
A. 强	14	56.00
B. 较强	7	28.00
C. 一般	4	16.00
D. 不强或无	0	0
本题有效填写人次	25	

3. 探究型校本课程实施中教师对提升学生学习效能的关注度有待加强

表14数据表明，课程指导教师认为探究型校本课程具体活动实施中能注重对学生认识价值意识培养的评价，有64%认为能注重培养，但还有36%认为这方面的注重度不够。表15数据表明，课程指导教师认为探究型校本课程具体活动实施中能注重对学生学习运用意识培养的评价，有56%认为能注重，但还有44%的课程指导教师认为这方面的注重度不够。表16数据表明，课程指导教师认为探究型校本课程具体活动实施中能注重对学生反思总结意识培养的评价，有64%认为能注重，但还有36%认为这方面的注重度不够。表17数据表明，课程指导教师认为探究型校本课程具体活动实施中能注重对学生程序性能力培养的评价，有56%认为能注重，但还有44%认为这方面的注重度不够。表18数据表明，课程指导教师认为探究型校本课程具体活动实施中能注重对学生具体方法性能力培养的评价，有60%认为能注重，但还有40%认为这方面的注重度不够。表19数据表明，课程指导教师认为探究型校本课程具体活动实施中能注重对学生程序性行为训练的评价，有52%认为能注重，但还有48%认为这方面的训练注重度不够。表20数据表明，课程指导教师认为探究型校本课程实施中能注重对学生具体方法性行为训练的评价，有52%认为能注重，但还有48%认为这方面的注重度不够。表21数据表明，课程指导教师认为探究型校本课程具体活动实施中能注重对学生坚持性行为训练的评价，有56%认为能注重，但还有44%认为这方面的训练注重度不够。表22数据表明，课程指导教师认为探究型校本课程具体活动实施中能注重对学生反思总结性行为训练的评价，有52%认为能注重，但还有48%认为这方面的注重度不够。

表14—表22数据说明：探究型校本课程的指导教师们在多年课程指导的实践经历中，有2/3—1/2不等的比例，能够注重对学生探究性学习坚持性行为习惯养成的培养，但还有1/3—1/2不等的比例，这方面的注重度不够。所以，探究型校本课程实施中，教师应加强对学生探究性学习坚持性行为习惯的培养，并借此提升学习效能的关注度，总体有待加强。

表14 探究型校本课程具体活动实施中教师注重对学生认识价值意识的培养

选项	小计	比例(%)
A. 做到	16	64.00
B. 较多做到	5	20.00
C. 一般	4	16.00
D. 较少做到或做不到	0	0
本题有效填写人次	25	

表 15　探究型校本课程具体活动实施中教师注重对学生学习运用意识的培养

选项	小计	比例(%)
A. 做到	14	56.00
B. 较多做到	10	40.00
C. 一般	1	4.00
D. 较少做到或做不到	0	0
本题有效填写人次	25	

表 16　探究型校本课程具体活动实施中教师注重对学生反思总结意识的培养

选项	小计	比例(%)
A. 做到	16	64.00
B. 较多做到	6	24.00
C. 一般	3	12.00
D. 较少做到或做不到	0	0
本题有效填写人次	25	

表 17　探究型校本课程具体活动实施中教师注重对学生程序性能力的培养

选项	小计	比例(%)
A. 做到	14	56.00
B. 较多做到	7	28.00
C. 一般	4	16.00
D. 较少做到或做不到	0	0
本题有效填写人次	25	

表 18　探究型校本课程具体活动实施中教师注重对学生具体方法性能力的培养

选项	小计	比例(%)
A. 做到	15	60.00
B. 较多做到	9	36.00
C. 一般	1	4.00
D. 较少做到或做不到	0	0
本题有效填写人次	25	

表 19　探究型校本课程具体活动实施中教师注重对学生程序性行为的训练

选项	小计	比例(%)
A. 做到	13	52.00
B. 较多做到	8	32.00
C. 一般	4	16.00
D. 较少做到或做不到	0	0
本题有效填写人次	25	

表 20　探究型校本课程实施中教师注重对学生具体方法性行为的训练

选项	小计	比例(%)
A. 做到	13	52.00
B. 较多做到	11	44.00
C. 一般	1	4.00
D. 较少做到或做不到	0	0
本题有效填写人次	25	

表 21　探究型校本课程具体活动实施中教师注重对学生坚持性行为的训练

选项	小计	比例(%)
A. 做到	14	56.00
B. 较多做到	7	28.00
C. 一般	4	16.00
D. 较少做到或做不到	0	0
本题有效填写人次	25	

表 22　探究型校本课程具体活动实施中教师注重对学生反思总结性行为的训练

选项	小计	比例(%)
A. 做到	13	52.00
B. 较多做到	7	28.00
C. 一般	5	20.00
D. 较少做到或做不到	0	0
本题有效填写人次	25	

4. 探究型校本课程实施中教师对提升学生学会学习核心素养的关注度有待加强

表 23 数据表明,课程指导教师认为探究型校本课程具体活动实施中能注重对学生乐学善学素养培养的评价,有 60% 认为能注重,但还有 40% 认为这方面的注重度不够。表 24 数据表明,课程指导教师认为探究型校本课程具体活动实施中能注重对学生勤于反思素养培养的评价,有 56% 认为能注重,但还有 44% 认为这方面的注重度不够。表 25 数据表明,课程指导教师认为探究型校本课程具体活动实施中能注重对学生信息意识培养的有 56%,但还有 44% 认为这方面的注重度不够。

表 23—表 25 数据说明:探究型校本课程的指导教师们在多年的探究型校本课程指导的实践经历中,对于学生学会学习的乐学善学素养、勤于反思素养和信息意识培养的注重度,总体处于较低水平,所以探究型校本课程实施中教师对提升学生学会学习核心素养的关注度有待加强。

表 23　探究型校本课程具体活动实施中教师注重对学生乐学善学素养的培养

选项	小计	比例(%)
A. 做到	15	60.00
B. 较多做到	6	24.00
C. 一般	4	16.00
D. 较少做到或做不到	0	0
本题有效填写人次	25	

表 24　探究型校本课程具体活动实施中教师注重对学生勤于反思素养的培养

选项	小计	比例(%)
A. 做到	14	56.00
B. 较多做到	6	24.00
C. 一般	5	20.00
D. 较少做到或做不到	0	0
本题有效填写人次	25	

表 25　探究型校本课程具体活动实施中教师注重对学生信息意识的培养

选项	小计	比例(%)
A. 做到	14	56.00
B. 较多做到	6	24.00

(续表)

选项	小计	比例（%）
C. 一般	5	20.00
D. 较少做到或做不到	0	0
本题有效填写人次	25	

5. 探究型校本课程指导教师的科研基本素养有待提升

表 26 数据表明，课程指导教师对自己熟悉教育科研基本理论的评价，有 44% 认为熟悉，但有 56% 认为自己对此的熟悉度不够，甚至有少数认为自己不熟悉。表 27 数据表明，课程指导教师对自己熟悉教育科研基本方法的评价，有 40% 认为熟悉，但有 60% 认为对此的熟悉度不够，甚至有少数认为自己对此不熟悉。表 28 数据表明，课程指导教师对自己具备观察教育现象→发现教育问题→确定研究主题的课题研究选题能力的评价，有 52% 认为具备，但另有 48% 认为这方面的能力不够，甚至有少数认为自己不具备这方面的能力。表 29 数据表明，课程指导教师对自己的课题研究方案设计能力的评价，有 44% 认为强，但有 56% 认为这方面的能力不够，甚至有少数认为没有课题研究方案设计能力。表 30 数据表明，有 48% 的课程指导教师认为自己的课题研究实践能力强，52% 则认为不够。表 31 数据表明，课程指导教师对于自己的课题研究成果总结能力的评价，有 44% 认为强，有 56% 认为这方面的能力不够，甚至有少数认为自己没有这方面的能力。表 32 数据表明，课程指导教师认为自己的课题研究中针对性反思和改进能力的评价，有 48% 认为这方面能力强，52% 则认为不够，甚至有少数认为自己没有这方面能力。表 33 数据表明，课程指导教师对自己能深刻认识教育科研价值的评价，有 40% 认为能深刻认识，但有 60% 认为对此的认识不够深刻，甚至有少数师认为自己没有这方面的认识。表 34 数据表明，课程指导教师对自己的主动学习和应用教育科研知识的意识的评价，有 44% 认为意识强，但有 56% 认为意识不够。表 35 数据表明，课程指导教师对自己能做到日常注意观察教育现象，确立问题设计课题，主动进行实践探索成果总结与反思改进的评价，有 36% 认为自己能做到，但有 64% 认为自己在这方面做得不够好。

表 26—表 35 数据说明：在学校探究型课程指导教师中，部分教师是具有一定的科研基本素养的，但总体处于较低水平。这是由于在多年来的课程开发和实施的实践中，教师获得了一定的科研素养，但缺乏专家的系统培训指导，科研素养的整体水平还是显得不足。探究型校本课程指导教师的科研基本素养总体有待提升。

表26 探究型校本课程指导教师对教育科研基本理论的熟悉度

选项	小计	比例(%)
A. 熟悉	11	44.00
B. 较熟悉	8	32.00
C. 一般	5	20.00
D. 较少熟悉或不熟悉	1	4.00
本题有效填写人次	25	

表27 探究型校本课程指导教师对教育科研基本方法的熟悉度

选项	小计	比例(%)
A. 熟悉	10	40.00
B. 较熟悉	9	36.00
C. 一般	5	20.00
D. 较少熟悉或不熟悉	1	4.00
本题有效填写人次	25	

表28 探究型校本课程指导教师具有观察教育现象→发现教育问题→确定研究主题的课题研究选题能力

选项	小计	比例(%)
A. 具备	13	52.00
B. 较多具备	7	28.00
C. 一般	4	16.00
D. 较少具备或不具备	1	4.00
本题有效填写人次	25	

表29 探究型校本课程指导教师具有课题研究方案设计能力

选项	小计	比例(%)
A. 强	11	44.00
B. 较强	8	32.00
C. 一般	5	20.00
D. 弱或无	1	4.00
本题有效填写人次	25	

表 30　探究型校本课程指导教师具有课题研究实践能力

选项	小计	比例(%)
A. 强	12	48.00
B. 较强	6	24.00
C. 一般	7	28.00
D. 弱或无	0	0
本题有效填写人次	25	

表 31　探究型校本课程指导教师具有课题研究成果总结能力

选项	小计	比例(%)
A. 强	11	44.00
B. 较强	6	24.00
C. 一般	7	28.00
D. 弱或无	1	4.00
本题有效填写人次	25	

表 32　探究型校本课程指导教师具有课题研究中针对性反思改进能力

选项	小计	比例(%)
A. 强	12	48.00
B. 较强	6	24.00
C. 一般	6	24.00
D. 弱或无	1	4.00
本题有效填写人次	25	

表 33　探究型校本课程指导教师对教育科研价值认识深刻性

选项	小计	比例(%)
A. 深刻	10	40.00
B. 较深刻	9	36.00
C. 一般	5	20.00
D. 弱或无	1	4.00
本题有效填写人次	25	

表 34 探究型校本课程指导教师主动学习和应用教育科研知识的意识

选项	小计	比例(%)
A. 强	11	44.00
B. 较强	8	32.00
C. 一般	6	24.00
D. 弱或无	0	0
本题有效填写人次	25	

表 35 探究型校本课程指导教师日常注意观察教育现象,确立问题设计课题,
主动进行实践探索成果总结与反思改进

选项	小计	比例(%)
A. 很注意	9	36.00
B. 较注意	10	40.00
C. 一般	6	24.00
D. 较少注意或不注意	0	0
本题有效填写人次	25	

6. 探究型校本课程指导教师的日常教学专业素养还有提升空间

表 36 数据表明,课程指导教师对自己在日常的教学设计中有针对性的"三情"分析能力的评价,有 36% 认为这方面能力强,但有 64% 认为这方面的分析能力不够。表 37 数据表明,课程指导教师对自己在日常教学设计中准确把握教学目标的能力的评价,有 32% 认为能力强,但有 68% 认为自己这方面的能力不够。表 38 数据表明,课程指导教师对自己在日常教学设计中合理组织教学内容的能力的评价,有 40% 认为能力强,但有 60% 认为这方面的能力不够。表 39 数据表明,课程指导教师对自己合理设计教学过程能力的评价,有 44% 认为能力强,但有 56% 认为这方面的能力不够。表 40 数据表明,课程指导教师认为自己有效实施课堂教学的预设执行能力的评价,有 36% 认为能力强,但有 64% 认为自己这方面的能力不够。表 41 数据表明,课程指导教师对自己有机处理课堂生成性教育资源能力的评价,有 40% 认为能力强,但还有 60% 认为这方面的能力不够。表 42 数据表明,课程指导教师对自己日常及时进行有针对性的教学反思改进能力的评价,有 48% 认为能力强,但还有 52% 认为自己这方面的能力不够。表 43 数据表明,课程指导教师认为自己及时进行相关教研主题成果总结能力的评价,有 40% 认为能力强,但还有 60% 认为这方面的能力不够。表 44 数据表明,课程指导教师近三年在区级及以上刊物发表的教研成果或区级及以上立项的课题数量为:5 篇/项(含)以上的有 8%、3—2 篇/项的有 24%、1—0 篇/项的有 68%。表

45 数据表明,有 24% 的课程指导教师认为通过参与探究型校本课程学材的编制和实施,对自己的校本课程方案制定、具体学材编制、实施和评价素养的整体提升的影响明显,但还有 76% 认为对自己素养整体提升的影响不够。表 46 数据表明,有 24% 的课程指导教师认为通过参与探究型校本课程学材的编制和实施,对自己任教学科教学质量整体提高的影响明显,但另有 76% 认为对此的影响不够。表 47 数据表明,有 28% 的课程指导教师认为通过参与探究型校本课程学材的编制和实施,对促进自己其他专业素养发展的影响明显,但另有 72% 认为这方面的影响不够。表 48 数据表明,课程指导教师认为自己的教育教学特色所处阶段为:已经形成的有 16%、正在形成的有 48%、争取形成的有 36%。

表 36—表 48 数据说明:在学校探究型校本课程指导教师中,少部分教师具有比较强的日常教育教学专业素养。这是由于探究型校本课程的开发和实施,是学校课程改革的重要组成部分。一些教师的日常教学专业素养较高,是由于自己日常能够加强自主学习、实践和总结,但教师的日常教育教学专业素养,总体有待进一步提高。若有教育专家借助探究型校本课程学材的设计、编制、实施、评价和成果总结方面的规范、系统和富有针对性的培训指导,既可以提高探究型校本课程实施效能,促进学生全面提升探究素养和学会学习素养,也可以借此提升教师的教育教学等专业素养。课题研究和日常教育教学之间的原理是相通的。

表 36 探究型校本课程指导教师在日常教学设计中有针对性的"三情"(学情、课标和教材)分析能力

选项	小计	比例(%)
A. 强	9	36.00
B. 较强	15	60.00
C. 一般	1	4.00
D. 弱或无	0	0
本题有效填写人次	25	

表 37 探究型校本课程指导教师在日常教学设计中准确把握教学目标的能力

选项	小计	比例(%)
A. 强	8	32.00
B. 较强	16	64.00
C. 一般	1	4.00
D. 弱或无	0	0
本题有效填写人次	25	

表38　探究型校本课程指导教师在日常教学设计中合理组织教学内容的能力

选项	小计	比例(%)
A. 强	10	40.00
B. 较强	14	56.00
C. 一般	1	4.00
D. 弱或无	0	0
本题有效填写人次	25	

表39　探究型校本课程指导教师合理设计教学过程的能力

选项	小计	比例(%)
A. 强	11	44.00
B. 较强	13	52.00
C. 一般	1	4.00
D. 弱或无	0	0
本题有效填写人次	25	

表40　探究型校本课程指导教师有效实施课堂教学的预设执行能力

选项	小计	比例(%)
A. 强	9	36.00
B. 较强	15	60.00
C. 一般	1	4.00
D. 弱或无	0	0
本题有效填写人次	25	

表41　探究型校本课程指导教师有机处理课堂生成性教育资源能力

选项	小计	比例(%)
A. 强	10	40.00
B. 较强	11	44.00
C. 一般	4	16.00
D. 弱或无	0	0
本题有效填写人次	25	

表 42　探究型校本课程指导教师日常及时进行有针对性的教学反思改进能力

选项	小计	比例(%)
A. 强	12	48.00
B. 较强	9	36.00
C. 一般	4	16.00
D. 弱或无	0	0
本题有效填写人次	25	

表 43　探究型校本课程指导教师及时进行相关教研主题成果总结能力

选项	小计	比例(%)
A. 强	10	40.00
B. 较强	10	40.00
C. 一般	5	20.00
D. 弱或无	0	0
本题有效填写人次	25	

表 44　探究型校本课程指导教师近三年在区级及以上刊物发表的教研成果或区级及以上立项的课题数量

选项	小计	比例(%)
A. 5 篇/项(含)以上	2	8.00
B. 4 篇/项	0	0
C. 3—2 篇/项	6	24.00
D. 1—0 篇/项	17	68.00
本题有效填写人次	25	

表 45　通过参与探究型校本课程的编制和实施,对您的校本课程方案制定、具体教材编制、实施和评价素养整体提升的影响

选项	小计	比例(%)
A. 明显	6	24.00
B. 较明显	11	44.00
C. 一般	8	32.00
D. 不明显	0	0
本题有效填写人次	25	

表46　通过参与探究型校本课程的编制和实施,对您任教学科教学质量整体提高的影响

选项	小计	比例(%)
A. 明显	6	24.00
B. 较明显	12	48.00
C. 一般	7	28.00
D. 不明显	0	0
本题有效填写人次	25	

表47　通过参与探究型校本课程的编制和实施,对您促进其他专业素养发展的影响

选项	小计	比例(%)
A. 明显	7	28.00
B. 较明显	12	48.00
C. 一般	6	24.00
D. 不明显	0	0
本题有效填写人次	25	

表48　您认为自己的教育教学特色所处阶段是

选项	小计	比例(%)
A. 已经形成	4	16.00
B. 正在形成	12	48.00
C. 争取形成	9	36.00
D. 尚无方向或意愿	0	0
本题有效填写人次	25	

(二)《核心素养背景下提高探究型校本课程实施效能现状调查(前测:学生问卷)》

1. 探究型校本课程的编制质量还有提升空间

表49数据表明,有75.74%完成探究型校本课程学习的学生认为探究型校本课程的课程目标是清晰的,但还有24.26%认为清晰性不够,甚至有少数学生认为是不清晰的。表50数据表明,完成探究型校本课程学习的学生对探究型校本课程的内容架构(目录)是否合理的评价,有69.31%认为合理,但还有30.69%认为合理性不够,甚至有少数认为内容架构(目录)是不合理的。表51数据表明,完成探究型校本课程学习的学生对探究型校本课程的内

容组织是否合理的评价,有 71.78% 认为合理,但还有 28.22% 认为合理性不够,甚至有少数学生认为是不合理的。表 52 数据表明,完成探究型校本课程学习的学生对探究型校本课程的内容文字表述是否准确简明的评价,有 67.33% 认为是准确简明的,但还有 32.67% 认为准确简明性不够,甚至有少数学生认为表述不准确简明。

表 49—表 52 数据说明:全体七年级学生在回顾参与探究型校本课程学习活动的体验后进行了判断,多数学生对课程编制质量作出了认可的评价,这也是对课程指导教师努力工作的认可。但是,还有部分学生对课程编制质量做出了存在不足,甚至不认可的评价,甚至有少数学生认为课程编制质量比较低。要提高探究型校本课程的实施效能,编制的课程必须尽可能适合所有的参与学习活动的学生,所以探究型校本课程的编制质量还有提升空间。

表 49　学生对探究型校本课程(教材)的课程目标清晰的评价

选项	小计	比例(%)
A. 符合	153	75.74
B. 较符合	41	20.30
C. 一般	6	2.97
D. 不太符合或不符合	2	0.99
本题有效填写人次	202	

表 50　学生对探究型校本课程(教材)的内容架构(目录)合理的评价

选项	小计	比例(%)
A. 符合	140	69.31
B. 较符合	52	25.74
C. 一般	7	3.47
D. 不太符合或不符合	3	1.48
本题有效填写人次	202	

表 51　学生对探究型校本课程(教材)的内容组织合理的评价

选项	小计	比例(%)
A. 符合	145	71.78
B. 较符合	45	22.28
C. 一般	9	4.46
D. 不太符合或不符合	3	1.48
本题有效填写人次	202	

表52 学生对探究型校本课程(教材)的内容文字表述准确简明的评价

选项	小计	比例(%)
A. 符合	136	67.33
B. 较符合	55	27.23
C. 一般	8	3.96
D. 不太符合或不符合	3	1.48
本题有效填写人次	202	

2. 探究型校本课程的具体实施有待完善

表53数据表明,完成探究型校本课程学习的学生对探究型校本课程的活动设计是否合理的评价,有74.75%认为是合理的,但还有25.25%认为合理性不够,甚至有少数认为不合理。表54数据表明,完成探究型校本课程学习的学生对探究型校本课程实施前的师生准备活动是否充分的评价,有62.87%认为是充分的,但有37.13%的学生认为充分性是不够的,甚至有少数学生认为准备活动是不充分的。表55数据表明,完成探究型校本课程学习的学生对探究型校本课程的活动实施预设目标是否有效达成的评价,有53.47%认为是有效达成的,但另有46.53%的学生认为达成度不够,甚至有少数学生认为目标没有有效达成。表56数据表明,完成探究型校本课程学习的学生对探究型校本课程的反思总结是否有针对性的评价,有55.94%认为针对性明显,但另有44.06%认为针对性不够,甚至有少数认为没有针对性。

表53—表56数据说明:全体七年级学生在回顾参与探究型校本课程学习活动的体验后,多数认为所学课程的具体实施的效果是好的。但是,有个别指标只有一半学生作出了效果好的评价,还有部分学生作出了不够好的评价,甚至有少数学生认为课程具体实施的效果是比较差的。要提高探究型校本课程的实施效能,课程的具体实施设计必须尽可能考虑到所有参与学生的需要,所以探究型校本课程的具体实施有待完善。

表53 学生对探究型校本课程的活动设计合理的评价

选项	小计	比例(%)
A. 合理	151	74.75
B. 较合理	42	20.79
C. 一般	6	2.97
D. 不太合理或不合理	3	1.49
本题有效填写人次	202	

表 54　学生对探究型校本课程实施前的师生准备活动充分的评价

选项	小计	比例(%)
A. 充分	127	62.87
B. 较充分	59	29.21
C. 一般	12	5.94
D. 不太充分或不充分	4	1.98
本题有效填写人次	202	

表 55　学生对探究型校本课程的活动实施达到预设目标的有效性的评价

选项	小计	比例(%)
A. 达到	108	53.47
B. 较多达到	79	39.11
C. 一般	12	5.94
D. 很少达到或达不到	3	1.48
本题有效填写人次	202	

表 56　学生对探究型校本课程的反思总结有针对性的评价

选项	小计	比例(%)
A. 达到	113	55.94
B. 较多达到	66	32.67
C. 一般	15	7.43
D. 很少达到或达不到	8	3.96
本题有效填写人次	202	

3. 探究型校本课程实施对于提升学生学习效能素养的效果不理想

在参与探究型校本课程的学习后,表 57 数据表明,对自己的严谨求知意识提升方面的评价,有 46.04% 认为提升明显,但还有 53.96% 认为提升不够,甚至有少数认为没有提升。表 58 数据表明,对自己的健康审美意识提升方面的评价,有 50.99% 认为提升明显,但另有 49.01% 认为提升不够,甚至有少数认为没有提升。表 59 数据表明,对自己的较强责任意识提升方面的评价,有 57.92% 认为提升明显,但有 42.08% 认为提升不够,甚至有少数认为没有提升。表 60 数据表明,自己在积极学习意识提升方面,有 53.47% 认为提升明显,但还有 46.53% 认为提升不够,甚至有少数认为没有提升。表 61 数据表明,在勇于探索意识提升方面,有59.41%认为提升明显,但还有40.59%认为提升不够,甚至有少数学生认为没有提升。表62数据表明,在参与探究型校本课程的学习后自己的解决问题意识提升方面,有54.46%认为提升明显,但还有45.54%认为提升不够,甚至有少数学生认为没有提升。表63数据表明,对参与探究型校本课程的学习后自己的创意表现意识提升,有56.93%认为提升明显,但还有43.07%的学生认为提升不够,甚至有少数认为没有提升。表64数据表明,对参与探究型校本课程的学习后自己的团队合作意识提升的评价,有65.84%认为提升明显,但还有34.16%认为提升不够,甚至有少数认为没有提升。表65数据表明,对参与探究型校本课程的学习后自己的审视学习状态意识的评价,有53.96%认为提升明显,但还有46.04%认为提升不够,甚至有少数认为没有提升。表66数据表明,对参与探究型校本课程的学习后自己的总结学习经验意识的评价,有49.50%认为提升明显,但还有50.50%认为提升不够,甚至有少数认为没有提升。表67数据表明,对参与探究型校本课程的学习后自己的程序性能力(提出问题→制订计划→设计实验→分析论证→评估判断→交流展示)的评价,有51.49%认为提高明显,但还有48.51%认为提高不够,甚至有少数认为没有提高。表68数据表明,对参与探究型校本课程的学习后自己的调查类能力提高方面的评价,有51.98%认为提高明显,但还有48.02%认为提高不够,甚至有少数认为没有提高。表69数据表明,对参与探究型校本课程的学习后自己的操作类能力提高的评价,有59.90%认为提高明显,但还有40.10%认为提高不够,甚至有少数认为没有提高。表70数据表明,对参与探究型校本课程的学习后自己的展示类能力提高的评价,有53.47%认为提高明显,但还有46.53%认为提高不够,甚至有少数认为没有提高。表71数据表明,对参与探究型校本课程的学习后自己的信息类能力提高的评价,有51.49%认为提高明显,但还有48.51%认为提高不够,甚至有少数认为没有提高。表72数据表明,对参与探究型校本课程的学习过程中、后自己能有或巩固持续的程序性行为(提出问题→制订计划→收集证据→分析论证→评估判断→交流展示)的评价,有51.49%认为能做到,但还有48.51%认为行为不够,甚至有少数学生认为自己做不到。表73数据表明,对参与探究型校本课程的学习过程中、后自己能有或巩固持续的调查类行为的评价,有52.48%认为能做到,但还有47.52%认为行为不够,甚至有少数学生认为做不到。表74数据表明,对参与探究型校本课程的学习过程中、后自己能有或巩固持续的操作类行为的评价,有51.49%认为能做到,但还有48.51%的学生认为行为不够,甚至有少数学生认为自己没有这方面的行为。表75数据表明,对参与探究型校本课程的学习过程中、后自己能有或巩固持续的展示类行为的评价,有53.47%认为能做到,但还有46.53%认为行为不够,甚至有少数学生认为没有这类行为。表76数据表明,对参与探究型校本课程的学习过程中、后自己能有或巩固持续的信息类行为的评价,有51.49%认为能做到,但还有 48.51% 认为行为不够,甚至有少数认为没有这类行为。表 77 数据表明,对参与探究型校本课程的学习过程中、后自己能有或巩固持续的坚持学习行为的评价,有 53.96% 认为能做到,但还有 46.04% 认为行为不够,甚至有少数认为自己没有这类行为。表 78 数据表明,对参与探究型校本课程的学习过程中、后自己能有或巩固持续的坚持探索行为的评价,有 49.01% 认为能做到,但还有 50.99% 认为行为不够,甚至有少数学生认为没有这类行为。表 79 数据表明,对参与探究型校本课程的学习过程中、后自己能有或巩固持续的审视学习状态行为的评价,有 48.02% 认为能做到,但还有 51.98% 认为行为不够,甚至有少数认为没有这类行为。表 80 数据表明,对参与探究型校本课程的学习过程中、后自己能有或巩固持续的总结学习经验行为的评价,有 54.95% 认为能做到,但还有 45.05% 认为行为不够,甚至有少数认为没有这类行为。

表 57—表 80 数据说明:全体七年级学生通过回顾探究型校本课程学习活动中的经历,对参与课程学习后自身探究型课程学习效能素养的变化进行了判断,多数题目都只有一半左右的学生作出了效果好的评价,剩余的学生都是一般,或不理想的评价,特别是每题都有少数学生作出了效果无的评价。这些客观评价,反映出探究型校本课程实施对于提升学生学习效能素养的效果,总体不够理想。

表 57　学生参与探究型校本课程的学习后提升了严谨求知意识

选项	小计	比例(%)
A. 明显	93	46.04
B. 较明显	82	40.59
C. 一般	20	9.90
D. 不明显	7	3.47
本题有效填写人次	202	

表 58　学生参与探究型校本课程的学习后提升了健康审美意识

选项	小计	比例(%)
A. 明显	103	50.99
B. 较明显	66	32.67
C. 一般	25	12.38
D. 不明显	8	3.96
本题有效填写人次	202	

表 59　学生参与探究型校本课程的学习后提升了较强责任意识

选项	小计	比例(%)
A. 明显	117	57.92
B. 较明显	59	29.21
C. 一般	22	10.89
D. 不明显	4	1.98
本题有效填写人次	202	

表 60　学生参与探究型校本课程的学习后提升了积极学习意识

选项	小计	比例(%)
A. 明显	108	53.47
B. 较明显	65	32.18
C. 一般	22	10.89
D. 不明显	7	3.46
本题有效填写人次	202	

表 61　学生参与探究型校本课程的学习后提升了勇于探索意识

选项	小计	比例(%)
A. 明显	120	59.41
B. 较明显	54	26.73
C. 一般	24	11.88
D. 不明显	4	1.98
本题有效填写人次	202	

表 62　学生参与探究型校本课程的学习后提升了解决问题意识

选项	小计	比例(%)
A. 明显	110	54.46
B. 较明显	62	30.69
C. 一般	22	10.89
D. 不明显	8	3.96
本题有效填写人次	202	

表63　学生参与探究型校本课程的学习后提升了创意表现意识

选项	小计	比例(%)
A. 明显	115	56.93
B. 较明显	69	34.16
C. 一般	15	7.43
D. 不明显	3	1.48
本题有效填写人次	202	

表64　学生参与探究型校本课程的学习后提升了团队合作意识

选项	小计	比例(%)
A. 明显	133	65.84
B. 较明显	49	24.26
C. 一般	10	4.95
D. 不明显	10	4.95
本题有效填写人次	202	

表65　学生参与探究型校本课程的学习后提升了审视学习状态意识

选项	小计	比例(%)
A. 明显	109	53.96
B. 较明显	64	31.68
C. 一般	25	12.38
D. 不明显	4	1.98
本题有效填写人次	202	

表66　学生参与探究型校本课程的学习后提升了总结学习经验意识

选项	小计	比例(%)
A. 明显	100	49.50
B. 较明显	74	36.63
C. 一般	23	11.39
D. 不明显	5	2.48
本题有效填写人次	202	

表67 学生参与探究型校本课程的学习后提高了程序性能力
（提出问题→制订计划→设计实验→分析论证→评估判断→交流展示）

选项	小计	比例(%)
A. 明显	104	51.49
B. 较明显	68	33.66
C. 一般	22	10.89
D. 不明显	8	3.96
本题有效填写人次	202	

表68 学生参与探究型校本课程的学习后提高了调查类能力

选项	小计	比例(%)
A. 明显	105	51.98
B. 较明显	67	33.17
C. 一般	26	12.87
D. 不明显	4	1.98
本题有效填写人次	202	

表69 学生参与探究型校本课程的学习后提高了操作类能力

选项	小计	比例(%)
A. 明显	121	59.90
B. 较明显	58	28.71
C. 一般	18	8.91
D. 不明显	5	2.48
本题有效填写人次	202	

表70 学生参与探究型校本课程的学习后提高了展示类能力

选项	小计	比例(%)
A. 明显	108	53.47
B. 较明显	61	30.20
C. 一般	27	13.37
D. 不明显	6	2.96
本题有效填写人次	202	

表 71　学生参与探究型校本课程的学习后提高了信息类能力

选项	小计	比例(%)
A. 明显	104	51.49
B. 较明显	68	33.66
C. 一般	23	11.39
D. 不明显	7	3.46
本题有效填写人次	202	

表 72　学生在参与探究型校本课程的学习过程中、后能有或巩固持续的程序性行为
（提出问题→制订计划→收集证据→分析论证→评估判断→交流展示）

选项	小计	比例(%)
A. 做到	104	51.49
B. 较多做到	67	33.17
C. 一般	27	13.37
D. 很少做到或做不到	4	1.97
本题有效填写人次	202	

表 73　学生在参与探究型校本课程的学习过程中、后能有或巩固持续的调查类行为

选项	小计	比例(%)
A. 做到	106	52.48
B. 较多做到	70	34.65
C. 一般	19	9.41
D. 很少做到或做不到	7	3.46
本题有效填写人次	202	

表 74　学生在参与探究型校本课程的学习过程中、后能有或巩固持续的操作类行为

选项	小计	比例(%)
A. 做到	104	51.49
B. 较多做到	65	32.18
C. 一般	23	11.39
D. 很少做到或做不到	10	4.94
本题有效填写人次	202	

表 75　学生在参与探究型校本课程的学习过程中、后能有或巩固持续的展示类行为

选项	小计	比例(%)
A. 做到	108	53.47
B. 较多做到	65	32.18
C. 一般	22	10.89
D. 很少做到或做不到	7	3.46
本题有效填写人次	202	

表 76　学生在参与探究型校本课程的学习过程中、后能有或巩固持续的信息类行为

选项	小计	比例(%)
A. 做到	104	51.49
B. 较多做到	71	35.15
C. 一般	24	11.88
D. 很少做到或做不到	3	1.48
本题有效填写人次	202	

表 77　学生在参与探究型校本课程的学习过程中、后能有或巩固持续的坚持学习行为

选项	小计	比例(%)
A. 做到	109	53.96
B. 较多做到	71	35.15
C. 一般	18	8.91
D. 很少做到或做不到	4	1.98
本题有效填写人次	202	

表 78　学生在参与探究型校本课程的学习过程中、后能有或巩固持续的坚持探索行为

选项	小计	比例(%)
A. 做到	99	49.01
B. 较多做到	77	38.12
C. 一般	21	10.40
D. 很少做到或做不到	5	2.47
本题有效填写人次	202	

表 79　学生在参与探究型校本课程的学习过程中、后能有或巩固持续的审视学习状态行为

选项	小计	比例(%)
A. 做到	97	48.02
B. 较多做到	76	37.62
C. 一般	23	11.39
D. 很少做到或做不到	6	2.97
本题有效填写人次	202	

表 80　学生在参与探究型校本课程的学习过程中、后能有或巩固持续的总结学习经验行为

选项	小计	比例
A. 做到	111	54.95
B. 较多做到	68	33.66
C. 一般	18	8.91
D. 很少做到或做不到	5	2.48
本题有效填写人次	202	

4. 探究型校本课程实施对于提升学生学会学习核心素养的效果不理想

表 81 数据表明,对参与探究型校本课程的学习过程中、后自己能具有积极的学习态度的评价,有 59.90% 认为学习态度积极,但还有 40.10% 认为态度不够积极,甚至有少数认为自己没有积极的学习态度。表 82 数据表明,对参与探究型校本课程的学习过程中、后自己能具有浓厚的学习兴趣的评价,有 56.44% 认为兴趣浓厚,但还有 43.56% 认为兴趣不够,甚至有少数认为没有兴趣。表 83 数据表明,对参与探究型校本课程的学习过程中、后能经常对自己的学习状态进行审视的评价,有 46.04% 认为能经常审视,但还有 53.96% 的学生认为审视不够,甚至有少数学生认为没有进行审视。表 84 数据表明,对参与探究型校本课程的学习过程中、后自己能善于总结经验的评价,有 49.01% 认为善于总结经验,但还有 50.99% 认为能力不够,甚至有少数认为不会总结经验。表 85 数据表明,对参与探究型校本课程的学习过程中、后自己具有遵守网络伦理道德与增进信息安全意识的评价,有 63.86% 认为能遵守和意识强,但还有 36.14% 认为两者都不够,甚至有少数学生认为两者都没有。表 86 数据表明,对参与探究型校本课程的学习过程中、后自己能有效地获取、评估、鉴别、使用信息的评价,有 57.43% 认为有效性明显,但还有 42.57% 认为有效性不够,甚至有少数认为有效性无。

表 81—表 86 数据说明:探究型校本课程实施对于提升学生学会学习核心素养的效果总体不够理想。

表 81　学生在参与探究型校本课程的学习过程中、后具有积极的学习态度

选项	小计	比例(%)
A. 积极	121	59.90
B. 较积极	58	28.71
C. 一般	20	9.90
D. 不太积极或不积极	3	1.49
本题有效填写人次	202	

表 82　学生在参与探究型校本课程的学习过程中、后具有浓厚的学习兴趣

选项	小计	比例(%)
A. 浓厚	114	56.44
B. 较浓厚	64	31.68
C. 一般	19	9.41
D. 不太浓厚或不浓厚	5	2.47
本题有效填写人次	202	

表 83　学生在参与探究型校本课程的学习过程中、后经常对自己的学习状态进行审视

选项	小计	比例
A. 做到	93	46.04
B. 较多做到	83	41.09
C. 一般	20	9.90
D. 很少做到或做不到	6	2.97
本题有效填写人次	202	

表 84　学生在参与探究型校本课程的学习过程中、后善于总结经验

选项	小计	比例(%)
A. 善于	99	49.01
B. 较善于	74	36.63
C. 一般	20	9.90
D. 不太善于或不善于	9	4.46
本题有效填写人次	202	

表85　学生在参与探究型校本课程的学习过程中、后具有遵守网络伦理道德与增进信息安全意识方面

选项	小计	比例(%)
A. 具有	129	63.86
B. 较多具有	50	24.75
C. 一般	20	9.90
D. 很少具有或无	3	1.49
本题有效填写人次	202	

表86　学生在参与探究型校本课程的学习过程中、后能有效地获取、评估、鉴别、使用信息方面

选项	小计	比例(%)
A. 做到	116	57.43
B. 较多做到	61	30.20
C. 一般	23	11.39
D. 很少做到或做不到	2	0.98
本题有效填写人次	202	

5. 探究型校本课程实施对于提升学生整体素养的效果不理想

表87数据表明，参与探究型校本课程的学习对提升学生自己的探究型课程学习素养、学会学习素养和促进学习整体质量提高影响的评价，有58.91%认为影响明显，但还有41.09%认为影响不够，甚至有少数认为没有影响。表88数据表明，参与探究型校本课程的学习对促进自己的其他素养发展影响的评价，有55.45%认为影响明显，但还有44.55%认为影响不够，甚至有少数学生认为没有影响。

表87、表88数据说明：全体七年级学生探究型校本课程实施对于提升学生整体素养的效果总体还不够理想。

表87　通过参与探究型校本课程的学习，对提升学生的探究型课程学习素养、学会学习素养和促进学习整体质量提高的影响符合以下哪种情况

选项	小计	比例(%)
A. 明显	119	58.91
B. 较明显	64	31.68
C. 一般	16	7.92
D. 不太明显或无	3	1.49
本题有效填写人次	202	

表88 通过参与探究型校本课程的学习,对促进学生的其他素养发展的影响符合以下哪种情况

选项	小计	比例(%)
A. 明显	112	55.45
B. 较明显	66	32.67
C. 一般	19	9.41
D. 不太明显或无	5	2.47
本题有效填写人次	202	

(三)《核心素养背景下提高探究型校本课程实施效能之学生素养现状调查(前测问卷)》

1. 学生现有探究型课程学习效能素养的水平总体比较低

表89数据表明,对刚开始参与探究型校本课程学习的学生认为自己在平时的学习中具有严谨求知意识的评价,有38.80%认为意识明显,但还有61.20%认为意识不够,甚至有少数认为没有严谨求知意识。表90数据表明,对刚开始参与探究型校本课程学习的学生认为自己在平时的学习中具有健康审美意识的评价,有54.52%认为意识明显,但还有45.48%认为意识不够,甚至有少数认为没有这方面的意识。表91数据表明,对刚开始参与探究型校本课程学习的学生认为自己在平时的学习中具有较强责任意识的评价,有51.17%认为责任意识明显,但还有48.83%认为意识不够,甚至有少数认为自己没有这方面的意识。表92数据表明,对刚开始参与探究型校本课程学习的学生认为自己在平时的学习中具有积极学习意识的评价,有40.47%认为意识明显,但还有59.53%认为意识不够,甚至有少数认为没有积极学习意识。表93数据表明,对刚开始参与探究型校本课程学习的学生认为自己在平时的学习中具有勇于探索意识的评价,有42.47%认为意识明显,但还有57.53%认为意识不够,甚至有少数认为自己没有这方面的意识。表94数据表明,对刚开始参与探究型校本课程学习的学生认为自己在平时的学习中具有解决问题意识的评价,有45.82%认为意识明显,但还有54.18%认为意识不够,甚至有少数认为没有这方面的意识。表95数据表明,对刚开始参与探究型校本课程学习的学生认为自己在平时的学习中具有创意表现意识的评价,有45.82%认为意识明显,但还有54.18%认为意识不够,甚至有少数学生认为没有这方面的意识。表96数据表明,对刚开始参与探究型校本课程学习的学生认为自己在平时的学习中具有团队合作意识的评价,有57.19%认为意识明显,但还有42.81%认为意识不够,甚至有少数认为没有这方面的意识。表97数据表明,对刚开始参与探究型校本课程学习的学生认为自己在平时的学习中具有审视学习状态意识的评价,有39.80%认为意识明显,但还有60.20%认为意识不够,甚至有少数学生认为没有这方面的意识。表98数据表明,对刚开始参与探究型校本课程学习的学生认为自己在平时的学习中具有总结学习经验意识的评

价,有29.77%认为意识明显,但还有70.23%认为意识不够,甚至有少数认为没有这方面的意识。表99数据表明,对刚开始参与探究型校本课程学习的学生认为自己在平时的学习中具备程序性能力(提出问题→制订计划→设计实验→分析论证→评估判断→交流展示)的评价,有25.09%认为能力明显,但有74.91%认为能力不够,甚至有少数认为不具备这方面的能力。表100数据表明,对刚开始参与探究型校本课程学习的学生认为自己在平时的学习中具备调查类能力的评价,有41.48%认为能力明显,但有58.52%认为能力不够,甚至有少数认为不具备这方面的能力。表101数据表明,对刚开始参与探究型校本课程学习的学生认为自己在平时的学习中具备操作类能力的评价,有51.17%认为能力明显,但还有48.83%认为能力不够,甚至有少数认为不具备这方面的能力。表102数据表明,对刚开始参与探究型校本课程学习的学生认为自己在平时的学习中具备展示类能力的评价,有35.79%的学生认为能力明显,但还有64.21%认为能力不够,甚至有少数认为自己不具备这方面的能力。表103数据表明,对刚开始参与探究型校本课程学习的学生认为自己在平时的学习中具备信息类能力的评价,有45.49%认为能力明显,但还有54.51%认为能力不够,甚至有少数认为不具备这方面的能力。表104数据表明,对刚开始参与探究型校本课程学习的学生认为自己在平时的学习中能有程序性行为(提出问题→制订计划→收集证据→分析论证→评估判断→交流展示)的评价,有27.76%认为行为明显,但还有72.24%认为行为不够,甚至有少数认为没有这方面的行为。表105数据表明,对刚开始参与探究型校本课程学习的学生认为自己在平时的学习中能有调查类行为的评价,有40.13%认为行为明显,但还有59.87%认为行为不够,甚至有少数认为没有这方面的行为。表106数据表明,对刚开始参与探究型校本课程学习的学生认为自己在平时的学习中能有操作类行为的评价,有47.83%认为行为明显,但还有52.17%认为行为不够,甚至有少数认为没有这方面的行为。表107数据表明,对刚开始参与探究型校本课程学习的学生认为自己在平时的学习中能有展示类行为的评价,有39.13%认为行为明显,但还有60.87%的学生认为行为不够,甚至有少数认为没有这方面的行为。表108数据表明,对刚开始参与探究型校本课程学习的学生认为自己在平时的学习中能有信息类行为的评价,有43.81%认为行为明显,但还有56.19%认为行为不够,甚至有少数认为没有这方面的行为。表109数据表明,对开始参与探究型校本课程学习的学生认为自己在平时的学习中能有坚持学习行为的评价,有50.50%的学生认为行为明显,但还有49.50%的学生认为行为不够,甚至有少数学生认为没有这方面的行为。表110数据表明,对刚开始参与探究型校本课程学习的学生认为自己在平时的学习中能有坚持探索行为的评价,有50.17%认为行为明显,但还有49.83%认为行为不够,甚至有少数认为没有这方面的行为。表111数据表明,对刚开始参与探究型校本课程学习的学生认为自己在平时的学习中能有审视学习状态行为的评价,有43.82%认为行为明显,但还有56.18%认为行为不够,甚至有少数认为没有这方面的行为。表112数据表明,对刚开始参与探究型校本课程学习的学生认为自己在平时的学习中能有总结学习经验行为的评价,有38.47%认为行为明显,但还有61.53%认为行为不够,甚至有少数认为没有这方面的行为。

表89—表112数据说明：全体六年级学生在刚接触探究型校本课程的情况下，根据自身的实际情况，对自己在平时学习中所表现出来的探究型校本课程学习效能素养水平进行判断，18道题目只有不到一半的学生作出了表现好的评价，其中有3道题目只有1/4左右的学生作出了表现好的评价，只有6道题目有略超过一半的学生作出了表现好的评价，剩余的学生都是不够好或一般的评价，特别是每题都有少数学生作出了表现不好的评价，甚至有2道题目有近1/10的学生作出了表现不好的评价。这些比较客观的评价，表明六年级学生现有探究型校本课程学习效能素养的水平总体比较低。

表89　学生在平时的学习中具有严谨求知意识

选项	小计	比例（%）
A. 具有	116	38.80
B. 较多具有	109	36.45
C. 一般	67	22.41
D. 很少具有或无	7	2.34
本题有效填写人次	299	

表90　学生在平时的学习中具有健康审美意识

选项	小计	比例（%）
A. 具有	163	54.52
B. 较多具有	100	33.44
C. 一般	34	11.37
D. 很少具有或无	2	0.67
本题有效填写人次	299	

表91　学生在平时的学习中具有较强责任意识

选项	小计	比例（%）
A. 具有	153	51.17
B. 较多具有	94	31.44
C. 一般	50	16.72
D. 很少具有或无	2	0.67
本题有效填写人次	299	

表 92 学生在平时的学习中具有积极学习意识

选项	小计	比例(%)
A. 具有	121	40.47
B. 较多具有	110	36.79
C. 一般	65	21.74
D. 很少具有或无	3	1.00
本题有效填写人次	299	

表 93 学生在平时的学习中具有勇于探索意识

选项	小计	比例(%)
A. 具有	127	42.47
B. 较多具有	106	35.45
C. 一般	60	20.07
D. 很少具有或无	6	2.01
本题有效填写人次	299	

表 94 学生在平时的学习中具有解决问题意识

选项	小计	比例
A. 具有	137	45.82
B. 较多具有	105	35.12
C. 一般	51	17.06
D. 很少具有或无	6	2.00
本题有效填写人次	299	

表 95 学生在平时的学习中具有创意表现意识

选项	小计	比例(%)
A. 具有	137	45.82
B. 较多具有	85	28.43
C. 一般	69	23.08
D. 很少具有或无	8	2.67
本题有效填写人次	299	

表96 学生在平时的学习中具有团队合作意识

选项	小计	比例(%)
A. 具有	171	57.19
B. 较多具有	91	30.44
C. 一般	30	10.03
D. 很少具有或无	7	2.34
本题有效填写人次	299	

表97 学生在平时的学习中具有审视学习状态意识

选项	小计	比例(%)
A. 具有	119	39.80
B. 较多具有	111	37.12
C. 一般	62	20.74
D. 很少具有或无	7	2.34
本题有效填写人次	299	

表98 学生在平时的学习中具有总结学习经验意识

选项	小计	比例(%)
A. 具有	89	29.77
B. 较多具有	113	37.79
C. 一般	80	26.76
D. 很少具有或无	17	5.68
本题有效填写人次	299	

表99 学生在平时的学习中具备程序性能力(提出问题→制订计划→设计实验→分析论证→评估判断→交流展示)

选项	小计	比例(%)
A. 具备	75	25.09
B. 较多具备	102	34.11
C. 一般	94	31.44
D. 很少具备或无	28	9.36
本题有效填写人次	299	

表 100　学生在平时的学习中具备调查类能力

选项	小计	比例(%)
A. 具备	124	41.48
B. 较多具备	109	36.45
C. 一般	55	18.39
D. 很少具备或无	11	3.68
本题有效填写人次	299	

表 101　学生在平时的学习中具备操作类能力

选项	小计	比例(%)
A. 具备	153	51.17
B. 较多具备	80	26.76
C. 一般	60	20.07
D. 很少具备或无	6	2.00
本题有效填写人次	299	

表 102　学生在平时的学习中具备展示类能力

选项	小计	比例(%)
A. 具备	107	35.79
B. 较多具备	101	33.78
C. 一般	73	24.41
D. 很少具备或无	18	6.02
本题有效填写人次	299	

表 103　学生在平时的学习中具备信息类能力

选项	小计	比例(%)
A. 具备	136	45.49
B. 较多具备	95	31.77
C. 一般	63	21.07
D. 很少具备或无	5	1.67
本题有效填写人次	299	

表 104　学生在平时的学习中能有程序性行为
（提出问题→制订计划→收集证据→分析论证→评估判断→交流展示）

选项	小计	比例(%)
A. 有	83	27.76
B. 较多有	99	33.11
C. 一般	83	27.76
D. 很少有或无	34	11.37
本题有效填写人次	299	

表 105　学生在平时的学习中能有调查类行为

选项	小计	比例(%)
A. 有	120	40.13
B. 较多有	99	33.11
C. 一般	69	23.08
D. 很少有或无	11	3.68
本题有效填写人次	299	

表 106　学生在平时的学习中能有操作类行为

选项	小计	比例(%)
A. 有	143	47.83
B. 较多有	95	31.77
C. 一般	54	18.06
D. 很少有或无	7	2.34
本题有效填写人次	299	

表 107　学生在平时的学习中能有展示类行为

选项	小计	比例(%)
A. 有	117	39.13
B. 较多有	97	32.44
C. 一般	72	24.08
D. 很少有或无	13	4.35
本题有效填写人次	299	

表 108 学生在平时的学习中能有信息类行为

选项	小计	比例(%)
A. 有	131	43.81
B. 较多有	96	32.11
C. 一般	64	21.40
D. 很少有或无	8	2.68
本题有效填写人次	299	

表 109 学生在平时的学习中能有坚持学习行为

选项	小计	比例(%)
A. 有	151	50.50
B. 较多有	87	29.10
C. 一般	56	18.73
D. 很少有或无	5	1.67
本题有效填写人次	299	

表 110 学生在平时的学习中能有坚持探索行为

选项	小计	比例(%)
A. 有	150	50.17
B. 较多有	90	30.10
C. 一般	55	18.39
D. 很少有或无	4	1.34
本题有效填写人次	299	

表 111 学生在平时的学习中能有审视学习状态行为

选项	小计	比例(%)
A. 有	131	43.82
B. 较多有	94	31.44
C. 一般	64	21.40
D. 很少有或无	10	3.34
本题有效填写人次	299	

表112 学生在平时的学习中能有总结学习经验行为

选项	小计	比例(%)
A. 有	115	38.47
B. 较多有	102	34.11
C. 一般	66	22.07
D. 很少有或无	16	5.35
本题有效填写人次	299	

2. 学生现有学会学习核心素养的水平不高

表113数据表明，对刚开始参与探究型校本课程学习的学生认为自己在平时的学习中具有积极学习态度的评价，有50.17%认为态度明显，但还有49.83%认为态度不够积极，甚至有少数认为态度不积极。表114数据表明，对刚开始参与探究型校本课程学习的学生认为自己在平时的学习中学习兴趣浓厚度的评价，有44.15%认为兴趣浓厚，但还有55.85%认为兴趣不够，甚至有少数认为自己没有兴趣。表115数据表明，对刚开始参与探究型校本课程学习的学生认为自己在平时的学习中经常对自己的学习状态进行审视的评价，有40.14%认为能做到审视，但还有59.86%认为审视不够，甚至有少数认为做不到审视。表116数据表明，对刚开始参与探究型校本课程学习的学生认为自己在平时的学习中善于总结经验的评价，有34.45%认为善于总结，但还有65.55%认为总结不够，甚至有少数认为不会总结经验。表117数据表明，对刚开始参与探究型校本课程学习的学生认为自己在平时的学习中具有遵守网络伦理道德与增进信息安全意识的评价，有69.23%认为能遵守意识强，但还有30.77%认为两者做得都不够，甚至有少数认为两者都没有。表118数据表明，对刚开始参与探究型校本课程学习的学生认为自己在平时的学习中能有效地获取、评估、鉴别、使用信息的评价，有51.51%认为能做到，但还有48.49%认为做得不够，甚至有少数认为做不到。

表113—表118数据说明：全体六年级学生在刚接触探究型校本课程的情况下，根据自身的实际情况，对自己在平时学习中所表现出来的学会学习核心素养水平进行了较为客观的判断，现有学会学习核心素养的总体水平不高。

表113 学生在平时的学习中具有积极的学习态度

选项	小计	比例(%)
A. 积极	150	50.17
B. 较积极	100	33.44
C. 一般	43	14.38
D. 不太积极或不积极	6	2.01
本题有效填写人次	299	

表114　学生在平时的学习中具有浓厚的学习兴趣

选项	小计	比例(%)
A. 浓厚	132	44.15
B. 较浓厚	107	35.78
C. 一般	54	18.06
D. 不太浓厚或不浓厚	6	2.01
本题有效填写人次	299	

表115　学生在平时的学习中经常对自己的学习状态进行审视

选项	小计	比例(%)
A. 做到	120	40.14
B. 较多做到	108	36.12
C. 一般	64	21.40
D. 很少做到或做不到	7	2.34
本题有效填写人次	299	

表116　学生在平时的学习中善于总结经验

选项	小计	比例(%)
A. 善于	103	34.45
B. 较善于	114	38.13
C. 一般	65	21.74
D. 不太善于或不善于	17	5.68
本题有效填写人次	299	

表117　学生在平时的学习中具有遵守网络伦理道德与增进信息安全意识

选项	小计	比例(%)
A. 具有	207	69.23
B. 较多具有	54	18.06
C. 一般	36	12.04
D. 很少具有或无	2	0.67
本题有效填写人次	299	

表 118　学生在平时的学习中能有效地获取、评估、鉴别、使用信息

选项	小计	比例（%）
A. 做到	154	51.51
B. 较多做到	103	34.45
C. 一般	34	11.37
D. 很少做到或做不到	8	2.67
本题有效填写人次	299	

四、结论与建议

（一）结论

上述数据表明，未经探究型校本课程的学习，学生的探究型校本课程学习效能素养和学会学习核心素养的水平比较低；在学生完成了探究型校本课程的学习后，学生的探究型校本课程学习效能素养和学会学习核心素养的水平普遍有所提高，但对学生素养发展的影响程度差异性很大，总体效果不甚理想；在探究型校本课程的开发中还存在课程的质量不够高、课程的具体实施不够完善、课程实施中指导教师对学生探究型校本课程学习效能素养和学会学习核心素养的培养不够关注、指导教师的科研基本素养和日常教育教学专业素养有待提升等问题。

（二）建议

针对上述情况，我们应该注意探究型校本课程常态化实施的时机，充分调动学校教师参与探究型校本课程的开发和实施热情及学生参与探究型校本课程学习的积极性，及时开展实施核心素养背景下提高探究型校本课程实施效能的研究。

通过探究型校本课程实施效能的实践研究，要注意把握以下三方面：一是通过参与探究型校本课程的学习，能真正有效地提升学生的探究型校本课程学习效能"三素养"、学会学习"三素养"和学生整体学习质量；二是通过参与探究型校本课程的开发和实施，能切实提高教师的探究型校本课程学材的编制、课程活动设计、课程实施和课程评价的能力；三是通过继续完善原有校本课程并不断开发新的课程，不断丰富更多具有较高实施效能的探究型校本课程资源。

因此，在课题的研究中，建议把行动研究的重点放在以下三个方面：一是细化学生素养发展培养内容，把探究型校本课程学习效能素养具体化，同时对教师的素养发展内容进行研究；二是加强探究型校本课程学材开发和实施的研究，明确了各类探究型校本课程的目标、

基本结构与内容、编制的体例和评价等；三是开展探究型校本课程研究课的规范设计，明确"三情"、研究内容、设计思路，厘清带有课题研究指向的教学目标，明晰实践过程安排（包括时间分配、教学/活动环节、师生活动和课题研究），课后注意及时总结实施效果、反思和课例的意义所在，不断提高研究课设计、实施和总结的质量。

期望通过本课题的研究，提升学生的探究型校本课程学习效能"三素养"、学会学习"三素养"和整体学习质量，提升教师的探究型校本课程学材编制、课程活动设计、课程实施和课程评价的素养，提升学校探究型校本课程的实施效能，固化和生成一批有较高实施效能的探究型校本课程与学材，进一步提高学校的办学特色水平。

参考文献

[1] 教育部核心素养研究课题组.中国学生发展核心素养[J].中国教育学刊,2016(10):1-3.

[2] 王孝玲.教育统计学(修订版)[M].上海:华东师范大学出版社,1994.

[3] 福勒.调查研究方法[M].重庆:重庆大学出版社,2009.

[4] 曹明,王凯,王月容.学生良好学习方式养成教育之社会实践素养培养内容研究[J].浦东教育研究,2016(04):6-14.

[5] 赵希强.探究性学习方式研究与实践[M].济南:山东大学出版社,2009.

[6] 李臣之.校本课程开发[M].北京:北京师范大学出版社,2015.

[7] 杨向东,崔允漷.课堂评价[M].上海:华东师范大学出版社,2012.

[8] 夏雪梅.以学习为中心的课堂观察[M].北京:教育科学出版社,2012.

[9] 弗兰西斯科·索夫,杨燕燕.课程效能评价——以"教育效能与教育评价"为例[J].外国教育研究,2005(05):57-60.

[10] 周蕾.课程效能及结构分析[J].宁波教育学院学报,2013(03):87-89+116.

[11] 吴骏德,曹明.实施"双自"教育促进自主发展[M].上海:同济大学出版社,2017.

[12] 岳崇岭,陈雪莲.新城区初中生良好行为习惯现状调查报告(前测)[M]//金丽萍,曹明.初中生良好行为习惯养成教育.上海:同济大学出版社,2017:85-96.

核心素养背景下提高学科拓展类探究型校本课程实施效能的实践研究

——以提高"小成分大用途""我们需要化学"化学学科拓展类探究型校本课程实施效能的实践研究为例

上海市罗山中学　汤翔华

一、问题提出

（一）概念界定

本课题中的核心素养是指以提高学生的科学素养为主旨，激发学生学习化学的兴趣，帮助学生了解科学探究的基本过程和方法，发展科学探究能力，培养学生的合作精神和社会责任感，引导学生学会学习，学会生存，能更好地适应现代生活；学科是指化学拓展类探究型校本课程——"小成分大用途""我们需要化学"；实施效能是指通过上述化学拓展类探究型校本课程的实施，提升学生的化学学科拓展类探究型课程之探究学习素养（探究学习意识、学习能力和良好行为习惯）、学会学习核心素养和化学整体学习质量；提升教师的化学学科拓展类探究型课程之校本纸质资源（简称"学材"）编制、课程实施和评价的素养，并提升本课程实施效能"六维度"。

（二）研究依据

1. 是落实教育部中国学生发展核心素养精神的需要

2016年9月13日，教育部发布了中国学生发展核心素养成果，提出核心素养是学生"应具备的适应终身发展和社会发展需要的必备品格和关键能力"，以培养"全面发展的人"为核心，分为"文化基础、自主发展、社会参与"三个方面，综合表现为"人文底蕴、科学精神、学会学习、健康生活、责任担当、实践创新"六大素养。核心素养背景下提高探究型校本课程实施效能的研究，可以引领和促进教师的专业发展，帮助学生明确未来的发展方向，激励学生朝着这一目标不断努力。

2. 是落实化学课程标准相关精神的需要

根据教育部所编、北京师范大学出版社2012年出版的《义务教育化学课程标准（2011

年版)》(简称"部编化学课标")的要求,化学课程要注意引导学生正确地了解科学,了解科学过程,了解科学、技术和社会的关系,了解人和自然的关系,形成正确的世界观、价值观和科学观;要注意联系化学科学的发展过程,让学生参与科学实践活动,学习科学知识是怎样获得的,学习科学知识是怎样应用的;要注意让学生通过化学课程的学习,初步领会科学思想、养成科学精神、了解科学方法、形成科学态度;要加强实践和实验环节,注意联系实际,努力培养学生的实践能力。部编化学课标指出,要为全体学生提供参与教学全过程的机会和氛围,使学生在参与教学中感受到自己有长处,只要自己认真投入,并跟他人互相合作,就会有新的发现和新的提高,就有可能取得成功,并能跟他人一起分享获得成功的快乐。

部编化学课标还明确了探究性学习方式需要培养的学生素养,并对如何实施提出了有针对性的建议——具体参见后文"三、研究实施"中的"(一)初中生化学探究性学习素养发展培养内容"的"1.确立依据"下第(2)条的相关阐释。

可见,核心素养背景下提高探究型校本课程实施效能的研究,符合部编化学课标的上述相关精神。

3. 是固化化学拓展类探究型校本课程学材、提高课程实施效能和提升学生探究性学习素养的需要

美国著名的教育家约翰·杜威在批判传统学校教育的基础上,提出了"从做中学"这个基本原则。杜威认为,"从做中学"也就是"从活动中学""从经验中学",它使得学校里知识的获得与生活过程中的活动联系了起来。中国人民教育家陶行知曾师从杜威,他在研究西方教育思想并结合中国国情后,提出了"教学做合一"的教育理论。"探究性学习"是"做中学"的核心价值。在学校探究型校本课程的设计时,采用了"做中学"的理念,把探究性学习作为主要学习方式,以此固化化学拓展类探究型校本课程学材。在课程开展中,让学生在观察、提问、设想、动手实验、表达、交流等探究活动中,体验科学探究的过程、建构基础性的科学知识,获得初步的科学探究能力,提高课程实施效能,培养科学态度、科学精神、科学思想和科学思维的方法,提升学生探究性学习核心素养。

4. 是实现学校发展目标的需要

学校的办学思路:让学生享受有创意的幸福生活,让教师拥有研究性的教学生涯,让学校充满和谐合作的精神氛围。学校遵循"让每个人得到和谐可持续发展"的办学理念,把满足学生健康成长的需求作为一切工作的出发点和落脚点,以"课程——让学生享有创意的成长历程"为推进载体,坚持以学生发展为本,充分发挥学生的学习潜能,努力提高学生的综合能力。学校重视课程建设,积极贯彻课程改革,学校在探究型校本课程的设计和实施方面实践探索了很多年,2012年至2017年的六年时间内共开发了134门探究型校本课程,为学校

课程改革的探索积累了宝贵的经验。同时也发现在课程的设计和实施中存在着许多问题，其中"探究型校本课程实施效能"是最重要的问题，它直接影响学生的发展、教师的成长和学校课程改革的成效。

5. 是提升教师专业素养和促进学生发展的需要

多年来，学校积极开展教育教学研究，改进课堂教学，在多门学科的教学上形成了自己的特色，培养了一支敬业爱岗、业务精湛的优秀教师队伍。但是，教师们在探究型课程开展过程中没有编制过学材，成果及经验没法得到延续，主要原因是教师们在探究型校本课程的开发、实施和组织管理方面的素养都不足，这也大大影响了探究型校本课程的实施效能，课程的设计和实施也会因教师个体的经验和能力呈现不同效果，因而无法较好发展学生核心素养和进行评价。

二、研究概况

（一）研究目标

1. 理论目标

通过研究，厘定本课程化的初中生化学探究性学习素养发展培养内容，完善两门化学学科拓展类探究型校本课程学材的编制，探索课程的实施形式、实施方法和评价体系——完成这五项内容的研究，构建本课题的操作框架，总结实施的经验，丰富核心素养背景下提高化学学科拓展类探究型校本课程实施效能的理论。

2. 实践目标

通过研究，开发两门/册（"小成分大用途""我们需要化学"）初中化学学科拓展类探究型校本课程学材，提高这两门课程的实施效能（"六维度"），提升学生的化学学科拓展类探究型课程之探究性学习的意识、能力和良好学习行为习惯"三素养"、学会学习核心素养和化学整体学习质量，提升教师的化学学科拓展类探究型课程学材编制、课程活动设计、实施和评价的素养，促进学校区级课题研究和办学特色建设。

（二）研究内容

1. 初中生化学探究性学习素养发展培养内容

研究 2 项内容：确立依据，初中生探究性学习素养发展培养内容——以表格的形式呈现意识、能力和良好行为习惯"三素养"下的 23 项三级要素。

2. 课程学材编制

包括以下 6 项研究内容：课程理论、课程目标、课程结构与内容、课程体例、课程计划、课程保障。

3. 实施形式——"三式"

研究3种实施形式：独自与合作探究式、借助信息技术式和加强激励式（简称"三式"）。

4. 实施方法——"三法"

研究3种实施方法：讲授法、实训法和反馈法（简称"三法"）。

5. 评价体系

研究3项内容：指导思想；评价标准（学材、学生探究性学习素养、研究课和学生学习过程评价标准4项）；评价方法（量表法、观察法和综评法3种）。

（三）研究方法

1. 文献法

在课题研究的三大阶段，注意通过查阅教育类专著、期刊，以及搜索中国知网和万方数据库等获取相关研究文献，分析和借鉴他人的研究成果和经验，为本课题的开题报告设计、课程学材编制、课程实施形式与方法、评价标准与评价方法的实践运用、课题成果的总结，提供参考依据，提高课题研究的针对性、规范性和科学性。

2. 行动研究法

在课题实施阶段，按照行动研究的基本程序"计划—实施—观察—调整"，对核心素养背景下提高"小成分大用途""我们需要化学"化学学科拓展类探究型校本课程实施效能的学材编制、实施形式、实施方法和评价标准与方法等内容，进行两轮（一个学年为一轮：2018学年和2019学年）的行动研究，努力达到研究目标。

3. 经验总结法

在课题准备阶段，收集课题研究相关资料，为本课题的研究提供参考；在课题实施阶段，注意及时总结本课程学材编制、课程实施、评价标准开发与运用、评价方法运用等方面的研究经验和阶段性成果；在课题总结阶段，整理分析课题研究资料，撰写课题研究报告。

（四）研究过程

本课题的研究过程经历了准备阶段、实施阶段和总结阶段三大过程，从2018年8月开始到2023年3月为止，共记录主要的研究活动111次，具体见表1。

说明：表1中为行文简洁，没有写明行为主体的，均指本子课题的承担者汤翔华老师（即省略行为主体的表述）；"专家"除非特别说明外，均指学校特聘的区级课题全程指导专家、上海市浦东教发院资深科研员曹明老师；"课程"除非标明，其余均指"小成分大用途""我们需要化学"这两门化学学科拓展类探究型校本课程；课程纸质资源，即研究者编写的这两门课程以纸质形式呈现的学生学习用材（简称"学材"）。

表1 "核心素养背景下提高学科拓展类探究型校本课程实施效能的实践研究"实施过程

序号	时间	主要研究活动
\multicolumn{3}{c	}{准备阶段(2018年8月—9月上旬)}
1	2018年8月—9月上旬	参与课题培训,确定小课题
2		查阅情报资料,准备课程资料
3		确定上课班级,了解学生情况
\multicolumn{3}{c	}{实施阶段(2018年9月中旬—2021年8月)}
4	2018年9月	师生互动,确定主题,形成课程名称
5		组织创建探究小组、设计和交流小组文化
6		师生互动,设计探究规划;研究教师初步设计本子课题研究计划
7		参与学校两周一次的探究型课程交流研讨活动
8		参与学校区级课题组交流会议,完善课程实施方案
9	2018年10月	面向预备年级;启动课程首轮实践——初步介绍化学与社会的关系;初步了解化学的定义
10		组织学生进行了解化学史的探究学习——学生通过自主观看纪录片《化学史》《化学大师》,初步了解化学起源;对生活中物品进行用途分类;观察不同类别物品的配料表
11		教师演示PPT课件《铅的介绍及其用途》;学生自主观看纪录片《原来如此——非凡铅金属》
12		参与学校两周一次的探究型课程交流研讨活动
13		参与学校区级课题组交流会议,完善课程实施方案
14	2018年11月	第一、二、三组学生制作PPT课件《水的介绍及其用途》并在课上进行讲解,由其他组的学生进行提问及点评;学生自主观看纪录片《原来如此——万能水资源》
15		第四、五、六组学生制作PPT课件《铝的介绍及其用途》并在课上进行讲解,由其他组的学生进行提问及点评;学生自主观看纪录片《原来如此——铝材好通用》
16		第一、二、三组学生制作PPT课件《铁的介绍及其用途》并在课上进行讲解,由其他组的学生进行提问及点评;学生自主观看纪录片《原来如此——铁质处处有》
17		组织学生进行化学探究性学习"三素养"和探究性学习过程情况问卷调查前测;梳理、概括调查结果
18		听取浦东教发院科研专家曹明老师指导,撰写本子课题开题报告初稿
19		听取专家指导,完善子课题开题报告
20		参与学校两周一次的探究型课程交流研讨活动
21		参与学校区级课题组交流会议,完善课程实施方案和子课题开题报告

(续表)

序号	时间	主要研究活动
22	2018年12月	组织第四、五、六组学生制作PPT课件《食盐的介绍及其用途》并在课上进行讲解，由其他组的学生进行提问及点评；学生自主观看纪录片《原来如此——食盐不可少》
23		组织第一、二、三组学生制作PPT课件《木材的介绍及其用途》并在课上进行讲解，由其他组的学生进行提问及点评；学生自主观看纪录片《原来如此——木材超实用》
24		组织第四、五、六组学生制作PPT课件《橡胶的介绍及其用途》并在课上进行讲解，由其他组的学生进行提问及点评；学生自主观看纪录片《原来如此——橡胶好塑性》
25		参与学校两周一次的探究型课程交流研讨活动
26		参与学校区级课题组交流会议，完善课程实施方案
27	2019年1月	回顾课程活动实施情况，撰写活动小结
28		组织学生开展自评、互评，评选优秀学员
29		整理活动资料，制作探究活动展板
30		组织探究型课程实施学期总结和成果展示交流
31		参与学校区级课题研究工作学年总结
32	2019年2月	梳理课程实施材料，撰写课程实施案例
33		分析研究资料，设计下学期的课程内容
34		师生互动，确定主题，形成课程名称
35		调整学生探究小组
36		组织学生观看视频《我们需要化学——化学慧光》，带你投身历史的真相，探索化学的前世今生；组织学生小组对以上内容进行逐一学习、讨论以及交流
37		组织学生观看视频《我们需要化学——饮食之基》，带你成为一个"知其然也知其所以然"的合格吃货；组织学生小组对以上内容进行逐一学习、讨论以及交流
38		师生互动，设计课程学习探究规划
39		参与学校两周一次的探究型课程交流研讨活动
40		参与区级课题组交流会议，完善课程实施方案
41	2019年3月	组织学生观看视频《我们需要化学——绚丽生活》，我们一起前往探究，生活的绚丽到底来自何方；组织学生小组对以上内容进行逐一学习、讨论以及交流
42		组织学生观看视频《我们需要化学——迷人材料》，为学生带来前往材料国度的神奇之旅；组织学生小组对以上内容进行逐一学习、讨论以及交流

(续表)

序号	时间	主要研究活动
43	2019年3月	组织学生观看视频《我们需要化学——生命旅行》,让我们一同完成一次特殊的人生旅行;组织学生小组对以上内容进行逐一学习、讨论以及交流
44		组织学生观看视频《我们需要化学——走向未来》,我们与你一起领略那些正在慢慢走进我们生活的未来世界;组织学生以小组为单位对以上内容进行逐一学习、讨论以及交流
45		组织学生回顾探究活动,撰写学习体会
46		组织学生交流体会和参与点评
47		第一、二、三组学生制作PPT课件《糖、脂肪和蛋白质的介绍及其用途》并在课上进行讲解,由其他学生进行提问及点评;组织学生观看纪录片《一部关于糖的电影》《蛋白质》
48		参与学校两周一次的探究型课程交流研讨活动
49		参与区级课题组交流会议,完善课程实施方案
50	2019年4月	第四、五、六组学生制作PPT课件《味精、醋和酱油的介绍及其用途》并在课上进行讲解,由其他学生进行提问及点评;组织学生观看纪录片《老抽、生抽、酱油、豉油,到底有什么区别》《味精和鸡精哪个好》
51		组织学生回顾探究活动,撰写学习体会
52		组织学生交流探究体会和进行点评
53		第一、二、三组学生制作PPT课件《蔗糖、淀粉和葡萄糖的介绍及其用途》并在课上进行讲解,由其他学生进行提问及点评
54		听取专家指导课程之公开研究课设计、上课情况;参与课后说课和研讨
55		听取专家指导,撰写课例
56		参与学校两周一次的探究型课程交流研讨活动
57		参与区级课题组交流会议,自主完善课程实施方案
58	2019年5月	第四、五、六组学生制作PPT课件《麦芽糖、纤维素和乳糖的介绍及其用途》并在课上进行讲解,由其他学生进行提问及点评
59		组织学生回顾探究活动,撰写学习体会
60		组织学生交流体会和参与点评
61		组织学生回顾探究活动,撰写活动小结
62		听取专家指导,完善课例
63		参与学校两周一次的探究型课程交流研讨活动
64		参与区级课题组交流会议,自主完善课程实施方案
65	2019年6月	组织学生开展评价,评选优秀学员
66		整理活动资料,制作探究活动展板
67		组织探究型课程学期总结和展示交流

(续表)

序号	时间	主要研究活动
68	2019年6月	参与学校课题工作学年总结会
69		听取专家指导,完善课例
70		组织学生开展课程实施效能评价活动
71—75		借助自主研制的评价量表,组织学生参加化学拓展类探究型课程之探究性学习"三素养"和探究学习过程情况后测调查→汇总调查数据→进行数据分析→得出调查结果
76		梳理课程实施材料,撰写课程实施课例
77	2019年7—8月	梳理、修订课程纸质资源材料,初步完善课程学材
78	2019年9月	听取专家个别指导,自主修正课程学材
79—81	2020年12月—2021年8月	听取专家集体和多次个别指导,修正课程学材体例框架→据此修正各章体例板块和各自探究活动安排的具体表述→逐步修正学材中学生参与探究性学习的过程性和终结性评价标准
总结阶段(结题时:2021年9月—2022年5月中旬和结题后:2022年5月下旬—2023年3月)		
82	2021年9月	参加学校组织的区级课题子课题报告、专题总结和主题式案例撰写的集体辅导,听取浦东教发院曹明老师所作的撰写模板和实例说明
83		自主梳理课题研究资料
84—87		自主学习曹明老师的子课题报告撰写模板和分享的实例→学习曹老师另发的外校相关子课题报告实例→初步构建子课题研究报告框架→听取专家个别指导,撰写子课题报告
88	2021年10月	听取专家曹明老师的个别指导,完善课题研究论文
89—90	2021年11月	听取专家个别指导,第二次完善子课题报告;修改研究课课例
91—93	2021年12月	听取专家个别指导,第三次完善子课题报告;修改研究课课例和完成课例减缩版
94	2022年2月	听取专家个别指导,撰写拟参与学校区级课题结题用的本子课题研究报告之交流材料
95	2022年3月	听取专家个别指导,第四次完善子课题报告
96		听取专家个别指导,完善子课题研究报告之交流材料
97	2022年4月—5月16日	听取专家个别指导,第五次完善子课题报告
98		参加区级课题结题汇报模拟交流会议(1)
99		听取专家个别指导,完善子课题报告交流PPT
100	2022年5月17日	参加区级课题结题汇报交流会议(2)
101—105	2022年5月下旬—8月底	听取专家个别指导,第六次完善子课题报告
		听取专家现场个别指导和线上反馈,完善课题完整版课例

(续表)

序号	时间	主要研究活动
106	2022年12月	听取专家个别指导,第七次完善子课题报告
107		听取专家个别指导,完善课题完整版课例
108—111	2023年1月—3月	根据专家线上反馈意见,陆续完成子课题研究报告8—9稿修改和定稿
		根据专家线上反馈意见,陆续完成完整版课例修改与定稿

图1 专家指导

三、研究实施

（一）初中生化学探究性学习素养发展培养内容

1. 确立依据

（1）中国学生发展核心素养研究成果

2016年9月13日上午,教育部发布的中国学生发展核心素养研究成果,提出核心素养是学生"应具备的适应终身发展和社会发展需要的必备品格和关键能力",以培养"全面发展的人"为核心,分为"文化基础、自主发展、社会参与"三个方面,综合表现为确立了人文底蕴、科学精神、学会学习、健康生活、责任担当、实践创新等六大学生核心素养。

（2）上海市普通中小学课程方案和教育部化学课程标准

在《上海市普通中小学课程方案（试行稿）》（2005年）的课程理念中明确提出："倡导自主探究、实践体验、合作交流的学习方式与接受性学习方式有机结合,倡导'做''想''讲'有机统一的学习过程。"

方案中指出,研究型课程是学生运用研究性学习方式,发现和提出问题、探究和解决问题,培养学生的创新精神、研究与实践能力、合作与发展意识的课程,是全体学生限定选择修习的课程。其内容可以从学生的兴趣与生活经验出发,也可以从学科出发,实施时可以采用主题探究活动、课题研究、项目设计等方式。

方案中指出,初中阶段课程要着重帮助学生掌握有利于终身学习的基础知识和基本技能,发展合作交流能力和健康的个性。

根据教育部所编、北京师范大学出版社2012年出版的《义务教育化学课程标准(2011年版)》的要求,化学课程要让学生有更多的机会主动地体验科学探究的过程,在知识的形成、相互联系和应用过程中养成科学的态度,学习科学方法,在"做科学"的探究实践中培养学生的创新精神和实践能力。

2011年版部编化学课标中指出,要转变学生的学习方式,突出学生的实践活动,使学生积极主动地获取化学知识,培养创新精神和实践能力。

(3)《上海市进一步推进高中阶段学校考试招生制度改革实施意见》(以下简称《意见》)

《意见》在完善初中学生综合素质评价制度的部分,明确提出:"尤其要关注初中学生社会考察、探究学习、职业体验等综合实践活动的情况记录,引导学生把课程学习内容与真实生活情境相结合,提高自身综合素质。"

(4)上海市中小学生学业质量绿色指标

2011年11月,上海市教育委员会与教育部原基础教育课程教材发展中心合作推出了《上海市中小学生学业质量绿色指标(试行)》,在学生学业水平指数中明确提出:"在关注学生标准达成度的同时,也要关注学生的高层次思维能力。高层次思维能力主要包括知识迁移能力、预测、观察和解释能力、推理能力、问题解决能力、批判性思维和创造性思维能力等。"

(5)学校总课题和本课题的精神

学校区级总课题研究的主要目标就是提高学生基于学会学习核心素养的探究型校本课程之学生探究性学习"三素养"(探究性学习的意识、能力和良好行为习惯);学会学习方面的认识价值意识、学习运用意识、反思总结意识,探究性学习的程序性能力、具体方法性能力和程序性行为、具体方法性行为、坚持性行为和反思总结性行为等素养,进一步促进学生整体素养的发展。

本课题研究的主要目标就是完成两门化学拓展类探究型校本课程之纸质学材的开发;提升学生的化学学科拓展类校本探究型课程之探究性"三素养"、促进学会学习和提高化学整体学习质量;提升教师的化学学科拓展类探究型校本课程之纸质资源(学材)编制、课程实施和评价的素养和其他专业素养;提高化学学科拓展类探究型校本课程的实施效能"六维度";促进学校的区级课题研究和特色发展。

2. 素养分解

分解了表2所示的核心素养背景下提高化学学科拓展类探究型校本课程实施效能之初中生探究性学习素养发展培养内容的意识、能力和良好行为习惯"三素养"下的23项三级要

素(在表 2 中,"学生"字样全部省略):

表 2 核心素养背景下提高探究型校本课程实施效能之初中生探究性学习素养发展培养内容分解

Ⅰ	Ⅱ	Ⅲ
意识	认识价值意识	认识提升探究性学习"三素养"和学会学习素养的价值意识
		认识借助"小成分大用途""我们需要化学"2 门化学校本探究课程学习,来提升化学拓展类探究型校本课程实施效能之"三素养"、学会学习素养和健康审美素养的价值意识
		认识在 2 门课程实施中,提升独立探究和小组合作探究(简称"独合结合"或"有独有合"探究)活动中的责任心和合作精神的价值意识
	学习运用意识	从网络渠道收集 2 门课程探究学习中的相关知识与技能信息,积极进行梳理、学习和尝试运用于完成相关探究任务实践的意识
		在独自和合作进行实验操作探究中寻找真相之勇于实验探索的意识
		"独合结合"尝试梳理概括在 2 门课程探索中的探究结果→尝试制作探究成果交流用的多媒体课件的意识
		小组合作利用多媒体课件对 2 门课程中学习的相关探究成果进行展示交流、答疑→学用相关评价标准(量规)尝试客观、公正评价和注意挖掘特色的意识
	总结反思意识	2 门课程探究活动中,尝试"有独有合"及时进行过程性探究学习参与情况和成果总结与反思的意识
		2 门课程学习活动结束时,尝试"有独有合"及时进行总体参与情况和探究成果书面总结、展示交流、自评互评与反思的意识
能力	程序性能力	学习思考→提出问题→制订计划→实施探究→梳理资料→概括结论→评估判断(自主修正)→交流展示→自评互评→反思改进
	具体方法性能力	信息调查、梳理法:即 2 门课程探究活动中,从学材、网络等渠道收集符合指定要求的相关信息,进行阅读、梳理、概括(如物品的化学成分用途网络信息调查梳理探究)
		实地调查法
		实验法
		梳理归纳、展法:即对 2 门课程学习活动中的过程性、终结性的探究成果进行总结、展示和评价——如 2 门课程学习活动结束时的探究成果展评(综合评价)
行为	程序性行为	遵守探究学习活动基本步骤的行为
	具体方法性行为	指定或根据自身需要的相关信息调查、梳理概括类行为
		实地调查法类行为
		实验探索类行为
		梳理归纳→探究成果展评类行为

(续表)

I	II	III
行为	坚持性行为	坚持学用的行为
		坚持"有独有合"借助文献、实地调查、实验、操作等探究形式,获得结果与真相的实证类行为
	总结反思性行为	2门课程探究活动过程和结束时,坚持"独合结合"对参学情况、过程性和终结性探究成果及时进行总结与反思的行为
		2门课程探究活动结束后,坚持"有独有合"对日常参学情况、学习结果及时进行总结反思、交流表达和注意改进类行为

学生探究性学习素养发展培养内容的明确,引导了学生探究性学习意识、能力和良好行为习惯的发展,促进了学生去主动提升学会学习素养和提高化学学习的质量;引导了教师进行化学学科拓展类探究型校本课程之纸质学材的编制和课程实施,为评价标准的开发奠定基础,引导了评价方法的设计与运用,促进了提高评价研究的规范性、科学性和一定的创意性。

（二）课程编制

1. 课程理论

化学拓展类探究型校本课程的编制,有以下理论依据。

（1）杜威"做中学"理论

杜威认为,"从做中学"也就是"从活动中学""从经验中学",它使得学校里知识的获得与生活过程中的活动联系了起来[①]。在编制化学学科拓展类探究型校本课程学材时,研究者注意落实"做中学"的理念,让学习者在观察、提问、设想、调查、动手实验、表达、交流等亲历性的、以做为主的探究活动中,体验科学探究的过程、建构基础性的科学知识、获得初步的科学探究能力、培养科学态度和科学精神、促进核心素养的发展。

（2）皮亚杰建构主义理论

皮亚杰的建构主义理论认为,知识不是通过教师传授得到,而是学习者在一定的情境即社会文化背景下,借助学习其他人（包括教师和学习伙伴）的帮助,利用必要的学习资料,通过意义建构的方式而获得。"情境""协作""会话"和"意义建构"是学习环境中的四大要素。[②]

2. 课程目标

（1）开发化学拓展类探究型校本课程纸质资源（学材）两册;

---

① [美]约翰·杜威.民主主义与教育[M].王承绪,译.北京:人民教育出版社,1916.
② [瑞士]让·皮亚杰.发生认识论原理[M].王宪钿,等译.北京:商务印书馆,1981.

(2) 提升学生的化学学科拓展类探究型课程之探究性学习"三素养"(探究学习的意识、能力和良好行为习惯)、促进学会学习和提高化学整体学习质量；

(3) 提高化学学科拓展类探究型校本课程实施效能"六维度"(容量度、拓展度、积极度、科学度、促思度和育人度)。

3. 课程结构与内容

所谓"课程结构"，在本子课题中是指初中化学拓展类探究型校本课程的门类体系——即1类学科拓展(化学学科拓展类探究型校本课程)、2门课程("小成分大用途"和"我们需要化学")、2册(各一册)纸质学材及其各自的架构；"课程内容"，是指上述2门课程之2册学材按一定的课程理念、目标和架构所呈现的章及其各自活动名称和其下各自等内容体系概述的总和。

如上所述，"小成分大用途""我们需要化学"的结构，由一类学科拓展、两门课程、两册纸质资源组成，在预备年级两个学期中组织实施。具体内容见表3：

表3　化学学科拓展类探究型校本课程纸质资源(学材)结构与内容

课程构成	课程内容(活动名称与内容概要)	
小成分大用途	一、探究准备	(一) 认识探究课程 (二) 组建探究小组 (三) 设计探究规划
	二、化学的魅力	(一) 有趣的化学 (二) 神奇的化学 (三) 化学的作用 (四) 化学的历史 (五) 展望化学的前景 (六) 反思体会
	三、小成分大用途	(一) 观察物品成分 (二) 成分用途探究 (三) 展示交流分享
	四、回顾总结	(一) 回顾探究活动 (二) 总结经验体会 (三) 评价探究学习 (四) 制作探究展板
我们需要化学	一、探究准备	(一) 调整探究小组 (二) 了解课题要求 (三) 设计探究规划
	二、我们需要化学	(一) 认识探究内容 (二) 小结交流分享

(续表)

课程构成	课程内容(活动名称与内容概要)
我们需要化学	三、食品中的化学 （一）认识探究内容 （二）明确探究任务 （三）开展探究实践 （四）展示交流分享 （五）小结交流分享
	四、糖 （一）认识探究内容 （二）明确探究任务 （三）开展探究实践 （四）展示交流分享 （五）小结交流分享
	五、回顾总结 （一）回顾探究活动 （二）总结经验体会 （三）评价探究学习 （四）制作探究展板

4. 课程体例

这是指本子课题 2 门课程学材编制中，所建构的相对固定的若干板块，以此较为有规律、规范地呈现、组织和安排课程内容。化学拓展类探究型校本课程 2 册纸质学材——《小成分大用途》《我们需要化学》，每册的体例，大致由以下几部分构成：

"课程导言"（本课程开设的必要性·纸质学材内容简介）

"探究准备"（认识探究课程、组建探究小组、设计探究规划）

"合作实施探究"（认识探究内容、开展探究实践、梳理探究成果、组织成果评价）

"回顾总结"（回顾探究活动、总结经验体会、开展整体评价、制作探究展板）

2 门课程之"课程体例"的明确和结合实际加以落实，引导教师明确了 2 门课程的导言、相关具体学材的章与活动编制的操作思路，促进了课程内容有规律、规范、有序地加以具体组织和呈现，促进了纸质学材编制质量的提高。

5. 课程计划

所谓"课程计划"，是指课程设置方面的整体规划。

"小成分大用途""我们需要化学"的课程类型属性为化学拓展类探究型校本课程，适用对象为预备年级，每周安排 2 课时，每学期上 18 周，一学年共安排 72 课时。

6. 课程保障

一是设备保障。课程实施设计中，注意利用学校已有的多媒体设备，为学生参与课程服务，并通过摄像记录学生活动，提高学生参与课程活动的积极性与荣誉感。二是资源保障。教师要准备好课程所需多媒体资源、实验材料，保证课程实施质量。三是指导保障。教师注

图 2　化学拓展类探究型校本课程纸质学材——《小成分大用途》

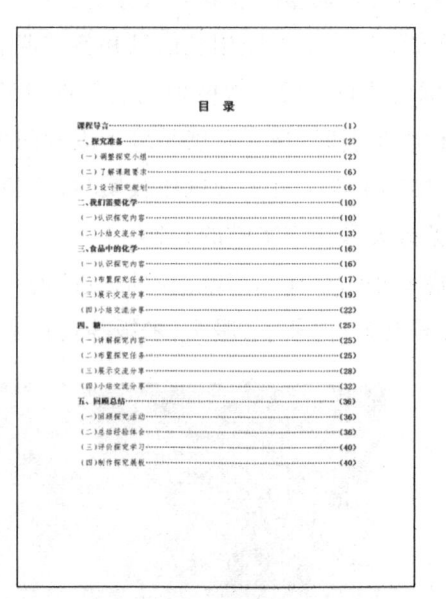

图 3　化学拓展类探究型校本课程纸质学材——《我们需要化学》

意在各章和各自的学生相关探究活动中,借助多种教与学的策略、形式、方法和评价举措,引导收集网络信息、现场观察、调查、实验、探究成果梳理总结、成果 PPT 制作与展示和评价、探究成果展板制作等探究活动的实施。为增进学生参与不同类型、参与"有独有合"探究活动兴趣,锻炼相应的探究能力,提升探究活动过程和成果的质量,促进良好探究行为习惯的养成奠定了基础。

（三）课程实施

1. 实施形式——"三式"

所谓"实施形式"，在本子课题中是指为了达到课程的相关实施效能而开展的教与学相关举措的基本程式和方式方法的总称。本子课题主要探索了独自与合作探究式、借助信息技术式和加强激励式等三种实施形式。下以"小成分大用途"课程之"糖"一课的教学实践为例，概要说明"三式"在拓展型探究课程相关教学过程中的实施与实效。

（1）独自与合作探究式

① 课前小组合作开展文献信息收集处理探究式和独自品尝米饭两种吃法与糖分感比较实验探究式。

a. 课前小组合作开展文献信息收集处理探究式：学生按性别和探究式学习素养基础混搭（分为蔗糖、淀粉和葡萄糖信息收集处理三个小组），从网络渠道收集它们存在于哪些食物中、它们的用途和淀粉与葡萄糖的检验方法，准备好交流材料，准备课上参与交流。培养了学生小组合作按明确的任务指令，从网络渠道收集蔗糖、淀粉和葡萄糖存在于哪些食物中、用途和淀粉与葡萄糖的检验方法等信息，进行梳理、判断、筛选、概括、准备参与全班交流等能力，激发学生收集处理相应信息和参与课上交流的兴趣。

b. 课前独自品尝米饭两种吃法与糖分感关系比较实验探究式：当天中午，要求每位学生在学校吃午餐时，独立开展品鉴米饭的两种吃法（快嚼和细嚼慢咽）的比较实验，体会甜味的程度，培养了学生自主尝试比较实验，体验米饭转化为糖分的能力；激发起后续自主进行食物与糖分关系探究实验的兴趣。

c. 课堂小组合作"寻找淀粉的踪迹"的操作观察实验探究式：学生各小组在交流介绍淀粉时，往马铃薯、白萝卜、馒头、米饭等食材上滴加碘水，观察现象，交流检验出以上哪些食物

图4　学生小组合作"寻找淀粉的踪迹"

中含有淀粉,调动起学生探索新事物的积极性,锻炼了小组合作体验淀粉成分检验的实验操作、现象观察、得出结论与交流能力,增进了小组合作进行观察类实验操作、现象判断和运用的意识。

② 课堂独自和小组合作探究结果交流式。

a. 课始独自实验比较探究交流式:教师组织反馈当天中午各位同学品鉴米饭两种吃法自主比较实验的结果,培养了学生交流比较实验结果的能力;增进了自主进行食物与糖分关系探究实验的兴趣。

b. 课堂反馈课前三个合作小组(蔗糖、淀粉和葡萄糖)信息收集处理交流式:在课堂导入后,教师组织学生合作小组,按蔗糖、淀粉和葡萄糖信息收集处理的顺序,依次介绍课前从网络渠道收集的这些物品存在于哪些食物中、它们的用途和淀粉与葡萄糖的检验方法,培养了学生小组合作借助多媒体按明确的任务指令,交流从网络渠道搜集的蔗糖、淀粉和葡萄糖存在于哪些食物中、用途和淀粉与葡萄糖的检验方法信息的能力,增进了小组合作进行信息收集、处理和运用的意识和兴趣。

c. 小组合作评价式:在课堂中,教师组织学生三个合作小组学习评价标准,对课前制作的信息收集、交流类探究成果 PPT 内容的通俗易懂性、丰富性、趣味性,参与交流学生讲解的清晰明了性、有序性等,开展自评与互评,提出改进建议,培养了学生根据评价标准进行客观、辩证自评、互评和从中取长补短的能力,增进了健康审美意识、责任意识和及时审视学习状态的意识。

d. 全班合作探究总结式:在课尾,教师组织全班学生合作梳理、总结本次学习活动(课前与课堂)所学内容、方法和个性化的体会,抽取小组代表进行交流(注意交流时简洁化、形象化、结构化和个性化地加以表述),教师借助多媒体、板书和口头说明进行点评和概括,锻炼了全体学生合作进行课尾集中小结的方法(梳理全程学习内容、学习方法、个性化的体会,并加以概括和呈现、交流出来),增进了课尾的集中小结意识,促进了课尾及时进行小结的良好行为习惯的养成。

③ 课后独自探究式:在课后,教师组织学生对本节课所学内容进行书面化小结,写一写对本节课所学内容、方法等的认识,以及与我们日常生活、健康的关系,下次课始,组织全班交流,进行自评与互评,锻炼了学生课后独立对所学知识内容、学习方式方法和个性化学习体会、经验等进行梳理和结合日常与生活、健康的关系及时进行书面总结与交流的能力,增强了及时进行信息处理和应用的意识、总结学习经验的意识。

(2) 借助信息技术式

① 课前:教师组织三个学生合作小组从网络渠道分别收集蔗糖、淀粉和葡萄糖存在于哪些食物中、它们的用途和淀粉与葡萄糖的检验方法,并制作成 PPT 课件,锻炼了利用信息技术收集资料并加以梳理概括以及制作交流用 PPT 的能力。

② 课堂：学生三个合作小组按蔗糖、淀粉和葡萄糖信息收集处理的顺序，借助 PPT 课件，依次介绍课前从网络渠道收集的资料，培养了学生小组合作借助 PPT，将课前从网络渠道收集的信息进行课堂交流的能力，分享了各小组的相应知识，增进了小组合作进行信息收集、处理和运用的意识。

图 5　学生小组合作 PPT 展示交流

（3）加强激励式

① 加强预设激励。教师对于 PPT 比较完整的小组，能够结合知识设计丰富活动的小组给予表扬与加分；对于在评价活动中积极发言，能够较好指出优点与缺点，以及给予建议的个人给予表扬与加分；对于课堂独自和小组合作实验探究环节中，积极交流的个人和小组给予表扬和加分；对于全班合作探究总结环节中，能够较好表达本次学习活动所学内容、方法和个性化的体会的个人给予表扬和加分。

② 加强随机激励。

a. 课前：教师对于认真收集网络资料的个人与小组，积极组织课前小组合作学习的组长等，给予口头表扬激励，增进学生的积极探索意识、合作的责任感和意识。

b. 课堂：教师对积极参与展示交流的小组给予表扬，对学生提问环节中，能完整回答的个人给予表扬与加分；在小组合作实验探究、实验探究成果交流与评价环节，以及课尾参与全班合作总结环节中，学生参与时积极主动、完成任务速度快、质量高和有一定特色等情况，及时用口头语言、肢体语言加以鼓励，激发了学生参与这些活动的积极主动性，锻炼了相应的交流能力、自主反馈能力，增进了评价意识和小结意识。

2. 实施方法——"三法"

所谓"方法"，是在一定理论指导下，为达到某种目的而确定的实施办法。为了提高化学学科拓展类探究型课程学习效能而实际开展的实施方法,主要探索了讲授法、实训法、反馈法(简称"三法")。以本课程中的"小成分大用途"的教与学的实践为例,说明"三法"的操作与实效。

(1) 讲授法

这是指教师在课程实施过程中运用口头语言、板书为主,结合其他方式方法的运用,向学生介绍课程的内涵、探究活动内容要求,在学生学习理解难度较高的水、铝、铁、食盐、木材、橡胶这六种物质的研究活动内容时讲解所涉及的相关化学知识,结合学生观看这六种物质的相应纪录片介绍它们在生活中的用途,学生借助自制的课件向同学介绍这六种物质在生活中的用途,以促进学生更好地把握相应内容与知识,提高课程实施效能的教与学办法。

① 介绍课程的内涵。即在本课程活动起始阶段,教师借助学材课程导学内容,结合学材和多媒体,向学生口头说明探究课程的含义、意义、如何开展、学习过程中需要自主或合作的课题等。

② 介绍化学背景知识。鉴于预备年级学生还没有开始学习化学课程,教师在探究学习活动中注意向学生有机介绍化学学科的相关知识的背景,如介绍什么是科学、什么是化学、化学与生活的密切关系、铅的属性及其用途等。

③ 介绍与探究内容相关的化学知识。如学习理解难度较高的水、铝、铁、食盐、木材、橡胶这六种物质的探究性学习内容时,教师结合多媒体,向学生讲解所涉及的相关化学学科知识——如水的三大特性、水的净化,铝的延展性、铝合金的生产,铁的来历、铁如何从铁矿石变化而来,如何得到食盐,木材与生活的关系,橡胶的生产等。

④ 介绍化学物质与生活的紧密联系性。如在每一个探究学习活动之后,教师带领学生边观看纪录片,边有机穿插相关知识介绍,带领学生一起回顾每一个学习内容,进一步认识水、铝、铁、食盐、木材、橡胶这六种物质在生活中的用途。

⑤ 介绍实验探究如何开展。在探究课上涉及实验内容的初始阶段,教师借助相关实验方案、多媒体、实验设备、设施、材料和口头说明等,向学生介绍实验的方案设计、实验方法、实验开展、数据记录与分析、结果概括、实验的良好行为等基本要素;开展实验的演示;提出实验中的相关注意事项等,使学生快速了解实验的基本知识。

⑥ 学生参与介绍。即在探究课中,有一定比例的时间,由部分学生使用自制的相关物质的属性、分类、用途等的学习内容课件,向全班学生作介绍。如相关学生到讲台,自主介绍水、铝、铁、食盐、木材、橡胶这六种物质以及它们在生活中的用途。又如制作探究课件的学生在该内容学习过后,将自己的探究学习过程进行描述,并就做得较好的方面进行具体讲解,为之后的同学们开展探究学习提供直接的制作经验。

讲授法的运用,使学生较快地了解了探究课程的内涵、化学的相关学科背景知识、与探究活动相关的主要化学知识;初步理解了化学物质与生活联系的紧密性,增进了参与开展相

图 6 教师演示实验

关化学物质探究的兴趣;为相关具体探究活动的高效组织实施,奠定了一定的知识基础,也锻炼了部分学生的讲解能力。

(2) 实训法

这是指教师根据化学拓展型探究课程实施的需要和学生的实际情况,合理地设计完成相关探究学习任务所需本领的主题资料收集、基本步骤和所用方法、成果介绍课件制作和相关阶段学习体会以及经验总结梳理等的实践操作训练活动,以引导学生有目的、有计划地自主开展完成相关探究主题任务所需的技能、方法的实操训练学习活动,促进学生更好地把握完成相应探究内容活动所需的方法、技能类,提高课程实施相关效能的教与学办法。

① 探究主题资料收集实训。探究活动中,学生需要以小组为单位查找相关化学物质的介绍及用途等资料,因此,教师注意通过课中示范、发动信息技术基础好的学生做"小老师"进行示范和由学生带着任务尝试收集符合主题的资料,进行实训。结果,经过数次实践尝试后,多数学生能够较为熟练地从百度、谷歌等搜索引擎查询、收集符合要求的相关化学物质资料信息。

② 探究学习基本步骤和所用方法实训。首先,教师在探究学习的开始阶段,课中借助多媒体、学习单、口头说明和相关实例,使学生了解了探究学习的基本步骤和完成相关主题探究学习任务的方法。其次,学生通过参与六种化学物质的分组主题探究活动的设计,熟悉了基本步骤和适用方法。再次,学生通过主题探究活动的实际操作,进一步强化了基本步骤和适用方法。最后,学生通过多次参与个人和小组探究成果的展示、评价,大多较为牢固地掌握了探究学习和适用方法。

③ 探究学习成果课件制作实训。按照学习内容由易到难的程度,让学生根据教师学习

单的要求,结合以前实训过的制作技巧,"有独有合"尝试制作关于水、铝、铁、食盐、木材、橡胶这六种物质以及它们在生活中的用途的探究学习内容和过程性与总结性探究结果的课件。如在水的探究活动中,教师先是借助学材、学习单、多媒体和口头说明等,明确探究课件制作的内容(任务)——梳理水的组成成分,归纳水的用途;然后,学生小组合作,将收集和梳理好的材料制作成 PPT 课件,并将完成的课件发送给教师;接着,由教师审阅课件后,课中对学生合作小组及个别学生进行针对性指导;最后,各组学生对课件内容、字数、布局结构、字体字号颜色以及播放形式等,进行一定的修改完善,为课中参与交流做好准备。这样,既拓展了学生对日常接触的看似普通的水的全面认识,又有效地锻炼了学生对水的探究学习成果梳理概括和合理地制作课件的能力,还有机提升了学生的合作精神。

④ 探究学习每一阶段结尾时探究素养、学习体会和经验梳理实训。每一阶段 2—6 课时不等,即在本课程每项阶段性学生探究学习任务结束时,教师基本按照上述③探究学习成果课件制作实训的四步,组织学生"有独有合"对各阶段的学习体会和经验进行总结→制作成交流用的 PPT 总结梳理实训→教师审阅或由学生探究小组间互相审阅,提出修改建议→各组学生自主完善,并参与相应阶段的课堂交流。在课中学生小组合作进行互审和展示交流探究成果活动时,教师还注意学生合作交流、倾听、同步记录等的良好行为习惯情况进行随机提醒,及时加以表彰与引导。这一过程,既促进了学生"有独有合"及时对自己和本组参与每一阶段探究学习时对相关探究内容、结果、方式方法和个性化经验的反思总结,增进了回顾所学、进行反思改进的意识;又锻炼了制作 PPT 的能力;还促进了合作交流、倾听、同步记录等良好行为习惯的养成。

实训法的运用,一是拓展了学生探究学习的程序性和具体方法性知识。即使学生更好地把握了完成相应探究主题活动所需遵循的基本步骤和合适的探究方法。二是培养了学生多种探究能力。包括借助信息技术对指定主题的信息进行有针对性地收集、梳理、判断、筛选、概括和得出结论的能力;借助信息技术制作 PPT 的模板选择或重组、布局构思、细节展现、美化修饰和对探究成果进行有效呈现的能力;逐步完善探究成果交流准备的能力;每个探究阶段课尾"有独有合"参与集中小结和借助 PPT 等媒体交流探究内容、方式方法和个性化的探究经验与体会的能力。三是增进了学生"有独有合"参与探究性学习的多元情感。从而增进了学生小组合作借助信息技术对所需信息进行合理收集、处理和运用的意识和价值意识;促进了学生课中参与讨论交流分享时注意倾听、反思和记录的意识和课尾参与小结良好的行为习惯的养成;激发了学生继续参与借助信息技术梳理探究成果、制作不同阶段探究成果、学习体会与经验、有效地参与课中交流的兴趣。

(3) 反馈法

这是指在化学拓展型探究课程实施过程中,师生通过加强对学生完成相关探究任务的过程性和一定阶段的结果性加以了解、梳理、判断、作出回应、提出(或学生自我提出)改进的措施等,以有机培养学生自我判断、回应和改进探究实践能力,提升课程相关实施效能的办法。反馈法的实践,主要探索以下反馈的内容、时机、主体、形式和结果的运用"五元素"。

① 反馈的内容

a. 反馈探究目标。即对学生独立或小组合作完成化学拓展型探究课程相关过程性或一定阶段的结果性探究任务时,参与反馈的主体,首先需要查看、对比完成相应探究任务的目标定位。这是反馈的前提。

b. 反馈探究过程。这是指对学生独立或小组合作完成化学拓展型探究课程相关探究任务的探究前、中、后"三程",根据相关探究活动内容的过程性、结果性评价标准,作跟进式的反馈。一是课程(上)探究学习主要有水、铝、铁、食盐、木材、橡胶这六种物质的相关内容,在每一个内容学习完毕后,让学生进行点评以及提出建议,便于参与下一内容探究时有较好的效果呈现。二是制作探究课件的学生在该内容学习过后,将自己的探究学习过程进行描述,并就做得较好的方面进行具体讲解,为之后的学生开展探究学习提供较好的学习经验。三是在每一个探究学习活动之后,通过观看相应的纪录片,带领学生一起回顾该学习内容,进一步认识这六种物质在生活中的用途。四是在每一个探究学习活动之后,让学生书写探究学习小结,加深感悟物质与我们的日常生活有着密不可分的联系。五是在课程实施最后,让学生以小组为单位制作探究活动收获小结,及时地回顾探究学习过程,反思总结体验收获,巩固探究学习成果,提高课程实施的效能。六是课程的最终展示,将由学生制作探究课学习成果与收获的多样化表述成果,在校内组织布展。

c. 反馈探究任务完成的结果。如师生对学生(同学)课上展示相关探究成果时的成果质量、多媒体技术的运用、交流水平、小组的合作性、成果的特色等作出反馈;对探究成果及其交流情况评价等作出反馈。

② 反馈的时机

一是活动前学生探究情况的反馈。教师了解学生相关探究内容(成果)制作的课件后,提出改进的建议。二是活动中探究情况的反馈。学生讲解好本组的探究内容后,其他小组学生进行点评以及提出建议;制作探究课件的学生在该内容学习过后,对自己探究学习的过程和结果进行描述,并就做得较好的方面进行具体讲解。三是活动后探究情况的反馈。每一个探究学习阶段的活动结尾时,教师通过组织学生观看相应的纪录片,带领学生一起回顾该学习内容;让学生书写探究学习小结;在课程实施最后,让学生以小组为单位制作探究活动收获小结,及时地回顾探究学习过程,反思总结体验收获,巩固学习成果,提高课程实施效能;课程学习的最终探究学习成果展示,由学生制作探究课学习收获展板,展示课程中学生的学习过程、探究结果、书写的学习小结以及制作的学习收获小报。四是穿插在学生完成探究"三程"相关任务中的随机据需反馈。学生在对其他小组探究内容进行点评以及提出建议后,教师对其作出回应,肯定学生的积极参与;探究学习活动后,教师梳理学生书写的探究学习小结,对小结书写有问题的学生提出改进的措施;学生制作探究课学习收获展板,对学生展板的布置规划进行指导改善。

③ 反馈的主体

探究学习活动中的反馈主体,既有教师组织学生参与探究活动"三程"中的常态化反馈;也有探究活动前、后部分家长参与对孩子相关探究任务完成过程、速度和质量等情况的辅助性反馈;更有以学生独立反馈为辅、小组内互评和组际互评反馈为主探究学习主体多元参与为主的反馈,有机培养学生自我判断、回应和改进探究实践能力。

④ 反馈的形式

一是学生在课前探究过程中,实施对自己小组制作的课件进行组内反馈,并注意加强反馈后的组内自主改善;二是在课中学生各探究小组对其他小组的探究成果展示和参与情况进行点评以及提出建议的组际互评反馈;三是在课尾由全班学生对各位同学或各组代表交流的探究学习成果、探究方式方法和反思总结体验收获进行集体共评反馈;四是课程结束后,学生各合作探究小组制作探究课学习收获展板,师生采取随机采访相关参观学生和教师和鼓励投票参评反馈式。

⑤ 反馈结果的运用

教师根据学生在探究"三程"相关任务中的反馈情况进行梳理记录,并运用在"小成分大用途"化学学科拓展类探究型校本课程学生学习情况评价标准中。

反馈法的运用,使学生明白了需要注意把握反馈的内容、时机、主体、形式和结果的运用"五元素"的知识;较好地锻炼了借助"五元素"对不同探究活动课、探究阶段自己和小组参与探究活动的情况进行过程性和结果性监控,加以利用和改进的多元反馈能力;增进了主动诊

图 7 学生学习收获小报

断探究活动"三程"和探究的不同阶段自己和小组的成果质量加以反思和及时改进的意识，增进课尾进行集中小结意识和促进良好的课尾小结习惯的养成。

(四) 评价探索

1. 指导思想

2020年10月，中共中央、国务院发布的《深化新时代教育评价改革总体方案》明确指出："坚持科学有效，改进结果评价，强化过程评价，探索增值评价，健全综合评价，充分利用信息技术，提高教育评价的科学性、专业性、客观性。"2013年6月，教育部发布的《教育部关于推进中小学教育质量综合评价改革的意见》明确提出，"遵循学生身心发展规律和教育教学规律，坚持科学的教育质量观，充分发挥评价的正确导向作用"。2016年4月，上海市教育委员会《关于切实规范中小学课程教学工作深入实施素质教育的若干意见》明确提出："改变单纯以学生学业成绩作为衡量教育质量的观念，树立全面的教育质量观。从评价理念、评价内容、评价技术和结果应用等多方面探索科学的学业评价方法，提升教学质量，促进学生综合素质的全面发展。"

根据学校遵循"让每个人得到和谐可持续发展"的办学理念，把满足学生健康成长的需求作为一切工作的出发点和落脚点，坚持以学生发展为本，充分发挥学生的学习潜能，努力提高学生的综合能力。

落实学校区级课题基于乐学善学、勤于反思和信息意识三个学会学习的核心素养，提出的探究型课程目标和初中生探究性学习素养发展培养内容分解；实施多元化评价，注重过程评价，关注学生参与探究学习整个过程中的表现和成效，改进结果评价，更好地引导本子课题之校本课程的编制和使用，引导评价标准的制定和使用，引导评价方法的运用，促进学生更好地发展探究型课程学习"三素养"和学会学习核心素养，提高课程实施的效能。

2. 评价标准

在总课题组和浦东教发院相关科研专家的指导下，本子课题研发和尝试运用了以下三类、四项评价标准：

(1) 核心素养背景下提高化学学科拓展类探究型校本课程实施效能之纸质资源(学材)编制评价标准(表4)

该评价标准很好地为教师编制和完善探究型校本课程之学材提供了明晰的参考，也引导了课程的实施和学生的发展。

(2) 核心素养背景下提高探究型校本课程实施效能之学生探究性素养发展评价标准(表5)

表4 核心素养背景下提高化学学科拓展类探究型校本课程实施效能之纸质资源(学材)编制评价标准

评价项目(分)	评价内容(每项5分)	评价要求(分)	评价分值	小计
课程意义(10)	是国家课程的有益补充,能彰显学校特色	是(5);较是(4);一般(3);需努力(2—0)		
	注重学生探究性学习素养发展的需求	是(5);较是(4);一般(3);需努力(2—0)		
课程目标(20)	化学的相关知识、能力和情感目标齐全	符合(5);较符合(4);一般(3);较少符合或不符合(2—0)		
	独立或小组合作开展探究性学习的意识、能力和良好行为习惯"三素养"目标齐全			
	目标适切、具有针对性			
	目标表达明确、具体、简洁			
课程内容(20)	框架清晰,内容层次分明	做到(5);大多做到(4);基本做到(3);基本做不到(2—0)		
	内容安排合理,重点突出	做到(5);大多做到(4);基本做到(3);基本做不到(2—0)		
	独立或小组合作探究举措明晰	做到(5);大多做到(4);基本做到(3);基本做不到(2—0)		
	内容表述科学、简明	做到(5);大多做到(4);基本做到(3);基本做不到(2—0)		
课程活动安排(35)	课程活动计划、安排合理	做到(5);大多做到(4);基本做到(3);基本做不到(2—0)		
	探究活动任务清楚,内容具有一定开放性、容量适中、层次分明	做到(5);大多做到(4);基本做到(3);基本做不到(2—0)		
	完成探究活动任务的方法科学、具有一定的开放性	做到(5);大多做到(4);基本做到(3);基本做不到(2—0)		
	探究活动面向全体学生	做到(5);大多做到(4);基本做到(3);基本做不到(2—0)		
	注意有机使用信息技术	做到(5);大多做到(4);基本做到(3);基本做不到(2—0)		
	探究活动的过程和成果有明确的要求与记载设计	做到(5);大多做到(4);基本做到(3);基本做不到(2—0)		
	探究成果有明确的展示交流与记载要求	做到(5);大多做到(4);基本做到(3);基本做不到(2—0)		
课程评价(15)	有明确的探究活动过程性和结果性评价记载设计	强(5);较强(4);一般(3);需努力(2—0)		
	评价操作性强、方法科学	强(5);较强(4);一般(3);需努力(2—0)		
	具有激励性和一定的开放性	强(5);较强(4);一般(3);需努力(2—0)		

(续表)

评价项目(分)	评价内容(每项5分)	评价要求(分)	评价分值	小计
特色加分(10)	加分原因：	特色明显(10—9)；特色较明显(8—7)；特色一般(6)；特色不明显(5—0)		
综合评定	总分：	等第：	评价人(身份)：	
评价说明	(1) 评价主体：①课程指导教师；②参与课程学生；③课题组成员；④其他_____。 (2) 比值：各评价主体的比值相同，满分均为100分，各评价主体评价完成后算平均分。 (3) 总分计算：满分100分，特色加分可计入总分，但计入后的总分累计不超过100分。 (4) 分数和等第间的转换：优(100—90分)、良(89—75分)、合格(74—60分)、需努力(59—0分)。			

表5 核心素养背景下提高探究型校本课程实施效能之学生探究性素养发展评价标准

I级要素(分)	II级要素(分)	III级要素(每项10分)	评价要求(分)	每项分值	一级要素分数小计
意识(100)	认识价值意识(30)	严谨求知意识	明显(10—9)；较明显(8—7)；一般(6)；不明显(5—0)		
		健康审美意识			
		较强责任意识			
	学习运用意识(50)	积极学习意识			
		勇于探索意识			
		解决问题意识			
		创意表现意识			
		团队合作意识			
	反思总结意识(20)	审视学习状态意识			
		总结学习经验意识			
能力(80)	基本程序性能力(10)	提出问题→设计探究方案→制订探究计划→做好探究准备→开展探究实践→分析探究材料→进行评估判断→得出探究结论→参与探究成果展示、评价→进行总结反思	具备(10—9)；大多具备(8—7)；基本具备(6)；基本不具备(5—0)		
	具体方法性能力(40)	调查类能力	具备(10—9)；大多具备(8—7)；基本具备(6)；基本不具备(5—0)		

(续表)

Ⅰ级要素(分)	Ⅱ级要素(分)	Ⅲ级要素（每项10分）	评价要求（分）	每项分值	一级要素分数小计
能力(80)	具体方法性能力(40)	操作、实验类能力	具备(10—9)；大多具备(8—7)；基本具备(6)；基本不具备(5—0)		
		展示、评价类能力	具备(10—9)；大多具备(8—7)；基本具备(6)；基本不具备(5—0)		
		信息收集处理类能力	具备(10—9)；大多具备(8—7)；基本具备(6)；基本不具备(5—0)		
行为(120)	遵守基本程序性行为(10)	提出问题→制订计划→收集证据→分析论证→评估判断→交流展示	持续(10—9)；较长持续(8—7)；较少持续(6)；很少持续(5—0)		
	具体方法性行为(40)	调查类行为	持续(10—9)；较长持续(8—7)；较少持续(6)；很少持续(5—0)		
		操作类行为	持续(10—9)；较长持续(8—7)；较少持续(6)；很少持续(5—0)		
		展示类行为	持续(10—9)；较长持续(8—7)；较少持续(6)；很少持续(5—0)		
		信息类行为	持续(10—9)；较长持续(8—7)；较少持续(6)；很少持续(5—0)		
	坚持性行为(20)	坚持学习行为	持续(10—9)；较长持续(8—7)；较少持续(6)；很少持续(5—0)		
		坚持探索行为	持续(10—9)；较长持续(8—7)；较少持续(6)；很少持续(5—0)		
	反思总结性行为(20)	审视学习状态行为	持续(10—9)；较长持续(8—7)；较少持续(6)；很少持续(5—0)		
		总结学习经验行为	持续(10—9)；较长持续(8—7)；较少持续(6)；很少持续(5—0)		
特色加分(20)	加分原因：		特色明显(20—18)；特色较明显(17—15)；特色一般(14—12)；特色不明显(11—0)		
综合评定	总分：	等第：	评价人(身份)：		
评价说明	(1) 评价主体：①课程指导教师；②参与课程学生；③课题组成员；④其他＿＿＿＿＿＿＿＿。 (2) 比值：各评价主体的比值相同，满分均为240分，各评价主体评价完成后算平均分。 (3) 总分计算：满分240分，特色加分可加入总分，但计入后的总分累计不超过240分。 (4) 分数和等第间的转换：240—216分为优；215—180分为良；179—144分为合格；143—0分为需努力。				

该评价标准把学生素养发展内容分解为不同的层级要求,让学生能直观地认识自己探究性素养的优势与不足,明确自己的发展目标,进而有效地安排自己的学习活动;引导了课程的实施;为化学拓展类探究型课程实施中的学生探究性学习素养的过程性评价和一定阶段的结果性评价提供了诊断和评判的依据;提高了行动研究的针对性和实效对比的科学性。

（3）核心素养背景下提高化学拓展型探究校本课程实施效能之研究课评价标准(表6)

表6 核心素养背景下提高化学拓展型探究校本课程实施效能之研究课评价标准

教师		时间		节次	
上课内容				授课班级	
评价项目(分)	评价内容(每项10分)	评价要求(分)		评价分值	小计
教学思想(10)	注重激发学生积极参与课堂化学拓展型探究性学习活动的兴趣,提高探究性学习能力,促进学生的可持续发展,提高化学拓展型探究课程的实效效能"八维度"	是(10—9);较多是(8—7);一般(6);较少是或无(5—0)			
教学目标(20)	符合化学课程标准、化学拓展型探究课程学习的相关目标	做到(10—9);较多做到(8—7);一般(6);较少做到或没有做到(5—0)			
	定位明确、适切,表述清楚、具体又简洁				
教学内容(20)	内容正确充实,选材恰当,符合落实教学目标的需求	符合(10—9);较好(8—7);一般(6);较少符合或不符合(5—0)			
	符合完成相应化学探究型课程探究性学习活动的需要				
教学过程(20)	激发学生学习化学拓展型探究课程的兴趣,有效地组织学生进行化学拓展型探究性学习活动,师生平等交流对话,学生积极主动,敢于质疑和发表自己的看法	做到(10—9);大多做到(8—7);基本做到(6);基本做不到(5—0)			
	关注全体学生,重视化学拓展型探究性学习策略方式方法的指导,注重启发性和针对性,教与学的策略方式方法灵活生动,注意生成资源和发挥教学机制	做到(10—9);大多做到(8—7);基本做到(6);基本做不到(5—0)			
教学效果(30)	探究性活动任务全面完成	做到(10—9);大多做到(8—7);基本做到(6);基本做不到(5—0)			
	教学目标全面达到				
	课程有效性的相关维度达成度高				
特色加分(10)	加分原因:	明显(10—9);特色较明显(8—7);一般(6);较少或无(5—0)			
综合评定	总分:	等第:		评价人(身份):	

(续表)

评价项目(分)	评价内容(每项10分)	评价要求(分)	评价分值	小计
评价说明	(1) 评价主体：①课程指导教师；②观课教师；③课题组成员；④其他_____。 (2) 比值：各评价主体的比值相同，满分均为100分，各评价主体评价完成后算平均分。 (3) 总分计算：满分100分，特色加分可加入总分，但总分累计不超过100分。 (4) 分数和等第间的转换：100—90分为优；89—75分为良；74—60分为合格；59—0分为需努力。			

该评价标准设计了六个评价项目(含特色加分)，每个评价项目都有具体的要求，可以很好地为教师(有时包括学生与家长等)设计和完善相关化学拓展型探究课程的活动方案提供参考；引导了教师、学生和其他观课者对研究课的评价，为课例实效的撰写提供了一定的依据。

(4) "小成分大用途"化学学科拓展类探究型校本课程学生学习情况评价标准(表7)

表7 "小成分大用途"化学学科拓展类探究型校本课程学生学习情况评价标准

课程：　　　　　　　探究小组：　　　　　　　姓名：

评价主体(分)	评价项目(分)	评价内容	评价要求(分)	评价分值	小计
自己(30)	学习兴趣(5)	保持浓厚的兴趣和积极探索的意识	明显(5)；较明显(4)；一般(3)；较少或无(2—0)		
	学习态度(5)	刻苦努力，善于思考，努力争取最好成果	明显(5)；较明显(4)；一般(3)；较少或无(2—0)		
	自主学习(5)	自觉主动地学习，积极尝试解决问题	明显(5)；较明显(4)；一般(3)；较少或无(2—0)		
	探究与合作精神(5)	有好奇心和求知欲，善于发现和提出问题；和谐、有效合作	明显(5)；较明显(4)；一般(3)；较少或无(2—0)		
	探究任务(5)	准时完成所有探究学习任务，质量高，效果好	明显(5)；较明显(4)；一般(3)；较少或无(2—0)		
	遵守纪律(5)	专心听讲、参与探究，轻声讨论，并提醒同伴遵守纪律	符合(5)；较符合(4)；一般(3)；较少符合或不符合(2—0)		
同伴(30)	学习表现(5)	学习努力，自觉性强，探究意识强，习惯纪律好	符合(5)；较符合(4)；一般(3)；较少符合或不符合(2—0)		
	学习效果(5)	掌握学习的知识和技能，并能熟练地应用于探究活动中	符合(5)；较符合(4)；一般(3)；较少符合或不符合(2—0)		
	任务分配(5)	积极认领各类任务，服从组内分工	符合(5)；较符合(4)；一般(3)；较少符合或不符合(2—0)		
	互助合作(5)	主动帮助同伴或寻求同伴帮助，能一起合作学习	符合(5)；较符合(4)；一般(3)；较少符合或不符合(2—0)		

(续表)

评价主体(分)	评价项目(分)	评价内容	评价要求(分)	评价分值	小计
同伴(30)	交流讨论(5)	积极发表意见,认真倾听同伴发言,愿意提出好的建议	符合(5);较符合(4);一般(3);较少符合或不符合(2—0)		
	诚信行为(5)	完成任务不抄袭,学习评价客观真实	符合(5);较符合(4);一般(3);较少符合或不符合(2—0)		
教师(40)	学习表现(20)	探究学习活动中整体表现好	符合(20—18);较符合(17—15);一般(14—12);较少符合或不符合(11—0)		
	学习任务(20)	学习任务完成质量高	符合(20—18);较符合(17—15);一般(14—12);较少符合或不符合(11—0)		
特色加分(10)	加分原因:		明显(10—9);特色较明显(8—7);一般(6);较少或无(5—0)		
综合评定	总分:	等第:	评价人(身份):		
评价说明	(1) 评价主体:①课程指导教师;②参与课程学生;③课题组成员;④其他_____。 (2) 比值:课程指导教师评价占比40%(满分100分),参与课程学生评价占比30%(满分100分),课题组成员评价占比30%(满分100分),各评价主体评价完成后进行累加。 (3) 总分计算:满分100分,特色加分可以加入总分,但总分累计不超过100分。 (4) 分数和等第间的转换:优(100—90分)、良(89—75分)、合格(74—60分)、需努力(59—0分)。					

该评价标准设计了不同的评价主体,对应相应的评价要求,保证了更为客观、公开、公正地评价学生本课程的学习结果,提高了学生课程学习结果评价的科学性,也为总结本子课题的实效提供了实证的依据。

3. 评价方法

(1) 量表法

所谓"量表法",是指运用本子课题研制的相关评价量表,对所定对象进行量化评价研究,以获取相应评价数据,据此作出各自判断,保持或修正、完善相应评价标准,更好地引导师生根据评价标准进行诊断或鉴定,获取相应实证数据,更好地引导学生发展、提高课程实施效能的评价办法。

在本子课题中,主要运用所研制的上述四项评价标准(即评价量表),分别对教师所编的化学学科拓展型校本课程的配套纸质资源(即学材)、课题研究课、学生参与"小成分大用途"化学学科拓展类探究型校本课程的学习结果和学生探究性学习素养发展情况,进行过程性评价和一定阶段的结果性评价。一是研究者运用表5,对学生的探究性素养的现状,在本课题之课程活动实施前进行诊断性评价；实施过半后，进行中期评价；实施结束时，进行结果性评价。二是研究者借助表3，组织参与课程学习的学生等对2门课程的学材，分别在不同的时间节点，进行诊断性和结果性评价。三是研究者借助表4，组织相关学习者、使用者对课程之纸质资源（学材）进行过程性和结果性评价。四是研究者借助表7，组织学生进行自评、互评和师评，获取每位学生学习"小成分大用途"化学学科拓展类探究型校本课程的结果性评价。

评价量表的研制和尝试运用，一是使学生直观地了解了自己化学学科拓展类探究性学习素养、相应课程学习结果评价和课程参学的要求，引导了更好发展；更好地认识自己所取得的进步和存在的不足，进而有效地安排自己的下一阶段学习活动；获得了较为客观、公正的课程评价结果，提高课程学习评价的科学性。二是较好地引导了研究者更好地编写课程学材、实施课程和开展科学的评价，提升了研究者的评价量表研制和运用能力。三是丰富了学校区级课题评价量表类的成果，提高了评价体系研究的科学性。

（2）观察法

观察法是指研究者根据一定的研究目的、研究提纲或观察表，用自己的感官和辅助工具去直接观察被研究对象，从而获得资料的一种评价办法。

在本子课题研究过程中，研究者一是运用所研制的研究课评价标准，组织观课者进行现场观察评价；二是借助学生探究性学习素养发展评价标准、化学学科拓展型探究课程学生学习情况评价标准中适合现场观察内容，组织相关教师对学生进行现场观察并评价，组织学生进行互相现场观察并评价，记录观察情况，进行分析，了解课程实施的情况。

这为研究者、上课者把握相关研究课的情况，把握学生探究性学习素养发展和化学学科拓展型探究课程学习的相关情况提供了依据；为改进教与学，进一步提高实施效能提供了方向，引导了师生素养的发展；为课题研究实效的梳理概括，提供了基于现场观察的一定实证依据。

（3）综评法

所谓"综评法"，在本子课题中是指通过对学生每次课程活动参与情况、过程性活动成果、课程学期学习结果性评价、课程综合成果分别进行分类评价后，按一定比例得出学期和这门课程学习者终结性评价，以促进学生注意发展探究素养、获得评价实证数据的评价办法。

一是学生课程参学过程性评价的加分积累。对于学生合作小组在课前从网络渠道收集资料比较完整的小组、能够结合知识设计丰富活动的小组给予表扬与加分；对于积极参与展示交流的小组给予表扬，学生提问环节中，能完整回答的个人给予表扬与加分；对于在评价活动中积极发言，能够较好指出优点与缺点，以及提出建议的个人给予表扬与加分；对于课堂独自和小组合作实验探究环节中，积极交流的个人和小组给予表扬和加分；对于全班合作探究总结环节中，能够较好表达本次学习活动所学内容、方法和个性化体会的个人给予表扬和加分——这些过程性评价的积分项，是特色加分的有机组成部分。二是学生课程学习学期评价。每学期对成果交流展示占比50%（满分100分）、小结交流分享占比25%（满分100分）、学期总结回顾占比25%（满分100分）进行评价，总分计算：满分100分，特色加分可以加入总分，但总分累计不超过100分，分数和等第间的转换：获100—90分为优；89—75分为良；74—60分为合格；59—0分为需努力。三是整个学年结果性等第评价（简称"学年终评"）。学年终评，按第一学期占比40%（满分100分）、第二学期占比60%（满分100分），总分计算：满分100分，特色加分可以加入总分，但总分累计不超过100分，分数和等第间的转换：获100—90分为优；89—75分为良；74—60分为合格；59—0分为需努力。

综评法的运用，有效地促进了本课程实施中学生重视每次活动的积极参与，注意提高过程性活动成果质量，提升学期结果性成果、课程综合成果质量；较好地引导了学生注意学会学习；较好地引导了学生注意提升化学学习整体质量；促进了教师注意更好地发挥课程综合评价的价值，提高了探究型校本课程的实施效能。

四、研究成效

（一）课程纸质资源编制方面

如前所述，化学拓展类探究型校本课程——"小成分大用途""我们需要化学"，共开发了1类、2门课程、2册课程纸质资源（学材），适用于预备年级两个学期。具体内容参见前文表3。

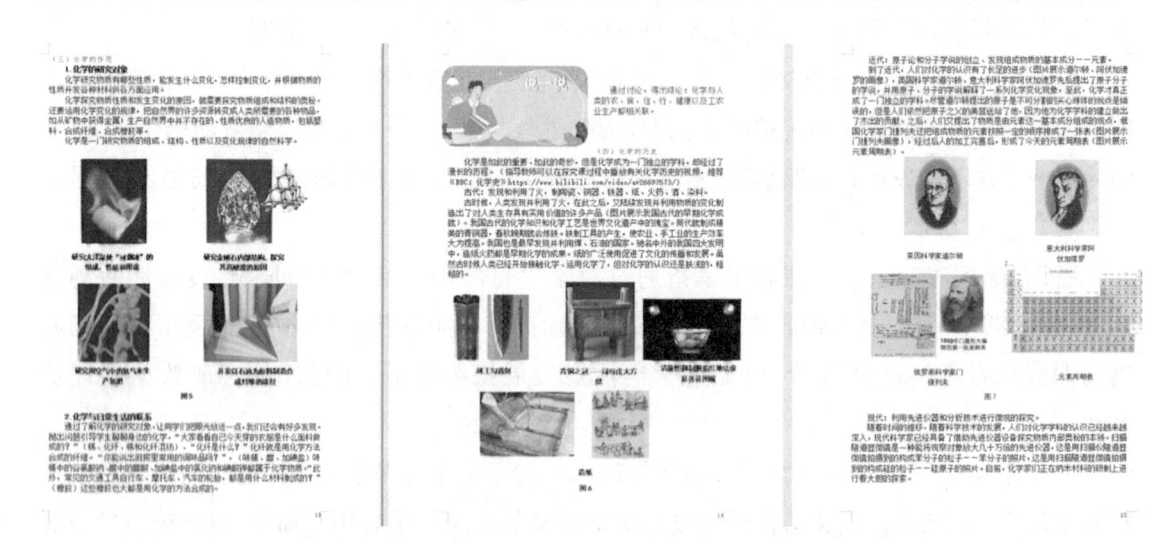

图8　化学拓展类探究型校本课程纸质资源（学材）部分构成

（二）学生发展方面

1. 探究性学习意识方面

从对学生参与探究过程的"三程"现场观察可知：一是增强了课前探究意识。学生大多能通过小组合作从网络渠道收集资料，并制作成PPT课件，提升了学生合作进行信息收集、处理和运用意识。二是增强了课中展示交流点评意识。学生小组合作探究成果，能够借助PPT主动参与课上展示交流活动；台下学生，能够根据相关评价标准，对交流的内容进行点评反馈，并主动思考，提出加以完善的相关建议。三是增强了课后反思改进小组合作探究成果的意识。各小组大多能够根据课上展示交流后的师生点评，结合小组反思，对本组的探究成果作出一定的改进，提升了原成果的质量。

2. 探究性学习能力方面

一是课前，学生小组合作进行网络信息收集并制作出PPT，较好地培养了借助网络渠道收集、梳理、交流特定主题信息的能力。二是课堂导入后，学生3个小组合作的代表进行了课前探究成果的展示交流（当听众的学生进行书面记录），并接受台下学生的提问，培养了善于发现、提出、解决问题的能力。三是课中，完成了小组合作实验检测淀粉的成分、观看了教师所做的检测葡萄糖实验、听取了对葡萄糖作用的介绍，锻炼了实验检测的基本程序性能力和检测的具体方法性能力。四是课尾，全班学生以小组形式合作梳理、总结和表达本次学习活动（课前与课中）所学内容、方式方法和个性化的学习经验与体会，较好地锻炼了学生小结的能力，促进了课尾小结习惯的养成。五是课后，学生独立撰写学习全课的反思总结书面材料，下次课始参加全班交流与点评，增强了对全课所学进行反思、撰写书面总结材料和参与全班交流、点评的能力。

3. 探究性学习良好行为习惯方面

一是课前，学生以小组合作形式从网络渠道收集信息，进行梳理、判断、筛选、概括并制作出PPT，培养了对指定的相关信息调查、梳理概括类行为。二是课中，完成了小组合作实验检测淀粉的成分，锻炼了实验探索类行为。三是课尾，全班学生以小组形式合作梳理、总结和表达本次学习活动（课前与课中）所学内容、方式方法和个性化的学习经验与体会，培养了坚持"独合结合"对参学情况及时进行总结与反思的行为。四是课后，学生独立撰写学习全课的反思总结书面材料，下次课始参加全班交流与点评，提升了梳理归纳以及探究成果展评类行为。

4. 学会学习方面

一是课前探究。对学生合作小组开展如何运用信息技术，从网络渠道收集资料和制作PPT课件的实训。二是课中展示交流。在导入后，学生小组合作进行了展示交流活动。展示交流中，三个小组的学生代表对所交流的知识进行提炼，便于学生进行书面记录，也培养了学生良好的学习方式。展示交流后，三个小组的学生代表就所交流的内容开展提问环节，让学生对于知识的学习更具主动性，然后积极地参与到提问环节，起到较好的巩固作用，提高了学习效率。三是课尾总结。全班学生以小组形式合作梳理、总结和表达本次学习活动（课前与课堂）所学内容、方法和个性化的体会。通过开展反思总结的过程，较好地培养了学生的反思总结能力,从中也体现学生在课堂中的主体地位。四是课后沟通。教师通过与课上提问多的学生进行沟通,了解到提问环节的设置,提升了他们上课的积极性、主动性和学习有效性,也激发了他们在其他学科学习过程中进行提问的积极性。

总之,较好地培养了学生数字化生存能力,主动适应"互联网+"社会信息化发展趋势,培养了学生对自己的学习状态进行审视的意识和习惯,善于总结、内化学习经验。

5. 对化学学科学习的整体促进方面

本课程实施时间为 2018 年 9 月至 2019 年 6 月,对象为预备(1)班学生,而现如今他们已经升入初三年级,对于学习过化学学科拓展类探究型课程的他们而言,对部分化学基础知识有所了解,因此他们上化学课较为放松,参与课堂活动十分积极,化学知识掌握到位,化学成绩在年级层面较好。因此,预备年级时期的化学学科拓展型探究课程的学习经历,对学生后续化学整体学习质量,起到了一定的促进、提升作用。

(三) 教师发展方面

1. 拓展类探究型课程纸质资源编制方面

一是教师在化学学科拓展类探究型课程纸质资源(学材)编制的过程中,对杜威"做中学"理论和皮亚杰的建构主义理论,都有了进一步的了解。二是通过对"课程结构与内容"的学习,将所学内容运用到了"小成分大用途""我们需要化学"这 2 门课程纸质资源(学材)的总体框架的设计中,并最终得以较好地呈现了本子课题的课程结构与内容。三是对"课程体例"的学习,引导了教师明确相关具体学材的章、主题探究活动编制的操作思路,促进了有规律、规范、有序地具体组织、呈现和安排课程内容,促进了纸质资源编制质量的提高,从而也为提高课程实施效能提供学材质量的保证。

2. 提高探究型课程实施素养方面

一是在探究型课程设计方面得到了锻炼,课程设计能力得到了进一步提升,课程设计更加完善。二是在探究型课程实施方面通过运用"三式三法"提升了课程实施效能。三是通过反思,让教师从中找出问题,解决问题,并对课程的设计和实施有了新的认识和突破,让课程实施效能得到提升。四是通过总结课程实施过程各环节,汲取经验,提升了教师对探究型课程理念的深入了解,熟悉了课程实施的过程,为下一阶段的课程开展积累了宝贵经验。

3. 其他专业素养方面

(1) 提高了教师开发课程的能力

在课程实施过程中,为了提升学生的化学学科拓展类探究型课程学习效能,教师根据课程需求开发出了配套小课程、小活动的评价表。从发掘、积累课程资料,一个探究活动的初步设想到生成,形成较完整的活动材料,经过教师的反复研究、商讨、修改,最终使探究活动逐步趋于完善。教师在不断地揣摩、思索中创新着自己的思维,寻找具有特色的探究活动内容,通过及时总结,撰写探究规划、探究设计、探究总结、课例、论文等一系列环节,提高了自身的业务能力、教科研能力、开发课程的能力。

(2) 提高了教师组织学生小组合作探究的能力

探究型课程实施过程中,教师指导了学生以小组为单位合理分配探究任务,让所有小组成员都可以参与到探究活动中去。在小组合作实验活动中,教师指导了小组组长合理分配实验操作任务——实验操作、实验现象记录等,保证小组成员能积极参与到实验活动中、观察实验现象等。整个课程实施中,教师组织了学生进行小组合作完成不同的任务,提升了教师在化学学科教学中,日常有效地组织学生进行小组合作探究的能力。

(四) 学校方面

一是课程的开设,让预备年级学生眼前一亮,提前接触到不可思议的化学,令学生兴奋不已,有助于成为学生核心素养培养的有效载体。二是化学学科拓展型探究课程从无到有,拓展了学科拓展型探究校本课程学材,形成了 1 类、2 门课程、2 册课程纸质资源——《小成分大用途》《我们需要化学》。三是提高了课程实施效能的有效性"六维度"。四是扩大了成果的影响。笔者所撰写的《实施"三式三法"提高化学拓展类探究型校本课程实施效能"六维度"——以"小成分大用途:糖"教学实践与分析为例》课例成果,发表在《浦东教育研究》2021年第 12 期,撰写的子课题研究报告,在 2022 年 5 月 7 日参加了区级课题结题成果的区级交流。

图 9　发表在《浦东教育研究》上的论文　　图 10　参加区级课题结题成果的区级交流

五、结论与启示

（一）基本结论

通过研究，开发了 2 册"小成分大用途"课程纸质资源（学材）；提高了"小成分大用途"化学学科拓展类探究型校本课程的实施效能（"六维度"），提升了学生的化学学科拓展类探究性学习的意识、能力和良好行为习惯，提升了学会学习核心素养和促进了后续的化学学习的整体质量；提升了教师的化学学科拓展类探究型校本纸质资源（学材）编制、课程活动设计、课程实施和课程评价的素养；固化了学校化学学科拓展类探究型校本课程纸质资源（学材）与实施效能，进一步促进了学校的特色建设。

课程采用了独自与合作探究式、借助信息技术式和加强激励式等三种实施形式；在实施方法上，采用了讲授法、实训法和反馈法发展培养了学生的核心素养，这表明采用"三式三法"可有效提高课程实施效能。

（二）三点启示

1. 设计理念方面——在化学学科拓展类探究型课程的设计过程中，需要采用"做中学"的理念，把探究性学习作为主要学习方式，让学生在观察、提问、设想、动手实验、表达、交流等探究活动中，亲自体验科学探究的过程、建构基础性的科学知识、获得初步的科学探究能力，培养科学态度、科学精神、科学思想和科学思维，促进学生核心素养的发展。

2. 课程的开发方面——要具有针对性、实践性、亲历性、趣味性，如此才能遵循"让每个人得到和谐可持续发展"的学校办学理念，把满足学生健康成长的需求作为一切工作的出发点和落脚点，以"课程——让学生享有创意的成长历程"为推进载体，坚持以学生发展为本，充分发挥学生的学习潜能，努力提高学生的综合能力。

3. 质量和素养如何提升方面——在课程的实践研究过程中，通过专家的指导及紧密互动、启示、直接修改、示例、提供示例、分析等，撰写了课例，并在《浦东教育研究》发表了减缩版课例，撰写了子课题研究报告等，彰显了与专家互动结合自主钻研在提升成果质量和自身素养方面的独特价值。

参考文献

[1] 中华人民共和国教育部.义务教育化学课程标准（2011 年版）[M].北京：北京师范大学出版社，2012.

[2] 林崇德.21 世纪学生发展核心素养研究[M].北京：北京师范大学出版社，2016.

[3] 陶行知.教育的真谛[M].武汉：长江文艺出版社，2013.

[4] 赵希强.探究性学习方式研究与实践[M].济南:山东大学出版社,2009.

[5] 李臣之.校本课程开发[M].北京:北京师范大学出版社,2015.

[6] 杨向东,崔允漷.课堂评价[M].上海:华东师范大学出版社,2012.

[7] 彭炆.基于核心素养的校本课程建设研究综述[J].教育科学论坛,2017(07):17-20.

[8] 林考星.建构"化学探究性实验"校本课程[J].化学教学,2016(07):23-26+30.

[9] 刘贞贞.浅析校本课程建设过程中的问题与思考[J].内江科技,2017(12):143+128.

[10] 黎宏林.基于学校文化,走好校本课程开发和评价的实践之路[J].新课程,2020(47):30-31.

[11] 毛会彬.校本课程"魔术中的神秘科学"的开发与实施报告[J].新课程研究,2020(33):38-39.

[12] 王玮航,曹明等.学生良好学习方式养成教育社会实践课程建设的研究[G]//陈英.浦东新区第八届教育科研成果选集(上册).上海:上海科学普及出版社,2017:211-231.

[13] 包卫达,曹明等.基于积极心理学原理的有效教育实证研究[G]//张少波.激活区域教育的内生活力:浦东新区第九届教育科研成果选集.上海:华东师范大学出版社,2021:109.

第三篇 课例研究

实施"三式三法" 提高化学拓展类探究型校本课程实施效能"六维度"

——以"小成分大用途：糖"教学实践与分析为例

上海市罗山中学 汤翔华

【设计思路】

（一）设计依据

1. 学情分析

六年级的学生已经具备了一定的科学探索知识与能力基础，对生活中所接触到的蔗糖、淀粉和葡萄糖，有少量的知识储备，特别是对于米饭非常熟悉，有一部分的学生还有这样的经验，咀嚼米饭的时间长了，米饭还会出现甜味，有些课外知识丰富的学生知道米饭里有淀粉，淀粉遇到碘酒会变蓝色。但对蔗糖的进一步认识，只限于厨房日常调味品中所使用的白砂糖，对葡萄糖的认识较为局限，有极个别学生了解到有些人生病时，医生会要求使用葡萄糖，作为注射液。

六(1)班的学生，在第一学期的化学拓展类内容探究学习的过程中，经历过课前小组合作利用网络渠道收集处理探究内容，并在教师的指导下进行修改，随后在课堂中各小组代表进行展示交流课前探究成果，并鼓励其他小组学生独自思考后进行点评以及提出改善的建议，但是缺少小组合作交流后，进行规范评价的过程。课程开展过程中，探究实验主要以教师演示实验为主，极少开展学生独自探究以及合作探究形式的实验，没有较好地培养学生操作实验类的探究能力。课尾，教师组织学生进行活动的知识梳理，由学生独自进行小结，没有系统、规范地开展过小组间的合作梳理小结和交流点评。

因此，本课拟基于培养学生人文底蕴、科学精神、学会学习、健康生活、责任担当、实践创新等核心素养，以化学拓展类探究型校本课程的实施为载体，在实施形式上，拟采用独自与合作探究式、借助信息技术式和加强激励式(简称"三式")；在实施方法上，拟采用讲授法、实训法和反馈法(简称"三法"，与"三式"合称"三式三法")，以提高化学拓展类探究型校本课程实施效能的"六维度"，并有机发展学生化学的相关核心素养。

2. 课标分析

根据《义务教育化学课程标准(2011版)》(简称"课标")的要求，化学课程要注意引导学生正确地了解科学,了解科学过程,了解科学、技术和社会的关系,了解人和自然的关系,形成正确的世界观、价值观和科学观;要注意联系化学科学的发展过程,让学生参与科学实践活动,学习科学知识是怎样获得的、怎样应用的;要注意让学生通过化学课程的学习,初步领会科学思想、养成科学精神、了解科学方法、形成科学态度;要加强实践和实验环节,注意联系实际,努力培养学生的实践能力。

化学课标中指出,要为全体学生提供参与教学全过程的机会和氛围,使学生在参与教学中感受到自己有长处,只要自己认真投入,并跟他人互相合作,就会有新的发现和新的提高,就有可能取得成功,并能跟他人一起分享获得成功的快乐。

因此,本课拟基于六大核心素养,课前、课中、课后"三程"整合实施"三式三法",学生独自为辅、小组合作探究为主,从网络渠道收集处理蔗糖、淀粉和葡萄糖存在于哪些食物中,它们的用途,淀粉和葡萄糖的检测方法等相关信息,开展交流评价和课尾合作总结,重视学生团队合作意识的培养;锻炼全体学生进行探究成果总结、交流和进行客观、公正点评的能力,锻炼从"做中学"获得程序性能力和具体方法性能力;增进自主反馈、改进意识等,是符合化学课标上述精神的。

3. 学材分析

本课节选自上海教育出版社《化学九年级第二学期》(试用本)第七单元《食品中的营养素》中的教学内容——主要介绍健康与营养素的关系。为了更适合六年级学生开展探究性学习,教师对内容进行了调整,仅节选《食品中的营养素》中关于糖类的相关知识点,设计为拓展型探究课程,组织学生进行探究学习。

该化学拓展类探究型课程学习内容,为执教者自编的纸质资源(简称"学材")。本课程的学习与实践,满足学生们对新生事物"独合结合"进行探索的兴趣和需求,让学生了解生活中化学知识无处不在,激发学生对生活中化学的热爱之情;同时,也培养学生观察细节、提出疑问、找寻答案的科学方法。最重要的是,通过一学期的探究学习,让学生了解化学成分(添加剂)对生活的影响,树立其有益的一面远远大于不利的一面的正确价值观。

该课程共为三大学习板块:"我们需要化学""食品中的化学"和"糖类"。本课属于"糖类"板块,一共有四课时:第一课时,探究"糖——蔗糖、淀粉、葡萄糖";第二课时,探究"糖——麦芽糖、纤维素、乳糖";第三课时,对"糖"所学内容进行书面化小结,写一写对本节课所学内容和方式方法的认识,以及与我们日常的膳食与生活、健康的关系;第四课时,回顾点评小结、学生交流发言。本节课属于"糖类"第一课时探究"糖——蔗糖、淀粉、葡萄糖",教学内容在原教材基础上,补充了学生独自为辅、小组合作为主进行网络渠道收集处理相关信息的探究内容、开展交流及评价、学生小组实验合作探究食物中是否存在淀粉等活动。教材内容的补充编写,培养学生小组合作按明确的探究任务要求,从网络渠道收集相关信息,进行梳理、判断、筛选、概括和准备参与全班交流能力;培养学生自主实验(米饭的两种吃法与糖分感的关系)体验米饭转化为糖分的能力;增进小组合作进行信息收集、处理和运用意识;增进小组合作进行实验操作、现象判断和运用的意识;增进小结意识,锻炼课尾小组合作梳理、总结学习内容、方式方法和经验能力,促进良好的课尾小结习惯养成;激发学生自主进行食物与糖分关系探究实验的兴趣,培养探索新事物的兴趣和尊重事实、重视合作的科学态度和科学精神;了解健康与糖类的关系,增进健康审美意识,增强的"独合结合"探究的责任意识和审视自己学习状态的意识。

(二) 课题研究

1. 学生核心素养发展——"六素养"方面

(1) 人文底蕴:学生参与课堂中的小组探究成果展示交流以及学生评价活动,培养学生发现、感知、欣赏、评价美的意识和基本能力,培养健康的审美价值取向,培养创意表现的意识。

(2) 科学精神:学生课前"独合结合"完成从网络收集处理相关信息的探究,课堂中参与对淀粉的小组合作实验检测、交流葡萄糖检测的方法和观察教师的检测演示实验等的合作探究活动。培养崇尚真知和能理解、掌握基本科学原理与方法,培养尊重事实和证据的实证意识和严谨的求知态度,培养解决问题意识,培养不畏困难、坚持不懈的探索精神。

(3) 学会学习:课前,学生"独合结合"完成从网络渠道收集、梳理相关信息,梳理结果、制作展示交流成果PPT的活动;课中,学生合作小组展示交流课前探究成果、进行检测实验,对葡萄糖的检测方法进行交流和观察教师所做的检测演示实验活动;课尾,以小组形式合作梳理、总结全课所学。锻炼学生"独合结合"课前从网络渠道收集、梳理信息和制作PPT展示交流成果的能力,课中进行展示交流和对淀粉成分进行实验检测能力,对葡萄糖的检测方法进行交流能力和观察教师所作的检测演示实验能力,课尾小组合作梳理、总结全课所学内容和方式方法能力;能正确认识学习化学的价值,增进探究学习的兴趣;培养对自己的课前、课中的学习状态进行审视的意识和习惯。

(4) 健康生活:课前,学生以小组合作形式从网络渠道收集糖类相关信息;课中,小组合作交流课前探究信息、实际检测淀粉成分和观察如何检测葡萄糖成分、听取教师讲授糖类物质与人类的关系;课尾,小组合作梳理总结与交流全课所学内容方式方法和学习经验;课后,学生对本节课内容进行书面化小结。增进对糖类、淀粉和葡萄糖知识与人类健康关系的辩证认识,培养理解生命与健康的意义,培养健康生活的习惯。

(5) 责任担当:课前,学生独立完成小组内的分工,从网络收集梳理信息,或撰写小组课中拟交流文字材料,或制作PPT,或准备参与课中交流等任务;课中,学生相互配合,做好对淀粉的实际检测实验和独立观察教师所作的葡萄糖检测演示实验探究,参与小组合作探究成果交流、讨论和课尾小组集中小结。培养学生团队合作意识和个体、集体责任意识。

(6) 实践创新:课前,学生以小组合作形式进行PPT课件制作,经教师评价反馈后,学生对课件内容进行改善。培养学生善于发现和提出问题能力,增进"独合结合"探索、解决问题的兴趣。

2. 课程实施效能——"六维度"方面

(1) 容量度:本课节选自上海教育出版社《化学九年级第二学期》(试用本)第七单元《食品中的营养素》中的教学内容,教材和教学参考资料中要求学生知道糖类在人体中的作用,了解葡萄糖、淀粉的性质。在教学进度中,初三教师一般只用15分钟左右的时间,讲解糖类相关知识以及进行淀粉和葡萄糖检验的演示实验。而本课是在六年级学生中开展相关教学,对糖类的相关知识进行了容量的扩展,糖类的探究安排了4个课时。就本节课的容量来说,增加了约60%。表现为增加了小组合作探究蔗糖、淀粉和葡萄糖的内容,补充了学生独自为辅与小组合作为主进行网络渠道收集处理探究内容、开展交流及评价,学生小组实验合作探究食物中是否存在淀粉、葡萄糖,还安排了课尾的小组合作梳理小结等活动。以培养学生独自为辅、小组合作为主,按明确的任务要求,完成相应网络信息收集梳理总结和现场进行成分检测、观察演示实验等能力,参与全班交流探究成果、进行点评能力;增进小组合作进行信息收集、处理、运用意识和自主进行探究成果反馈、改进意识。

为化解容量度的增加和六年级的学生还没有学习化学专业课程,对于化学物质的认识和实验合作探究经历有明显不足等问题,一是注意调动部分学生对蔗糖、淀粉、葡萄糖等的已有认识和经验;二是课前,学生以小组合作为主的形式,分工从网络收集梳理蔗糖、淀粉与葡萄糖的相关知识,并制作小组合作探究交流的PPT,教师进行评价反馈,学生对探究成果再进行改善处理;三是当天开课前的中午,学生独自尝试比较米饭两种吃法(10秒内狼吞虎咽吃法和1分钟细嚼慢咽法)实验;四是师生借助信息技术,实施课中探究;五是学生小组合作交流课前从网络收集梳理信息;六是听取教师的随机激励与引导,激发学生参与探究活动的兴趣和提高完成探究任务的效率。

(2) 拓展度:本课是教材中的教学内容的拓展,是对糖类这一内容进行的细化。主要包括:补充了学生独自为辅、小组合作为主进行网络渠道收集处理探究内容、开展课中交流及评价,学生小组合作实验检测淀粉成分、交流葡萄糖成分检测的方法和观察教师所作的检测演示实验,课尾小组合作进行梳理总结与交流等活动。引导学生经历科学探究的过程,用心体验、用心感受、用心观察、用心参与,在探究活动中,培养收集处理网络特定信息、开展实验的探究能力,发展学生的核心"六素养"。

(3) 积极度:一是亲自品鉴米饭的两种吃法,与对糖分明显度的感觉进行比较,激发兴趣;二是课中,学生小组交流课前收集梳理的相关网络信息;三是课中,学生小组合作开展"寻找淀粉的踪迹"的实验探究;四是学生小组合作交流葡萄糖的检测方法和观看教师的检测演示实验;五是教师组织课尾学生小组合作小结。以此调动学生借助实验、网络信息探索新事物、参与交流展评和开展集中合作小结的积极性。

(4) 科学度：课前，学生以小组合作为主、独自为辅从网络收集和梳理糖类相关信息；课堂中，小组合作交流介绍，并开展小组实验探究，让学生有更多的机会主动地体验科学探究的过程，在知识的形成、相互联系和应用过程中养成科学的态度，学习科学方法，在"做科学"的探究实践中培养学生的探索精神和实践能力。

(5) 促思度：在课尾，组织全班学生合作梳理、总结和表达本次学习活动（课前与课堂）所学内容、方法和个性化的体会，并通过有机补充讲解糖类与营养、健康的关系，让学生加强对膳食平衡对生命意义的认识。

(6) 育人度：课前，组织学生合作小组，从网络渠道收集信息，培养学生小组合作按明确的任务要求，从网络渠道收集信息，进行梳理、判断、筛选、概括，课上进行分享；课堂中，小组合作进行实验，检测淀粉成分，交流对葡萄糖成分检测的实验方法；课尾，进行小组合作总结。增进学生自主反馈、改进意识，小组合作探究的价值意识、个体和小组的探究责任意识；增进对膳食平衡观的认同，培养科学态度和精神；增进对化学学习的价值认同。

3. 实施形式——"三式"

(1) 独自为辅、小组合作为主"三程"多元探究式

① 课前小组合作文献信息收集处理探究式和独自品尝米饭两种吃法与糖分感比较实验探究式

a. 课前小组合作文献信息收集处理探究式：学生按性别和探究式学习素养基础混搭——分为蔗糖、淀粉和葡萄糖信息收集梳理三个小组，从网络渠道收集它们存在于哪些食物中、用途和淀粉与葡萄糖成分的检测方法，准备好交流材料；听取教师反馈意见，加以完善；课上参与交流。培养学生小组合作按明确的任务要求合理分工，从网络渠道收集信息，进行梳理、判断、筛选、概括、反思、改进和准备参与全班交流能力；增进合作责任和价值意识。

b. 课前独自品尝米饭两种吃法与糖分感关系比较实验探究式：当天中午，要求每位学生完成品鉴米饭的两种吃法的自主实验。培养学生自主实验体验米饭转化为糖分的能力，激发自主进行食物与糖分关系探究实验的兴趣，增进膳食平衡观念。

c. 课堂小组合作"寻找淀粉的踪迹"的操作观察实验探究式：学生合作探究小组在交流介绍淀粉中，分发"大餐"——马铃薯、白萝卜、馒头、米饭，小组合作往食物上滴加碘水并观察现象，检测出以上哪些食物中含有淀粉。调动起学生探索新事物的积极性，锻炼小组合作体验淀粉检测的实验操作、现象观察、得出结论与交流能力，增进小组合作进行实验操作、现象判断和运用的意识。

② 课堂独自和小组合作课前探究结果和课中检测实验结果交流式

a. 课始独自实验比较探究交流式：教师组织反馈当天中午每位学生品鉴米饭两种吃法自主实验结果。培养学生自主实验体验米饭转化为糖分的比较实验结果的交流能力；增进自主进行食物与糖分关系探究实验的兴趣。

b. 课堂反馈课前三个合作小组信息收集梳理（蔗糖、淀粉和葡萄糖）交流式：教师课堂导入后，组织学生合作小组，按蔗糖、淀粉和葡萄糖信息收集梳理的顺序，依次介绍课前从网络渠道收集的信息→培养学生小组合作借助信息技术交流课前从网络渠道收集的信息的能力，和从交流中撷取有效信息的能力；增进小组合作借助信息技术进行课前探究成果交流和从现场交流中进行信息收集、处理和运用意识。

c. 小组合作评价探究式：在课堂中，组织学生对三个合作小组课前与课堂探究式学习开展情况进行课堂评价，从课前制作的 PPT 内容、课堂交流的情况进行优点和缺点的评价——重点针对 PPT 内容是否通俗易懂、丰富、有趣味，交流的学生讲解是否清晰明了，组织活动是否有序等方面开展点评，以及提出完善的建议。培养学生规范、系统进行客观评价能力，增进小组合作审视、反思探究成果质量意识和合作责任意识，增进健康审美意识。

d. 全班合作总结探究式：在课尾，组织全班学生合作梳理、总结和表达本次学习活动（课前与课堂）所学内容、方式方法和学习经验方面个性化的体会。锻炼全体学生合作参与课尾集中小结的方式方法（梳理全程学习内容、方式方法、学习经验方面个性化的体会，并用简洁、形象、结构化的方式，加以概括和呈现、交流出来）；增进课尾集中小结意识，小组合作小结与分享的价值意识和责任意识，促进良好的课尾小结习惯养成；巩固膳食平衡观念。

③ 课后独自梳理、小结（认识、关系）探究式

a. 课后，组织学生对本节课所学内容进行书面化小结，写一写对本节课所学内容和方式方法的认识，以及与我们日常的膳食与生活、健康的关系。

b. 下次课始，将组织全班交流和点评。锻炼学生对所学知识内容进行梳理，结合生活、健康进行文字总结的能力，参与全班交流和点评的能力；增强学生进行信息处理和应用的意识、总结学习经验和进行交流点评的意识。

（2）借助信息技术式

① 课前：组织三个合作小组从网络渠道收集和梳理信息，并制作成课上准备交流的 PPT。锻炼学生小组成员分工合作利用信息技术收集特定资料、加以梳理以及制作 PPT 的能力；增进合作责任、价值意识和继续学用信息的意识。

② 课堂：学生三个合作小组利用 PPT 课件，按蔗糖、淀粉和葡萄糖信息收集梳理的顺序，依次介绍课前从网络渠道收集的信息。培养学生小组合作借助多媒体、口头说明等，介绍探究成果的能力，和从现场交流中独立进行观察、听取、梳理、判断、筛选、概括和有效撷取信息的能力；增进小组合作进行信息收集、处理和运用、撷取意识和合作价值意识，形成科学态度和探究精神。

（3）随机激励式

① 课前：对于反馈课前学生"独合结合"认真、积极和高质地收集和梳理糖类与淀粉、葡萄糖相关网络资料，做好课中交流准备的个人与小组，注意给予随机表彰，提升学生主动完

成课前特定网络信息收集和梳理、总结的积极探索意识和小组合作意识,注意提高收集梳理网络所需信息和做好课中参与课前探究成果交流准备的质量。

② 课堂:教师对课始积极参与交流当天中午米饭的两种吃法实验的学生,对积极参与展示交流课前信息收集梳理类探究成果的小组和质量较高的成果,对课中小组合作认真开展实验寻找淀粉成分、合作有序和谐的小组,对认真交流课前收集的检测葡萄糖成分的方法、认真观察教师进行的检测演示实验的小组和学生个体,对积极参与课尾小组合作总结与交流、质量好和有一定创意的学生个人和小组,注意及时作口头表扬,鼓励学生积极主动、认真参与相应"独合结合"探究活动;注意提升探究成果或活动质量;增进"独合结合"探究责任意识、小组有序合作意识和课尾的集中小结意识。

4. 实施方法——"三法"

(1) 讲授法

① 课始导入环节:教师运用口头语言,向学生描绘上学期间消耗能量维持生命活动的情境,要求学生结合科学知识来叙述事实,让学生产生解决问题的意识。

② 课中:教师通过讲解糖类物质与我们日常生活的联系,引出本节课探究内容;通过对葡萄糖的检测演示实验,引发学生对糖类与日常生活联系的探究意识和兴趣;增进用实验探究解决检测食物成分问题的价值意识和兴趣。

③ 课尾:教师借助多媒体和口头说明、板书,引导学生进行全班合作小结,锻炼梳理概括和交流全课(课前和课堂)所学内容与方式方法、个性化学习经验的能力;增进课尾集中进行合作小结意识和价值意识,促进课尾集中小结良好习惯的养成。

④ 下次课始:教师听取学生课后独立撰写的书面学课小结、参与交流时,注意引导学生系统化、结构化、清晰化、简洁化和形象化(简称"五化")地小结所学内容和方式方法以及个性化学习经验能力和多元化地表现表达书面小结的能力;增进按照"五化"的要求独立进行书面小结、课堂分享的价值意识和学用意识;提高后续及时独立进行课尾集中小结、按"五化"要求尝试书面小结和多元化地加以表现表达的兴趣;增进膳食平衡观和化学学科的学习价值认同。

(2) 实训法

① 课前,教师组织对学生 3 个合作小组开展分别从网络渠道收集和梳理资料,制作 PPT 课件的能力进行实训。培养学生借助信息技术对指定主题的信息,进行收集、梳理、判断、筛选、概括和制作课中准备交流用 PPT 的能力;增进小组合作借助信息技术进行所需信息收集、处理和运用意识和价值意识。

② 导入后,在课堂中学生小组合作进行展示交流课前探究成果活动时,教师分别对学生课前探究成果借助多媒体进行课中合作交流、注意加强观察、倾听、记录能力和同步听记的良好行为习惯进行实训,及时加以表彰与引导。提高小组合作交流意识,培养学生对课前

小组合作特定信息收集梳理类的探究成果参与全班交流的能力和从中撷取有效信息能力。

③ 课中,教师借助小组合作进行淀粉成分检测实验,实训实验的基本程序性能力和运用相关方法进行成分检测的能力。

④ 课尾,教师在多媒体、口头说明和随机板书引导下,组织全班学生合作梳理、总结和表达本次学习活动(课前与课堂)所学内容、方式方法和个性化的学习经验与体会,并听取教师讲解糖类与营养、健康的关系。锻炼全体学生课尾合作进行集中小结的方式方法;增进小结意识,促进良好的课尾小结习惯养成;增进膳食平衡对生命健康意义的认同感。

(3) 反馈法

① 课前,学生小组合作进行指定主题网络信息收集并制作出PPT课件后,教师对学生制作的课件内容进行评价反馈,指出课件内容的不足之处,并指导学生进一步改进课件内容;学生对课件内容进行改善后,教师给予肯定,然后继续进行评价反馈;直到课件内容能较好地呈现在课堂中。培养学生主动诊断课前探究成果质量、加以反思和及时改进意识;锻炼学生借助信息技术做好完善探究成果的交流准备能力。

② 课中,各小组开展完展示交流活动后,教师组织台下学生进行点评反馈,提出优势与不足和建议。锻炼全体学生对课前特定信息收集梳理类探究成果进行客观点评能力和完善小组合作信息交流与反思改善能力;增进自主反馈、改进意识。

(三) 基本思路

基于上情,本课围绕"小成分大用途:糖"探究型课程,基于发展学生六大核心素养,拟以独自为辅、小组合作"三程"多元探究式为主,结合整合实施借助信息技术式和随机激励式(合称"三式"),借助讲授法、实训法和反馈法(合称"三法"),开展课前、课中和课后"三程"的8次探究活动,以增进学生对蔗糖、淀粉和葡萄糖相关知识的认识,锻炼信息收集处理、交流、实验对比与观察、集中小结的能力,锻炼撰写对日常的膳食与生活、健康的关系和对所学内容、方式方法的认识能力,增进膳食平衡观念;有效提高化学拓展类探究型校本课程实施效能的容量度、拓展度、积极度、科学度、促思度和育人度(合称"六维度");有机培养学生的人文底蕴、科学精神、学会学习、健康生活、责任担当和实践创新六大核心素养,作为总体设计思路。

【教学目标】

围绕"小成分大用途:糖"化学拓展类探究型课程,经历课前、课堂与课后独立为辅、小组合作为主进行多元探究,整合其他"二式"(借助信息技术式和随机激励式)和"三法"(讲授法、实训法和反馈法)实施探究活动,完成8次探究任务的过程。了解健康与糖类的平衡关系,增进对信息技术、小组合作探究价值的认识;了解蔗糖、淀粉和葡萄糖存在于哪些食物中、用途和淀粉与葡萄糖的检测方法和实验的基本程序;锻炼课前从网络渠道"独合结合"收集、梳理信息,加以判断、筛选、概括和参与全班交流准备能力及听取教师反馈意见、加以反思和完善课中交流用的探究报告准备能力;课中参与课前探究成果交流能力;课始自主实验米饭的两种吃法,与对糖分明显度的感觉进行比较能力;小组合作实验检测淀粉成分的程序性和具体方法性能力;独立观察教师演示葡萄糖成分的检测程序和方法能力;小组合作进行课尾集中小结全课所学内容与方式方法、个性化学习经验能力;课后独立撰写书面小结、下次课始参与全班交流能力;增进对膳食平衡观的认同和健康审美意识,增进小组合作借助信息技术进行信息收集、处理和运用意识、反思完善意识和合作责任意识;增进小组合作进行实验操作、现象判断和运用的意识,激发自主进行食物与糖分关系探究实验的兴趣和增进对新事物进行探索的兴趣,培养尊重事实和严谨的科学态度和科学精神;增进课尾集中小结意识和促进良好的课尾小结习惯养成。

【实践过程】

2019年4月25日下午第2节课,在学校资源教室,由汤翔华老师对六(1)班的学生进行本研究课的公开教学。实践过程,具体如下:

表1 "小成分大用途:糖"教学过程

时间分配(分)	教学环节	教师活动	学生活动	课题研究
3	一、交流中午独自尝试米饭两种吃法比较实验情况,培养自主进行比较实验与交流能力,增进探究学习食物与糖的关系兴趣	1. **提问**:同学们,早上早餐吃得少就上课,第三、四节课你的感觉怎样? 2. **提问**:我们每天都需要消耗大量的能量,来维持我们的生命活动。那是什么物质提供给我们能量?从我们的午饭来看,主要是哪种食物提供了能量? 3. **提问**:今天中午,我让各位同学品鉴了一下米饭的两种吃法;先是在10秒内将米饭吃下,再是花1分钟细嚼慢咽。那这有何不同呢? 4. **讲述**:米饭里面含有糖吗?为什么会越嚼越甜?经过科学家的研究,米饭的主要成分是淀粉,为什么咀嚼一段时间之后会有甜味?这个现象,将会在之后的活动中得到解释。	1. 回答:肚子会饿。 2. 思考回答:食物,主要是米饭。 3. 10秒内吃下,没什么味道;细嚼慢咽1分钟后,米饭有点甜味。 4. 思考聆听:米饭中不含有糖,不知道为什么会越嚼越甜?	培养学生自主实验米饭的两种吃法与糖分感的关系,锻炼米饭转化为糖分的比较实验体验与交流能力;增进自主探究蔗糖、淀粉和葡萄糖存在于哪些食物中、用途和淀粉与葡萄糖的检验方法及糖分与健康生活关系的探究学习的兴趣。

(续表)

时间分配(分)	教学环节	教师活动	学生活动	课题研究
30 8	二、基于"三式三法",培养学会学习核心素养,提高化学拓展类探究型课程学习效能 (一)组织小组合作介绍蔗糖,其他小组合作评价反馈,培养课前小组对特定主题信息网络搜集和梳理、探究成果交流能力、质疑答疑、客观评价能力,增进合作价值意识、责任意识、反思改进意识与膳食平衡观念	1. **讲述**:淀粉属于糖类,还有葡萄糖、果糖、蔗糖、麦芽糖、乳糖、纤维素等都属于糖类。人们日常生活中所说的糖,指的是糖类的一种,包括红糖、白糖、冰糖、糖果等,是人们生活中的糖类食物。 所以,在这个阶段的探究课活动中,我们将一起研究认识我们身边的糖类家族。只有正确认识糖类和人们日常食用的糖,才能提高我们的饮食健康意识。 2. **组织小组课前探究成果展示交流**:课前,我们组织同学们分为3个小组,分工从网络收集梳理蔗糖、淀粉和葡萄糖存在于哪些食物中、用途和淀粉与葡萄糖的检测方法——其中,我们在日常生活中,最熟知就是白砂糖,而白砂糖属于蔗糖。现在,由第三小组(温心飞扬组)派出代表,给我们带来蔗糖的介绍。掌声欢迎。 3. **组织点评和建议**:听了该组的介绍之后,请各组对其提出问题或者建议。 4. 师:注意倾听和作随机激励与引导。 生:独立听、思、评、内化。	1. 独立聆听,感受糖类与我们所熟知的糖有所不同; 感受糖与人们日常生活、与身体健康的密切关系。 2. 温心飞扬组代表借助PPT材料,展示介绍蔗糖相关知识。 3. 参与提问、点评和提出建议。	1. 引发学生对糖类与日常生活联系的探究意识和兴趣。 2. 培养学生小组合作交流课前从网络渠道收集信息能力和学生从交流中撷取信息,进行梳理、判断、筛选、概括能力;增进小组合作进行信息收集、处理和运用意识,合作价值意识,责任意识,膳食平衡观念。 3. 和4. 锻炼学生质疑答疑、客观评价、反思、改进能力,增进反思改进意识。

图1 组织学生点评反馈

(续表)

时间分配(分)	教学环节	教师活动	学生活动	课题研究
12	（二）组织小组合作介绍淀粉及其检验方法，其他小组合作进行实验检测、评价反馈，培养课前探究成果展示交流能力、实验检测能力、结论交流能力和评价反馈能力，增进小组合作责任意识、实验现象判断、运用的意识和膳食平衡观念	**1. 组织课前探究成果展示交流**：现在由第二小组（WHITE STAR组）派出代表，给我们带来淀粉的介绍。掌声欢迎。 **2. 提问**：日常生活中常见的食物，哪些含有淀粉呢？我们如何检测食物中是否含有淀粉呢？ **3. 组织小组合作探究实验**：指导学生进行"寻找淀粉的踪迹"实验；注意倾听与观察；作随机激励与引导。 **4. 组织点评和建议**：听了该组的介绍之后，请各组对其提出问题或者建议。	1. WHITE STAR 组借助 PPT，参与展示介绍淀粉相关知识。 2. 思考回答：有马铃薯、红薯、馒头、米饭；往食物上滴碘水——如果变深蓝色，就说明含有淀粉；独立听、思、内化。 3. 学生分组实验：检验食物中是否含有淀粉。 4. 参与点评和提出建议。	锻炼学生小组合作交流和课前从网络渠道收集梳理的淀粉相关知识能力、质疑答疑能力、实验检测淀粉成分能力和客观评价、提出建议能力；增进合理食用淀粉类食物和健康生活意识、小组合作精神和责任意识、注意审视学习状态、改进不足的意识。

图 2　学生小组合作 PPT 展示交流　　　　图 3　学生小组合作进行"寻找淀粉的踪迹"实验

| 10 | （三）组织小组合作介绍含葡萄糖的食物、用途及其检测方法，其他小组合作评价反馈，全体成员观看教师实验检测葡萄糖成分，培养课前网络信息收集梳理类探究成果交流和撷取交流信息能力、质疑答疑能力和评价反馈能力，增进小组合作进行实验操作、现象判断和运用的意识 | **1. 提问**：通过刚才的学习，同学们是否知道米饭为什么被咀嚼一段时间之后，会有甜味？注意倾听和作随机激励与引导。
2. 组织课前小组探究成果展示交流：这里所讲的葡萄糖也是属于糖类家族。现在由第三小组（繁·星组）派出代表，给我们带来葡萄糖的介绍——注意观察和倾听：日常生活中常见的食物，哪些含有葡萄糖？我们如何检测食物中是否含有葡萄糖呢？掌声欢迎。注意倾听和作随机激励与引导。
3. 组织点评和建议：听了该组的介绍之后，请各组对其提出问题或者建议。注意倾听，并作随机激励与引导。
4. 作检测葡萄糖的演示实验：见下图 4。 | 1. 从淀粉的介绍中，我们得知米饭在我们咀嚼的过程中，因为唾液中的唾液淀粉酶将淀粉转化成了麦芽糖，最后转化成葡萄糖。因此，我们感受到了甜味。独立听、思、内化。
2. 繁·星组借助 PPT 展示介绍含葡萄糖的相关食物、用途及其检测方法——用新制的氢氧化铜悬浊液来检验葡萄糖，出现砖红色沉淀就说明含有葡萄糖；其余小组成员听、思、答，内化。
3. 和 4. 参与点评和提出建议；全体学生听，观察演示实验，反思，内化。 | 锻炼小组合作交流能力、借助 PPT 交流课前探究成果能力、撷取信息能力、得出结论能力，锻炼客观点评能力，观察教师演示实验，巩固葡萄糖的检测方法（用新制的氢氧化铜悬浊液作检测时，被检测物出现砖红色沉淀）；增进小组合作探索新事物的积极性和观察演示实验操作、现象判断和运用的意识。 |

(续表)

时间分配(分)	教学环节	教师活动	学生活动	课题研究
10				

图4 教师演示实验:检测葡萄糖的方法

| 7 | 三、组织全班学生合作梳理、总结和表达本次学习活动所学内容、方式方法和个性化学习经验与体会、听取讲解糖类与营养、健康的关系,锻炼全体学生合作进行课尾集中小结的方式方法,增强小结意识,促进良好课尾小结习惯养成和进一步增进膳食平衡、健康饮食观念 | 1. 组织学生合作谈谈收获:可以从以下方面进行交流:总结和表达本次探究课程的课前探究和课中探究学习活动所学到的内容、方式方法和个性化学习经验与体会。
注意倾听,并作随机激励与引导。
2. 拓展讲解:糖类与营养、健康的关系,提示学生日常合理食糖,注意健康饮食,膳食平衡。 | 1. 和 2. 独立听、思,参与讨论,交流全课所学。主要交流了以下收获:科学膳食,均衡营养,是目前人类最关心的问题之一。通过前面的探究学习不难看出,糖类在人类的生命活动中的重要作用,所以人要想健康,必须保证糖类的足量摄取。但是,由于现代社会各种疾病的高发,使很多人谈糖色变,在摄取糖类的过程中存在很多误区。所以,我们要深入了解糖类物质。总之,提倡健康饮食是21世纪最热门的话题,养生保健更离不开合理的膳食结构。我们只有科学饮食,正确地摄取糖类,才能为身体提供高质适量的能量,确保身体的健康。 | 锻炼全体学生合作参与课尾进行集中小结的方式方法(梳理全程学习内容、学习的方式方法、个性化的学习经验与体会,并用简洁、形象、结构化的方式加以概括和呈现、交流出来)能力;
增进小结意识,促进良好课尾小结习惯养成;进一步正确认识糖类在人们日常生命活动中的重要作用,日常注意科学、健康地摄取糖和膳食平衡。 |

图5 教师讲授糖类与营养、健康的关系和膳食平衡对生命的意义

(续表)

时间分配(分)	教学环节	教师活动	学生活动	课题研究
下课铃响后2分钟＋下次课始6分钟	四、组织课后独立撰写探究反思与总结书面材料,下次课始参与全班交流、评价,锻炼独立回顾所学、进行反思、撰写书面总结和参与合作交流、评价能力,增进反思意识,继续深化对食用糖类的全面、辩证认识和膳食平衡观念	1. **教师布置课后独立撰写要求** 师:借助多媒体和口头说明,要求学生课后独立撰写课前探究、课中探究与课后探究的反思与总结的书面材料——重点关注对所学内容、方式方法的认识和个性化经验与体会,以及日常的膳食与生活、健康的关系;下次课始,将组织小组内交流和派代表参加全班展示交流与评价。 生:独立观、听、思。 2. **学生课后独立完成撰写任务** 课后,学生独立回顾、反思,撰写书面总结材料。 3. **组织组内和全班交流、点评** 下次课始,组织学生参与组内和全班交流与评价。 师:注意倾听,作随机激励与引导。 生:独立听、思,内化对全课所学内容、方式方法的认识,个性化经验与体会,膳食平衡、健康观。	锻炼学生独立回顾探究过程和所学,进行反思,撰写书面总结和参与组内、全班交流书面总结、评价能力; 增进反思意识; 继续深化对食用糖类的全面、辩证认识和膳食平衡、增进健康的观念。

【效果与反思】

（一）主要成效

1. 学生核心素养方面

（1）人文底蕴:课中,在每一个小组展示交流结束后,教师引导学生开展评价活动,让其他小组的学生进行点评以及给出改进的建议。该过程开展得十分顺利,学生都能积极参与其中,有表扬,有指出不足,有给出较好的改进建议。该环节的开展,让学生感受到了如何制作较为完善的探究成果交流用 PPT 内容的方法,如何更好地结合口头交流进行课前探究成果的展示交流表达,让学生在之后的探究活动中有了更好的效果呈现。培养了学生具有发现、感知、欣赏、评价美的意识和基本能力。

（2）科学精神:课始,同学反馈当天中午品鉴米饭两种吃法自主实验;课中,学生以小组形式,依次介绍课前从网络渠道收集的信息;课后,部分学生能够在每次中午吃饭时都细嚼慢咽,从而感受淀粉转换成葡萄糖的美妙过程。促进了对学生基本科学原理和方法的理解和掌握,培养了崇尚真知的精神和尊重事实、证据的实证意识与严谨的态度。

（3）学会学习:课前,对学生合作小组开展如何运用信息技术,从网络渠道收集资料以及制作 PPT 课件的实训;课堂导入后,学生 3 个合作小组的代表进行了课前探究成果的展示交流(当听众的学生进行书面记录),并接受台下听众学生的提问;课中,完成了小组合作实验检测淀粉的成分、观看了教师所做的检测葡萄糖实验、听取了对葡萄糖作用的介绍;课尾,全班学生以小组形式合作梳理、总结和表达本次学习活动(课前与课堂)所学内容、方式方法和个性化的学习经验与体会;课后,学生独立撰写学习全课的反思总结书面材料,下次课始参加全班交流与点评。这8次探究活动,使学生在了解和理解蔗糖、淀粉与葡萄糖的同时,较好地培养了借助网络渠道收集、梳理、交流特定主题信息的能力;锻炼了实验检测的基本程序性能力和检测的具体方法性能力;对课前探究成果进行反思完善,对全课所学进行反思,撰写书面总结材料和参与全班交流、点评的能力和意识;锻炼了观中学、听中学、写中学、展评中学的能力;学生还从课后的访谈中得知,课前探究成果交流中提问环节的设置,提升了他们上课的积极性、主动性和学习有效性,也提升了他们在其他学科学习过程中进行提问的积极性。

(4)健康生活:课前,学生以小组合作形式从网络渠道收集信息,并进行梳理、判断、筛选、概括和准备参与全班交流,既锻炼了这些能力,又了解了糖类与健康的关系,增进了对膳食平衡观的认识;课中,教师通过讲授糖类物质与人类的关系,特别强调了"科学膳食,均衡营养"的重要性,培养了学生对糖类物质科学性的认识,让学生正确地认识到了糖类在生命活动中的重要作用,日常注意科学、健康地摄取糖;在课后,学生对本节课所学内容进行书面小结,写一写对本节课所学内容、方式方法与个性化学习经验与体会的认识,以及糖类与我们日常生活、健康的关系,增进了学生对糖类作用、糖与人类健康关系认识的全面性和辩证性,促进了合理用糖良好行为习惯的养成。

(5)责任担当:课前,学生合作小组成员,按性别和探究式学习素养的基础水平进行混搭——分为蔗糖、淀粉和葡萄糖信息收集处理3个小组,并以小组合作形式从网络渠道收集相关资料,准备好交流材料,课上参与交流;当天中午,每位学生尝试品鉴米饭的两种吃法的自主实验;课中,小组合作往食物上滴加碘水并观察现象,检验出哪些食物中含有淀粉,并进行讨论交流;课尾,参与全班集中小结;课后,进行独立反思、撰写书面反思总结材料和下次课始参与全班交流。培养了学生在小组合作探究中的团队合作意识、个体和小组的责任意识;增进了日常注意合理摄入糖类食物,注意膳食平衡和与家人进行交流,注意合理食糖、营养平衡的责任意识。

(6)实践创新:课前,学生小组合作进行指定主题网络信息收集并制作出PPT课件后,教师对制作的课件内容进行评价反馈,指出课件内容的优势和不足之处,并指导学生进一步改进课件内容,学生对课件内容进行改善后,教师给予肯定,然后继续进行评价反馈,直到课件内容能较好地呈现所收集的探究信息和具有一定的独特之处;课中,3个合作小组交流课前探究成果后,接受台下学生询问,进行自评互评,注意发现优势和特色;课后,学生独立撰写学课反思,总结所学内容方式方法和个性化的学习经验与体会,下次课上,参与组内和全班交流和评价。培养了学生善于发现问题、提出问题、解决问题的能力;增进了注意发现各小组交流的课前探究成果中的相关优势与特色;促进了学生在课后独立撰写书面反思总结、参与下次课始交流和评价时,注意记录、表述和评价个性化的学习经验与体会;增进了日常学习中,注意从点滴入手,进行学习创新的意识。

2. 实施效能"六维度"方面

（1）容量度：本课增加了学生小组合作探究蔗糖、淀粉和葡萄糖，补充了学生独自为辅、与小组合作为主进行网络渠道收集处理探究主题内容、开展交流及评价，以及学生小组合作实验检测淀粉和葡萄糖，从而拓展了糖类知识，增进了实验体验，锻炼了小组合作收集、整理和概括网络信息的探究能力；课尾的合作集中小结，也较好地锻炼了学生小结全课（课前与课中）所学内容和方式方法以及个性化学习经验与体会的能力，促进了课尾小结习惯的养成。

（2）拓展度：本课是对糖类这一内容进行细化和拓展，贴近学生的生活，补充了学生独自为辅、小组合作为主课前从网络渠道收集处理探究主题内容、课中开展交流及评价、学生小组实验等活动，引导学生较为全面地经历了科学探究的过程，发展了探究能力、思维深度和科学精神。

（3）积极度：对3个合作小组学生课前的网络信息收集梳理类探究成果，教师多次进行反馈，学生合作进行修改完善；课中，各小组代表参与交流课前探究成果和应答台下学生观众的提问；当天中午，每位学生品鉴米饭的两种吃法的自主对比实验，课始参与回忆、交流；课中，小组合作完成"寻找淀粉的踪迹"的实验检测；课后书写学习全课的反思总结文稿和下次课始参加全班交流与点评。从这些活动中学生"或独或合"的参与表现看，都是积极主动的，较好地调动起了学生探索新事物的积极性；如前所述，从课后的学生访谈中还得知，课前探究成果交流中提问环节的设置，提升了他们上课的积极性、主动性和学习有效性，也提升了他们在其他学科学习过程中进行提问的积极性；丰富多彩的"三程"系列探究学习活动的完成和成果，也提高了化学拓展类探究课程实施效能的其他"五维度"，从而激励着学生保持参与完成"三程"系列探究任务的积极性。

（4）科学度：课前，学生3个小组合作分别探究了蔗糖、淀粉和葡萄糖存在于哪些食物中、用途、淀粉与葡萄糖的检测方法；课中，3个小组分别合作交流介绍了课前探究的这些成果，回答了台下学生的疑问；课始，学生回忆了当天中午尝试两种米饭的吃法对比实验，并开展小组合作"寻找淀粉的踪迹"的检测方法实验，还观看了教师检测葡萄糖成分的演示实验。这些过程，既较好地锻炼了学生从网络中学、观察与交流中学、听中学、做中学，从总结反思中、写作中和交流点评中学的能力；又积极主动地体验了科学探究的过程，符合渐进性教学原则和科学探究的基本规律。

（5）促思度：学生3个小组在课前制作好合作探究成果课中交流用的PPT后，听取教师多次反馈意见，学生主动进行反思和改进，直至基本满意，并初步思考了糖类食物与人们健康生活的关系；当天中午，在食堂用餐时，尝试对米饭的两种吃法作对比，主动体悟甜味的感觉和米饭与糖分的关系；在课中，3个小组代表交流课前探究成果后，主动应答台下学生观众质疑，尝试进行多元化的客观评价；在课尾，全班学生以小组形式合作进行梳理、总结和表达本次学习活动（课前与课堂）所学内容与方式方法和个性化的学习经验与体会；课后，独立撰写反思总结,下次课始,参与全班交流与评价。这些过程,无一不是学生"或独或合"主动、全面、辩证思考的结果,从而在提高相关探究任务完成速度、质量的同时,促进了学生思维的主动性、全面性、深入性和辩证性的发展。诚如预备(1)班的小孙同学所写道:"在公开课后,更深刻地意识到了科学知识的广阔无际,我现在触及或许只是它浅浅的冰山一角。孔子也曾讲过:'吾生也有涯,而知也无涯,以有涯随无涯,殆矣!'是啊,我希望自己在今后,也能向着科学的尽头不断探索,不断探寻新知识,探索这片广阔的知识天地。"

(6)育人度:学生独自为辅、小组合作为主"三程"多元探究性学习的过程,培养了他们"独合结合"承担探究责任的意识;增进了自主反馈、改进意识;增进了对小组合作探究的价值意识;增进了对糖类与营养、与健康的关系和膳食平衡对生命的意义的感受,培养了科学态度和精神;增进了对化学学习的价值认同。

(二)一点经验——实施形式、方法方面

本课基于培养学生人文底蕴、科学精神、学会学习、健康生活、责任担当、实践创新等核心"六素养",以化学拓展类探究型校本课程"小成分大用途:糖"的探究课的实施为载体,以"三程"独自与合作多元探究式为主要实施形式,辅以借助信息技术式和随机激励式,结合整合实施讲授法、实训法和反馈法三种方法,较好地完成了"三程"8项独立为辅、小组合作为主的探究任务,从而提升了学生核心"六素养"和较好地达成了化学拓展类探究型校本课程实施效能的"六维度"。这样的探究课程教与学的实施形式和方法,是需要继续坚持的。

【意义揭示】

本次新授类探究课的实践与反思,取得了较好的实施效能,其蕴含的意义价值,主要体现在以下三点:

(一)符合中国学生发展核心素养的相关精神

一是本课基于教育部发展学生六大方面核心素养的精神和学校区级重点课题"核心素养背景下提高探究型校本课程实施效能的研究"的要求,精心分析了学情、课标和自编学材,结合"小成分大用途:糖"一课的内容,进行了"本课化"的较为全面、明晰的定位。二是在"三式三法"中设计了在"三程"实施中如何加以落实的配套举措。三是在课程实践设计和具体实施中,较为全面地组织学生完成了"三程"8项独自为辅、小组合作为主的系列探究活动任务,从而带来了较为明显的课程实践效果;学生普遍增进了小组合作进行信息收集、处理和运用意识;培养了科学探究能力和探索新事物的兴趣,发展了一定的科学素养;增强了小组合作交流、质疑、评价意识,激发了参与探究学习的兴趣;增进了小组合作进行实验操作、现象判断和运用的意识;让学生拥有较强的责任意识,以及审视学习状态的意识。

综合这些现象表明,本课的设计、实施、实效将党的十八大和十八届三中全会提出的关于立德树人的要求落到了实处,符合教育部发布的中国学生发展核心素养中提出的"人文底蕴、科学精神、学会学习、健康生活、责任担当、实践创新"六大素养综合表现的要求。这是一次教师在预备年级段学生中,以自编的化学拓展型校本探究课程为内容、以"三程"8次多元探究活动为主要载体,培养学生六大方面核心素养,并有机提高课程实施效能"六维度"的有益尝试。

(二) 纸质资源的编制符合提高实施效能的要求

该化学拓展类探究型课程内容,为研究者自编的学材。本节课属于"糖类"第一课时:"小成分大用途:糖",探究"糖——蔗糖、淀粉、葡萄糖"。教学内容在原自编学材的基础上,补充了学生独自为辅、小组合作为主进行网络渠道收集处理探究主题内容、开展交流及评价、学生小组实验合作探究食物中是否存在淀粉等活动。学材内容的补充编写,让本课程从容量度、拓展度、积极度、科学度、促思度和育人度这六个不同维度,为提高课程的实施效能,奠定了良好的基础,有助更有效地落实培养发展学生人文底蕴、科学精神、学会学习、健康生活和责任担当方面的核心素养目标。

(三) 发挥了"三式三法",课前、课堂与课后整合运用的"五性"优势

1. 针对性

本课程在课前、课堂的实践过程中,在实施形式上,采用学生独自与小组合作多元探究式、借助信息技术式和加强激励式三种实施形式,在实施方法上,采用讲授法、实训法和反馈法,以引导学生更完整地经历科学探究的过程,用心体验、用心感受、用心观察、用心参与,在活动过程中发展培养学生核心素养,并有效提高化学拓展类探究型校本课程实施效能"六维度"。这样的设计与实施,是符合学生的化学探究类拓展课的学情、课标与校本学材与学校区级课题的要求实际的,因而具有较强的针对性,从而也为提高学生核心"六素养"和课程实施效能"六维度"奠定了符合实际的基础。

2. 实践性

美国著名的教育家约翰·杜威在批判传统学校教育的基础上,提出了"从做中学"这个基本原则。杜威认为,"从做中学"也就是"从活动中学""从经验中学",它使得学校里知识的获得与学生的生活经验和活动联系了起来。

本节课,学生在课前,分3个小组合作探究小组——分别探究蔗糖、淀粉和葡萄糖存在于哪些食物中、用途和淀粉与葡萄糖的检测方法,制作PPT并多次根据教师的反馈加以反思改进直至较为规范和具有一定的特色;课中,参与小组合作参与展示交流与答疑评价课前探究成果;当天中午,在食堂独自尝试米饭的两种吃法,体验甜味和转化为糖的感受;课中,

小组合作实验检测食物中是否存在淀粉;课尾,参与合作小结与交流;课后,独立撰写学课反思总结,下次课始参与全班交流、评价等——这些做法,都符合上述基本原则,让本课程的"三程"学习过程,学生具有了较强的亲历实践性,从而有效地保证学生"三程"相应实践性探究任务的快速、高质完成,锻炼了相应的做中学的能力,保证了参与的积极度和其他的实效性。从而,也彰显了"做中学"原则的独特价值。

3. 亲历性

从上述实践性的概述可知,学生在"三程"的学习中,所完成的8项独立为辅、小组合作为主的探究任务,都具有亲历的性质,即让学生课前"独合结合"收集梳理所需信息,尝试比较两种吃米饭方法的不同;课中小组合作交流与观察,听取课前探究成果、提问答疑、设想与动手检测淀粉实验,参与课尾集中小结与表达交流;课后独立撰写反思总结体会,下次课始参与组内和全班交流与评价等的探究活动中,亲自体验科学探究的过程、建构基础性的科学知识、获得初步的科学探究能力,培养了科学态度、科学精神、科学思想和科学思维的方法,促进了学生的核心素养的发展。

可见,学习者的亲历"三程"探究的过程,在"独合结合"更好地完成系列探究任务的过程中,实现了核心"六素养"和课程实效"六维度"的和谐发展。

4. 趣味性

从上述课程效能"六维度"对"积极度"的概述可知,本课的实施,更有效地调动起学生"独合结合"完成"三程"8次探究任务的积极性,有效地激发起学生探索新事物的积极性。实际上,这也是与学生在"三程""有独有合"探究学习中的"做中学"和"亲历性"紧密相连的;也与探究内容紧密联系学生的日常生活有关,学习的过程看得见,摸得着。这就保证了探索过程的趣味性(积极度)。

5. 育人性

一是课前:学生"独合结合"从网络渠道收集、梳理信息,加以判断、筛选、概括,制作成PPT和多次听取教师反馈意见加以完善直至规范并带有一定独特性;课上进行分享,培养了学生"独合结合"承担探究责任的意识,增进了自主反馈、改进意识,初步增进了膳食平衡观念。二是课中:学生小组合作进行实验,检测淀粉成分,交流对葡萄糖成分检测的实验方法,增进了小组合作探究的价值意识;课尾,参与小组合作总结,增进了对糖类与营养、健康的关系和膳食平衡对生命的意义的感受,培养了科学态度和精神。三是课后:学生独立撰写反思总结,下次课始参与组内、班级交流与评价,内化了学习内容、方式方法和个性化经验与体会;培养了个体探究责任和客观公正评价意识;增进了对食用糖辩证认识和膳食平衡观。四是"三程"的系列探究:与学生日常饮食、健康紧密相关,而探索性问题的解决,以化学学科为主,又兼及信息技术、语文、美术等多学科知识与技能,因而增进了对化学和运用跨学科知识与技能进行学习的价值认同。

可见,学生"三程""独合结合"开展的化学拓展类探究课程的系列活动,可以润物细无声地实现多学科融合育人的价值。

参考文献

[1] 中华人民共和国教育部.义务教育化学课程标准(2011年版)[M].北京:北京师范大学出版社,2012.

[2] 林崇德.21世纪学生发展核心素养研究[M].北京:北京师范大学出版社,2016.

[3] 陶行知.教育的真谛[M].武汉:长江文艺出版社,2013.

[4] 赵希强.探究性学习方式研究与实践[M].济南:山东大学出版社,2009.

[5] 李臣之.校本课程开发[M].北京:北京师范大学出版社,2015.

[6] 杨向东,崔允漷.课堂评价[M].上海:华东师范大学出版社,2012.

[7] 彭炆.基于核心素养的校本课程建设研究综述[J].教育科学论坛,2017(07):17-20.

[8] 林考星.建构"化学探究性实验"校本课程[J].化学教学,2016(7):23-26+30.

[9] 刘贞贞.浅析校本课程建设过程中的问题与思考[J].内江科技,2017(12):143+128.

[10] 包卫达,曹明.基于积极心理学原理的有效教育实证研究——课例选[M].上海:同济大学出版社,2021.

[11] 陶华英.基于积极体验原理实施"四式四法"提高初中心理辅导课教育实效——以上海市心理健康自助手册《学会沟通让心靠近》区级课题研究课实践与分析为例[G]//包卫达,曹明.基于积极心理学原理的有效教育实证研究——课例选.上海:同济大学出版社,2021:130-138.

[12] 潘君燕.积极观察到表现体验的初中美术有效教学策略与形式探索——以《Q版卡通人物脸部设计》(第二课时)两次教学实践与分析为例[G]//包卫达,曹明.基于积极心理学原理的有效教育实证研究——课例选.上海:同济大学出版社,2021:120-129.

[13] 孙微.实施"五策"提高数学单元复习和自我监控能力培养实效——以《图形的运动》复习课之区级课题研究课两次实践与分析为例[J].浦东教育研究,2018(2):48-51+7.

[14] 朱律维."独合结合"语文实施体验式提升学生写作详略素养探索——以《叙事要详略得当》区级课题研究课实践与分析为例[J].浦东教育研究,2019(8):53-57.

实施"三策三式" 提高社会实践类探究型校本课程实施效能"五维度"

——以"属于垃圾的 place"研究课两次实践与分析为例

上海市罗山中学 冯 矗

【设计思路】

(一) 设计依据

1. 学情分析

预备(7)班学生在经历了一个学期的探究课学习之后,已经初步了解了这一课程的探究过程、思路,但绝大部分学生的自主学习和探究能力仍然比较弱。如在课前收集相关探究主题所需的资料时,班级内仅有一小部分学生能够按照教师的要求,较快地找到有效的信息;大部分学生仍然处于上网搜索,然后全面复制的状态,缺少对所需信息的有效筛选甄别。在课堂汇报探究成果时,部分学生仅仅是照本宣科,缺少适宜的补充讲述和解释,也缺乏和台下同学的交流。在课后,绝大部分学生缺乏主动回顾、梳理反思、完善成果和总结经验的意识。因此,教师首先需要借助任务驱动策略,通过布置明确、细致的任务以及具体要求,让学生有一个清晰而具体探究的方向,同时还应注重实施合作学习策略,一个人难以完成的探究任务,就让一整个小组合作完成;部分学生探究中有困惑的地方,就让探究素养较好的同学帮助他们,以此来提高校本课程实施效能。

由于"垃圾分类"这一话题,已在社会上被广泛地提及、讨论,故学生对于这一探究内容也具备一定的概念和认知基础。但受限于预备学生的年龄特点,他们对于垃圾分类的认识和看法仍然停留在较为肤浅的层面,或是人云亦云的状态。绝大部分学生知道"垃圾分类"这一说法,但并未完全掌握其分类方法,也没有全面了解实施分类的意义,但他们对于这个话题都表现出了很高的兴趣和参与热情。因此,教师首先要保护和顺应学生对这个话题的探究学习兴趣,其次是组织探究任务和过程的顺利开展。所以,教师拟采用任务驱动策略,将探究活动和任务进行细分,通过化繁为简的拆分环节,使得学生能够明确自己要做什么、能做什么、想达成的目标,并给学生提供一个可操作的框架;在每项任务达成后,适当地采用点评—反思—改进策略,既帮助学生梳理探究思路,明确下一步的目标,又进行一定的知识和经验的积累;同时,教师注意实施随机激励式,以保证多数学生的活动参与热情,提升探究活动的质量。

2. 指南分析

目前,教育部和上海市教委都还没有探究型课程的相应课程标准的出版物,故采用上海市教委所编的《上海市中小学研究型课程指南》(以下简称《指南》)来代替。《指南》中指出,研究型课程是在教师的指导下,学生自主地运用研究性学习方式获得和应用知识,发现和提出问题,探究和解决问题的学习活动。本课程符合《指南》对于研究型课程的相关定义。

《指南》在课程实施的基本要求中提到,要以问题为起点,任务驱动。研究型课程主要是在学生发现问题和提出问题的基础上,探究问题和解决问题,因此在实施时,要以问题为起点,让学生明确任务,发挥问题对学生学习过程的引导作用。

对于学生活动的评价方面,《指南》强调要贯穿整个探究活动的过程,在探究学习过程的每一阶段,都要对学生的相关探究情况进行评价。同时,《指南》提醒教师要改变评价过分强调甄别和选拔的功能,充分发挥评价改进与激励的功能,要尊重和爱护学生的个体差异;通过评价,发现和肯定学生所蕴藏的潜能,找到积极的参照点,使学生自觉地调适自己的行为,树立自信心;要强调学生能力中的强项,包括他们能做什么和做了什么;要通过各种必要的评价活动,不断发现和发掘学生的潜能,激励学生积极学习,努力增加课程对学生的价值,真正使评价的过程成为促进学生发展的过程。

在课程的实施过程中,《指南》建议采用五个阶段:进入问题情境;发现和提出问题;探究和实践;表达和交流;反思和深化。其中特别强调了学生要将自己或小组经过实践、体验所取得的收获进行归纳整理、总结提炼,形成书面材料、口头报告材料或其他形式的成果。在表达交流的基础上,进一步对研究的过程进行反思和评价,总结成功的经验和失败的教训。

在组织形式上,《指南》指出,研究型课程实施的组织形式也是多种多样的,常见的有小组合作研究、个人相对独立的研究、个人研究与全班集体讨论相结合的研究等。特别提倡小组合作研究这一组织形式。学生一般由3—8人组成课题(项目)组,自己推选组长。研究过程中,组员有分有合,各展所长,协作互补。采取小组合作研究的形式,要以个人的独立思考和认真钻研为基础,要强调集体中每个人的积极参与。

基于《指南》提出的相关要求和建议,本课程在课前、课中及课后采用了相对应的实施策略和实施形式,以期提高社会实践类探究型校本课程实施效能"五维度"。

3. 教材分析

由于社会实践类探究型校本课程自身特性,暂无实际出版教材可供使用。故教师参照上海教育出版社出版的《公民社会参与——社区问题的探究实践》拓展型教材的设计思路,设计了课前、课中及课后的学习单,作为本课程活动的学材供学生使用。

本课程所使用的学习单,包含以下内容:关于"垃圾分类"的相关知识链接;关于社区问题探究的操作指南;关于探究活动过程与评价的具体实例。其中知识内容的选材基本来自百度百科和《上海市垃圾分类管理条例》;操作指南和具体实例则参照《公民社会参与——社区问题的探究实践》中的部分表格和活动思路进行设计。

本课学习单的设计和拟用与指向,概括如下:

(1) 课前:一是提供《公开的秘密》垃圾分类9集系列短片,要求学生独立观看并记录重点,以初步了解垃圾分类的概念和意义;二是提供任务表,要求学生按小组思考、确定本组的展示主题,并进行任务分配,按分工各自收集资料、进行小组汇总,锻炼学生能够根据明确的任务以及小组的思考,协定合作展示主题和进行组内合理分工,"先独后合"整理所需类型垃圾分类资料的能力——并内化注意观察社会现象,进行质疑、探疑的精神;三是小组合作准备课前收集所定类型的垃圾分类资料,进行筛选、内部再分类、梳理归纳本组探究成果的文字材料→制作和加工本组准备参与课中交流的PPT,锻炼相应能力和便于后续更高效地开展探究展评活动。

(2) 课堂:一是学生四个合作小组依次到讲台处,展示说明课前所选垃圾分类收集整理的探究成果。二是同步,台下观和听的小组成员,根据学习单上的"《属于垃圾的place》小组PPT展示活动评价标准",围绕"垃圾分类的意义、垃圾分类的做法、垃圾分类的推广"相关内容,台下其他学生利用学习单中所提示的"探究成果主题、成果和PPT的结构、PPT的选材、多媒体技术的使用、文字表达、口头讲解、团队合作、特色加分"这八项一级指标和其下各有两项二级指标的由高到低四个层级的评分要求,对台上的展示小组进行评分与点评小结。三是借助学习单,记录教师所做的课尾小结归纳垃圾分类的意义、垃圾分类的"四分法"和垃圾分类推广的方式方法,确保台下学生"听、观、思、记"多方位、全过程的参与,并提高完成三项任务的主动性、速度、质量和愉悦度;锻炼学生借助信息技术展示课前探究成果的能力、借助评价标准进行客观、公正自评、互评和表达评价想法的能力;进一步熟悉"垃圾分类"的"四分法"、内化垃圾分类推广的方式方法和小结方式方法;增进主动快速高质完成任务的责任意识、课尾小结意识和勇于探究、表现表达的精神和合作精神。

(3) 课后:一是学生独立根据课后学习单设计的"优缺点反思表",对本组和自身参与的课前、课中参与探究学习活动的情况进行反思,撰写反思总结→小组进行汇总;二是下次课上,教师抽取小组代表,到讲台处借助多媒体和口头说明参与全班交流→台下学生注意倾听同学交流和教师所做的随机激励与引导,锻炼独立反思个人和小组参与课前、课中探究情况,进行梳理、撰写成文和参与下次课上交流、听取引导的能力;进一步内化小组合作探究"垃圾分类"素养和增进反思、总结意识和个人责任意识。

在学习单的"三程"运用过程中,教师注意借助本课"三程"学习单,给学生的"垃圾分类"探究提供引导路径和操作抓手,引出学生自发性的问题以及探究任务,又注意在学生完成探究任务的过程中,提供适当的介入和帮助,以既充分发挥学生探究学习的主体地位,提升核心"三素养",又提高社会实践类探究型校本课程的"三程"实施效能"五维度"。

(二) 课题研究

1. 学生核心素养培养内容

本次研究课,通过组织学生独立为辅、小组合作探究为主完成课前、课中和课后"三程""三大方面、七项任务",有机培养学生以下科学精神、责任担当、学会学习三方面的核心素养(简称核心"三素养")。

(1) 科学精神方面——勇于探究

围绕"垃圾分类的意义、垃圾分类的做法、垃圾分类的推广"这三个主任务,学生勇于开展探究性学习:

一是学生根据自己对于"垃圾分类"这一问题的认识,提出疑惑和关注点,提出和确定小组探究的主题,锻炼注意观察社会现象、进行质疑和确定小组探究主题的能力和提升质疑探疑精神;二是主动地运用已经掌握的相关知识和方法,从观察视频、网络检索、现场听取分享等途径,主动收集化解"垃圾分类"问题的方式方法;三是合作进行梳理概括、撰写成文,并尝试制作课中展示交流用的PPT,注意通过合理的方式方法,来解决制作PPT时的困难;四是课中勇于交流和注意撷取其他小组交流的信息;五是课后勇于独立反思、总结撰写参与课前、课中探究的经验与不足,敢于参与下次课始的全班交流。

(2) 责任担当方面——社会责任

学生小组合作为主、独立为辅,主动完成课前"垃圾分类"的意义、分类的方式方法信息的多渠道收集、筛选,总结课中交流用文稿和PPT准备任务,课中小组参与全班课前探究成果的分享、评价、归纳总结,课后独立撰写学课反思和下次课始参与全班交流,提高完成三大方面、七项具体任务时个人和小组的责任心;主动锻炼相应能力;潜移默化地理解垃圾分类的必要性,增进自己身为一名社会合格公民和青少年对于社会所肩负的责任心。

(3) 学会学习方面——乐学善学、勤于反思、信息意识

① 乐学善学

学生围绕主题"垃圾分类"的"三大方面、七项任务"进行探究活动时,能围绕完成驱动型探究任务,借助"三程学习单"和其他"二策二式"的整合运用与引导,能积极投入"三程七项任务"的小组合作为主、独立学习为辅的探究活动;能尽量快速、高质地完成任务,进一步熟悉此类探究型课程的学习策略和方式方法,注意将学习时所感知到的经验迁移到其他学科的学习中;增进探究学习的愉悦感和自信。

② 勤于反思

一是课前反思,小组合作协定本组对所选垃圾分类类型,收集、汇总材料,构思课中交流拟用的探究成果文字及制作与美化PPT过程中所做的"独合结合"反思,完善本组课前探究

交流成果;二是学生参与小组探究成果当堂展示、点评、小结中的反思,促进自主内化探究成果课中展示、点评和小结归纳能力;三是学生根据课后学习单"优缺点反思表",独立完成课后本人、本组的笔头反思和参与下次课始的交流,进行自评与互评,能认识到课前探究准备、课中展示交流、小结归纳和课后笔头反思等的优势、不足和待改之处,锻炼进行自我梳理、显性呈现"三程"探究经验教训和促进后续更有效地参与"三程"探究学习、日常学习的能力,增进对勤于反思的价值认识和注意养成勤于反思习惯的意识。

③ 信息意识

学生在参与"三程"完成"三大方面、七项任务"中,小组合作为主、独立学习为辅,观察视频、网络收集小组所选"垃圾分类"探究类别、撰写本组汇报探究成果材料和制作PPT、参与课中展示成果、点评和小结归纳、课后独立反思与撰写个人和本组的"优缺点反思表"、下次课始参与全班交流与自评互评时,锻炼重心不一的信息技术运用能力;增进对多元化信息技术运用所带来的便捷性、丰富性、趣味性、高质性等优势的感受,增进自觉运用意识。

2. 课程实施效能方面

(1) 容量度

教师根据学生之前的探究进度,同时考虑到本班学生的能力情况以及本次展示的难易程度,适当地提升本课程的容量度。在一课时的研究课中,教师安排了学生五个垃圾分类类型主题探究小组展示、穿插的点评交流以及教师的最后总结三个环节——这与平时的探究课相比,约增加了30%的容量。为此,一是课前,学生制作好课中拟交流的探究成果PPT后,教师对各个小组的PPT逐一进行了点评,提出了修改意见,以保证在课堂中展示的高效进行。二是在课中成果交流、点评环节,教师经过之前在其他班级进行的课程实施的尝试后,在本班实践中,继续尝试将点评的角度、方式、建议投影在屏幕上,以确保课堂上这一环节的推进顺利。三是借助任务驱动策略、"三程三单"、信息技术和适时激励式等,加强对学生学习过程的引导,提升完成的速度,提高完成的质量,来化解由于容量增大带来的时间紧、任务重等问题,既保证任务的完成,又提升学生参与课堂学习的积极性和速度,进而提高完成质量。

(2) 拓展度

除了要求学生收集处理垃圾分类的方式方法信息外,一是增加了国内外先进城市的分类做法、垃圾原材料的作用和危害等探究内容;二是进行了部分探究技巧方法的拓展;三是强调增进小组合作、勇于探究、交流的勇气和责任心。化解举措基本同容量度下的说明。

(3) 育人度

首先,在学生对"垃圾分类"这一主题进行小组合作探究的过程中,教师注意引导他们意识到分类对于自身和社会的意义。其次,教师在研究课的实施过程中,多次有机强调本课题的社会现实意义。再次,教师通过组织学生参与课尾的小组合作小结,要求学生基于自己的学习、实践与认识,用自己的语言表达自身在垃圾分类行动、分类的方式方法宣传方面的社会责任感。最后,课后学生围绕前面六项具体任务的学习,先独立撰写反思,继而由小组代表汇总组员的反思与意见,进一步内化反思行为和增进垃圾及时分类、处理的意识。

(4) 愉悦度

学生在对"垃圾分类"这一主题进行探究的过程中,始终紧密地参与资料搜集、PPT制作、课中展示与点评等各项活动中,独立为辅、小组合作探究为主的自主参与、被需要价值的实现和能力的提升,意在使学生在本课中能够持续地保持较高的愉悦度。与此同时,教师始终对学生在"三程"参学中的多元正向、积极的表现,注意加以表扬等适时激励,以提升学生在本课中的愉悦度。

(5) 促思度

一是参见前述核心"三素养"下之 3.学会学习方面之(2)勤于反思素养中的定位。二是学生在本次研究课的"三程"探究中,围绕"垃圾分类"之"四分法"这一主题,能够从社会现象中主动发现社区居民分类意识不强、实际操作知识缺乏等问题,能够与同伴进行共同思考,尝试采取宣传、指导等手段解决问题→增进学生主动地思考社区垃圾分类问题意识;锻炼深入思考能力的发展,提升思维的深度。

3. 实施策略—"三策"

(1) 任务驱动策略

学生围绕"垃圾分类的意义、垃圾分类的做法、垃圾分类的推广"这三个主任务,在"三程"探究中,需要"独立为辅、小组合作为主"完成下属的七项具体探究任务。

① 课前:一是学生根据小组所选的垃圾类别,分工独立搜集资料;二是小组合作,共同整合后完成拟参与课中探究成果交流之文字稿的撰写和PPT的制作与美化,增进参与的积极性;锻炼小组成员协定选择、组内明确的分工和独立收集、进行资料筛选和汇总、加工文字、制作课中交流PPT的能力;增进对"垃圾分类"这一社会现象的反思意识,提升对其必要性认识的深度;增进对垃圾分类"四分法"和加以推广应用的较为完整的认识。

② 课中:一是学生以小组为单位,派出代表到讲台处借助多媒体对课前小组的探究成果进行展示,组员提供互动支持和引导;二是展示完成后,台下其他小组的成员进行评价,提出疑问,展示小组代表对评价和疑问给予回应;三是听取教师借助多媒体对垃圾分类"四分法"的内容、推广的方式方法、科学与合作精神所作的小结归纳,提高学生完成探究展评任务的主动性、速度、质量和愉悦度;锻炼学生借助信息技术和口头说明、组内成员相互配合展示课前探究成果的能力,借助评价标准进行客观、公正自评、互评和评价表达的能

力;进一步熟悉"垃圾分类的四分法"和做好分类推广的方式方法和内化小结方法;增进主动、快速、高质地完成任务的责任意识、课尾小结意识和勇于探究、表现表达的精神和合作精神。

③ 课后:一是学生根据课后学习单"优缺点反思表",独立完成课后对本人参与情况、本组的探究成果及其展评情况加以反思和进行书面小结的任务;二是完成下次课始参与全班交流任务,培养学生的独立反思、书面总结和勇于表达能力;促进学生对"垃圾分类""探究"社区问题产生更深层次的思考,增进勤于反思的价值认识和注意养成勤于反思的习惯。

(2) 点评—反思—改进策略

① 课前:教师注意了解学生独立从观察视频、网络等渠道,收集"垃圾分类的意义、垃圾分类的做法、垃圾分类的推广"等信息;及时关注小组代表梳理归纳组内成员收集的信息、准备参与课上交流的文稿和PPT情况,引发分组点评,促进学生及时加以判断、反思和改进拟参与课上交流的探究成果文稿和PPT,提升学生独立从观察视频、网络等渠道收集、筛选所需信息,小组进行判断、分类、撰写参与全班交流的成果和制作PPT的能力;激发在完成任务时,注意听取师生点评、"有独有合"地加以反思和进行改进的主动性。

② 课中:一是教师时刻关注小组代表当堂展示情况及台下学生点评情况,引导台下学生从探究成果的展示内容、PPT的制作质量和演讲水平三个角度,对照评价标准,进行优、缺点的辨析和点评;二是同时要求小组代表对评价作出回应和解答;三是在教学环节六,借助多媒体对学生课前收集信息和探究成果的展示准备、课中探究成果展示、小组和相关个人的表现、合作精神等进行点评,帮助学生增强敢于质疑的素养;增强反思能力和语言表达能力;内化总结点评素养。

③ 课后:教师在课后借助课后学习单"优缺点反思表",要求学生独立完成对本人、本组参与课前与课中探究的书面小结与反思,下次课始参与全班交流,教师注意倾听和作随机激励与引导,使学生能更客观、辩证地看待自己和本组在本课中的表现,并有条理地整理和表达出来;能从同学的分享和教师的激励与引导中,注意取长补短,内化自己的点评—反思—改进素养。

(3) 合作学习策略

本策略贯穿整个探究课程。一是课前——小组成员协定拟探究的垃圾类型后,分别选择了三大任务中的垃圾分类"四分法"(有四个小组)、垃圾分类的意义组和垃圾分类的推广组——共构成了六个合作小组(每组6—7人),各组内成员进行了合理分工,每位组员各独立完成1—2项本组所选的垃圾分类方面的任务,最后汇总、梳理、归纳出本组的课前探究成果PPT;二是课中——借助PPT和口头说明、相互提示等,小组合作展示交流课前探究成果;三是同步,台下其他小组成员根据学习单的评价标准,观、听、记讲台处展示小组的情况,进行打分;四是听取教师借助多媒体、学习单和口头说明所作的课尾小结归纳,各小组成员注意倾听、记录和内化;五是课后——学生独立完成的课后学习单"优缺点反思表",对本人、本组参与课前与课中探究的情况进行反思和作书面小结,下次课始参与全班交流,从中有机锻炼学生完成小组合作"三程"相应环节探究任务的能力,注意提高完成任务的速度、质量和一定的独特性;加强组员间的充分交流、相互督促、取长补短,互帮互助地完成探究相关任务,提高团队合作意识;提高探究型校本课程实施效能的"五维度"。

4. 实施形式——"三式"

(1) "三程三单"引导式

① 课前:一是学生借助课前学习单的要求,明确需要独立完成的任务以及查找所需要掌握的"垃圾分类政策""垃圾分类措施"方面的知识;二是小组按照课前学习单要求,对组员搜集的资料进行整合成文;三是制作课中拟交流用的PPT,既锻炼完成相应任务的能力,又增进独立和合作责任意识,还为提高课中实施的效能奠定基础。

② 课中:一是学生根据课中学习单的要求,展示小组合作探究成果;二是小组成员合作利用学习单中的评分标准进行自我核对,反思本组展示成果中的优势与存在的不足;三是台下其他小组成员各自结合评分标准,对展示小组的"垃圾分类内容相关性与充实程度""课件制作质量""演讲者表现""小组合作情况"和"特色加分"内容进行评分,口头说明优缺点,提出疑问与完善建议(展示小组成员需要应答),锻炼学生展示探究成果,进行客观、公正、辩证评价的能力;增强反思总结、勇于表现表达的意识。

③ 课后:一是教师在课后借助学习单的"优缺点反思表",要求学生独立完成反思课前、课中参与小组合作探究中个人和小组的优势、经验与不足,撰写成文;二是学生在下次课始,参与全班交流任务,锻炼勇于独立反思、梳理总结成文和勇于参与班级交流能力;促进学生对"垃圾分类"、探究社区问题产生更深层次的思考,增进勤于反思意识和注意养成勤于反思的习惯。

(2) 借助信息技术式

① 学生运用:a.课前:一是学生小组成员各自借助互联网资源,完成对"垃圾分类政策""垃圾分类措施"方面相关信息的搜集;二是小组学生在进行筛选归纳时,使用Word的形式进行汇总;三是各组成员,借助相关演示文稿软件,制作小组探究成果。b.课中:一是学生利用PPT的展演功能和动态效果,帮助展示小组课前探究成果的演讲;二是学生借助实物投影仪,参与对其他小组探究成果的评价。c.课后:一是学生借助文字输入软件,独立完成"优缺点反思表"(也可以直接写在学习单上);二是下次课始,学生借助实物投影仪或PPT,参与全班交流。由此,锻炼学生课前、课中借助信息技术收集、整合所需特定主题网络资源,形

成文字稿和制作演示PPT，进行课中展示，评价质疑的能力；增进"独合结合"责任意识和勇于表现表达的意识；提高课前探究成果准备和课程中成果展评的效能。

② 教师运用：一是课前，教师通过提供网站资源，帮助学生使用信息技术工具和手段等方式，提高学生完成"垃圾分类"相关信息收集、整理成文和制作交流用PPT任务的效率。二是课中，教师制作PPT，其中穿插学生所需要展示的PPT，确保课堂展示过程的顺利。三是课后，教师首先通过问卷星了解学生对于"垃圾分类"相关问题的了解程度及对于探究课程的认识；其次，下次课始借助多媒体，点评学生课后反思稿撰写和交流情况。借此，教师引导学生更好地完成"独立为辅、小组合作为主"的"三程"七项探究任务，提高课堂探究课程实施效能的"五维度"。

(3) 适时激励式

① 课前：当学生搜集垃圾分类方式方法方面资料准确，完成任务速度较快时，教师进行个别的口头表扬，以激励相应的行为。

② 课中与课后：一是课中——当演讲展示课前探究成果小组的学生表达清晰有条理，或者是展示方式有新意时，教师会在全班面前进行点名表扬，并给予奖励积分；二是当学生评价他组表现时，能抓住关键且用语规范时，教师会进行口头表扬；学生回答问题积极时，教师也会进行口头表扬；三是发动学生借助"评价标准"进行预设评价，重在发现各组的优势和特色，各组之间互相激励；四是在课尾的集中小结环节，教师不仅总结表彰在垃圾分类的意义、"四分法"、推广的方式方法成果展评中的出色表现，更注意对最为突出的小组给予奖励积分，并对其他在形成探究成果和制作探究成果PPT过程中付出特别贡献的学生在全班面前作点名表扬；五是课后——对学生独立完成的课后学习单"优缺点反思表"中本人、本组参与课前与课中探究的情况进行的书面小结与反思，在下次课始参与全班交流时，注意倾听和随机激励与引导。一方面，激励学生完成相应任务的热情、保证学生在课堂上的参与度；另一方面，引导学生注重提高"三程"完成探究任务中的速度、质量和一定创意性，注意客观公正地进行自评互评、注意承担合作责任和增进合作精神、注意及时进行文字反思交流，能够扬长避短。

(三) 设计思路总括

基于上情，本课拟基于所定学生核心素养（科学精神、责任担当和学会学习三方面）培养内容，围绕"垃圾分类的意义、垃圾分类的做法、垃圾分类的推广"这三个主任务，课前、课中与课后"三程"结合，以6个小组合作探究为主、独立探究为辅，整合实施"三策三式"（任务驱动、点评—反思—改进与合作学习"三策"和"三程三单"引导、借助信息技术与适时激励"三式"），完成七项具体的任务，来促进所定核心素养之科学精神的勇于探究、责任担当方面的社会责任和学会学习方面的乐学善学、勤于反思、信息意识等素养的提升;并提高社会实践类探究型校本课程实施效能的"五维度"(容量度、拓展度、育人度、愉悦度和促思度)。

【教学目标】

(一) 知识与技能

从网络中独立了解垃圾分类的意义;独立了解几种生活垃圾的主要成分,了解其作用与危害;"独合结合"熟悉和掌握"可回收物、有害垃圾、湿垃圾和干垃圾"这一垃圾分类"四分法"(属性视角),并详细了解具体内容;知晓其他城市(含部分国外城市)垃圾分类上的优秀做法、经验;从新闻中了解上海垃圾分类的现状;从课中交流、听取归纳总结与课后独立撰写课前、课中学习反思和下次课上小组代表参与交流中进一步内化垃圾分类的重要性、垃圾分类"四分法"和具体垃圾属性的细分内容;增进对六个小组合作为主"三程"整合实施"三策三式"完成七项垃圾分类的具体任务在提升科学精神、责任担当和学会学习三方面核心素养方面的价值认识。

(二) 过程与方法

经历基于所定核心素养培养内容,围绕主任务,课前、课中与课后"三程"结合,以6个小组合作探究为主、独立探究为辅,整合实施"三策三式",完成七项具体任务的探究过程,能从网络、新闻、课中交流、听取归纳总结与课后独立撰写课前、课中学习反思和下次课上小组代表参与交流中,提高掌握垃圾属性分类"四分法"的熟练度;锻炼善于合作学习、独立学习、撰写反思体会和借助信息技术、学习单学习进行探究学习等能力;提高社会实践类探究型校本课程实施效能的"三维度"(容量度、拓展度和促思度);体悟小组合作为主、独立为辅"三程"整合"三策三式"所蕴含的学习方式方法。

(三) 情感态度与价值观

增进参与"垃圾分类"的社会责任感;培养团队合作意识;激发对"垃圾分类"等社会问题勇于探究、交流表达和反思的精神;增进小组合作为主、独立为辅"三程"整合实施"三策三式"探究社会生活现象的兴趣(前两者契合育人度,最后者契合愉悦度)。

【首次实践】

2019年5月27日下午第2节课,在学校录播教室,对预备(7)班学生进行了本课的首次教学实践。

（一）首次实践过程

时间分配（分）	教学环节	教师活动	学生活动	课题研究
课前实施(约 135 分钟)				
15	一、确定探究主题、创建探究小组和明确组员间的任务分工，锻炼学生协定小组探究主题和合理分工、建设小组文化的素养	1. 组织学生讨论、投票，师生共同确定探究主题，即围绕"垃圾分类"这一社会现象与话题展开探究。 2. 在自由分组的原则下，明确分组的要求；组员人数（6—7人1组），组长选择，小队文化的创建。 3. 借助多媒体指导，明确六个探究小组各自的探究主题（垃圾分类的意义组、垃圾分类的"四分法"的四个组和分类的推广方式方法组）和组员的分别任务。	1. 参与讨论、投票，确定探究课题为"属于垃圾的 place"。 2. 根据要求，自由分组，每组 6—7 人，共计 6 组；设计队标志，选出组长。 3. 小组成员观、听，明确任务；确定组内的分工：课堂记录员，资料搜集员，分析编辑员，展示演讲者。	锻炼学生参与讨论、投票、协定小组探究主题和组内合理分工、明确各自任务、建设小组文化的能力；增进个人合作责任和组员间和谐合作意识。
60	二、组织小组合作观看视频、各组按所选垃圾分类探究主题组内成员分工从网络收集资料、仔细进行内部分类与筛选，培养学生从视频、网络等渠道收集、分类、筛选所需信息并加以归纳能力和内化垃圾分类与"独合结合"探究的相关素养	1. 组织学生观看《公开的秘密》垃圾分类 9 集系列短片，要求学生独立观看并记录重点。 2. 要求学生按照小组主题与分工，根据课前学习单的任务表，从网络渠道搜集垃圾分类相关资料。 3. 要求学生阅读、梳理、筛选出有用的符合小组探究主题的分类信息，利用 Word 文档，加以分类整理与提炼，汇总到本小组相关成员处。 4. 注意了解进程，对完成速度快、质量好、有一定特色的资料和个人、小组，作随机激励与引导。	1. 独立观、听、记，注意从视频中收集所需的垃圾分类的概念、意义等方面的信息。 2. 根据分工，借助学习单，从网络渠道搜集垃圾分类相关资料，包括但不限于"垃圾的种类""生活垃圾的定义""我国现行的垃圾分类政策""国外城市垃圾分类的现状"。 3. 独立阅读、梳理、筛选有效信息，借助 Word 文档，对来源于视频、新闻、百度百科条目的大段文字，进行分类与要点提炼。 4. 独立听、思，内化。	培养学生的信息意识；初步了解垃圾分类的概念和意义；锻炼修正成员从视频、网络等渠道收集所需信息并加以分类、筛选和归纳的能力与质量；提高后续小组探究成果提炼和制作交流 PPT 的速度；增进独立和小组合作责任意识。
60	三、6 个小组按要求分别确定课前探究主题的成果文本、制作课堂展示用的 PPT 并利用课余时间完成模拟试讲，锻炼学生小组合作梳理、提炼符合主题的探究成果、制作 PPT、进行模拟交流的能力和增进信息意识与合作精神	1. 要求 6 个小组利用课余时间，完成探究文本成果撰写和制作课堂展示的 PPT，组内完成模拟交流、点评，自主加以完善。 2. 关注小组进程，随机对小组探究成果文本和交流用的 PPT、模拟演讲，提出修改意见。	1. 根据要求，小组成员合作撰写探究成果文本；制作 PPT；进行组内模拟试讲，交流，提出修改意见，逐步加以完善。 2. 根据教师意见，进行修改，扩充图片内容，删除关联性不大的文字，对于视觉效果等进行调整和优化。	增进学生的信息意识和探究成果展示准备意识；锻炼小组合作梳理、提炼符合主题的课前探究文本成果、制作交流用 PPT、进行模拟交流的能力；增进听取教师建议、进行自主反思、加以改进意识和合作精神。

(续表)

时间分配(分)	教学环节	教师活动	学生活动	课题研究
课中实施(40分钟)				
28	四、组织各小组代表借助PPT和口头说明进行当堂展示交流,锻炼学生课前小组探究成果借助PPT和口头说明有序参加全班展示表达能力,进行互动答疑解释能力,同步观、听、记、思和准备进行评价能力;增进信息意识和合作精神	1. 要求学生按照课前抽签顺序,各小组成员有序到讲台处,借助多媒体和口头说明进行课前探究主题成果的当堂展示交流;需响应台下学生的提问互动。 2. 注意观察、倾听,作随机激励与引导; 提示注意根据评价标准,边观听、边记录、边思考如何客观公正进行自评互评。	1. 由小组代表到讲台处借助多媒体和口头说明,作探究成果的展示交流,与台下同学互动答问解疑(交流小组的其他成员,可以参与互动插话解释)——实际完成了5个小组的成果展示交流。 2. 独立听、思;按要求对照评标,观、听、记、思,准备进行评价;注意撷取交流信息和教师的激励与引导,内化相应素养。	锻炼学生课前小组探究成果借助PPT有序参加全班展示表达能力,进行互动答疑解释能力,同步独立观、听、记、思和准备进行评价能力;增进信息意识和合作精神,提高成果表现表达的自信心。
5	五、组织小组成员据标自评、组际互评与交流、听取教师评价,锻炼学生根据评价标准进行客观、公正自评与互评能力、明确分析优势不足,注意扬长避短、增进评价自信和勇于探究、交流勇气	1. 组织其他组员根据学习单中的探究成果展示评价标准,对课中参与展示课前探究成果的小组,进行点评;组织组内互评。 2. 注意观察和倾听,进行针对性的激励、引导和补充点评。	1. 听、思,在学习单的评价标准上,尝试进行评分、作口头点评和提出疑问,小组代表进行交流与回答;组内成员进行互评。 2. 独立听、思,内化。	锻炼学生借助评价标准进行客观、公正自评、互评和口头表达能力;促进学生勇于反思、辩证认识本组和其他小组的探究成果质量;增进评价自信和勇于探究、交流与当众进行合理评价的勇气。
5	六、总结归纳探究内容、方式方法、科学与合作精神,提升学生小结素养和巩固垃圾分类的"四分法"、推广的方式方法和责任意识、合作探究精神	借助PPT和口头说明,小结归纳垃圾分类的意义、"四分法"和如何做好推广的方式方法;肯定各小组课前探究成果准备的充分性和课堂交流材料的科学性、丰富性、相互协作性。	独立观、听、思、记录;注意内化小结的内容和合作精神。	使学生增进课尾小结意识; 进一步熟悉垃圾分类的"四分法"和做好分类推广的方式方法等探究内容,内化小结方法; 增进推广垃圾分类方式方法的责任意识,勇于探究精神和合作精神;注意提升探究质量。
2	七、课后组织学生独立进行笔头反思和下次课上小组代表参与全班交流,锻炼学生独立反思、撰写成文能力、小组代表汇总整理组员反思信息、参与全班交流的能力;增进及时反思意识、勇于交流意识和做好垃圾分类人人有责的意识	1. 借助PPT和学习单,要求学生课后先独立撰写书面反思,小组代表汇总组内成员笔头反思意见; 2. 下次课上,抽取小组代表,参与全班交流; 注意观察和倾听;并作随机激励与引导。	1. 独立听、思; 课后,独立撰写学课反思,小组代表进行汇总、准备参与全班交流材料。 2. 被叫小组代表参与全班交流,其余学生听、思;听取教师随机激励与引导、思考,内化。	锻炼学生课后独立反思、撰写成文能力,小组代表汇总整理、准备与全班交流和实际参与交流的能力;增进小组代表勇于交流的精神;增进全班学生及时反思意识和做好垃圾分类人人有责的意识。

（二）首次实践之实效、反思与拟改之处

1. 实效

（1）学生素养方面——核心"三素养"得到了"三个很大的提升"

① 从对学生课前各组探究成果的准备、当堂参与探究成果的展评状况、观课教师的评价和学生课后的探究小结的研读等角度可知，学生在科学精神方面的素养，得到了很大的提升。

绝大部分学生在参与完成"三程"之"三大方面、七大任务"的过程中，遵循着遇到问题、思考问题、解决问题的路径，逐渐养成了敢于质疑、不断思考的科学精神。

大部分学生在尝试解决"垃圾分类"中存在的问题时，能够在结合自身已有经验的基础上，不断汲取新的知识和处理方法，进而独立或合作推动这一探究过程的顺利完成。

② 从对学生最后的探究小结的研读、教师在整个探究活动中对学生的观察中可知，学生在责任担当方面的素养得到了很大的提升：

全体学生都主动关注到"垃圾分类"这一身边的社会现象，在围绕着这一主题开展分主题探究活动的过程中，逐步建立起想要通过自身努力来改善现状的意识，提升了自己的社会责任感。

同时，部分学生在小组合作的过程中，为了完成共同的探究目标，在根据分工的基础上又主动承担起了许多复杂困难的任务，或者帮助组员共同完成本不属于分工内的探究任务，在一定程度上又提高了自身的责任意识。

③ 从对学生最后的探究小结的研读，对学生课后反思总结的研读及教师在整个探究过程中的观察可知，学生在学会学习方面的素养得到了很大的提升：

绝大部分学生在参与完成"三程"之"三大方面、七大任务"的探究过程中，保持了极高的积极性，同时能够在教师及"三程三单"的引导下，学会尝试运用新方法解决新问题，培养了自身乐学善学的品质。

大部分学生在探究全过程中，能够坚持独立完成反思小结，同时在探究成果与课后笔头反思展示交流活动中，从他人和其他小组身上看到自己和本组可以改进的点，增进了勤于反思的意识。

绝大部分学生独立或参与小组合作借助信息技术，完成了课前搜集所需资料、进行汇总筛选、制作课中展示用的PPT，课中开展探究成果展示、评价，课后撰写笔头反思、小组成员进行梳理汇总和下次课始参与全班交流的任务，有效地锻炼了全体学生运用信息技术完成"三程"之"三大方面、七大任务"的探究能力，实现了更高效地推进探究进程，提升探究成果质量的目标，明显提升了信息意识。

（2）实施效能"五维度"方面

① 容量度

教师在本次的研究课中，实际安排了5个小组的课前探究成果展示、穿插点评交流以及教师的最后总结三个环节,最终虽然有一组尚未完成展示,但这与平时的探究课相比,已经增加了约30%的课中探究学习的容量,而且也没有因此加重学生的负担。一是因为学生课前各组制作好课上交流的PPT后,教师对各个小组的PPT进行了逐一点评,提出了修改意见,从而保证了在课堂上展示的高效进行。二是因为在点评交流环节中,教师经过之前在其他班级课程实施中的尝试后,在本次实践中,继续尝试将点评的角度和方式建议投影在屏幕上,以确保课堂上这一环节的推进顺利。三是借助任务驱动策略、"三程三单"、信息技术和适时激励式等,提升了对学生探究学习过程的引导和完成任务的速度和质量,有效地化解了由于容量增大所带来的时间紧、任务重的现实,从而既保证了任务的基本完成,又提升了学生参与课堂学习的积极性、速度和质量,促进了约增加30%容量的达成。

② 拓展度

教师在本次研究课中,一是增加了国内外先进城市的分类做法、垃圾原材料的作用和危害等探究内容;二是进行了部分探究技巧方法的拓展;三是强调增进小组合作、勇于探究、交流的勇气和责任心。从学生展示、评价效果的呈现,教师活动过程中的观察可知,拓展度确实得到了较好的达成。

③ 育人度

由于教师在本次研究课中,第一,注意引导学生意识到分类对于自身和社会的意义。第二,多次有机地强调本课题的社会现实意义。第三,强调小组有序、和谐合作、互帮互助的重要性。第四,强调各自承担好小组合作中自己的责任。第五,强调探究过程中的材料收集、探究成果撰写、PPT制作、综合成果展评等过程中的真实性、客观性和公正性。从而促进了这五个方面相应育人价值的实现。

此外,从教师对学生参加本课程学习过程中的日常观察、对学生最后的探究小结的研读中可知,学生普遍提到了自己在垃圾分类的意义价值、分类的"四分法"和推广的方式方法、自己在日常垃圾合理分类和小组合作中应尽的责任、探究过程真实性的保证、和谐合作、客观公正评价展示成果和质疑精神等方面,也得到了较好的提升。

④ 愉悦度

通过教师对于学生展评交流活动过程的观察及学生课后与教师分享交流感想中可知,本课的愉悦度与平时的探究课相比,得到了很大的提升。如,学生在对"垃圾分类"这一主题进行探究的过程中,能始终紧密地参与到资料搜集、PPT制作、课堂展示与点评等各项活动中(独立为辅、小组合作探究为主的自主的参与)被需要价值的实现和能力的提升,使得学生在本课中能够持续地保持较高的愉悦度。与此同时,教师始终对学生的"三程"参学中的多元正向、积极的表现,注意加以表扬等适时激励,也增进了学生参学的愉悦度。

⑤ 促思度

通过学生独立撰写的反思小结,展示交流的成效,教师对于学生点评的分析等可知,学生对于在本次研究课的"三程"探究中,围绕"垃圾分类"完成三大方面七项具体任务,能够从社会现象中主动发现社区居民分类意识不强、实际操作知识缺乏等问题,能够与同伴共同思考,尝试采取宣传、指导等手段解决问题,从而加深了对"垃圾分类"必要性的认识,促进了主动思考社区垃圾分类问题和主动、深入思考如何解决垃圾分类方式方法推广与应用的问题。这些都提升了学生思维的深度。

2. 反思

虽然本课所取得的实际效果是明显的,但仍然存在着以下三点不足:

首先,是时间管理精致性不够。预设的学生课前探究成果交流小组是6个小组,但是最终完成交流的只有5个小组。这反映出教师对学生小组课堂展示交流的时间管理要求还不够精致。教师在小组交流前,仅仅简单提示要注意时间,而未明确规定每组的展示演讲时间。最终导致"香港是如何进行垃圾分类的"这一小组的展示交流时间,严重超过了教师的预计。

其次,是点评环节的引导不充分、细致性不够。教师虽然在PPT和学习单中进行点评时,对"内容,制作和演讲"三方面作了引导,但是这种引导过于宽泛,没有给学生更为具体、可操作的框架与相应要求;同时,此前的教学中,对学生根据评价标准进行客观评价所作的培训和铺垫也不够。这样,学生在进行课堂点评时,出现同质化、宽泛化的倾向,缺少针对性,也不够具体实际。

最后,是适时激励的教学实施形式运用不够充分。虽然教师将奖励分机制纳入了本课"三程"探究的各环节中,但是对于部分学生的创意性的、生成性的回答和反应,没能作出及时、明显的激励;课中激励的次数也显得较少。

3. 拟改之处

针对上述问题,教师对于教学设计中部分思路拟作出如下修改:将小组演讲时间纳入评分标准中,明确规定一个具体时间范围;细化点评的要求,制作精细化的探究成果评价标准;适时增加点评环节教师总结补充,在课堂中注意随时给予学生的良好行为以眼神、口头、动作等随机鼓励——使6个学生合作探究小组都有参与课中探究成果交流的机会,更全面地锻炼相应能力;提高学生课中点评探究成果的速度与质量,锻炼相应能力,增强反思改进意识;提升参学的实效性和愉悦度。

【再次实践】

6月3日下午第3节课,教师在预备(7)班,对该班学生进行了本课的再次实践,进行展示的为剩余1个未完成展示的小组以及修改优化展示内容后希望重新展示的2个小组。以下呈现的,是对首次实践后拟改之处的概括。

（一）再次实践的改进之处

明确了每个小组演讲所需的时间，最少不得低于 3 分钟，最多不得超过 7 分钟。告知小组若展示时间不足，则最后评分时内容分为不合格；若超时，则必须停止展示。明确了每组展示结束后的点评人数为 3—4 名同学，由教师把控课中学生探究成果分组展示时间和推进的速度。

细化了点评的要求。仍然从交流成果的文本内容、PPT 制作和现场演讲三方面进行点评，但增加了具体要求如下：内容上围绕是否扣住展示主题、PPT 页数和实际展示量、展示文字是否经过归纳筛选、展示形式是否多样这几个角度进行。PPT 制作上，围绕字体大小、版面设计、实际观看感受这几个方面进行点评；演讲中，围绕演讲者的音量、仪态、对演讲内容的熟悉程度、是否脱稿这几个角度进行评价。

增加了教师补充点评的环节。在学生点评过后，教师根据评价标准，补充所发现的该组展示中的优缺点。在课中分组展示和学生点评时，教师对学生相关良好的个人和小组表现，注意随时给予眼神、口头、动作等鼓励。

（二）再次实践的实效与反思

1. 实效

第二次实践中，大部分取得的实际效果基本与第一次教学实践相同。除此之外，教师针对性的修改也取得了良好的反馈。

通过将展示时间放入评分规则，以及明确时间限制范围这两个方面的改进，学生可以有效控制展示时间；同时，也促使学生对于自己所展示的内容作精简。很好地拓展了学生的理性思维和筛选材料的能力，同时也增强了上台展示学生精准控制时间的意识。

通过引入更为明确细致的评价要求，学生的点评更有针对性也更为全面，提高了点评的速度和质量；进一步提升了本课的容量度和拓展度，也促使学生的思考变得更加全面，能够理性地反观自身小组存在的缺陷。

通过强化教师在学生小组展示探究成果、进行点评环节的及时多元激励，学生参与课中展评探究学习的愉悦度大大提升，更好地激发了他们完成展评探究任务的欲望，增强表达好的自信心。

2. 反思

本课相较自己以往所上的探究课在课程实施效能方面，有了很大的提升。不论从课前的准备、课堂中的表现、课后的反馈来看，学生都保持一种积极、主动的学习态度，同时呈现出了较为良好的效果。但是，在上完这两次研究课后，笔者仍然发现了以下两点值得思考的问题。

首先，是我所实施的社会实践类探究课程的教学模式较为单一，一般采取学生课前调查分析、课中交流讨论、课后反思改进这三个步骤。一个学期下来,虽然"三式三策"的实施,还是取得了不错的效果,但是不难看出,学生已经略显疲态。因此,除了课堂与活动中的形式需要不断变化之外,整个课程的实施环节上,也应该多思考,多设计一些不同类型的探究形式。尤其是在条件允许的情况下,也可以在课下组织学生走进社区,以他们的亲身经历来观察、来体验、来思考。

其次,本堂课的展示中,虽然可以看出学生对于"垃圾分类"具有了一定的社会责任感,有想要为其出一份力的打算。但是实际探究下来,学生对于自己能做什么,思考的结果仍然局限于宣传这一类别。如何引导学生去开拓自己的思维,正确认识自身的能力与责任,仍需要教师不断思考、引导。

(三) 两次实践的总效——教师和学校视角

1. 教师素养方面

(1) 社会实践探究课程学材编制素养方面

通过两次研究课的实践,教师清楚地理顺了社会实践类探究型课程的教学流程与环节,积累了一定的教学素材和组织经验。"垃圾分类"的"三程三单"编写与后续的修改过程中,教师自身的课程之学材编制能力也得到了提升。

(2) 课例研究素养方面

一是通过两次研究课的教案设计、课程实践与后续的课例撰写与修改,教师对于研究课的认知得以升级。

二是课例研究的能力得到了较好的提升。教师通过设计"三程"整合实施"三策三式",引导学生独立为辅、小组合作为主完成探究七任务,对于探究型校本课程实施中探究内容的选择,课例研究主题的确定,学情、课标和教材"三情"依据的分析和课题研究之学生核心素养培养内容的选定、实施策略、形式与方法以及过程性评价、结果性评价的设计与实施,核心素养培养视角与本课化表述的"三维"目标的厘定,实践过程设计中教学环节的命名,师生活动的务实、细化、相互匹配的安排,既有了新的认识,也提高了课例研究的实际设计、实施、总结和成果表达素养。

三是更新了自身的教学观念。因为在撰写"垃圾分类"相关研究课的两次教学设计时,接触、了解了不少教学理论,从而促进了自身教学观念的更新。

(3) 其他专业素养方面

一是教师在"垃圾分类"研究课两次实践的课前,安排了大量的学生小组探究活动,提升了自身小组学习活动的创建与组织方面的能力。

二是在课中,通过对前、后两次实践的反思与改进,理顺了课堂展示环节中的时间把控和评价要求的细节,提升了组织课中探究成果展示与评价组织的能力。

三是促进了课例研究设计、实施、评价、总结等课题研究素养,在化学学科日常教学和教研活动中的迁移运用。

2.学校方面

一是充实了学校在社会问题的探究型校本课程实施方面的课例研究类实践成果,为后续开设类似的课程提供一定的借鉴;二是作为课程本身,丰富了学校开设的探究型课程的类型——社会实践类探究型课程,使学校课题研究成果得以完善。

【意义揭示】

(一)社会实践类探究型课程以基于学生兴趣、以学生为主体、以"三程"整合实施"三策三式"为保障,确保了学生在学习过程中的愉悦度与促思度的实现

一是基于学生的兴趣。了解到学生关注"垃圾分类"这一社会热点现象并具备较高的兴趣,从而开展探究性学习活动。

二是学习过程,不是灌输式,是探究式的。"三程"的学习,都是以学生独立为辅、小组合作探究为主,结合整合实施"三策三式"为保障。因而在教师的引导和帮助下,从搜集资料,到筛选汇总,从探究成果的展示分享,到交流点评,围绕垃圾分类展开的"三程"中的探究性学习任务,均是由学生完成的。

三是学生学习的过程与结果,是有成就感的。学生在"三程"的探究性学习全过程的参与中,不断地积累着所带来的收获与成就感,保证了整个探究学习过程的愉悦情绪。

四是从主题的选定到探索的过程与探究的结果,是学生逐步深入思考的过程。即学生个人与小组和全班学生在思维碰撞、预设、探索、总结、展示、评价、反思中,确保了能够对于"垃圾分类"这一社会话题有较为全面、深入的认识;能够围绕"垃圾分类"的三大方面七项具体任务,尝试采取进行宣传等实践,试图解决问题;在主动思考社区垃圾分类问题和主动、深入思考如何解决探究过程中的问题中,都提升了学生思维的深度。

(二)信息技术的运用较好地提高了学生探究性学习的效率,与任务驱动式和适时激励式等一起,确保了课堂的一定容量度、拓展度的实现

学生在课前、课中、课后探究中,保持了对信息技术的全面运用。这些信息技术手段的运用,结合与任务驱动式和适时激励式等举措的整合运用,使得学生能够在有限的课堂时间内,更加高效地进行探究性学习,做到完成更多的任务;同时,也帮助学生接触到更多自身以前不曾关注和掌握的信息、观念,从而提升了课中探究学习的容量度、拓展度。

（三）"三程三单"、合作学习策略、评价量表的使用，进一步加深了学生的责任担当意识，增强了本课的育人度

本课主要的目的之一，即通过引导学生对于"垃圾分类"这一社会现象的观察、思考与探究，激发他们的社会主人翁意识。而通过学习"三程三单"的使用，学生能够在探究的过程中，接受到"三单"编者（即教师）的观念引导，对于社会观尚未完善的学生，"三单"中的活动设计、问题思考，都能较好地引导学生注意增强社会责任意识。

同时，在小组为主的合作探究学习过程中，组员分工明确，齐心协力，荣辱与共。学生明显地感知到，自己的认真参与与否会很大程度上影响到所在小组的最终探究成效，因此确立了身为探究课主人的自身责任，进而树立了身为组员的责任感与荣誉心。

评价量表的设计，具有客观公正性——课中结合对学生小组综合探究成果的展示作评价，增进了学生据标评价的意识，促进了结果性评价的公开、公正性的实现。

参考文献

[1] 上海市教委.上海市中小学研究型课程指南[Z].上海：上海市教委，2011.

[2] 上海市教育委员会教学研究室.公民社会参与——社区问题的探究实践[M]上海：上海教育出版社，2008.

[3] 李臣之.校本课程开发[M].北京：北京师范大学出版社，2015.

[4] 杨向东.崔允漷.课堂评价[M].上海：华东师范大学出版社，2012.

[5] 夏桂敏.基于核心素养的校本课程建设[J].未来教育家，2017(8)：10-18.

[6] 孙微.实施"五策"提高数学单元复习和自我监控能力培养实效[J].浦东教育研究，2018(2)：48-51+7.

[7] 朱律维."独合结合"语文实施体验式提升学生写作详略素养探索——以《叙事要详略得当》区级课题研究课实践与分析为例[J].浦东教育研究，2019(8)：53-57.

实施"五步三式三法" 提高社团活动类探究型校本课程实施效能"四维度"

——以提高"学会时间管理 助力生涯梦想"生涯社团探究型校本课程活动为例

上海市罗山中学 周丹妮

【设计思路】

（一）设计依据

1. 学情分析

生涯社团的16名学生，来自预备和初一年级。此前，在生涯社团活动探究型课程实施中，已组织大家参与职业体验、个性发展、职业兴趣测试、潜能开发、绘制家庭的职业树等活动，学生对自己的生涯梦想、职业选择有了一定的倾向。根据访谈发现，他们在日常生活中缺少时间规划的意识，时间管理能力较弱，表现在学习的计划性较少、拖延、随性，经常处于疲于应付的状态，对任务的轻重缓急以及自身学习特点缺少清晰的概念，有些同学虽然尝试过学习计划的制订，但持之以恒的比较少。对于时间管理的意识少，也反映出学生自我监控能力弱、自主学习能力差、对于生涯意识的规划和践行能力不足、社会责任意识不强等特点。此外，初中生正处在身心发展过程中，他们的情绪、情感、思维、意志、能力及性格还极不稳定和成熟，生性好动，喜欢表现。

因此，本课拟围绕"学会时间管理 助力生涯梦想"的探究学习，基于科学精神、学会学习、健康生活、责任担当方面的核心素养，课前、课中与课后"三程"整合实施过程中采取多种方法学习时间管理的技巧，从而获得时间价值感和效能感，促进生涯成熟度，增强规划能力和探索生涯发展，培养核心素养五个步骤（简称"五步"）、体验式、合作式、信息技术整合式三种教学形式（简称"三式"）、讲解法、动手实验法、激励法三种实施方法（简称"三法"），三者合称"五步三式三法"，尝试对学生的时间管理素养进行辅导，培养学生正确的时间管理能力，提升生涯成熟度，发展其生涯规划和探索能力，提高科学精神、自主学习、健康生活、责任担当能力的核心素养（简称核心"四素养"）。

2. 纲要与意见分析

教育部颁布的《中小学心理健康教育指导纲要》(2012年修订)(以下简称《纲要》)中明确提出,初中年级心理健康教育的主要内容是:"帮助学生适应中学的学习环境和学习要求,培养正确的学习观念,发展其学习能力,改善学习方法。"也就是说《纲要》中要求心理活动课要帮助学生主动适应环境。初中的多学科学习,学生需要学会针对不同学科采取不同的学习方式方法,需要有合理的时间管理素养。张锋、刘聪的研究证明,时间管理的各维度与学习成绩存在极显著的正相关关系。《纲要》的要求和学者的研究表明,社团活动中教师需要引导学生提高时间管理能力,从而提高学业成绩和职业成熟度。

《上海市教育委员会关于加强中小学生涯教育的指导意见》(沪教委德〔2018〕8号,简称《意见》)指出,中小学生涯教育的主要内容包括自我认识、社会理解、生涯规划三个方面;初中阶段的生涯教育侧重于生涯探索,即主要通过初中生涯教育课程与活动的实施,促进学生拓展自我认识,培养合作能力、学习能力和生活适应能力。

本课拟基于核心素养背景下,"三程"结合整合实施"五步三式三法",来提高初中社团活动类探究型校本课程实施效能的实践研究,是符合以上《纲要》与《意见》的要求的。

3. 教材分析

本课程之学材,是本课执教者自编的。学材内容源于上海市中小学(幼儿园)课程改革委员会所编的《初中生心理健康自主手册》之专题九"我的新时空"内容,根据教学参考资料的解读,本教材设置了学生实验"时间银行谜语""撕纸游戏""时间馅饼""装得下吗",以及文献学习资料,旨在帮助学生主动对自己的日常时间进行合理分配,制订相关的计划并有效加以实施,从而高效地学习、充分地享受学习或休闲生活的乐趣。然而,《初中生心理健康自主手册》中对该课设计内容较多,且学生的体验性还是不够充分。

因此,基于上述学情、课标和教材(学材)已有内容与编排及意图的分析,在学材教学内容的设计上,进行了两项改进,以弥补教材安排中的不足。研究者对其教学内容作精心筛选,并根据课前对学生日常时间管理现状的调查、管理学中相关理论,对自编的学材内容进行了一定的调整与扩充。第一是增补情景剧《杰杰的时间故事》,帮助学生增加对每日合理分配时间的感性认识;第二是增补了"时间记录表"的学生操作,利用课外时间,让学生记录自己的时间去向,为了解自己、发展时间管理意识做准备;第三是"四象限法"知识、"案例分析"应用,即在课程学材框架设计上,帮助学生形成对时间的稳定态度和观念,根据舒伯生涯发展理论,从时间资源的珍贵性、时间效率的高效性、时机的把握、时间顺序,共四个维度进行,让学生在"三程""独合结合"探究活动设计中整合"五步三式三法",以拓展学生合理进行日常时间管理,锻炼应用能力,提升学生生涯成熟度,增进生涯意识,发展科学精神、学会学习、健康生活、责任担当的核心素养。

4. 理论基础

本课程运用了舒伯的生涯发展理论的相关观点。在金树人所撰写的《生涯咨询与辅导》一书中，谈到舒伯于1976年提出，生涯是指一个人生活中的各种事件的演进方向与历程，它统合了人这一生之中从事的各种职业与所扮演的各种生活角色，并由此表现出个人独特的自我发展的形态。即"生涯"应统摄工作、家庭、爱情、休闲、健康等层面，可视为个人整体谋生活动和生活形态综合体。在任何生涯阶段能否成功地适应环境需求和个体需求，取决于个人的"准备度"或者"生涯成熟度"，即由个人生理、心理和社会特质等组成的整体状态，包括认知和情意。舒伯将中学生划分到成长阶段后期和探索阶段前期，成长阶段的主要任务是发展自我形象，发展对工作世界的正确态度，并了解工作的意义；探索阶段的青少年则利用学校的活动、社团、兼职等对自己的能力与角色进行探索，使职业偏好逐渐具体化、特定化并促进其实现。

生涯成熟度的界定中，很多学者将这种"准备状态"也纳入其中。例如，职业成熟度，即个体获得必要的知识和技能从而作出明智的、现实的职业选择的程度，它是个体作出与年龄相适应的职业决策且应对职业发展任务的准备状态。而研究者吴文春、蔡燕丹发现，时间管理概念中，时间倾向中的时间价值感和时间效能感对职业成熟度具有预测作用。谭小宏、张进辅认为，时间价值观，通常是充满情感的，会驱使人朝着一定的目标去行动，对个体驾驭时间具有动力或导向作用。时间效能感，指个体对自己驾驭时间的信念和预期，反映了个体对时间管理的信心及对时间管理行为能力的估计。因此，夏可欣、王乃弋认为，帮助青少年形成正确的时间观可兼顾以下四个方面：时间资源的珍贵性、时间效率的高效性、时机的把握、时间顺序。只有个体对时间有了正确且稳定的认识，才能从自身出发，主动地去管理自己的时间。故结合本课程实际，需要融合上述理论，于学材编制与学生"三程"探究活动组织中，拓展学生合理管理时间知识，培养合理进行时间管理的能力，促进生涯成熟度的提升，并有机培养所定核心"四素养"。

（二）课题研究内容

1. 学生核心"四素养"方面

中国学生发展核心素养以培养"全面发展的人"为核心，分为"文化基础、自主发展、社会参与"3个方面，综合表现为"人文底蕴、科学精神、学会学习、健康生活、责任担当、实践创新"六大素养。本课从"核心素养"中提取出四个方面，具体培养学生如下素养。

（1）科学精神

这里主要是学生在学习、理解、运用科学知识和技能等方面所形成的价值标准、思维方式和行为表现，具体包括理性思维、批判质疑、勇于探究等。本课程通过组织学生开展探究活动，拓展他们"学习时间记录表"的含义和操作要领、"杯子实验"的操作、"四象限法"知识，帮助学生在探索中感受理性思维，学会发现规律，初步树立合理管理日常时间的意识。

（2）学会学习

这里主要是指学生在学习意识形成、学习方式方法选择、学习进程评估调控等方面的综合表现。具体包括乐学善学、勤于反思、信息意识等。本课通过"撕纸游戏"、情景剧《杰杰的时间故事》，让学生在探究活动中尝试发现自己日常时间管理方面的问题，学会归纳和总结，增强管理反思意识。

（3）健康生活

这里主要是学生在认识自我、发展身心、规划人生等方面的综合表现。具体包括珍爱生命、健全人格、自我管理等基本要点。在本课的学生"三程"探究学习中，帮助他们拓展合理管理时间知识，提高学习效率；注意合理分配休闲时间，劳逸结合，促进身心健康发展。

（4）责任担当

这里主要是学生在处理与社会、国家、国际等关系方面所形成的情感态度、价值取向和行为方式。具体包括社会责任、国家认同、国际理解等基本要点。本课中，通过培养学生对时间管理的意识，树立珍惜时间的观念，进而增进为自己的日常时间管理、为自己的职业生涯发展、为未来社会角色承担责任的意识。

2. 实施效能方面

（1）拓展度方面

本课增加了学生课前完成三天的时间记录表工作、排练情景剧《杰杰的时间故事》，课后独立收集与梳理时间管理方面新的方法与技巧探究任务和下次课始参与全班交流分享，将教学内容拓展到课前和课后，以增强学生时间管理的意识、体验时间管理的必要性；拓展时间管理的知识与方法技巧。

（2）科学度方面

本课遵循学生的认知规律，一是学生"三程"探究学习内容的难度由浅入深，逐步提高，便于全体学生接受、内化；二是学生"三程"探究学习过程的五个阶段安排有序合理，便于学生有序投入完成相应探究任务；三是实施形式与方法体现边收集、边学、边体验、边分享、边归纳和课后再收集、交流分享，总体以学生为主体，多形式、多感官参与"三程"探究学习活动为主，结合必要的听取教师介绍，实现从感性到理性的转变，探寻他们在时间管理方面的困感,学习管理学常用的时间管理办法,提供学生更为科学、有效的学习方法和把握一定的规律。

(3) 愉悦度方面

学生要在课前进行情景剧的合作排练准备、课内的展示,还有课中开展他们所喜欢的游戏互动、实验体验,课后收集新的时间管理方式与技巧,以及下次课始参与全班交流,再加教师的随机激励,以调动学生参与的积极性,让学生愉悦学习,增进整个学习过程和结果的愉悦性。

(4) 育人度方面

让学生对所学时间管理与生涯发展方面关系的知识产生学习兴趣;提高时间管理和生涯规划设想探究学习的科学性;增进学生为自己的日常时间管理、职业生涯发展、未来社会角色承担责任意识,实现人生应有的价值追求,塑造自身完美的人格。

3. 实施步骤——"五步"

促进学生理解时间管理的意义和掌握时间管理的方法,在实践中形成时间价值感和获得时间效能感,进而促进职业生涯成熟度,增强规划能力和探索生涯发展能力,培养核心素养(科学精神、学会学习、实践创新等),即"五步"。

4. 实施形式——"三式"

(1) "独合结合"体验式

学生课前独立完成各自最近三天的时间记录表,课堂参与"猜谜语""撕纸游戏""时间记录表"交流、"情景剧表演""杯子实验"环节实践体验,锻炼学生独立观察、动手操作、实验、表演、讨论与归纳的能力;引发学生积极主动投入课堂探究体验性学习中,促进完成从感性体验到理性认识的深化。

(2) 小组合作探究式

① 课前:一是学生合作完成《杰杰的时间故事》情景剧表演设计和排练任务,锻炼合作设计和排练情景剧能力,记录、梳理能力;增进主动参与探究学习时间管理知识与技能的兴趣;引发对"杰杰的日常时间有哪些不合理之处"的初步思考,增强时间管理意识。

② 课中:学生参与完成课前三天"时间记录表"的交流和合作梳理归纳、"情景剧表演"和"杯子实验"的交流讨论,锻炼相应的交流、表演和实验探究能力;引发对自己的日常时间有哪些不合理之处的初步思考,增进时间管理意识;增进课中合作探究的兴趣和团结合作精神。

③ 课后:一是学生独立完成网上课外时间管理的方法与技巧的收集——进行简要的分

类梳理;二是下次课始,参与全班交流分享,听取教师的随机激励、引导和归纳,有机拓展学生加强日常时间管理的知识;锻炼课后独立收集、梳理和概括所需主题信息、进行交流分享和从中撷取有效信息的能力;增进加强时间管理意识和信息意识。

(3) 借助信息技术式

从课前学生收集情景剧素材和设计、排练表演技巧,课中教师组织课堂的引入、引导学生完成"独合结合"体验式和小组合作探究式相关任务、参与讨论分享(同步配以背景音乐)、教师介绍"四象限法"的知识点,课尾的师生合作总结,课后学生独立完成从网络途径收集课外新的加强时间管理的方法与技巧,以及参与下次课始的全班交流分享,各自借助相关多媒体信息技术开展"三程"相应探究活动的实施,以激发学生参与"三程"探究活动的兴趣;拓展时间管理的知识,加强时间管理方法与技巧的应用;提高完成相应探究任务的速度和质量的实效性。

5. 实施方法——"三法"

(1) 讲解法

① 课前:指导四个学生排练情景剧《杰杰的时间故事》(附件1),并讲解情景剧中的角色困惑要点和表演技巧;布置课前作业,让所有学生记下三天的时间动向,填写时间记录表(附件2)的要点,使学生快速把握该情景剧表演中相关角色的定位和表演技巧,快速了解三天时间记录表的操作要点;激发起后续参与活动的兴趣;初步内化了相关时间管理的意识。

② 课中、课后与下次课始:教师借助多媒体、板书,运用口头语言和神情,对学生《杰杰的时间故事》表演讨论与梳理,各自"时间记录表"的讨论、梳理和后续运用,对"四象限法"的概念和运用技巧,对课尾师生合作小结的结果,对课后学生独立探究成果的下次课始交流等内容,进行一定的讲解,以加深学生对所讲解内容的理解,提高完成课中与课后(含下次课始)相应探究性任务的速度和质量;增进对主动将"时间记录表法""四象限法"和课外时间管理的其他方法与技巧应用于日常学习、休闲时间管理和生涯规划的意识;集中学生注意力,活跃课堂气氛,增进学习的愉悦感。

(2) 多元实践法

① 课前:一是学生独立填写最近三天自己的"时间记录表";二是对记录的内容进行初步的梳理分析,为课中参与讨论、交流和再梳理概括做好准备,以帮助学生提前自主了解本节课的探究内容,提高后续课中参与相应环节讨论交流和梳理概括的主动性和速度。

② 课中:学生参加"撕纸游戏"(附件3)、"时间记录表"分享、"杯子实验"三个活动,促进

学生在动手过程中对时间管理的重要性和方式方法产生新想法和新思路,并增进时间管理意识。

③ 课后:一是学生独立完成从网络渠道收集课中没有学习、探究过的方法和技巧;二是组织学生独立进行案例的分析(附件4);三是下次课始,组织交流和梳理归纳,并听取教师的随机激励、引导和归纳,增进学生的实践学习意识;激发"三程"主动探究和运用相关加强时间管理方式方法与技巧的兴趣;提高相应的理解、运用和反思能力。

(3) 激励法

① 课前:教师注意对参与情景剧表演、认真做好最近三天个人"时间记录表"记录和时间去向梳理归纳的学生,给予积极的暗示和称赞,增进学生完成相应课前探究任务的兴趣和加强日常时间管理的意识;初步把握"时间记录表"的运用方法。

② 课中:教师加强观察,注意对学生参与相应游戏、实验、表演、讨论交流时间记录表、学习"四象限法"和课尾的师生合作小结等过程中,态度认真、表现主动、完成任务质量好、速度快,尤其是有一定个人见解和独特观点的学生,给予口头鼓励,让学生体验探究成功、受到肯定的乐趣,提高探究学习的愉悦性、科学性和育人性。

③ 课后:教师对学生课后独立完成所定主题网络信息收集处理、案例分析和下次课始参与交流分享任务中有进步、速度快、质量好和具有一定独特性的行为,注意用口头、符号、表情和文字等形式,加强随机激励,激发学生提高完成课后探究学习任务的主动性;注意提高完成任务的速度、质量和一定的独特性;拓展加强时间管理的方法与技巧知识,并注意落实到行动上。

(三) 设计思路

基于上述情况,本课拟围绕"学会时间管理　助力生涯梦想"的生涯社团探究型校本课程学习内容,基于核心"四素养","三程"整合实施"五步三式三法",引导学生完成独立为主、小组合作为辅的多元实践探究任务作为总体设计思路,让学生初步了解和掌握时间管理的方法(以"时间记录表法""四象限法"为主),促进生涯成熟度的提升,激发继续基于核心素养下"三程"整合实施"五步三式三法"自主开展时间管理和生涯发展探索的兴趣;有机培养学生的科学精神、自主学习、健康生活、责任担当能力核心素养。

【教学目标】

围绕主题探究的内容,经历课上基于核心"四素养"背景下之有机落实"三程"整合实施"五步三式三法"完成独立为主、小组合作为辅的多元实践探究任务活动过程,能认识时间的宝贵性和加强时间管理的紧迫性;理解"时间记录表法""四象限法"对个人做好时间管理的价值意义和基本操作要求;学会分析自己时间的去向情况,能够从实际情况出发,对事件的紧急性、重要性进行排序,学会日常加强对自己的学习、休闲和生涯发展方面时间的自我监控;改善学习方法,提高学习效率;树立珍惜时间的意识,形成初步的时间管理意识,培养自主学习能力,发现学习规律和技巧,提升生涯成熟度,对职业生涯的理念产生兴趣,增强规划能力和探索生涯发展,培养科学精神、学会学习、实践创新、社会责任感核心"四素养"。

【教学用具】

(一)教师准备

电脑、多媒体课件、背景音乐、每人一张长条白纸、彩色纸若干、黑色粗水笔、塑料杯、大石头、花生、细沙若干、案例分析表;访谈学生在时间管理方面的问题,收集资料;对小组合作展示时间记录表的内容,从展示框架、分类内容、小组成员间的互相配合、仪态等方面给出指导;说明学生课前各自完成时间记录表记载的要求;指导合作情景剧表演的学生做好表演设计和模拟准备。

(二)学生准备

根据教师提示的要求,学生在时间记录表上,独立完成最近三天自己的时间用途情况记录;三位同学排练自编的情景剧;小组组长搜集组内成员时间记录表的内容,并制作课中拟交流的PPT。

【教学环境】

(一)硬环境:录播教室。按合作小组坐,四人为一组,共四组。

(二)软环境:课前,教师与学生交流最近三天时间记录的情况;课中,学生通过积极参与小组合作过程和认真倾听同学发言,教师通过观察和倾听学生独立和小组合作探究情况,适时给予学生随机激励和中肯的指点引导,营造宽松的独立与合作探究学习氛围,保护学生探究学习的积极性。

【实践过程】

时间:2019年5月27日下午第4节课;对象:学校生涯社团(预备和初一年级的16名成员);地点:录播教室。

时间分配(分)	教学环节	教师活动	学生活动	课题研究
2	一、组织猜谜语的活动，引发学习参与课题探究兴趣	**1. 组织活动**：谜面是说长也长，说短也短，看不见，摸不着，没有脚，却能跑，只见它匆匆过，不见它回头瞧？ **2. 公布答案**：时间。 **3. 出示课题**：学会时间管理，助力生涯梦想。（板书）	1. 独立听清要求，思考、自主参与回答。 2. 和 3. 独立听、观，思考课题。	放松学生心情，引发学生对时间管理的兴趣，提升愉悦度。
6	二、核心素养背景下，实施"五步三式三法"学生体验学习时间管理的重要性 （一）组织学生参与"撕纸游戏"，初步感悟时间的特点	**1. 组织"撕纸游戏"**：口头说明活动要求：每个同学有一张相同长度与宽度的纸条——代表了过去的 24 小时，请同学们按照教师的指令，撕去自己过去 24 小时间花在相应事务的长度。 **2. 注意观察、思考和参与组内讨论**：观察剩下的纸条长短，你有何感想？小组讨论：谁剩的纸条最长、最短，原因是什么？你们发现时间有什么特点？（要点写在彩色纸上） 板书时间的特点：不可逆、有限、无法代替、没有后悔。 **3. 鼓励分享**：鼓励学生分享操作后的感受与启示。	1. 参与"撕纸游戏"活动：根据教师的指令，独立撕去自己纸条代表过去 24 小时中花在相应事务上的长度。 2. 和 3. 独立和相互观察剩余纸条的长短，发现同学中剩余纸条最长、最短者；参与交流、讨论时间的特点、影响纸条长短的原因，分享、倾听参与活动的感受与启示。	让学生形象地体验到时间的特点； 锻炼学生独立观察、思考、参与讨论、交流同样的时间内，剩余纸条长短不一的原因和所带来的启示能力；初步感受加强时间管理的必要性，激发参与后续探究活动的兴趣。
8	（二）组织开展小组合作表演情景剧和进行观察、思考、讨论交流、归纳杰杰的时间去向不合理之处和时间管理的误区（浪费时间的原因），锻炼学生合作演绎情景剧、进行观察、讨论、交流观感和尝试归纳浪费时间的原因能力，增进加强时间管理意识的探究兴趣	**1. 组织表演与思考**：组织四名学生合作表演《杰杰的时间故事》情景剧（注意随机激励）；引导全体学生思考，杰杰的时间都去哪里了？ **2. 组织讨论、交流**：杰杰的时间去哪里了？有哪些不合理的地方？ **3. 引导归纳**：在分类统计杰杰的时间去向的基础上，要求学生先在组内讨论、记录杰杰的时间去向有哪些不合理的地方。组织学生小组代表到讲台处展示交流小组讨论的结果，师生合作归纳，得出相关原因和误区：目标过高、时间被打断、时间利用率不高等原因，对学生的表演和展示进行随机鼓励。	1. 根据要求，四名学生合作表演情景剧，其余学生观看；全体学生思考杰杰的时间去向。 2. 和 3. 参与讨论、交流杰杰的时间去向；参与师生合作归纳，讨论分享，组长写下讨论结果；与教师一起尝试归纳杰杰时间分配的不合理之处。（见教师下的概括）	激发学生表演、观看情景剧和思考杰杰的时间去向、有何不合理之处的探究兴趣； 锻炼学生合作演绎情景剧、进行观察、讨论、交流观感和尝试归纳浪费时间的原因能力； 增进学生对加强时间管理必要性的认识和个体责任意识。

(续表)

时间分配(分)	教学环节	教师活动	学生活动	课题研究
20	（三）共同探讨如何管理时间，理解两种时间管理方法和学会实践操作，增进自主探索加强日常时间管理方法的兴趣	1. **组织合作交流、分析时间记录表与指导把握时间管理的第一步——学会记录、分析日常时间去向**：组织学生小组合作交流最近三天"时间记录表"情况和指导学生学会分析记录情况；明确时间管理的第一步——学会记录、分析日常时间去向。 2. **组织"杯子实验"、讨论交流充实杯子内容物的方法和指导把握时间管理的第二步——学会对生活事件排序。** (1) 介绍"杯子实验"的要求：组织学生进行"杯子实验"，展示大石头、花生、细沙若干，请大家试一试，怎么才能把所有东西都放进杯子里？及时跟进学生情况，现场反馈可能的操作误区。 (2) 展示分享：邀请学生上台展示，作随机鼓励表扬。 (3) 引导合作归纳：与学生合作归纳操作方法，发现规律。即遵循一定顺序，否则无法完成任务。杯子容量固定的，代表我们每天固定的时间；大小石头、细沙代表每天完成的事，如果我们合理安排，就能有效利用时间。 (4) 讲解"四象限法"和引导学生尝试应用：借助多媒体出示图片，介绍"四象限法"，即按事情的重要程度分为重要、紧急的四种情况——重要又紧急；重要但不紧急；不重要但紧急；不重要也不紧急。请同学们根据自身最近三天时间记录表的内容，适当地选填在表中，学画自己的"四象限法"图。 (5) 引导学生尝试进行案例分析：一个同学面临五件要做的事，试根据"四象限法"，把其归类，把五件事情都安排好。 (6) 组织交流与归纳：注意观察和倾听，作随机激励与引导。	1. 根据教师的要求，四个小组的代表分别交流本组同学最近三天时间记录表的情况，其余学生独立观、思、记、内化；参与小组讨论、分析记录表的情况，分享感受。包括： (1) 自己过去三天时间去向； (2) 哪些事情上分配的时间比较多，哪些地方分配的比较少，是否合理？ (3) 有没有做与自己职业生涯梦想相关的事情？ (4) 组长到讲台处总结本组讨论、交流情况展示，其他同学观看和思考； (5) 听取教师如何记录、分析日常时间的去向。 2. 独立听、思；参与"杯子实验"操作，讨论充实杯内物的办法；展示分享小组方法，尝试总结规律。听取、观察教师所作归纳和"四象限法"。介绍，尝试结合最近三天自己的记录表进行分析，画出"四维象限"图。 3. 按照"紧急""重要"的内容，尝试把案例中的五项任务进行排序，并提出自己的看法； 4. 听取教师激励与引导，内化。	锻炼学生参与交流、分析时间记录表，进行"杯子实验"和讨论交流充实杯子内容物的方法，进行案例分析的能力； 拓展学生加强时间管理的两种主要方法的知识——"时间记录表"分析法和"四象限法"； 学生结合记录尝试应用和进行案例分析，掌握时间管理的第一步——学会记录、分析日常时间去向的能力和第二步——学会对生活事件排序（即"四象限法"）的能力； 增进学生自主探索加强日常时间管理方法和进行应用的兴趣，增进时间管理的责任意识和生涯发展意识

(续表)

时间分配(分)	教学环节	教师活动	学生活动	课题研究
4	三、师生合作小结和课后学生独立完成其他时间管理的方法与技巧的收集整理和案例分析、参与后续交流,锻炼收集梳理概括网络信息、应用所学进行案例分析和参与交流能力,增进应用时间管理方法与技巧,提高日常学习、休闲管理兴趣与实效、促进生涯规划的兴趣和责任	1. 借助多媒体和口头说明布置学生课后独立收集整理网络信息和进行案例分析作业:一是课后,要求学生独立从网上查阅资料,搜索加强时间管理的方法与技巧;二是给出某人近期的五项任务排序,要求学生独立按所学时间管理的方法,进行案例分析,排出新的顺序,下次课始,将组织全班交流分享。 2. 引导学生合作归纳全科所学——最终得出:时间特点、时间利用误区、时间管理方法(做重要的事件、珍惜每一分钟、合理规划、学会取舍)等,对时间进行合理分配,制订计划并实施,从而高效学习,实现职业规划、达到人生目标,充分享受休闲生活。 3. 组织交流:下次课始,组织两项课后作业探索结果的交流;注意观察和倾听,作随机激励与引导;归纳时间管理方面若干方法与技巧。	1. 独立观、听、思,理解作业要求; 课后独立完成作业。 2. 参与回顾、尝试归纳本节课课前、课中探究学习的内容、时间的特点和加强时间管理的基本步骤和方式方法,注意加强时间管理与自身生涯发展间紧密的联系。 3. 参与全班交流; 独立听、观、思,内化。	进一步锻炼学生自主学课归纳能力,内化时间管理的意义、两个方法和良好的时间观念; 锻炼课后独立收集与梳理新的时间管理的方法与技巧和进行案例分析的能力、参与全班交流信息和从分享中撷取有效信息的能力; 提升学生生涯规划意识,培养核心"四素养"。

【效果与反思】

(一) 主要成效

通过本堂探究课的实践,生涯社团的学生们的学习兴趣和主动性在"猜谜语"的环节迅速被调动起来,以最直接的体验方式"撕纸游戏"让学生进入时间管理的讨论之中,给学生抒发自我内心、反思自己、掌握时间管理提供了一个很好的契机。通过合作表演情景剧《杰杰的时间故事》的方式,形象地呈现了杰杰在时间管理方面的相关矛盾冲突,使得学生的体验和感悟能力得以加强。同时,鼓励学生合作讨论、分享感悟,并借助信息技术,让学生把自己写下的三天"时间记录表"进行分享,锻炼了交流分享能力,提高了学习的实效性。

在具体的课堂实施过程中,使用讲解法来分析时间管理的"四象限法"知识,使全体学生对时间管理中的规律和方法有了初步体悟,又在"杯子实验"环节中,运用动手实验法,让学生在实验体验过程中发现时间管理的技巧,即先做重要紧急的事,再做重要但不紧急的事,适当时再做不重要但紧急的事,打发时间时才做不重要又不紧急的事。

在本课的"三程"活动中,根据核心"四素养"的发展定位,一是课前——学生经历了小组合作做好了《杰杰的时间故事》情景剧表演设计和模拟表演准备；独立完成了最近三天各自的"时间记录表"，小组长收集本组成员记录情况、4个小组做好了本组课中交流准备。二是课中——学生经历了开展"撕纸游戏"和《杰杰的时间故事》4人合作表演情景剧、"杯子实验"的操作及相应的小组讨论与交流、"时间记录表法""四象限法"的知识学习与尝试应用、课尾师生合作小结全课所学的过程。三是课后——学生独立完成了搜集新的时间管理方法与技巧、进行时间管理方面案例分析；小组做好了交流准备；下次课始，各组代表参与全班交流，全体学生参与讨论、梳理概括和记录有价值的方法与技巧和案例分析的启示。四是在学生"三程"探究和讨论、分享与点评中，得到了教师适时随机激励与引导。这样的过程，帮助学生克服了害羞心理，增进了进行探究、获得结果和参与讨论、交流、梳理相关结论的兴趣和自信；让学生初步了解和掌握了时间管理的主要方法，能促进生涯成熟度的提升，从而提升职业规划能力；有机培养了学生的科学素养、学习学习、健康生活、责任担当的核心素养，较好地达成了有效教育的"四个维度"（拓展度、科学度、育人度、愉悦度）的预设。

（二）两点反思

1. 两大方面的成功经验

（1）整节课的实施，整体上对学生很有吸引力

这是因为，第一，教师精心进行课程设计，"撕纸游戏"和《杰杰的时间故事》情景剧表演、"杯子实验"等互动体验形式多样，对学生挺有吸引力，有助于提升愉悦度和积极度。第二，每次活动，设有背景音乐；其他教与学过程，师生都较多地运用了信息技术，使学生参与"三程"探究的过程，心情舒缓，注意力能够集中，探究学习的效率高。第三，"时间记录表法"和"四象限法"的知识介绍，对学生来说，既有一定的新鲜感，又嵌入了学生自己的记录和对所给案例的分析，因而改变了传统讲授法教师讲、学生听的刻板面貌，学生学起来倍感亲切，容易接受，实效也高；也为课后的案例分析奠定了知识与技能基础。第四，教态亲切，与学生交流很流畅。

（2）整节课的实施，体现出"七大性"

即把握学情设计内容有针对性，许多内容现场生成具有真实性，注重学生多元实践探究体验感悟具有探究体验性，教师和学生一起合作具有合作性，学生在活动中能理解能感悟具有可接受性，结合多媒体教学和投影设备使用具有信息技术整合式运用性，关注学生的回答和表现及时给予口头表扬具有随机激励性。

这些经验，教师在组织学生开展生涯社团探究型校本课程活动时，都是可以继续坚持的。

2. 三点可改之处

第一，在"撕纸游戏"分享环节，计划是让学生回答时间的特点，但实际上学生没有按照

指令进行,而是联系实际现场发挥,故此处时间浪费较多。因此,此处是否可改变一下任务指令,简化操作。第二,在学习"时间记录表"分析时,拟计划让学生讨论后展示,但实际因为学生已经课前做过分析,觉得还是直接展示效果会更好。第三,案例分析,原定在课上进行的分析,实际上因时间不够,需改为课后进行。若是能够在前述环节压缩些时间,案例分析能够在课上完成,可能对"四象限法"的当堂分析应用效果会更好。

【意义揭示】

通过本次探究课的实践,取得了较好的实效,主要意义,有以下两点:

(一) 全课的实施,对学生富有吸引力和体现出"七大性"特征

具体参见上述"两大方面的成功经验"。

(二) 符合生涯发展理论

根据舒伯的生涯发展理论,本次探究课的实践,紧紧地围绕着个人的"准备度"或者"生涯成熟度"展开,即由个人生理、心理和社会特质等组成的整体状态,包括认知和情感。通过一系列贴近学生生活实际的课内外活动,帮助学生理解时间管理,掌握时间管理的方法和技巧,促进树立正确的时间观念,帮助学生建立对工作世界的正确态度。

此外,本课程基于核心素养背景下,在过程中以"五步三式三法"为手段,注重过程评价,关注活动表现和学习成效,紧紧围绕学生时间管理的实际,在教学的各环节中启发学生思考,体验积极乐观的情绪,帮助他们正确认识和处理成长、学习、生活中遇到的时间管理问题,促进其在轻松愉悦的课堂中获得全面和谐的发展。对学生的生涯教育辅导,培养正确的时间管理能力,来促进学生的生涯成熟度,从而发展其生涯规划和探索能力,从而提高科学精神、自主学习、健康生活、责任担当能力的核心素养。

(三) 符合探究性学习原理

探究性学习的基本原理告诉我们,在教师的适当引导下,鼓励学生自主地运用研究性学习方式,获得和应用知识,发现和提出问题,探究和解决问题的学习活动。本课程关注学生兴趣,培养创新精神和实践能力。通过时间记录表发现问题,并基于问题解决,面向真实生活世界开展教学;通过掌握时间管理的技巧,优化学习方式,从而丰富学生学习经历。本课程非常注重过程评价,对学生进行及时鼓励,促进学生不断发展。同时,加强课程整合,充分发挥课程整体效益。

同时,本节课的生涯教育范畴,是属于学生正面临的新问题,学生有一定的知识基础,但很不全面,学生有探究的愿望,适合进行探究性学习。本节课中,落实了"探究(观察、体验或

发现)→操作→交流→感悟"的探究基本,鼓励学生在"三程"多元实践探究中,逐步体验、掌握了科学的时间管理方法("时间记录表法"和"四象限法"),提炼出了参与"三程"探究性学习的感悟;并激发起学生参与"三程"独立与小组合作探究学习的兴趣;有机发展了学生的核心"四素养";提高了生涯社团探究型校本课程活动有效性的拓展度、科学度、育人度、愉悦度。

可见,这样做,是符合探究性学习基本原理的。

参考文献

[1] 中国教育部.中小学心理健康教育指导纲要[S].教基一〔2012〕15号.

[2] 张锋,刘聪.中学生时间管理自我监控与学业成绩的关系[J].心理研究,2012,5(4):79-84.

[3] 上海市教育委员会.上海市教育委员会关于加强中小学生涯教育的指导意见[S].沪教委德〔2018〕8号.

[4] 上海市中小学(幼儿园)课程改革委员会.《上海市初中生心理健康自助手册》教学参考资料[M].上海:上海市教育出版社,2015:135-139.

[5] 金树人.生涯咨询与辅导[M].北京:高等教育出版社,2008.

[6] 吴文春,蔡燕丹.大学生时间管理倾向与职业成熟度的关系研究[J].韩山师范学院学报,2014(04).

[7] 谭小宏,张进辅.试论时间价值观[J].西南师范大学学报(人文社会科学版),2003(03).

[8] 夏可欣,王乃弋.从时间管理的角度提高个体生涯成熟度[J].中小学心理健康教育,2015(17).

[9] 上海市教育委员会.上海市中小学研究型课程指南(征求意见稿)[M].上海:上海教育出版社,2005.

附件1

《杰杰的时间故事》剧本概况

老师:Good morning, everyone!（左手抬起）I am Miss Liu! Class begin!（右手抬,做讲课状）

杰杰:各位大家好,我是预备(6)班的杰杰,自从上了初中之后,我就觉得时间不够用,每天早起晚睡,这不昨天写作业写到晚上11点,今天5点就被妈妈叫起来补作业,哎,好累啊!（趴在桌上睡觉）

老师:Ok, class over! Goodbye, everyone!

杰杰:（挺直腰,打个哈欠）Goodbye, teacher!

（老师收拾东西,下场）

杰杰:我有个梦想,我要考进同济大学建筑系! 再困再累我要坚持学习!（打个哈欠,继续假装写字）

同学1:（坐在杰杰旁边）拿出水杯,我的新水杯真好看!

同学2:（走到同学1旁边）哇,好好看哦! 你看这个水,多么清澈!

杰杰:哇,给我看看,在哪里买的? 我也想买一个。

旁白:就这样,杰杰课间的时间就在不经意之间度过了,他的成绩依然是全年级100多名,他有些懊恼,但是他却不知道怎么改变这种局面。十年之后,他没有考上梦寐以求的同济大学。不过,他在一家公司找到了前台的行政工作。

杰杰:大家好,我就是杰杰,不过十年以后,我叫Jerry啦,行政工作可忙啦,忙得我满脸痘痘,今天上午我要写个材料,完成我的试用期的考核总结,我一定要完成!

同学1:大家好,我是Mary, hi! Jerry,我们办公室的空调坏了,赶紧找人修啊!

杰杰:（点头）好的,没问题,我马上联系修理工。

同学2:大家好,我是Lisa, Jerry,我6月30日要去法国出差,帮我预订飞机票和酒店。

杰杰:（点头）好的,没问题,我马上网上订好。

旁白:就这样,杰杰的一个上午就这么匆忙地过去了,他忙东忙西,结果总结材料还没有写完,他是否能通过试用期考核还未知。

杰杰:（叹气）唉,我好累啊,我心中还是有个同济建筑师的梦想,好想回到十年前的读书日子,重新找回我的时间,谁能帮帮我?（剧终）

附件 2

时间记录表

班级：　　　　姓名：　　　　日期：

时间	内容

附件 3

撕纸游戏

附件 4

案例分析

达达是班级的语文课代表,又是班长,还是篮球社的骨干,平时总是需要面对许多的学习与工作任务。那是一个周二的早晨,达达刚走进校门,便碰到邻班的几个好朋友,他们对达达说:"今天吃完中饭 12:15,我们一起去图书馆看体育杂志啊,听说新的一期又到了。"可踏进班级之后达达又看到教室黑板上写着"今天中午 12:20—13:10 学校进行科技节知识竞赛"。他这才想起自己是班里推荐的 10 位参赛选手之一。这时门外突然一个大队委员找上来说:"达达,团委许老师让你今天中午 12:10 召集年级开会,商量入团的事情,他也要来参加的。"刚坐到位子上,篮球社的社长跑进来对他说,今天中午 11:55 我们篮球社成员碰个头,商量一下周六外出比赛的事,你可有主要进攻任务的啊。篮球社社长刚走,数学老师走进教室,对同学们说:"今天中午我们 12:25 集中,讲一下上节课的作业,错得很多,只有达达等几个同学做得不错。"达达一听,顿时觉得,今天怎么这么多事情都凑到一起了啊,于是……

信息提炼:

今天中午要做的事情:

(1) 12:15 看体育杂志。

(2) 12:20—13:10 学校科技节知识竞赛,班级 10 位推荐选手之一。

(3) 12:10 召集参加年级大会,关于入团的事情。

(4) 11:55 篮球社商量周六比赛事情,有主要任务。

(5) 12:25 数学作业讲评,自己做得不错,内容已经掌握。

A. 如果你是达达,那天中午你将选择去做哪件事情呢?为什么?

B. 根据学生回答,追问:那么其他的事情怎么办呢?有什么办法可以把这五件事情都安排好吗?

如何将事情排序:

```
                    重要
                     |
    (2区:定出时间做) | (1区:立刻去做)
                     |
   不紧急 ——————————+——————————→ 紧急
                     |
   (4区:打发时间时做)| (3区:授权别人去做)
                     |
                   不重要
```

实施"二策四式" 提高社会实践类探究型校本课程实施效能"五维度"

——以"我的金钱我做主"探究成果展评实践与分析为例

上海市罗山中学 王文颖

【设计思路】

(一)设计依据

1. 学情分析

教师(本课例的研究者)通过对任教的预备(4)班39名学生的了解,发现大部分孩子对钱基本没有概念,平时花钱大手大脚,有什么喜欢的就告诉父母,让父母买,对于金钱的使用,很少有计划性。学生除了每月零花钱和压岁钱的使用,平时生活和金钱有关的实践经验几乎为零。在了解到学生们的现状后,最终选择了"我的金钱我做主"为探究内容,并且确定本课程探究活动的主要目标:一是通过自己的付出来获取金钱,并学会记账,了解自己的日常开销和日常生活用品的价格;二是合理使用自己的钱;三是了解钱生钱的方法——其中会涉及一定的数学知识,做到把"我的金钱我做主"探究活动和数学学科知识学习与应用结合起来。

本课拟基于发展学生科学精神、学会学习、健康生活、责任担当、人文底蕴方面的核心素养(简称核心"五素养"),围绕"我的金钱我做主"内容,整合实施"二策三式",引导学生"独合结合"完成课前、课中和课后12项与探究活动有关的任务。使学生课前学会记录个人的收入和支出,策划一次合理使用钱的活动,小组合作调查钱生钱的方法,合作制定评价方案;课中采取"二独二合"方式交流展示个人的赚钱和花钱过程和合作展示钱生钱的方法和评价结果,交流自己在整个过程中的收获;课后独立规划明年一整年的赚钱花钱计划,拉近学生用钱与自己日常生活的关系,尽可能使每一个学生都能获得合理赚钱和有计划用钱的成功体验,激发他们发现生活中数学的应用价值的兴趣,发展学生的生活探究素养。

2. 指南分析

《上海市中小学研究型课程指南》(以下简称《指南》)之课程实施的基本要求中指出,研究性学习方式以问题为起点,任务驱动。因此,在本课程实施时,注意以问题为起点,发挥问题对学生社会实践探究课程之成果展评学习过程的引导作用。

《指南》指出,对于学生活动的评价方面,在学习过程的每一阶段都要进行评价。同时充分发挥评价改进与激励的功能,要尊重学生的个体差异。通过评价发现并肯定学生的潜能,找到积极的参照点,树立学生自信心。要强调学生能力中的强项,增加课程的价值,真正使评价的过程成为促进学生发展的过程。

在课程探究活动实施过程的进入问题情境、发现和提出问题、探究和实践、表达和交流、反思和深化的五个阶段中,特别强调了学生要将自己或小组经过实践、体验所取得的收获进行归纳整理、总结提炼,形成书面材料、口头报告材料或其他形式的成果。并进一步对整个探究过程进行反思和评价,总结经验和教训。

在组织形式上,常见的有小组合作、个人研究,以及个人与全班集体相结合研究等。小组合作研究过程中,需要推选组长,在组长的带领下组员可以自己研究也可以合作研究,发挥个人所长,合作互补不足。推荐采取小组合作研究的形式,要以个人的独立思考为基础,使得每个组员都积极参与。

因此,本课拟在课前、课中及课后"三程"中,采用"有独有合"的探究型学习方式(学生需要完成"三程"12项探究任务)及其整合实施"二策三式",以期提升学生探究活动成果的展评素养、核心"四素养"和提高社会实践类探究型校本课程实施效能的"五维度"。

3. 教材分析

基于探究型校本课程自身特性、学校区级课题"核心素养背景下提高探究型校本课程实施效能的研究"的要求、《指南》的精神和学生用钱方面的现况,结合教师的相关想法,自编了课前、课中及课后的学习单作为本课程的学材供学生使用,包括以下部分:一是课前学生完成"一独一合"2项探究任务——独立完成探究成果准备1项,分三步实施的任务;小组合作完成探究成果准备1项,分五步实施的任务;二是课中完成确定探究主题与分工、"独合结合"进行资料收集与筛选、合作进行的探究成果总结、PPT加工与制作、当堂开展小组展示评价、当堂参与合作小结归纳、独立撰写笔头反思等8项探究任务;课后独立完成继续记账、规划下一年金钱的合理应用计划的2项探究任务,以期有机提升学生探究活动成果的展评素养、核心"四素养"和提高社会实践类探究型校本课程实施效能的"五维度"。

(二) 课题研究

1. 核心素养方面

(1) 科学精神

① 培养学生课前独立制订"圣诞活动计划"、制作PPT、参与课中交流、参评与课后完善计划时的理性思维;

② 培养学生课前参与小组合作探究"钱生钱的方法"、运用方法尝试赚钱、撰写赚钱方法成果、制作PPT,参与课中交流、参评"班级小富翁",课后独立完善"钱生钱的方法"探究成果时的批判质疑、勇于探究精神。

(2) 学会学习——锻炼学生课前"有独有合"梳理探究资料、构建制订"圣诞活动计划"或"班级小富翁"探究成果总结框架，撰写探究成果，制作PPT，做好课堂交流准备能力；课堂借助PPT，参与现场交流、答问说明和参与自评互评能力；课内外"有独有合"勤于反思、注意改进能力。

(3) 健康生活——提高学生总结探究成果学习效率，增进探究学习实践体验的科学性和愉悦度；借助节日感恩父母，注意有计划合理用钱，促进身心和谐发展。

(4) 责任担当——培养学生管理金钱的意识，树立理财惜财的观念，注意学习为自己负责，为未来社会角色承担责任的意识。

(5) 人文底蕴——培养学生课前独立和小组合作总结各自探究成果、制作PPT和参与课堂交流、自评互评、课内外反思改进的基本能力；增强发现、感知、欣赏、评价美和创意表现探究成果的意识，促进健康的审美价值取向的形成。

2. 课程实施效能方面——"五维度"

本课之课程的实施效能，定位在积极度、容量度、科学度、促思度和育人度五个维度。

(1) 积极度：课前加强家校互动，鼓励家长根据孩子的探究表现，进行相应的奖励，激发"独合结合"参与课前、课中相应探究成果总结、展评，课尾集中小结和课后完善成果活动的兴趣，调动学生课尾小组合作探索小结方式方法的积极性，培养积极规划下一年金钱的合理应用计划和实际运用能力。

(2) 容量度：本课有学生课前独立制订的"圣诞活动计划"、制作的准备参与课中展示的PPT，参与课中交流、评价，有学生小组合作探究"钱生钱的方法"、运用方法尝试赚钱、撰写赚钱方法成果、制作PPT；有学生课中参与小组合作完善探究成果文本和制作交流用PPT、参与展示交流、参评"班级小富翁"；有课后撰写反思笔记、坚持记账、完善"钱生钱的方法"探究成果；有课堂小组合作小结，有课后"独合结合"反思完善展评的探究成果——钱生钱规划等12项任务，以提升学生相应探究成果总结、展评和反思改进素养，因而，容量度大于日常的探究课约100%。对此，拟组织学生"独合结合"完成课前探究成果总结、制作课堂交流用PPT、熟悉交流内容和课堂借助多媒体交流、课前熟悉评价要求以便课上快捷地加以应用和借助课堂学习单引导学生探究过程等，来化解容量增加带来的困难，并有机提升学生相应的素养。

(3) 科学度：一是本课的设计基于学生面临的金钱使用方面的实际问题。二是学生需要完成"三程"探究学习的12项任务的难度，难度逐步提高，便于全体学生参与、接受和内化。三是学生课中展示的相关探究成果，既有学习单和教师现场引导下课前"有独有合"从收集信息、撰写文本、准备PPT的打磨，也有展示前小组合作为主的再次打磨；评价和课尾集中小结，也有相应评价标准和小结归纳学习单的引导，都为提高探究过程的科学性奠定了基础。四是本课的"三程"探究过程安排，符合探究型课程基本的实施步骤。五是教师设计的实施"二策三式"的落实举措，针对性强，落实有保障，可让学生有更多的机会主动地体验整个探究的过程,培养学生的探索精神和实践能力。

(4) 促思度:在学生"有独有合"完成"三程"12项探究任务的过程中,都设计了有机渗透对学生结合自身,了解自己的金钱使用情况的反思;学生对课前、课中、课后完成相应探究成果的过程,设计有对信息收集、制订用钱计划、撰写探究成果文本、如何有效地进行展示、客观公正地评价、课尾参与小结、课后撰写反思文本、坚持记账和完善今后一年用钱规划的过程性思考;课中对各组所展示探究成果的自评互评、课尾的参与集中小结和课后的撰写反思文本和独立完善今后一年的用钱规划,旨在培养学生的反思性思维。

(5) 育人度:一是课前教师组织学生合作小组,从多种渠道收集手机银行以及基金银行股票保险等理财方法,培养学生小组合作,按明确的任务指令,从多种渠道收集信息,进行梳理、判断、筛选、概括的能力,增进小组合作进行信息收集、处理和运用意识。二是课中,教师组织学生合作小组依次介绍银行理财、基金理财、股票理财、保险理财的方法,提高学生勇于参与全班交流的能力,增进对掌握多样理财方法、用钱生钱价值的认识。三是课中教师组织学生对合作小组课堂探究式学习情况开展自评、互评;课尾参与合作小结归纳、课后独立撰写反思文稿和完善今后一年用钱规划,以锻炼全体学生对探究成果进行客观、公正点评的能力和意识,增进自主反馈、改进意识。四是在"三程"探究中,培养学生理性思维、批判质疑、勇于探究精神;借助节日感恩父母,增进亲子和谐关系;注意有计划合理用钱,树立理财、惜财的观念,增进对金钱进行管理的意识;增进为自己、为家庭和为未来社会角色承担责任的意识;培养探究成果交流中健康的审美价值取向。

3. 实施策略——"二策"

(1) 任务驱动策略

课前3项

①独立完成探究成果准备2项——分三步实施:记录近1个月的收入、支出;学生独立制订"圣诞活动计划"→制作PPT→做好参与课中交流与评价的准备,锻炼相应能力和培养理性思维和合理赚钱、用钱意识与注意记账的良好习惯。②小组合作完成探究成果准备1项——分五步实施:学生小组合作探究"钱生钱的方法"→运用方法尝试赚钱→撰写赚钱方法成果→制作PPT→做好参与课中交流与参评"班级小富翁"的准备,锻炼相应能力和培养勇于探究精神。

完成课前3项任务,也为学生提高课堂探究的容量度、积极度、促思度和育人度奠定基础。

课堂7项

①确定探究主题与小组成员分工——学生小组合作,讨论确定本组理财方法主题(各组确定的主题有银行理财、基金理财、股票理财、保险理财);然后根据小组成员的各自特点和特长决定分工,培养学生合作讨论确定主题和合理分工的能力。②开展资料收集与筛

选——学生各自独立收集、判断和筛选符合本组理财探究主题的资料;进行汇总后,小组成员合作讨论进行筛选,培养学生"有独有合"对所需信息进行收集、分析、判断和筛选的能力,增进信息意识。③尝试总结小组合作探究成果——小组成员合作讨论总结提纲,分工进行撰写,由组长整合为探究报告;组内人员讨论,逐步完善报告(实际各组学生共完成了6项探究报告)。④制作和完善小组探究成果PPT——承担制作PPT任务的学生独自根据讨论并筛选后的资料,听取组内成员意见,完善PPT,培养学生PPT制作和完善能力,增进审美意识。⑤参与当堂展示个人和小组探究成果——一是借助PPT,部分学生展示个人"账本""圣诞活动"用钱计划;二是小组派选代表展示本组探究主题之"钱生钱的方法",培养学生借助PPT口头说明展示个人和小组探究成果的能力;增进信息意识,培养个人责任、小组集体责任意识和合理理财、用钱观。⑥参与当堂点评交流——根据学生的个人账本记录,评选出班级的小富翁,鼓励孩子们养成继续记账的好习惯。⑦参与课尾全班合作小结归纳——教师借助多媒体和学习单,引导全班学生参与归纳全课所学内容、合理赚钱与用钱的方法和个性化的经验体会,有机培养学生们正确的价值观,要以正确的心态看待金钱,勤俭节约,学会花钱与生活的平衡,真正实现我的金钱我做主。

通过明确的各项任务,首先能够确保本次探究课课前活动的参与度。学生有明确具体的任务,通过各项任务参与到本课中来。其次能够帮助学生更好地开展课题的探究,明确任务目标和内容,使得学生的探究更有效。再次也能大幅提高课堂的效率,一名学生做一件事,就能更加专注于它,就能更加保质保速地完成。最后还能够培养学生对于整个探究过程的深入思考。

课后2项

①继续记账——学生独立记录自己平时的收入和支出,促进坚持记账良好习惯的养成。②学生独立规划下一年金钱的合理使用计划,培养实际运用能力。

(2)点评—反思—改进策略

课中实施

①对课中学生独立和小组合作探究成果展评的点评—反思—改进策略:即在各组探究成果交流后,教师组织学生从探究成果交流的内容、PPT制作的科学性和艺术性、成果交流者的水平这三个角度,引导学生进行优缺点的点评,促进学生自主反思和进行必要的改进,锻炼学生根据评价内容与其他评价要求,对探究成果作出客观、公正的自评、互评的能力。培养学生敢于质疑、自主反思与改进的精神。②对课中学生合作进行"班级小富翁"评选中的点评—反思—改进策略:即根据学生分小组合作策划圣诞节合理用钱计划、收支记账、赚钱的总数量等内容,教师引导学生合作评选出"班级小富翁",促进参评学生进行自主反思和必要的改进,锻炼学生根据评价内容与其他评价要求,对"班级小富翁"作出客观、公正的评选能力和敢于质疑、自主反思与改进的精神,让同学们体会到花钱能给家人带来幸福感,增

强合法寻找"钱生钱"方法的意识,树立正确的价值观。③对学生课后独立完成"下一年金钱的合理使用计划"的书面作业反馈中和反馈后的点评—反思—改进策略。即课后,学生根据学习单独立完成自己"下一年金钱的合理使用计划"的书面作业后,参与教师组织的交流反馈、点评,明确计划中赚钱、用钱和落实举措方面的优势和不足,自主进行反思,注意从交流中撷取有价值的信息,完善自己的计划,以锻炼学生合理规划赚钱、用钱计划和明确落实举措、进行自审与对比、注意改进计划的能力;增进交流、反思和改进意识,培育正确的用钱观。

在实施点评—反思—改进策略中,也为提高社会实践探究课程之探究成果展评的科学度、促思度和育人度,奠定基础。

4. 实施形式——"四式"

(1) 借助"三程三单"式

① 课前实施:学生根据课前探究学习单,独自完成自己近1个月收入、支出记录,制订"圣诞活动计划"和参与小组合作完成"钱生钱方法"任务,培养相应能力、理性思维、勇于探究精神,培养合理赚钱、用钱意识与注意养成"记账好习惯"。

② 课堂实施:学生根据课中探究学习单,参与展示个人"记账本"、评选"班级小富翁"、展示个人"圣诞活动计划"以及小组展示"钱生钱的方法";根据评价标准,对交流情况进行自评、互评;参与课尾的全班合作小结,锻炼学生相应能力;增进客观、公正评价的意识和质疑、反思、改进意识,激发参与探究成果展评的兴趣。

③ 课后实施:学生根据课后学习单,独立完成继续记账、规划下一年金钱的合理赚取、使用和落实举措计划,培养坚持对金钱合理规划用途、日常出入记账的用钱行为习惯。

(2) "独合结合"探究成果总结与展评体验式

① 课前实施:课前学生独立完成2项和小组合作完成各1项探究成果总结、制作PPT和做好交流准备体验任务,增进进行探究学习的兴趣;锻炼相应能力;锻炼探究成果总结、借助PPT和口头说明的能力,增进做好展评准备意识和勇于探究、反思改进精神。

② 课中实施:课中,学生通过参与独立展示课前探究成果"记账本""圣诞活动计划",小组合作展示"钱生钱的方法"、评选"班级小富翁"和根据评价标准对探究成果进行自评、互评的展评体验活动,锻炼相应能力,促进从感性体验到理性深化的实现;增进对"独合结合"探究成果总结与展评体验式学习的兴趣和反思改进意识。

③ 课后实施:课后学生独立继续坚持日常用钱"记账"活动,独立规划下一年金钱的合理赚取和使用计划,撰写对整门课程学习的笔头反思,后续参与班级展示与评价,促进学生逐步养成日常坚持记账的良好习惯;培养合理规划和有计划用钱的能力。

(3) 借助信息技术式

学生运用:① 课前运用:学生独立借助网络以及手机App了解"钱生钱的方法",借助Word等软件,小组梳理"钱生钱的方法"的相应信息、撰写探究成果,个人制订"圣诞活动计划"、拍摄好个人近 1 个月的"记账本"照片,个人和小组做好课中拟展示课前探究用的 PPT,培养学生相应能力,激发课前"有独有合"进行探究的兴趣,为提高课中展评交流效率奠定基础。②课堂运用:学生借助信息技术,对自己小组确定的主题(在银行理财、基金理财、股票理财、保险理财中选 1 个),开展资料搜集与筛选、尝试总结小组合作探究成果、逐步完善报告(实际各组学生共完成了 6 项探究报告)、制作和完善小组探究成果 PPT;参与当堂展示①②中的个人和小组探究成果;相关学生和小组代表借助实物投影仪,展示对个人和小组展示成果的自评、互评结果,以期锻炼学生相应能力,激发参与自评、互评课前、课中"有独有合"探究成果的兴趣;提高成果展评过程的实效性之积极度、容量度和促思度。③课后运用:部分学生借助信息技术建立电子"记账"本继续开展记账活动;全体学生继续利用信息技术,帮助独立规划下一年金钱的合理赚取、使用和落实计划,撰写对整门课程学习的反思;制作参与全班交流用的 PPT,后续参与全班交流与评价,锻炼相应能力;增进借助信息进行"有独有合"课后探究体验式学习的兴趣;提高课程实施有效性的积极度、容量度和促思度。

教师运用:①课前运用:教师借助信息技术,展示课前学生探究学习单的相关要求、"记账本""圣诞活动计划""钱生钱的方法"的相关示例,引导学生科学、高效地完成课前 3 项探究任务,规范展示"记账本""圣诞活动计划"和"钱生钱的方法"探究成果呈现的相关格式,提高课中展示的实效。②课堂运用:教师借助多媒体技术展示课中学习单的相关要求,引导课中引入、展示、评价、总结和布置课后探究任务各教学环节的顺利实施,提高学生参与完成"钱生钱的方法"主题小组合作探究,进行课前、课中探究成果展示与评价任务的速度、容量和质量,增进学生参与课堂探究和展评的兴趣。③课后运用:教师构建运用信息技术的相应环境,为学生课后独立完成的 3 项探究任务展示、评价提供方便,提高学生展评的实效和兴趣。

(4) 多元激励式

① 预设激励式:课中——学生根据课中探究学习单独立探究和小组合作探究成果展评的评价内容、评分要求、计分和评价说明,分别进行优势与不足的自评与互评,合作评出"班级小富翁",锻炼学生探究成果总结、制作 PPT、进行现场展示交流与评价的相应能力;促进学生注意提高独立探究和小组合作探究成果总结、制作 PPT、进行现场展示交流与评价的积极度、科学度;培养敢于客观、公正进行自评、互评的精神和质疑、反思意识。

② 随机激励式:①课前——教师注意随机了解学生独立与小组合作完成 3 项探究任务情况,鼓励及时完成任务,注意提高质量;与家长沟通,要求支持孩子在家进行赚钱活动,以激发学生完成相应独立与小组合作探究任务的积极性、及时性和高质性。②课中——对学生探究成果准备充分、成果质量高、展示交流流畅和实效好、参评主动积极到位和客观公正、反思改进主动等行为,师生及时进行多样化的随机激励,以倡导相应行为,有机提升学生相应素养。③课后——教师注意了解学生继续做好日常"记账",下一年赚钱、用钱计划和撰写

对整门课程学习感悟和后续参与全班交流、评价情况，及时进行鼓励表扬，以此激发学生保持课后独立完成探究任务、参与交流评价的兴趣，注意提高探究成果质量。

（三）基本思路

基于上情，本课围绕"我的金钱我做主"展评活动内容，教师拟"三程"整合实施"二策四式"（任务驱动策略和评价—反思—改进策略；借助"三程三单"式、"独合结合"探究成果总结与展评体验式、借助信息技术式和多元激励式），引导学生完成课前3项、课中7项所定独立与小组合作探究之主题、内容信息收集梳理、成果总结、PPT制作、交流准备、课堂展示交流、自评互评、课前和课中结合加以改进和课后独立坚持"记账"、规划下一年金钱的合理使用计划的2项探究任务，锻炼完成相应探究任务的能力；增进金钱管理的意识；提高探究成果展评有效性的"五维度"，有机提升所定学生的相关人文底蕴、科学精神、学会学习、健康生活、责任担当等五大方面核心素养；保持进行探究成果展评的兴趣。

【教学目标】

（一）知识与技能

独立尝试制订"圣诞活动计划"和小组合作探究"钱生钱的方法"、尝试创造"班级小富翁"能力；独立记录近1个月自己每天金钱的收入和支出能力；独立了解生活中一些生活物品的价格能力；"有独有合"体会了解赚钱的辛苦；会合理地使用自己的零用钱；小组合作探究体验、了解"钱生钱"的主要方法（银行理财、基金理财、股票理财和保险理财）；尝试独立总结自己和小组合作探究成果、制作PPT、参与课中交流的能力；尝试对个人和小组探究成果展示交流情况进行自评、互评能力、反思改进能力，独立规划下一年合理赚钱、用钱计划能力；初步认识客观、公正评价探究成果的基本要求和价值；增进对本课"三程""独合结合"整合实施"二策四式"进行探究成果展评之价值的认识。

（二）过程与方法

围绕"我的金钱我做主"展评活动内容，在教师"三程"整合实施"二策四式"引导下，完成课前3项、课中7项和课后2项"有独有合"的探究任务，锻炼完成相应探究任务的能力，体悟"三程""独合结合"整合实施"二策三式"进行探究成果展评中所蕴含的学习策略与方式方法；初步学会对自己的日常金钱收入和支出进行"记账"，合理规划一个年度用钱计划，提高对金钱进行管理的能力；提高社会探究课程之探究成果展评有效性的容量度、科学度和促思度，有机提升学会学习、健康生活的核心素养。

（三）情感态度与价值观

激发积极发现生活中的美好意愿；培养注意合理使用每一元钱的精神，发挥钱的最大功能；增强"有独有合"课前完成所定探究任务信息收集梳理、探究成果撰写、制作 PPT、交流准备意识；课堂有效展示交流个人和小组合作探究、根据要求客观公正参评意识和合作精神；增进反思改进意识和批判质疑、勇于探究精神，增进对金钱进行管理的意识，为自己、为家庭和为未来社会角色承担责任的意识，培养健康的审美价值取向（育人度）；激发进行探究成果展评学习的兴趣（积极度）。

【第 1 次实践过程】

时间：2019 年 12 月 25 日下午第 2 节课；对象：六(4)班学生；地点：资源教室。

时间分配(分)	教学环节	教师活动	学生活动	课题研究
1	一、组织复述三个星期所开展的课程主要活动导入，引发回忆、参与后续探究成果展评的兴趣	1. 师：同学们，这三个星期，我们的社会实践探究课程"我的金钱我做主"，开展了哪三类主要活动？ 2. 对！我们课前还各自撰写了"圣诞活动计划"和实践用"记账本"记录近 1 个月自己的日常收支，小组合作从网络等途径探究"钱生钱"的方法。下面，让我们借助 PPT，按序来作介绍吧。	1. 独立回忆、思考，参与回答出："记账活动"、"赚钱活动"、制订"圣诞节合理用钱活动"计划。 2. 独立听、忆、思，跃跃欲试，准备参与交流。	引发学生独立、小组合作回忆、思考，参与后续探究成果展示与评价的兴趣。
25	二、交流展示独立和小组合作探究成果，锻炼相应能力与核心素养，提高社会实践类探究型课程学习效能的"五维度" （一）展示个人记账本	1. 组织学生展示个人"记账本"和交流赚钱与记账体会：赚钱活动截止到 12 月 23 日，同学们都攒下了多少零用钱啊？请赚钱最多的 3 位同学来展示一下近 1 个月他们的"记账本"，分享一下他们的赚钱经过。 注意倾听，并作随机激励。 问：你对赚钱与记账的实践体验过程，有什么经验和体会？ 2. 激励与引导：注意观察和倾听学生的展示与介绍，并作随机激励与引导。	1. 相关学生举手； 被叫的 3 名学生带着自己的"记账本"到讲台处，先后借助实物投影仪，出示账本和汇总成数据，作简要分析。 其余学生独立观、听、思、内化。 被叫学生通过帮家长做家务获取收入、考取好成绩受到奖励、平时的零用钱； 其余学生，对自己的不同获取收入方式进行补充。 2. 独立听、思，内化。	增进学生赚钱兴趣和参与赚钱成果交流兴趣；体验赚钱的方法和锻炼合作统计归纳赚钱方法的能力； 增添生活的乐趣；增进赚钱与记账、统计辛苦的体验，增进对家长的感恩之情和合理用钱的责任心。

(续表)

时间分配(分)	教学环节	教师活动	学生活动	课题研究
25	(二)展示部分学生课前个人制订的"圣诞活动计划"和如何合理花钱的探究实践体验成果	1. **组织展示**:请部分学生展示个人课前制订的"圣诞活动计划"和合理的花钱探究实践体验成果。 注意倾听,并作随机激励与引导。 2. **组织评议**:听了刚才几位同学的介绍后,请各组提出优势、问题或完善的建议; 注意倾听,并作随机激励与引导。	1. 相关被抽取学生借助PPT和口头说明,介绍自己的"圣诞活动计划"和实际花钱记账与数据汇总探究实践体验成果; 其余学生独立听、思、内化。 2. 独立听、思、忆;举手、被叫学生进行点评和提出建议; 独立听、思、内化。	1. 激发学生参与交流和听取同学交流"圣诞活动计划"、合理地花钱探究实践体验成果、注意汲取经验和探索合理用钱兴趣; 锻炼学生交流课前探究成果和从中获取有效信息的能力。 2. 锻炼学生从交流的"圣诞活动计划"和合理的花钱探究实践体验成果中发现美、欣赏美、发扬美的能力;增进扬美意识; 锻炼发现探究交流成果问题、提出完善的建议能力; 增进对家长的感恩之情和合理用钱的责任心; 增进反思改进意识。
	(三)介绍小组合作探究"钱生钱"方法探究实践体验成果	1. **组织小组合作"钱生钱"探究成果展示交流**:现在由各组派出代表,给我们带来他们学到的钱生钱的方法,掌声欢迎。 2. **提问与引导**: (1)除了这四种理财方法,你还知道哪些"钱生钱的方法"吗? (2)刚刚介绍的几种方法中,哪个对我们学生来说比较适用呢?为什么? 注意倾听、随机激励与引导。	1. 小组代表借助PPT和口头说明,分别展示介绍银行、基金、股票和保险理财的相关知识; 其余学生独立观、听、思,注意汲取有效理财信息,内化。 2. 之(1)独立听、思,相关学生回答:黄金、房产等。 2. 之(2)独立听、思,共同散答出:银行存钱较为合适——因为政策允许,方便操作,稳定可靠; 独立听、思、内化。	培养学生借助多媒体和口头说明展示小组合作"钱生钱"的四种理财基本方法之探究成果的能力和主动参与回答其他"钱生钱"方法的能力; 锻炼学生从展示交流成果中独立汲取有效理财方法和进行比较选择的能力; 调动学生参与小组合作探究与展示"钱生钱的方法"探究成果、主动探索新事物的积极性。

(续表)

时间分配(分)	教学环节	教师活动	学生活动	课题研究
10	三、组织全班学生合作评价各小组的表现,锻炼客观、公正地进行评价能力和增进反思改进意识,内化评价的鉴定、引导、促进改进功能和增进合理用钱责任意识	1. 说明评价标准:借助多媒体和语言,说明评价内容与要求;说明"班级小富翁"的评价要求。 2. 组织据标评价:组织学生进行自评与互评;小组成员统计、汇总,评出组内"小富翁"。 3. 组织评价交流:请各组代表交流自评和互评,介绍评出的组内"小富翁"情况;组织现场比较,评出"班级小富翁";注意倾听,并作随机激励与引导。	1. 独立观、听、思,内化评价内容与要求。 2. 进行自评与互评;根据记账、赚钱、策划圣诞节合理用钱等活动,评选出组内"小富翁"。 3. 小组代表交流本组自评、互评和评价他组情况,介绍评出的组内"小富翁";相关被叫学生进行现场统计、归纳,宣布评选出的"班级小富翁"。(集体鼓掌) 独立听、思,内化。	锻炼学生客观、公正、辩证地进行评价的能力; 增进学生合理用钱意识、健康审美意识、质疑反思与改进责任意识、和谐合作意识; 激发学生继续开展这样评价的兴趣。
4	四、组织全班学生合作梳理、总结探究成果展评活动所学内容、方法和个性化体会,增进小结意识和注意学会开源节流、树立正确的金钱观	1. 组织课尾集中小结:借助学习单、多媒体和语言,说明学生参与课尾全班合作小结的要求——谈谈"有独有合"参与课前准备、课中展示和评价与合理赚钱、用钱探究实践体验成果活动有关的收获。 2. 注意激励与引导:加强观察,注意倾听;作随机激励与引导。	1. 独立观、听、忆、思,参与组内总结、交流;被叫学生参与全班交流,得出结论:生活离不开金钱。我们要以正确的心态看待金钱,学会开源节流; 课尾的集中小结内容,需要关注全课所学内容、方式方法和个性化体会;总结的结果,需要用多元化的形式简洁地加以呈现和注意在后续的学习中有机地加以运用。 2. 独立听、思,内化。	培养全体学生课尾参与集中小结的方法;需要从全课所学内容、方式方法和个性化体会方面入手,注意总结结果的多元化简洁表述; 增进学生的小结意识,促进良好课尾小结习惯养成; 让学生正确认识钱给生活带来的意义,注意学会开源节流,树立正确的金钱观。

【效果与反思】

(一)实效

通过本课课前、课后对学生完成相关探究任务的了解、个别访谈,课中对学生四个环节探究表现的观察、记录与分析,观课教师、专家的评课等可知,所定以下学生核心"五素养"和有效教学"五维度",都得到了程度不一的锻炼与提升。

1. 学生核心"五素养"方面

(1)科学精神:学生通过参与"三程""有独有合"的系列探究实践体验活动,普遍产生了对合理赚钱、用钱的方法、合理计划进行探索的兴趣；锻炼了课前"有独有合"进行合理赚钱、用钱和规划方面的探究成果准备、课中展示和评价、评出组内和班级"小富翁"与课后完善年度赚钱、用钱计划与落实举措时的理性思维。

（2）学会学习：本课程紧密结合学生的学习生活和成长环境，学生通过参与完成"三程""有独有合"的12项探究实践体验活动，拓展了借助日常记账、合理计划钱的用法和合理理财的基本方法（银行、基金、股票和保险理财）方面的知识；较好地锻炼了课前独立完成记录自己近1个月日常收支"记账本"、制订"圣诞活动计划"和小组合作探究"钱生钱的方法"探究任务，撰写探究成果文本，制作PPT，做好课中交流准备的能力；程度不一地锻炼了课中借助PPT、口头语言，参与现场交流、答问说明课前探究成果，参与自评、互评探究成果，汇总多种信息记录评出组内和小组"小富翁"的能力；锻炼了参与课尾集中小结的能力；锻炼了课外继续独立进行记账、完善新的一年赚钱计划的能力；增进了小结意识，促进了课尾小结全课所学良好习惯的养成。

（3）健康生活：一是学生在"三程""有独有合"探究中，提高了完成课前探究成果准备、课中展评、课尾参与小结和课后反思改进探究成果的质量、效率，增进探究学习实践体验的科学性和愉悦度；二是全班学生在课前准备探究成果PPT、课中交流和自评互评中，培养了他们的健康审美意识、和谐合作意识，客观、辩证地认识个人和小组合作探究成果和所作展示的优势与不足意识。

（4）责任担当：学生普遍能够正确认识钱给生活带来的意义：人的日常生活离不开金钱；我们要以正确的心态看待金钱，学会开源节流，对自己日常金钱的收支和用钱计划进行管理，树立理财惜财的观念；懂得了个人需要学会对自己、对家和对未来社会角色承担责任的意识。

（5）人文底蕴：一是学生在赚钱、日常收支记账、利用赚到的钱为家人提供一次温馨的圣诞活动探究实践体验中，增添了生活的乐趣，增进了感恩父母的情感；二是培养了学生课前独立和小组合作总结各自探究成果、制作PPT和参与课堂交流、自评互评、课内外反思改进时的审美情感——增强了学生发现、感知、欣赏、评价美和创意表现探究成果的意识，促进了健康的审美价值取向的形成。

2. 探究课程有效性"五维度"方面

（1）积极度方面：一是课前教师与家长加强沟通，鼓励家长根据孩子的探究表现，进行一定的物质（或金钱）奖励，较好地激发了孩子们"独合结合"参与课前、课中相应探究成果总结、展评和课后完善成果活动的兴趣；二是由于有多媒体、学习单和教师口头引导，学生能较快较好地完成"三程"探究任务，增进了参与的积极性；三是在学生"三程"探究中，能够借助评价标准，进行自评、互评的预设激励和教师的随机多元激励，从而保持参与探究过程主动性；四是学生在课中展示活动中，普遍愿意分享自己和小组的活动成果，与小组成员合作快乐，小组展示有序有效；五是课后学生坚持独立"记账"和规划下一年金钱的合理应用计划活动，延续了对此开展探究的积极性，促进了对金钱收支实际运用能力的提高。

（2）容量度方面：这节课，除了部分组的课堂评价交流延至后续进行外，其余任务都顺利完成，课堂探究的容量度大于日常的探究课约100%。这是由于教师注意组织学生"独合结合"完成课前探究成果总结、制作好课堂交流用的PPT、熟悉交流内容、课前熟悉评价要求和课堂借助学习单的引导和信息技术，参与自评和互评、参与全班课尾集中小结，因此才得以实现课堂的高容量度，并有机提升了学生相应的素养。

（3）科学度方面：如前所述，教师对本课程"科学性"的预设有五个方面，总体基本达成。由于预备年级学生受年龄因素，以前对合理赚钱、用钱缺少经验和疫情影响（银行理财多数没能实际进行实际操作；基金、股票和保险理财本身设想就以知识了解为目标），因此，他们对"钱生钱的方法"，只能以知识了解为主，还缺少实践操作层面的深入学习，这方面的科学度还有待提高。

（4）促思度方面：一是增进了学生在"有独有合"完成"三程"12项探究任务的过程中，有机结合自身，了解自己的金钱使用情况的诊断意识；二是学生在课前、课中、课后完成相应探究成果的过程中，经历了对信息收集、制订用钱计划、如何有效地进行展示、客观公正地进行评价、课尾参与小结、课后坚持记账和完善今后一年用钱规划的过程性思考，培养了实践求证、加强监控、合理调整的科学探究思维；三是学生在课中参与对展示的探究成果进行自评互评、课尾的参与集中小结和课后的独立完善今后一年的用钱规划，培养学生的反思性思维。

（5）育人度方面：整节课通过同学们的"圣诞活动计划"表现出浓浓的家庭温馨感，让学生学会感恩，通过自己赚钱感受到金钱的来之不易，学会体谅父母。一是学生普遍增进了独立和小组合作进行所需主题探究信息的收集、处理和运用意识。二是提高了学生勇于参与全班交流能力，增进对掌握多样理财方法、用钱生钱价值的意识。三是有效地锻炼了全体学生对探究成果进行客观、公正点评的意识，增进了学生对个人和小组展示的探究成果的自主反思、改进意识。四是在"三程"探究中，有机培养学生理性思维、批判质疑、勇于探究的精神。五是学生经历体验赚钱、用钱"记账"、节日感恩父母，增进了亲子和谐关系；结合学生课后继续独立"记账"、规划"下一年的用钱计划"，初步增强了他们注意有计划合理用钱、对金钱加强日常管理的意识；初步增强了为自己、为家庭和为未来社会角色承担责任的意识。六是培养了学生在准备、展示、评价和反思完善探究成果中，关注健康的审美价值取向。

（二）反思

1. 展示评价方面

一是课堂上学生对探究成果的自评、互评环节，因时间不够，没有得到全面展现——可以适当压缩学生独立展示的时间,提高评价的完整性和更好地促进学生评价素养的提升。

二是评价的内容与要求方面:相对较简单,只是就同学们课堂上的表现、PPT的制作水平以及圣诞节的活动进行较为表面的评价,影响学生评价水平的提高和发挥评价的鉴定、引导和促进改进功能的发挥——可以设计较为完整的个人和小组合作展评类探究成果的评价内容三级要素,配合四级评价要求和评价说明,制定较为规范的评价标准,以此引导学生撰写探究成果、制作交流用的PPT和更好地参与现场交流与评价,更好地实现评价的功能和有机提升学生"独合结合"进行客观、公正评价的素养。

2. 合理用钱良好行为习惯方面

一是用钱观和合理用钱习惯方面。六年级的孩子们,毕竟年纪还小,只能浅表地了解一些基本的金融知识。课程虽然告一段落,但是每个同学的理财意识和对金钱的正确使用意识,还需在日后的生活中继续加强。比如,将记账变成一种生活习惯,以及时了解自己的消费情况,知道哪些钱必须花不能省,哪些钱一定不能花,哪些钱可花可不花,帮助学生们真正树立正确地使用零花钱和压岁钱的观念。

二是学生如何合理使"钱生钱"方面。要学生继续加强了解银行、基金、股票、保险理财等生钱的方法,也可以引导学生设想下自己将来的就业目标,正面培养在生活中对金钱的理性客观的态度。这些举措的落实,既和学生的日常学习、生活、交往等息息相关,又与家长对孩子的希望、家庭发展紧密关联,因此,也需要得到家长的支持和帮助。

【意义揭示】

由于前期准备较充分,课堂活动比较丰富,本节课取得了较好的课堂教学效果。主要原因是本课题符合乐学、善学核心素养发展培养的目标。实施"二策四式",提高社会实践类探究型校本课程实施效能"五维度"。积极度:较好地激发了孩子们"独合结合"参与课前、课中相应探究成果总结、展评和课后完善成果活动的兴趣;学生能较快较好地完成"三程"探究任务,增进了参与的积极性;保持参与探究过程主动性;小组成员合作快乐,小组展示有序有效;促进了对金钱收支实际运用能力的提高。容量度:课堂的高容量度,有机提升了学生相应的素养。科学度:以知识了解为主,还缺少实践操作层面的深入学习,科学度还有待提高。促思度:增进了学生的金钱使用情况的诊断意识;培养了实践求证、加强监控、合理调整的科学探究思维;培养学生的反思性思维。育人度:学生感受到的学会感恩,增强掌握多样理财方法、用钱生钱价值的意识。增强了学生对个人和小组展示的探究成果的自主反思、改进意识,对金钱加强日常管理的意识;初步增强了为自己、为家庭和为未来社会角色承担责任的意识。培养了学生在准备、展示、评价和反思完善探究成果中,关注健康的审美价值取向。

校本探究课程经过了小组创建、理论学习、赚钱花钱实践,最后迎来了交流展示环节,班级同学进行了一些活动,比如记账、赚钱、策划圣诞节合理用钱等活动,评选出"班级小富翁",让同学们体会到花钱能给家人带来幸福感,分组寻找"钱生钱的方法",体现出同学们的合作意识,本课程从学生生活实际出发,关注学生的经验和思想的横向拓展和纵向生长,借助区级重点课题的大力推动,培养师生的核心素养,实现让每个学生在探究中学会学习、学会合作、学会思考、获得快乐学习幸福体验。生活离不开金钱,培养学生们正确的价值观,要以正确的心态看待金钱,勤俭节约,学会花钱与生活的平衡,真正实现我的金钱我做主。

参考文献

[1] 林崇德.21世纪学生发展核心素养研究[M].北京:北京师范大学出版社,2016.

[2] 上海市教委中小学(幼儿园)课程教材改革委员会.上海市中小学研究型课程指南[Z].2011.

[3] 赵希强.探究性学习方式研究与实践[M].济南:山东大学出版社,2009.

[4] 杨向东,崔允漷.课堂评价[M].上海:华东师范大学出版社,2012.

[5] 孙微.实施"五策"提高数学单元复习和自我监控能力培养实效——以《图形的运动》复习课之区级课题研究课两次实践与分析为例[J].浦东教育研究,2018(2):48-51+7.

实施"四式三法" 提高"健体操创编"探究型校本课程实施效能"六维度"

——以"武术套路创编"探究型校本课程教学实践与分析为例

上海市罗山中学 黄爱民

【执教时间和地点】

时间：2020年6月17日上午第3节课；对象：预备（3）班学生；地点：操场。

【设计思路】

（一）设计依据

1. 学情分析

预备年级的学生，整体活泼好动，对于动作的模仿具有天生的好奇与兴趣；通过一个月的空中课堂武术基本动作套路的学习，具有一定的运动基础。线下教学实践学生多少体验过"四式三法"（自主创编式、合作创编式、展评反思式、激励引导式和讲解示范法、观察法、音伴结合法）的过程，结合本年龄段学生活泼好动、乐于展示表现的特征，实施"四式三法"能使学生学会学习，提高有效教学。

因此，本课拟基于以上学情分析，实施"四式三法"学习创编武术自锻套路，通过加强师生互动、生生互动，提高武术创编学习的课堂有效性，进而激发初中学生参与武术练习的积极性，增进健体自信，弘扬中华武术精髓。

2. 课标分析

上海教育出版社《上海市中小学体育与健身课程标准》中，提出了贯彻"健康第一"的指导思想，实践"以学生发展为本"，"健身育人"的理念。倡导学生自主学习、合作学习、探究学习和体验学习；建议使用多元化的教学策略和教学方法；关注学生的心理健康，注意增进健体的自信。

因此，本课拟基于核心素养背景下，实施"四式三法"来组织学生开展自主与合作相结合的探究体验式学习武术自锻套路创编，调动学生学习的积极性和主动性，提升有效教育的"六维度"，是符合课标的上述精神的。

3. 教材分析

本节课所用教材为罗山中学预备年级体育校本课程"健体操的创编"之纸质学习资源。其内容包含了理论部分和实践部分，介绍了健体操的分类、创编原则与方法、实际创编案例等知识。本课根据校本课程中健体操的创编原则与方法，依据单个动作的流畅衔接、运动路线的科学规范、手型（步型）的变化多样、起始终点合一等原则方法，在培养学生核心素养背景下，尝试运用"四式三法"来组织学生进行武术探究课教学，创编个性化的武术套路，以激发学生对中国传统武术的兴趣，积极思考，探求学习，培养自锻良好行为习惯的养成，提高探究型校本实施有效性的六维度（见后）。

（二）课题研究

1. 发展学生核心素养方面

本课的核心素养包括"学会学习"中的"乐学善学"和"勤于反思"，结合武术套路创编的要求，概括如下：

（1）善学素养：为培养动静结合、刚柔有度的武术精髓，本课的第三部分，在复习少年连环拳后教师质疑"如何才能更好体现中华武术的精气神？"组织学生通过自练—观察—对比—交流—总结的流程，在练中学、合作学，以提高对中华武术精髓的理解，达成教学目标；在武术套路创编时，通过自编套路—交流展示—发现亮点—探究整合—小组套路展示的教学流程，积极引导学生主动参与探究学习，培养学生善于学习的核心素养。

（2）勤于反思：整课以教师质疑—练习思考—感悟交流—实践展示为条线，让学生带着问题学、练习中思考、交流中总结，努力培养学生积极思考、善于总结、对比提高、达成目标，真正体现以学生主动思考学习为本的核心素养。

（3）乐学素养：课上武术创编环节，以自主创编、小组交流整合、套路小组展示来实施，充分给予学生展示自我、体现个性、合作探究的主动学习氛围，体现以学生发展为本的教学理念，感受创编武术套路"独自""合作"不同模式的成功快乐，积极培养学生乐于学习、快乐体验的学习乐趣。

2. 实施效能方面

本课的探究型课程实施效能，主要定位在拓展度、精深度、促思度、科学度、积极度和育人度等六个维度（简称"六维度"）。

（1）拓展度

在"健体操"探究型校本课程中，有机融入"武术套路创编"，通过介绍不同于少年连环拳的手型、步型，以及鼓励学生运用自己所掌握的手型、步型，课前与课堂结合，进行"武术套路"的自主创编、合作创编、展评与反思改进、课后自主练习创编的套路，锻炼学生相应能力，有机培养学会学习的善学、乐学和勤于反思等核心素养，培养精气神，一定程度上拓展了学生"健体操"学习内容与要求。

（2）精深度

本课的教学内容安排，按照课堂教学设计安排的学生活动、运动负荷的预设，比较平时的常态体育课，属于中等。但本课的设计需要学生自主学习与按教学目标进行小组合作创编武术套路，并进行展评反思改进，还要表现出武术运动的精气神，增加了本课相应的难度和深度。

（3）促思度

本课要求学生课前进行自主创编不少于8个基本手、步型的武术动作，教学中要求积极参与认真听讲、思考观察、自主创编、小组合作设计创编、参与全班展示和改进反思，课后再进一步完善自编的武术套路，进行自练、自评活动，促使学生回忆已学套路，培养整合或迁移能力，运用所学知识技能进行新套路的自编、小组合作的创编，并强调展现武术精气神的教学目标，参与全班展示交流和课后自主提高练习、内化学练能力，培养相关复现思维、发散思维、集聚思维、交流赏析与自主反思改进思维，从而更好地掌握本课的学习重点和难点。

（4）科学度

① 注意学习难度的渐进性。本课学生经历的课前自主创编相关武术套路8个动作，课堂由听到观，到完善自编、合作编练、注意有机融入精气神、参与全班展示交流评价反思改进与课后自主练习、完善套路的"三程"创编武术套路的学习过程，是由易到难再到易的过程，符合渐进性教学原则。

② 由基本功手型步型练习到简单套路少年连环拳复习，由个人简单的创编套路到找出各自亮点，通过小组探究，整合创编的套路，形成各组的套路，整个教学流程层次分明、科学合理。

③ "三程"实施过程（含下次课始），教师（有时包括学生），注意对学生的课前与课堂的武术套路自编、合编，展评与反思改进、课后的自改自练自评和下次课上交流中的相关参与的进步之处、参与的积极主动状态、创编的合理性与独特之处等，都注意加强随机激励与引导，使学生积极主动、快速有效地完成自主与合作创编、练习武术套路，提高学习效率、质量和愉悦度。

（5）积极度

本课以学生展评、探究、交流、创编模式进行授课，极大要求每个学生的积极参与，授课教师要合理利用激励原则，鼓励每一位学生积极参与课的各个环节，积极展示自我、敢于表现、勇于创新。

（6）育人度

本课教学内容国粹——武术，本身就有中华优秀健体传统文化元素。"三程"学习中，有机贯穿武术精气神的要求和武德教育，注意增进学生对强身健体在保家卫国中重要性的认识；课堂学习中，注意有机培养学生课堂规范、合作互助精神。

3. 实施方法

（1）讲解示范法

① 课前预习中的讲解：注意利用上次课尾，讲清学生独立创编武术套路的基本要求：包括套路名称，基本动作数量（不少于8个），动作要领说明（套路动作之间需要连贯协调、练习安全、有助健体等）。

② 课堂学习过程中的讲解示范：在全课学习中的主要环节，注意根据学生小组合作创编本组武术套路、尝试练习与改进、参与全班展示交流评价和全课小结中，教师（有时包括请相关学生）注意随机进行必要的讲解、动作示范与矫正学生（同伴）不规范的武术动作。

③ 学生课后自主对比、改进练习和下次课始反馈中的讲解示范：教师（必要时包括学生）注意观察学生改进练习情况，进行必要的讲解、动作示范与矫正学生（同伴）不规范的武术动作。

在上述过程中，有机锻炼学生听取讲解、示范，积极主动、科学有序、规范高效、富有创意地进行相关武术套路的独立与合作创编、练习、展评、对比、改进能力，发展发散思维、聚敛思维、对比思维和改进思维，增进对中国传统武术精气神精髓的感受。

（2）观察法

这是指教师通过观察学生课上练习，以个别、小组指导形式随机激励和必要的简要引导式点评。发现个别同学出现错误时，进行个别错误动作纠正，及时扶正纠偏，促进学习者及时加以改进，以提高学生自主观察、理解、实践、反思、改进和总结经验的能力。作为学生，与小组成员相互交流，对同伴的亮点展示、小组的展示、班级展示以及教师的示范指导都要认真观察、思考，发现问题同伴及时互纠互进，改进和提高自己或小组的创编动作质量，培养学生仔细观察、判断、改进的能力，发展学生反思比较、主动改进和自主建构思维。

（3）音伴结合法

在武术手型、步型强化准备操和课的拉伸放松练习部分，播放中国歌星屠洪刚演唱的《中国功夫》快慢两段音乐的伴奏，激情高昂、充满活力的歌声，将整个课堂营造出全民练武、强身健体的学练氛围，同时也能强化武术套路的动作节奏，锻炼学生的运动节奏控制感，并能有效激发学生民族自豪感及爱国主义情怀。

4. 实施形式

（1）自主创编＋练习式

① 课前：学生依据以前"健体操"探究型校本课程中所学武术基本套路、动作要领和教师关于本次创编的相关要求，各自创编自己的武术套路（不少于8种武术动作），尝试练习，锻炼自主回忆复现、整合所学进行武术套路创编、自主练习能力和复现、聚敛思维。

② 课中：a.学生自主与小组同伴进行创编套路的交流，发现动作组合亮点，提供小组整合材料，锻炼合作交流、鉴别、整合创编能力；b.自主参与小组合作创编本组武术套路、参与

尝试练习,锻炼合作整合创编、练习能力和聚敛思维。

③ 课后:学生自主进行反思、改进武术套路组合与动作要求,进行自主练习,锻炼相应能力和批判思维。

(2) 合作创编+练习式

① 课前:学生合作小组组长依据教师要求,收集组员个体创编的武术套路名称,初步审核组员创编质量(连贯性、动作数量等),促进及时完成课前合作学习任务的良好习惯养成和收集、评鉴组员任务完成质量的能力。

② 课中:小组成员收集汇总个体套路亮点,与组内同伴合作设计、串联、整合,本组创编套路,组织尝试体验练习,合作交流改进措施,再次体验小组套路,基本达到连贯、熟练、整齐的要求,根据教师要求,积极参与班级展示、评价,锻炼小组成员合作提炼组内成员武术套路亮点、尝试合作设计、整合创编、尝试练习、逐步加以完善、参与全班展示交流与评价,发展整合创编、批判和聚敛思维。

③ 课后:学生合作小组成员对比武术套路展示情况,进行反思改进,修改小组套路,组员独立进行强化、内化练习,锻炼合作对比、反思、改进和独立练习能力,发展反思比较、主动改进和自主建构思维。

(3) 展评反思改进式

在课堂教学的武术套路小组合作创编与练习、参与全班合作展示交流评价与课后独立对比、反思改进练习、参与下次课始反馈环节:根据教师的质疑、提示,结合学生的独立与合作反思,完善相关武术套路,锻炼学生个体、小组武术套路的创编、练习、展评、对比、改进能力,发展发散、聚敛、辩证思维,增进"独合结合"创编和练习武术套路、进行健体的兴趣。

(4) 随机激励引导式

在整个"三程"教学过程中,对学生个体、小组成员在"独合结合"进行相关武术套路的个体、小组武术套路的创编、练习、展评、对比、改进过程中显现的参与的主动性、进步性,完成的规范性、高效性、高质量与一定的独创性,以及武术之精气神的有机体现、自主练习的坚持性等,注意适时进行多元化的激励;对需要坚持或改进的行为,及时给予技术指导,以促进健体良好习惯的养成。

【教学目标】

(一) 知识与技能

进一步复习提高武术基本手型、步型、动作路线及少年连环拳套路,通过"善学""乐学""反思"核心素养能力的培养,使80%左右的学生能结合所学武术基本知识技能创编个性化的武术自锻套路,并能较好体现武术精气神三要素的要求。

（二）过程与方法

通过五个课堂环节的开展，以"四式三法"探究型课程的实施，引导学生积极思考、认真观察、学会对比，以探究学习方式、小组"独""合"形式完成教学要求套路创编，努力培养学生"学会学习"的核心素养，发展学生力量、协调、柔韧等核心身体素质。

（三）情感态度价值观

培养学生乐于学习的核心素养、善于合作的社会能力、敢于展示的优良品质，提高创编价值认识，增强继续学习兴趣，感悟中华传统武术运动精、气、神的精髓，增加民族自豪感，提升爱国主义情怀。

【实践过程】

年级	六年级	人数	36	日期	2020.6.17	执教	黄爱民
班级	3	组班形式	混合	周次	16	课次	48
内容主题	武术：少年连环拳8—(7、8)			重点	动作创编与应用		
				难点	精气神韵味的体现		

课序	时间	教学环节	运动负荷 次数	运动负荷 时间	运动负荷 强度	教师活动	学生活动	课题研究
一	2	组织课堂常规，促进学生良好习惯的养成	1			1.礼仪规范，向学生问好；评价学生整队规范，激励习惯养成 2.讲解本课教学内容；鼓励学生进入学习状态	1.体委整队，做到快、静、齐；检查人数、向教师汇报人数 2.向教师问好，口令响亮 3.听讲、记忆、思考；明确练习要求及学习目标	培养学生上课礼仪规范意识
二	6	音伴下进行热身活动，复习教师创编的武术基本手型、步型准备操，提高学生运动前做好热身的意识	2×8	4	小	1.讲解、组织练习方法与要求，组织推荐小干部带操 2.播放音乐，关注学生练习状态； 3.教师巡视指导、个别纠正、要领提示、激励表扬	1.认真听清练习要求与方法；小干部按教师要求进行热身练习 2.音伴下进行武术热身活动（①冲拳运动；②推掌架打；③翻身劈砸；④腿部弹踢；⑤腿部蹬踢；⑥马步弓步；⑦蹬转变换；⑧马步变换）做到动作整齐有力，口令响亮 3.认真听取教师指导与纠正，提高自己的动作质量，达到热身效果	积极参与锻炼前的热身活动，提高武术基本技能，培养学生运动前热身良好行为习惯的养成

(续表)

课序	时间	教学环节	运动负荷 次数	运动负荷 时间	运动负荷 强度	教师活动	学生活动	课题研究
三	22	武术 1. 集体复习少年连环拳	1	4	中	口令指挥 随机点评与纠正 激励表扬 要求与指导,口令与指挥	听清口令与动作要求 动作有力规范,对比反思纠正 同伴对比纠正与提高	采用观察法,以展评反思改进、随机激励引导式培养学生乐于学习、勤于反思核心素养
		2. 分组探究学习,培养乐学能力:动作如何体现武术精气神?	1	4	小	质疑与要求: "如何体现武术的精气神" 组织学生分组研究与体验 巡视指导与帮助 集中总结要领(呼吸、眼神、速率) 鼓励表扬	主动参与,积极思考 分组探究与讨论,积极反馈与展示; 小组体验与分享 积极答疑	
		3. 少年连环拳提高练习,展示探究成果,体现武术精气神,培养学生学会学习能力	1	4	中	口令指挥,提示要领 随机点评激励,强调动作与呼吸的配合、眼神视线与动作的融合、动作节奏的变化、发力快慢	听口令练习,注意纠正错误 思考纠正自己动作;眼随手走,呼吸动作节奏、发力快、狠、准 集体展示、纠正提高	采用讲解示范法、观察法,以展评反思改进、随机激励引导式培养学生善于学习、勤于思考核心素养
		4. 创编自锻套路 (依据所学单个动作,创编自锻套路,不少于8个动作) A. 拓展手型、步型介绍 B. 小组探究创编 C. 小组展示与交流	1 1	4 4	中 大	讲解练习要求,提出创编方法 组织学生分组练习与创编 巡视指导与帮助 组织小组展示,鼓励与表扬	按教师要求分组探究学习 个人展示套路连接,同伴评价择优选取 分组创编动作组合(不少于8个动作); 小组练习提高 班级展示与分享	采用观察法,以展评反思改进、随机激励引导式培养学生乐于学习、勤于反思核心素养
四	8	体能课课练 1. 静力支持 1分×2组				示范讲解,布置练习要求 发令组织体能练习 巡视指导,纠正动作 激励与表扬	听清练习方法与要求 分组练习,对比思考,纠正提高 积极认真,勇于拼搏,互帮互检	实施"四式三法"培养学生乐学善学、勤于反思的核心素养
		2. 俯撑移位 10×2组	1	2	小			
		3. 深蹲跳 10×2组				播放音伴,示范拉伸放松练习 提示纠正,口令意念要求 讲评小结,鼓励表扬	依示范动作模仿拉伸练习 依口令调整呼吸、纠正动作 积极回顾思考,反思与改进	

(续表)

课序	时间	教学环节	运动负荷			教师活动	学生活动	课题研究
			次数	时间	强度			
五	2	课后常规 1. 放松练习： 　提示按摩放松 2. 小结 3. 安排回收器材 4. 师生再见						采用讲解示范法、观察法，以展评反思改进、随机激励引导式培养学生乐于学习、勤于反思的核心素养 音伴结合法，以随机激励引导式培养学生乐学核心素养
场地器材	音乐播放器一台				安全保障	练习保持不少于1米间隔距离，听清教师安全提示		
^	^				预计	练习密度		强度
^	^				^	全课	内容主题	中
^	^				^	65%左右	50%左右	^
课后小结								

【实效与反思】

本课学习实施"四式三法"来组织学生开展自主与合作相结合的探究体验式学习武术自锻套路创编，以调动学生学习的积极性和主动性，提升有效教育的"六维度"，并组织学生探究创编个性化的武术套路，激发学生对中国传统武术运动练习的兴趣，积极思考，探求学习，提高自锻能力，达成体育课堂教学有效性，促进学生学会学习核心素养能力的提高。

（一）实施有效性

1. 学生核心素养发展有效性

本课设计实施形式以自主创编、合作创编、展示交流改进式、随机激励，分小组在组长带领下进行。在整个教学实施过程中，学生在组长的带领下按要求先展现自己的套路设计，小组择优选择编排，积极完成小组创编套路，并一起学练展示，有效实施了课的形式展现。确立以核心素养中学会学习的"乐学善学"和"勤于反思"两个基本目标为研究方向，学生通过巩固提高"少年连环拳"技能、小组创编武术自锻套路并展示的教学流程，引导学生通过自练—观察—交流—反思—总结的流程在练中学、合作学，积极引导学生主动参与探究学习，培养学生学会学习的核心素养。

2. 课程效能实施有效性

本课的探究型课程实施效能，主要定位在拓展度、精深度、促思度、科学度、积极度和育人度六个维度。从课的实施过程来看，学生在参与课的实践过程中基本达到六维度的预期目标。特别是在拓展度上，有学生在创编中引入了不同于少年连环拳的步型和手型，一定程度上让每一位学生都提升了教材的深度与广度；在促思度方面，由于设计有小组谈论、套路创编的教学要求，积极参与教学实施的每一位学生都在观察—思考—感悟—总结的过程中开动脑筋，勇于交流展示，基本达到促思度的效能要求，同时在参与实施的积极度上有充分体现。

（二）实施反思

整课实施过程中，学生能按教学目标要求积极参与，乐于实践展示，但由于学习习惯、观念的不同，能积极参与活动的学生面不广，大多还是以组长、小干部的积极发挥引导为主，一部分学生只是被迫参与活动。作为教师在课的设计、组织和安排上还缺乏有效的激励和动员手段。如分组形式是否尽可能多，不局限于四个小组，尽可能多地提供学生有组织、引导、展示、总结的平台。

本课作为一节体育与健身课的教学，本身有体育的教学目标与要求，特别是在运动量、运动负荷上有量化目标。而作为探究课，势必在实施的过程中充分引导学生进行展示与交流、合作与创编，这些过程的有效组织与实施势必占用相当一部分教学实践，对于以身体运动实践的体育课来说势必带来一定影响。本科去掉课的开始准备活动（8分钟）及体能练习加课后常规（10分钟），真正实施探究教学过程主要在课的第三部分（22分钟）。这段时间内，身体锻炼有两遍少年连环拳（6分钟），各自套路展示加小组套路练习到小组套路展示，起码有4—5遍的身体实践（10分钟），所以真正用在思考、交流、设计、创编的时间只能有6到8分钟的时间。用这么短的时间能达到预设的探究过程，一定程度提高学生学会学习的能力确有一定困难。以至于出现在课的实施过程中主要以组长、小干部的锻炼、实践提高学习能力为主，教学目标的达成度不佳。这就有待于我们教师转变观念，实施探究课教学实践，不能以体育课教学有效性作为限制条件的前提下进行课的设计与实施，课程本身只作为呈现的载体，真正还是要体现探究课的本质，尽可能让每一位学生都能积极主动参与探究实践，体验享受探究的过程，从而在动中学、学中思、思中悟，真正让每一位学生提高学会学习的能力，提升学生的核心素养，达到学校探究型课程的有效实施。

【意义揭示】

通过本次课的实践与反思,基于乐学善学背景下实施"四式三法"以提高探究型校本课程实施效能的探索与实践,总体上取得了较好的课堂教学效果。主要体现在以下几个方面:

(一)有效提高学生对中华武术精、气、神的理解与感悟

本课在学生已学会"少年连环拳"的基础上努力提高对武术运动的理解与感悟,通过自练—观察—对比—交流—总结的流程,引导学生在练中学、合作学,通过教师的质疑,学生带着问题进行学练思考,以提高学生对中华武术精髓的理解,提高武术套路的质量,围绕新中考改革目标,达成教学目标,真正做到教考一致。

(二)有效发展学生核心素养(乐学善学、勤于反思)

本课通过"四式三法",以自编武术套路为教学载体,通过交流展示—发现亮点—探究整合—小组套路展示的教学流程,积极引导学生主动参与探究学习,培养学生善于学习的核心素养。整课以教师提问答疑—学生练习思考—小组合作交流—实践展示为条线,让学生带着问题学、练习中思考、交流中总结的教学手段,努力培养学生积极思考、善于总结、改进提高、实现目标,真正体现以学生主动思考学习为本的核心素养。同时通过小组展示,充分给予学生展示自我,体现个性,合作探究的主动学习氛围,真正体现以学生发展为本的教学理念,感受创编武术套路"独自""合作"不同模式的成功快乐,积极培养学生乐于学习、快乐体验的学习乐趣。

(三)有效达成教学"六维度"

从上述实践过程和学生体验、展示方面概括可知,本研究课的拓展度、精深度、促思度、科学度、积极度和育人度这"六维度",都得到较好的落实,提高了学生的学习成就感。这是由于基于课题研究内容和三维目标定位的明确化教学过程中有效落实了基于乐学善学背景下实施"四式三法",使学生带问题自主练习、合作练习,带着问题在自主与合作探索体验性学习中找答案,难度层层递进,进程环环相扣,再加随机激励与引导以及同学间的互相纠错、集体展示,使学生普遍感受到了正向激励和团队合作的正效应和价值,从而能够较为全面地达成预设的"六维度"。

参考文献

[1] [美]丹尼斯·韦特利.成功心理学:发现工作与生活的意义(修订第5版)[M].顾肃,刘森林,译.北京:北京联合出版公司,2016.

[2] 顾新华.满足初中生体育练习积极性需求的体育项目课程建设策略研究[J].浦东教育研究[增刊],2018(10):31-35.

[3] 董佼.积极心理学在体育教学中的应用——以 SPARK 课程为例[J].体育成人教育学刊,2011,27(6):72-74.

[4] [美]克里斯托弗·彼得森.积极心理学[M].徐红,译.北京:群言出版社,2010.

实施"五式" 提升美术综合实践活动课程实施效能"四维度"

——以美术学科拓展类校本课程"定格动画"总结评价课"我们都是影评人"教学实践与分析为例

上海市罗山中学 朱 弘

【执教时间和地点】

时间:2020年6月17日上午第2节课;对象:初二(2)班学生;地点:录播教室。

【设计思路】

(一)设计依据

1. 学情分析

八年级的学生具备一定的美术理论和实践基础,动手操作能力增强,对于技能技巧能较快掌握。思维比较成熟,对事物有了自己的认知,有强烈的自我表现欲望,也具有了一定的分析和解决问题的能力。所以在教学中能展现自我想法,表达想象力创造力的课程更受欢迎。学生普遍存在口头表达能力弱、交流能力差等问题,需要培养学生语言表达交流能力。

2. 教材分析

八年级艺术课教材以单元教学为主,要求从操作角度进行艺术实践,深入理解内涵,也要从综合角度进行艺术融会,拓宽学科知识。"定格动画"单元课程就是基于这些要求,在教材第一单元3课"我们的小剧场"上延伸的拓展内容。定格动画使用的材料可以多种多样,纸、泥、木、画以及废旧材料等都可以被纳入定格动画中,极大地促进了学生综合素质、创新能力的培养。而定格动画教学的流程对提高学生的创新能力和综合设计能力有着独特的优势。本课"我们都是影评人"是定格动画单元课程的总结评价课,一课时。本课重点是依据定格动画的标准对作品进行评价,教学难点在于评价有效性的落实。

3. 课标分析

依据课标中引导学生进行多领域拓展探究的实践、构建学生综合学习途径与方法的课程实施方向，设计本单元课程教学方案。定格动画是一门跨学科的、高度综合的创造性艺术，对拓展学生的知识广度，激发想象力，提高创新能力和综合设计能力有着独特的优势。一部定格动画从前期编剧到道具制作、场景布置、一张张照片拍摄，再到后期合成配音配乐，整个过程考验创作力、想象力，充分锻炼学生的意志力、协作探究能力、沟通技巧，等等，是更易于融合知识与能力的教学课程。本节"我们都是影评人"定格动画单元课程的总结评价课则是依据《美术课程标准（2011年版）》在课程实施中列出的四条评价建议设计。

（二）研究内容

1. 课程实施育人目标

本单元课学生分组合作进行定格动画的探究，通过定格动画剧本，分镜头脚本，幕景草图制作，拍摄，编辑等步骤合作完成。本课对最终定格动画成果开展交流评价和课后总结，引导学生掌握定格动画的基本评价标准，尝试运用各种方式进行作品评价。重视学生团队合作意识的培养，注重从"做中学"让学生获得程序性能力和具体方法性能力，锻炼全体学生的探究成果点评能力和完善交流能力，增进自主反馈、改进意识等，发展图像识别、美术表现、审美判断、创意实践、文化理解等美术核心素养。

（1）图像识读

培养学生对动画图像、动画影视作品的造型、色彩等形式特征，以及材质、技法和风格特征等的认识、比较与辨别。

（2）美术表现

运用传统与现代的媒材、技术和美术语言，通过构思与反思，创作具有思想和文化内涵的定格动画作品，以表达学生自己的各种想法与情感。引导学生理解和掌握基本定格动画制作原理和方法；培养解决问题意识；培养不畏困难、坚持不懈的探索精神。

（3）审美判断

根据形式美的原理，感知、分析、比较、诠释定格动画作品中所隐含各种美的因素，分析和辨别，作出自己的看法与判断。培养能正确认识和理解学习的价值，具有积极的学习态度和浓厚的学习兴趣；培养具有对自己的学习状态进行审视的意识和习惯，善于总结经验；培养能自觉、有效地获取、评估、鉴别、使用信息的能力；培养数字化生存能力，主动适应"互联网＋"社会信息化发展趋势。

（4）创意实践

培养学生运用联想、想象的方式进行构想与生成有创意的定格动画脚本，并利用传统和现代的材料、工具与方法进行定格动画创造和实践。培养善于发现和提出问题、解决问题的兴趣和热情。

（5）文化理解

引导学生从文化角度来分析、诠释和理解不同国家、民族的定格动画的特点，学会尊重并理解不同国家和民族的文化内涵与含义。培养具有发现、感知、欣赏、评价美的意识和健康的审美价值取向。

2. 课程实施效能维度

本课结合课程实施效能的拓展度、促思度、愉悦度、育人度等四个不同维度，提高课程的实施效能，有效地培养和提高学生的核心素养。

（1）拓展度

本课是定格动画单元课程的总结评价课教学内容的拓展，对动画电影进行细化和拓展，小组合作完成定格动画，将教学内容拓展到课前和课后。课内开展交流及评价、引导从客观的角度评价自己与他人作品。内容贴近学生的生活，激发学生的兴趣。

（2）促思度

通过情境创设，环节递进可以引发学生的认真思考并积极参与探究和交流，使学生在这个过程中进一步掌握知识，启发学生的思维，持续发展学生的思维能力。

（3）愉悦度

学生要在课前制作定格动画，课内展示，还有进行初中学生所喜欢的微信互动投票，再模拟电影颁奖，均能调动学生参与的积极性，让学生愉悦学习，增进整个学习过程和结果的愉悦性。

（4）育人度

组织学生合作小组依次介绍自己的定格动画作品，充分锻炼学生协作探究能力和沟通技巧。组织学生对六个合作小组课堂探究式学习情况开展课堂评价，锻炼全体学生的探究成果点评能力、交流能力，增进自主反馈、改进意识。

3. 课程实施操作"五式"

在课程研究过程中，逐步形成了以情境展示式、研讨评定式、角色转换式、反馈转换式、环节激励式这五个实施操作方式，作为落实初中美术综合实践活动课程效能的有效途径。

（1）情境展示式

课堂活动中，通过"动画评价标准""红毯展示""优秀作品评选""颁奖典礼""获奖感言"的环节，培养学生大胆交流表达、增强与他人协作的意识，体验创造的乐趣及感受成功的喜悦，引发学生积极主动投入课堂教学中。

（2）研讨评定式

在课程设计中，通过课前有明确的责任分工的合作完成定格动画、课中整组展示交流评价、课后的反思总结，让学生以小组为单位充分交流、分享，完成共同的任务。在这个过程中，组员之间、班级中间将形成氛围，有利于促进学生培养团结合作精神、自主观察、思考、归纳和建构能力，促进学生对于课程内容的理解和感悟。

（3）角色转换式

在欣赏优秀作品以及作业评价时采用角色转换的方法。一是将学生转换成影评人，从客观的角度评价自己与他人的作品。二是将学生转换为动画电影的制作组成员，严格按项目分工任职，从总导演到后期，各就各位，各负其责。通过团队合作探究，充分调动同学们的学习积极性，学生的思维也变得角度新、创意多，这无形中提高了教学质量。三是将学生转变为领奖人，用回忆的方式回顾单元课程学习的问题和收获，进一步梳理巩固学习的内容。

（4）反馈改进式

本课是定格动画单元课程最后的评价展示与交流课。首先是在课中组织学生相互点评，发现其他学生在本课中的闪光点以及不足。教师指导学生通过定格动画评价标准，进行作品展示的自评和微信投票的互评。帮助学生增强敢于质疑的素养。其次是获奖感言环节的自我反思总结，是针对定格动画制作的不足和优点来开展的。课后落实到书面笔头，更理性地看待自己本课的表现，并有条理地整理出来。最后是改进，针对他人提出的问题和自己发现的不足，加以改进，取长补短，使得自己作品能够更加出彩。通过这三步，学生充分掌握了本课程的探究思路，促进了课程的有效性。

（5）环节激励式

① 课前：课前与学生交流近期情况，给予制作定格动画的学生积极的暗示和称赞，保护学生学习的积极性。

② 课中：当学生展示、交流时，学生通过积极参与合作过程和认真倾听同学发言，教师通过倾听和给予学生中肯的指点和评价，教师准备剧组分工标牌、拉票标牌、手机微信投票平台等贴近学生生活、受学生喜爱的方式，营造宽松的合作学习氛围，注重对有个人见解和独特观点的学生给予口头鼓励，发现学生的闪光点，让学生体验成功学习、受到肯定的乐趣，从而提高学习的有效性。

③ 课后：在课后用优秀定格动画全校评比的活动，拟采用获奖激励的方法，激励学生提高作品质量，促进学生保持学习热情。

(三) 实践过程

时间分配	教学环节	教师活动	学生活动	课题研究
5	一、复习定格动画学习过程，回顾基本流程，总结评价标准	1. 复习定格动画制作流程。 2. 借助多媒体出示其他班级学生完成的定格动画作品进行自主赏析，请学生回忆归纳总结定格动画的评价标准。	1. 参与复习、回忆；看 PPT、回忆，自发答问。 2. 看视频、思考讨论，回答。	使学生自主巩固定格动画制作流程和评价标准，提高后续赏析、评价的效率。
12	二、组织学生模拟走红毯，展示各组定格动画作品，开展自评	1. "今天在座的各位都是影评人，我们将进行赏析并评选优秀定格动画作品。" 2. 组织各学生合作小组代表交流展示之前合作探究成果。"罗山中学第一届定格动画影片节共有 50 多部动画片参展。我们班的动画获得各奖项提名入围的有 6 部。请各剧组带着你们的参赛影片开始电影节颁奖仪式。"(各组组长与组员走红毯上台展示作品，每组时间 3 分钟) 3. 倾听学生的发言，给予中肯意见和鼓励性评价；引导和补充学生的合作成果。	1. 学生与教师都代入影评人的角色，对自己和他人的作品按定格动画的要求进行评价。 2. 学生模仿电影节走红毯。过程中用标牌展示各组的分工。介绍各组的定格动画作品，展示之前合作学习的成果。其余学生边倾听观看，边思考评价。 3. 评述最大看点、亮点。(制作动画的标准)	培养学生小组合作，对定格动画作品成果交流展示能力、倾听同学交流的能力和评价能力；激发继续进行合作探究、创作定格动画的兴趣。
15	三、组织开展学生作品微信投票、分享、鉴赏、判断和根据评价标准进行互评	1. 请所有在座的影评人通过微信投票为 6 组定格动画作品打分，评选出 3 部优秀动画奖。(所有学生与教师共同参与) 2. 有请部分评委说出评奖理由。(进一步理解定格动画) 3. 整合学生评价团意见，宣布评价结果。	1. 自主倾听、观察、思考，根据评价标准要求，结合自己的判断，参与微信互评、投票。 2. 相关评委阐述评奖理由，学生倾听、内化。 3. 听取评价意见和结果，自主建构、内化。	培养学生自主赏析定格动画作品，根据已学标准进行判断、评价的能力，内化定格动画优秀作品要求，增进创作和赏析兴趣。
8	四、组织投票，获奖学生发表感言，对自己的定格动画制作过程得失再次评析	1. 请获奖作品代表发表获奖感言。 2. 教师引导总结定格动画单元课程的内容、作品创作基本流程、主要方法、作品评价标准和个性化体验。	1. 获奖学生回忆制作该定格动画过程中所遇到的问题、如何解决，说明独特的收获；其余学生听、思忆、内化。 2. 参与总结和听取总结，内化学习内容和个性化经验。	培养学生个体作品分享、鉴赏、分析归纳、自评能力；增进赏析兴趣、创造成功的乐趣；内化学习内容和个性化经验。

【效果与反思】

（一）成效

1. 诊断性评价

教学评价是促进学生发展的途径。在本课教学第一个环节，做了一个诊断性评价，用复习回顾的方式对学生的定格动画课程学习的情况和问题进行分析。通过这个环节使学生自主巩固定格动画制作流程和评价标准，提高后续赏析、评价的效率。正确找出妨碍学生学习的原因，从而保证教与学的成功。

2. 形成性评价

在课程实施过程中我用了形成性评价，用研讨评定式让学生以小组为单位充分交流、分享，探讨评定任务的达成度。有情境展示式，学生模仿电影节走红毯。用标牌展示各组的分工，介绍各组的定格动画作品，展示之前合作学习的成果。投票评选、颁奖典礼等情境让学生身临其境，激发学习热情，丰富了课堂气氛。还有角色转换式让学生与教师都代入影评人的角色，对自己和他人的作品按定格动画的要求进行评价。其余学生作为影评人对他们各组的展示成果现场用手机微信投票进行定量互评等。本课的形成性评价设计从学生需要出发，重视学习的过程，重视学生在学习中的体验；强调师生之间的相互作用，强调评价中多种因素的交互作用，重视师生交流。使学生从被动接受评价转变成为评价的主体和积极参与者，也让学生对定格动画单元课程有了一个很好的回顾反思，以期获得更加理想的效果。

3. 终结性评价

本课终结性评价巧妙借用颁奖典礼中获奖嘉宾的获奖感言（学生对定格动画单元课程过程中所遇到的问题、如何解决，获得收获的自我评价和反思）和主持人对罗山中学第一届定格动画影片节结语（教师总结）回顾式的方法对本课及整个定格动画单元课程教学最终结果所进行的评价。达到了培养学生分析归纳、总结自评能力，内化学习内容和个性化经验的效果。用科技化、现代化的教学方式，借助定格动画视频展示微信网络投票等多媒体信息技术整合，很好地提高了学习的实效性。

（二）反思

本课的设计与实施过程存在一些不足，需要改进。

其一，在诊断性评价中，用PPT和视频回顾复习的方式巩固定格动画制作流程总结定格动画评价标准的环节中，学生反映不及时，踊跃度不够，课堂略显沉闷。一个单元课程时间跨度长，学生对之前学习的内容已经略显生疏。让学生在一两分钟时间内，回忆归纳并总结出剧本、分镜头脚本、布景、拍摄、后期制作的评价标准有难度。可以在课前用书面文字或图表实施调查测验式的评价方式，让学生有充分时间回忆归纳评价标准，课堂上分组研讨交流后请组长展示学生总结的定格动画评价标准。能达到学生自主巩固定格动画制作流程和评价标准，提高后续赏析、评价效率的效果。

其二，正因对定格动画评价标准参与度不够，学生走红毯展示各组单元课程成果——定格动画作品开展自评的环节，出现学生不自信走红毯太过匆忙、学生的自评显得同质化、宽泛化，语言苍白没有吸引力的问题。未能体现现场拉票的趣味性和各组作品同台竞争的火药味。在探究总结出定格动画评价标准后，适时运用并深入细化小组自评。制定走红毯的规则，预留更多的课堂时间运用课前打印的拉票宣传标牌如："选我，你们不会后悔。""为梦想努力，我是Lucky！""勇敢追梦，永不放弃。""我就是我，颜色不一样的烟火。"引导学生在走红毯时不拘一格、大胆自信地表达自我，把各组优秀作品向所有的影片人充分展示，激发学生的学习兴趣，增强自信心，使得课堂的愉悦度大大提升。

【意义揭示】

本次新授课的实践与反思，取得了较好的课堂教学效果。主要体现在以下三点：

（一）符合中小学综合实践活动课程基本理念

综合实践活动课程是新背景下新课程倡导的一种学习的理念、方法、模式，综合实践活动能让学生主动获取知识，应用多学科统整的知识，多形式探究解决问题。

本课学生通过模仿电影颁奖和影评人的形式，在电影评选的文化情境中加深了解定格动画电影的特征、表现的多样性及对社会生活的独特贡献，全面培养了美术、摄影、音乐、语文等多学科知识。学生综合美术运用能力，舞台表现力以及卓越的语言表达能力，创造力和学习的效果都能得到最大的发挥。模仿表演让学生有机会了解人类文化的丰富性，激发学生的学习兴趣、活跃课堂气氛，而且对学生提高教学效率能起到事半功倍的作用，增进了整个学习过程和结果的愉悦性，还形成了热爱祖国优秀文化传统和尊重世界文化多样性的价值观。

（二）符合提高实施效能要求

本课基于核心素养背景下，对课程实施效能的有效评价进行研究，注重形成性评价，关注活动表现和学习成效。突出评价对学生的发展价值，充分肯定学生活动方式和问题解决策略的多样性，鼓励学生自我评价与同伴间的合作交流和经验分享。将学生在综合实践活动中的各种表现和活动成果作为分析考察课程实施状况与学生发展状况的重要依据，对学生的活动过程和结果进行综合评价。强调学生综合运用各学科知识，认识、分析和解决现实问题，提升综合素质，着力发展核心素养，特别是社会责任感、创新精神和实践能力，以适应快速变化的社会生活、职业世界和个人自主发展的需要，迎接信息时代和知识社会的挑战。

（三）发挥了"五式"提升四维度的特性

本课程在尝试电影颁奖大会和影评人的课堂的实践过程中，以情境展示式、研讨评定式、角色转换式、反馈改进式与环节激励式这五种实施方法，激发学生的积极思维和互动，强化学生合作探究的能力。将每组的想法或创意付诸实践，通过设计、展示与评价等，发展实践创新意识和审美意识，提高创意实现能力。

还通过本课中定格动画微信投票等信息技术的学习实践，提高利用信息技术进行分析和解决问题的能力。培养学生大胆交流提高学生语言表达能力，增强质疑与判断的评价意识及能力，体验创造的乐趣及感受成功的喜悦。在学生对自己的定格动画制作过程得失评析时，教师适时加以激励引导，从拓展度、促思度、愉悦度、育人度的角度及时捕捉到学生作品中情感的内嵌，升华学生的情感，实现"求真、向善、循美"的价值观。

参考文献

[1] B.S.布鲁姆,等.教育评价[M].邱渊,译.上海：华东师范大学出版社,1987.

[2] 核心素养研究课题组.中国学生发展核心素养[J].中国教育学刊,2016.

[3] 尹少淳.美术核心素养大家谈[M].长沙：湖南美术出版社,2018.

[4] 王大根.创建更有效的美术课堂教学[J].中国美术教育,2007(05).

实施"三策三式" 提高学科探究型校本课程实施效能"五维度"

——以"探究《论语》对话语境·探究成果展评"探究型校本课程活动实践与分析为例

上海市罗山中学 王聿娟

【设计思路】

(一) 设计依据

1. 学情分析

任教的预备(4)班37名学生,本学期已完成小组创建、课题遴选和确定、《论语》部分章节的学习和研究、观看电影《孔子》(周润发版)电视剧《孔子》(1991年版)和收看百家讲坛《实话孔子》等探究活动,对《论语》中孔子的思想有了一定的了解,逐渐产生了"仁""礼""孝""学习""为政""交友"等探究专题。六个小组根据组员兴趣,确定其中一个专题为本组的探究内容,选取书中关于这些专题的论述,分析其他背景材料和影视资源,对这些论述内容阐述的语境进行合理想象,创编剧本并进行表演,以期对《论语》中的思想有更深入的理解。

经过一个学期的探究活动,学生初步了解了这一课程的探究过程、思路,对参与竞赛有浓厚的兴趣。尤其是对课本剧的创作与表演兴致很高,学期探究接近尾声,通过对前期每节探究课的过程记录与反思写作、学习制作PPT,每个小组基本上都能用PPT来反映探究的流程、结果和阶段总结。

在课堂教学策略上,本课拟采用任务驱动策略、竞赛激励策略、点评激励策略(简称"三策");采取了评价量规引导式、信息技术整合式、独合联合探究式三种教学形式(简称"三式");尝试让学生结合《论语》中的研究专题进行剧本创作和表演,培养文言学习能力和剧本创作与表演能力,来激发学习古典文化的热情,从而提高文化的理解与传承等核心素养。

2. 指南分析

《义务教育语文课程标准》(2011年版)中关于"总体目标与内容"中提出:认识中华文化

的丰厚博大,汲取民族文化智慧。语文课程应通过优秀文化的熏陶感染,提高学生的思想道德修养和审美情趣,使他们逐步形成良好的个性和健全的人格,促进德、智、体、美诸方面的和谐发展。《论语》中的"仁""孝""礼"等思想,正是我们民族文化的瑰宝。

语文是实践性很强的课程,应着重培养学生的语文实践能力,而培养这种能力的主要途径也应是语文实践。以探究《论语》对话语境为抓手,让学生在研读过程中,选择自己感兴趣的内容,用创编剧本的形式还原对话场景,也是在具体的语文实践中培养学生的语文能力。

《新课标》积极倡导自主、合作、探究的学习方式。认为学生是学习和发展的主体。语文课程必须根据学生身心发展和语文学习的特点,关注学生的个体差异和不同的学习需求,爱护学生的好奇心、求知欲,充分激发学生的主动意识和进取精神,倡导自主、合作、探究的学习方式。教学内容的确定,教学方法的选择,评价方式的设计,都应有助于这种学习方式的形成。探究《论语》中的对话语境,从创建探究团队到最后汇报演出,都采用自主、合作、探究的学习方式。关注到学生的个体差异,让每一个学生在探究过程中,展示特长,取长补短,满足不同的学习需求。

《新课标》强调:语文综合性学习,有利于学生在感兴趣的自主活动中全面提高语文素养,是培养学生主动探究、团结合作、勇于创新精神的重要途径,应该积极提倡。探究《论语》的对话语境,体现了语文综合性学习的要素。有利于学生核心素养的培养。

基于上情,本课拟基于核心素养背景下,实施"三程三策三式",来提高初中语文学科类探究型校本课程实施效能的实践研究,是符合《初中语文新课程标准》要求的。

目前笔者尚未找到关于"上海市探究型课程"相关课程标准的出版刊物,故采用上海市教委发布的《上海市中小学研究型课程指南》(以下简称《指南》)来代替。《指南》中指出,研究型课程是在教师的指导下,学生自主地运用研究性学习方式,获得和应用知识,发现和提出问题,探究和解决问题的学习活动。本课程符合《指南》对于研究型课程的相关定义。

《指南》在课程实施的基本要求中提到,要以问题为起点,任务驱动。研究型课程主要是在学生发现问题和提出问题的基础上,探究问题和解决问题,因此在实施时,要以问题为起点,让学生明确任务,发挥问题对学生学习过程的引导作用。

对于学生活动的评价方面,《指南》强调要贯穿整个过程,在学习过程的每一阶段都要对学生进行评价。同时提醒教师要改变评价过分强调甄别和选拔功能的问题,充分发挥评价改进与激励的功能,要尊重和爱护学生的个体差异。通过评价发现和肯定学生所蕴藏的潜能,找到积极的参照点,使学生自觉地调适自己的行为,树立自信心。要强调学生能力中的强项,包括他们能做什么和做了什么。要通过各种必要的评价活动,不断发现和发掘学生的潜能,激励学生积极学习,努力增加课程对学生的价值,真正使评价的过程成为促进学生发展的过程。

而在实施过程中,《指南》建议采用进入问题情境、发现和提出问题、探究和实践、表达和交流、反思和深化这五个阶段。其中特别强调了学生要将自己或小组经过实践、体验所取得的收获进行归纳整理、总结提炼,形成书面材料、口头报告材料或其他形式的成果。在表达交流的基础上,进一步对研究的过程进行反思和评价,总结成功的经验和失败的教训。

在组织形式上,《指南》指出,研究型课程实施的组织形式也是多种多样的,常见的有小组合作研究、个人相对独立的研究、个人研究与全班集体讨论相结合的研究等。特别提倡小组合作研究这一组织形式。学生一般由3—8人组成课题(项目)组,自己推选组长。研究过程中,组员有分有合,各展所长,协作互补。采取小组合作研究的形式,要以个人的独立思考和认真钻研为基础,要强调集体中每个人的积极参与。

基于《新课标》和《指南》提出的相关要求和建议,本课程在课前、课中及课后采用了相对应的实施策略和实施形式,以期提高学科类探究型校本课程实施效能"五维度"(见下)。

3. 探究材料分析

《论语》是孔子及其弟子编撰的一部以记录孔子言行为主的语录体散文集,蕴含着丰富的教育思想,对培养初中学生的人生观、价值观、道德观,形成良好的道德品质意义重大。《论语》中关于学习的内容、方法、态度、作用等的论述,时至今日仍然熠熠生辉,孔子一生对周礼的推崇与践行,明知不可为而为之的品质对意志相对比较脆弱的现代中学生而言,是非常好的榜样示范。关于孝道的思想,虽然有些已经不适合现在的实际生活,但很多观念仍然能给渐渐成长的初中学生以警醒。

初中语文教材中虽然也有《论语》章句的学习,与全书相比,所选录的虽是精华,但大多是关于学习的论述内容,如因材施教,不愤不启,不悱不发,学而不思则罔,思而不学则殆的为学之道,而全书阐述的思想却非常丰富。有贯穿整部《论语》的追求"仁德"的思想,也有教人"视其所以,观其所由,察其所安"的识辨内容,有寻找志同道合的朋友,待人以"信"的交友经验,也有"政者,正也。子帅以正,孰敢不正?"清正廉洁的为政理念,还有"三军可夺帅也,匹夫不可夺志也"的志向信念,……作为国学经典,认真学习记诵,深入探究发掘,具有非常重要的学习价值。

而文言章句的形式,虽然内容不难理解,但无法呈现孔子及其众弟子鲜活的形象,探究《论语》对话语境,能让学生走进《论语》,读懂孔子不再是高高在上的圣人,而是音容笑貌栩栩如生的鲜活的老师,七十二名贤达弟子,不再只是数字的累积,而是一个个性格迥异的人物。通过诵读体验,通过观影观剧感受,借鉴专家的品评,借助剧本创作与表演,努力去表达我们心中的孔子,我们理解的《论语》,这既是学习经典,也是在传承文化。

我们的探究,要克服的困难很多,有时也会有懈怠心理,但孔子师徒那种孜孜以求的态度,勤奋刻苦的精神,无不在召唤我们要迎难而上。

因此,研究者针对小组合作探究学习的情况,并根据预备年级学生阅读文言文的水平,对教材内容进行适当筛选。每一个小组在全班共同学习《论语》一段时间,对《论语》中的思想有了一定的了解之后,确定每个小组的研究方向,从"仁""礼""孝""学习""为政""交友"等方面重新整合教学资源。既考虑学生的兴趣,又兼顾时间的有限,为学生的合作学习铺设平台。

综上所述,基于学情、课标和探究材料已有内容与编排及意图的分析,为了更好地达到教学三维的目标,在本课教学内容的设计上进行了两项改进,以弥补时间安排中的不足。一是利用课外时间让学生搜集整理自己小组的研究内容,为探究做准备;二是在课程设计上,提供一些有助于剧本创作的资源,如影视片段、经典剧本等让学生在有限的时间内,完成剧本的创作与修改。教学设计中结合"三策三式",学习国学经典,以达到提升学生文言文阅读水平,培养核心素养的目的。由于学科探究类校本课程自身特性,暂无实际出版教材可供使用。故教师参照《公民社会参与——社区问题的探究实践》(上海教育出版社)拓展型教材的设计思路,设计了课前、课堂及课后的学习单,作为本课程的教材供学生使用。

课前学习单:

(1) 积累《论语》章句,准备背诵;

(2) 撰写体现《论语》思想,符合《论语》对话语境的剧本;

(3) 依照剧本创作与表演评价量表,修改剧本并进行排练,准备表演;

(4) 总结本学期的探究活动,制作 PPT,准备交流;教师挑选最优秀的一个小组进行展示。

课上学习环节:

(1) 背诵组进行背诵比赛,表演组进行评价打分;

(2) 表演组进行剧本表演,背诵组根据评价量表进行打分;

(3) 让制作学期汇报交流 PPT 最优秀的一个小组进行展示交流;

(4) 观看学期汇报的小组同学根据已经给定的评价量表进行打分,并完成评价量表中没有列明的一个维度,进行打分;

(5) 交流评价结果和完成量表的评价维度。

课后学习单:

(1) 回顾探究过程,写下对这堂课的探究体会;

(2) 根据课后总结反思的表格,写下反思和改进举措。

在学习单的"三程"运用过程中,教师注意借助本课"三程"学习单,以学生的剧本创作、改编、表演、评价为抓手,引出学生回顾一学期的探究过程与收获,又注意在学生独立与合作完成探究任务的过程中，提供适当的介入和帮助，以期充分发挥学生探究学习的主体地位，提升核心"四素养"，又提高学科实践类探究型校本课程的"三程"实施效能。

（二）课题研究

1. 学生核心素养培养内容

本次研究课通过"三程三策三式"的实施，旨在培养学生人文底蕴、学会学习、健康生活、责任担当四方面的核心素养。

（1）人文底蕴

主要是学生在学习、理解、运用人文领域知识和技能等方面所形成的基本能力、情感态度和价值取向。具体包括人文积淀、人文情怀和审美情趣等基本要点。古人云："文以载道。"作为人类文化载体的语文，其语言文字、文学作品中饱含着丰富的人文精神和道德因素，蕴藏着浓厚的文化积淀，闪耀着理性思想的光芒，是提高学生人文素养的最佳材料。本课通过《论语》诵读、《论语》剧本创作与表演等环节帮助学生在探究中积累《论语》中的经典名句，围绕某一专题，能进行巧妙构思与合理想象，艺术地呈现对《论语》的理解。在背诵表演评价的环节中，学生不断与书中的思想发生碰撞，在表演中与人物情感产生共鸣，理解和掌握孔子思想中所蕴含的丰富内容，具有以人为本的意识，尊重、维护人的尊严和价值；形成人文积淀，具备人文情怀，提升审美情趣。

（2）学会学习

主要是学生在学习意识形成、学习方式方法选择、学习进程评估调控等方面的综合表现。具体包括乐学善学、勤于反思、信息意识等；本课"三程"学习单的设计，能让学生对所学内容进行不同阶段不同形式的准备活动，学会分解学习任务，回顾一学期的探究活动，从个人到小组梳理探究流程，思考探究收获，并进行汇报交流，这些学习活动是让学生对探究路径的深度思考，既能获得学习的方法，也能培养善学的品质。诵读积累《论语》章句，学生入于眼，出于口，闻于声，记于心，既能培养朗读能力，也能积累名言佳句。而对文言文本《论语》的创编演评，借助想象对场景进行加工，培养想象思维；学生在各个学习环节进行分析评价、总结反思，并大胆交流，相互取长补短，养成反思的习惯，推进思考的深度，培养学会学习的核心素养。

（3）健康生活

主要是学生在认识自我、发展身心、规划人生等方面的综合表现。具体包括珍爱生命、健全人格等基本要点。本节课的学习环节中，背诵名句本身包含着珍爱生命、孝敬父母、坚定志向等思想，学生在记诵理解的过程中，不自觉地受到熏陶，懂得健康生活。在创编演评环节中，需要学生结合自身的生活体验，从真正的生活实际出发，思考孔子师徒面对的学习困境、生活困境和政治困境，有利于学生拥有健康的身心，勇敢面对困难，积极应对人生难题。能帮助学生珍爱生命，提升道德修养，从而促进身心发展。

（4）责任担当

主要是学生在处理与社会、国家、国际等关系方面所形成的情感态度、价值取向和行为方式。具体包括社会责任、国家认同、国际理解等基本要点。探究《论语》，一方面可以让学生了解书中的为人处世的思想，积极入世的观念，知行合一的原则，学会为自己负责，为自己的未来负责，增强承担责任的意识。孔子在教育落后的时代，以一己之力兴办私学，成为万世师表，教育弟子成为各国的杰出人才，整理古籍，传之后世，厥功至伟。学习《论语》、表演《论语》的过程，也是在学习孔子师徒的责任担当。另一方面在课堂实践过程中，在独立与合作完成学习任务的过程中，懂得践行自己的责任，为个人或小组获得进步勇于承担自己的责任，在责任的完成过程中获得精神的愉悦。

2. 课程实施效能方面

（1）容量度

教师根据学生之前的探究进度，同时考虑到本班学生的能力情况以及本次学期成果展示的难易程度，适当地提升了本课的容量度。

通过课前学习单提升容量度：课前学生背诵准备，教师PPT比赛课件制作、小组学期汇报交流PPT的制作等可以有效提升容量度。小组剧本创作后，教师对各个小组的剧本创作进行了逐一点评，提出了修改意见，保证在课堂上展示时能高效进行。课前和学生一起探究评价量表中各个评价的维度，了解评价标准，也可以有效地提高课堂的容量度。

通过课堂上"三策三式"提升容量度：课堂上如果每一组单独表演加上小组评价，需要每组10分钟，但是三组表演的同时，另外三组借助评价量规进行评价，然后再汇总交流，能节省6分钟左右的时间，有效提升容量度。本次课上把每个小组表演的背景用PPT做展示，避免了布景耗时，也确保课堂上每一环节的顺利推进。通过精心准备，化解由于容量增大带来的时间紧、任务重，既保证任务的完成，又提升学生参与课堂学习的积极性、速度和质量，提升课堂的容量度。

通过课后反思表格的设计，让学生对课堂的每一个环节进行记录和反思，增加本课容量度。

（2）拓展度

对于一般初中学生而言，《论语》的学习常常只停留在教材中有限的几句选录的名句上，本节课上，学生的角色不断发生变化，有时是活动的参与者，有时是活动的评价者，不同角色的体验，拓展了课程的学习。"三程学习单"和"三策三式"的采用，有效地保证了课堂拓展内容的时间，学生把《论语》中的内容，变成了剧本中的故事，变成表演中的台词，拓宽了学习的内容。强调增进小组合作、勇于探究、交流的勇气和责任心。

(3) 育人度

本课中既有《论语》经典名句的背诵比赛，里面蕴含丰富的思想，通过课前准备背诵和课堂背诵，能让学生体认《论语》中的思想，渐渐受到孔子师徒在两千年前为了践行理想执着一生的影响，在自己的道德修养，为人求学，处世担当等方面受到熏陶。《论语》剧本表演的三个小组，通过舞台表演，让表演者和观众在喜闻乐见的形式中收到"孝"的感染，体会"仁"的内涵，学习"为学"的思想，内化为自己的行为准则。课后的反思总结表格的填写，也能让学生的反思意识得以增强，大大提高本课的育人度。

(4) 愉悦度

探究型课程要注重学生兴趣的保持和课堂感受的愉悦。在本课中，剧本创编演评等各项活动对于预备年级学生来说，既是具有挑战性的活动，也是能满足大家的欣赏需求和表演需求的活动。学生以独立与合作探究相结合的方式，参与表演或进行观看评价，学生的自主参与、被需要价值的实现和能力的提升，使得学生在本课中能够持续地保持较高的愉悦度。通过设计最佳背诵奖、最佳编剧小组、最佳表演小组的奖励评比，并始终对学生的各种正向、积极的表现加以表扬、激励，更能提升学生学习本课的愉悦度。

(5) 促思度

教师使用研读展示—点评指导—反思改进策略，帮助学生不断直面探究过程中存在的问题，引导其更好地完成下阶段的任务，通过这一策略可以大大提升学生的思维深度。学生在本次探究展示课的过程中，通过完成各项任务如观看表演、运用评价量表进行打分、结合评价量表对表演进行点评，从而促进自己对剧本表演的更进一步的认识；通过观看其他小组的展示活动，反思自己小组存在的问题，积极探讨解决问题方案；通过实施"三程学习单"的过程，促进学生主动思考和深入思考，提升本课的促思度。

3. 实施策略——"三策"

(1) 任务驱动策略

是指教师利用"三程学习单"在课前、课上、课后布置相应的探究任务，引导学生围绕"《论语》名句积累、剧本创作表演、学期总结汇报展示"这三个主任务，开展探究课的学习。

通过明确的各项任务，首先能够确保学生积极的参与度，学生有明确具体的任务，通过各项任务参与到探究中来，做到人人有任务。其次能够帮助学生更好地开展课题的探究，提高课堂的效率。明确的任务使得学生在探究时有明确的目标，可以根据自己的兴趣与能力水平，承担小组中的探究任务，探究时也有整体的框架可供参考，有具体的操作过程确保课程顺利实施。

(2) 点评—反思—改进策略

首先是指教师在"三程学习单"的实践过程中，组织学生进行点评，在师生点评、生生点评中,发现其他学生的闪光点。

课前学习中,教师指导学生从PPT内容、PPT制作和展示者表达三个角度根据评价量规进行优缺点的点评,增强学生评价与反思的能力,提升核心素养。

课堂学习时,对每一个环节,注重师生共同的点评,着重培养学生口头的概括点评能力,站在不同的角度,从小组和个人角度进行多方面的点评。让学生养成习惯,提高口头概括、分析和表达能力。

课后,教师布置书面反思总结,与课堂点评不同,课后反思总结落实到每个人针对自身在这堂课上的不足和优点来开展,同时变成书面语言,不同于课上的口头总结,需要更理性地看待自己、小组和他人本节课的表现,并有条理地整理出来。

"择其善者而从之,其不善者而改之",最后是改进,针对他人提出的问题和自己发现的不足,加以改进,取长补短,使得自己下一次的课堂活动表现能够更加出彩。通过这三步,学生充分掌握了本课程的探究思路,同时能够及时反思并且反馈到下次的课上,促进了整堂课的有效性。

(3) 合作学习策略

本策略贯穿整个探究课程。

课前小组在独立完成背诵《论语》语录的准备,合作完成剧本创作修改与表演的准备,小组在各自独立完成学期汇报交流PPT的基础上,进行整合,完成小组学期汇报交流的PPT的制作和合作交流准备。

课堂上,每个小组独立进行背诵活动、对小组表演和学期汇报交流进行个人点评。合作完成剧本表演,合作完成学期汇报交流。

课后,每个同学独立完成探究课反思总结的表格填写。

针对不同的环节,采取或独立或合作,或是先独立后合作的学习策略,既让学生个人得到了能力上的锻炼与提升,也能让组员间相互合作,组长组织督促,取长补短,互帮互助地完成探究相关任务,提高学生的团队合作意识,促进探究型校本课程实施效能"五维度"的提高。

4. 实施形式——"三式"

(1) 评价量规引导式

是指在探究过程中,引导学生对即将进行的探究活动设计必要的评价标准和具体的量化内容,来引导学生学习,更有效地完成探究的实施形式。基于评价的学习,会让学生更明确学习的目标和内容。

课前:教师制定背诵评价标准,让学生知晓规则,提高效率。结合小组展示探究成果和剧本表演,与学生商讨相应的评价量规的维度与标准,参照网络资源,确定一份完整明确的剧本表演的评价量规,用于课前准备阶段的排练。教师准备一份不完整的小组学期汇报交流的评价量表,为课上提高效能做准备。

课上:背诵比赛环节,让评价组根据规则进行正误判断;表演环节,让评价组根据剧本创作与表演评价量规进行打分,并结合评价量规,进行点评再小组汇总。小组合作进行学期汇报过程中,填写完整相应的评价量表。让学生借助评价量规的引导,提高对相应活动的认识和参与的积极性。同时随时思考,随时质疑,及时评价。

课后:同样借助评价量规,进一步反思总结个人和小组的探究完成情况,总结经验,寻找不足。培养学生具有评价反思总结的意识和改进的意识。通过具体的评价量规的制定和使用,让学生在活动中有明确的任务和操作的抓手,提高课堂实施的效能。

(2) 借助信息技术式

是指在整个探究过程中使用各种信息技术手段来帮助学生完成探究任务,辅助教师引导学生,以提高学科类校本探究课程的实施效能的形式。

课前:学生在探究《论语》对话语境时,需要整合网络资源,包括文字资料和影视资料,加深对《论语》的理解,同时要完成剧本创作,也需要寻找相应的网络资源,了解剧本的基本构成,用 Word 或 PPT 的形式进行汇总,在进行课堂展示时,提前制作 PPT 帮助展示汇报内容。

课上:整节课的清晰流程需要教师利用制作 PPT,把课堂各个环节需要使用多媒体的内容呈现在课件里,节约时间,提高课堂的容量度。小组在剧本表演过程中借助多媒体资源呈现背景或穿插音乐等还原当时的情境,增强表演的场面感。

课后:课后反思总结,以 Word 文档的形式,提交在钉钉作业里,选出的优秀作业也方便学生进行共同学习。

通过各种信息技术的整合,提升学生核心素养的同时,也能提高课堂效能"五维度"。

(3) 竞赛与随机激励式

竞赛激励法就是教师利用追求成功、展示自我的心理特点,在教学过程中,根据教学内容和学生的知识储备情况,设置各种形式的竞赛,激励学生为实现个人或集体的学习目标而努力,以此实现教学目标的一种教学方法。

竞赛与随机激励策略在本课"三程学习单"的活动过程中可以贯穿始终。

课前:教师告知学生将以小组比赛形式,评选出背诵最佳小组、表演最佳小组和学期汇报最佳小组,以此激励小组和个人做好充分的准备。

课上:将《论语》名句编成竞赛题,在小组展示探究成果环节和剧本表演环节,根据学生实际情况制定出既公平又合理的竞赛规则,设计合适的评价量规,让学生分组比赛,有效地激发学生内在的学习动机,激励学生积极进取,争取获胜,满足学生快乐学习的需要,使探究课堂充满活力。一方面激励学生完成相应任务的热情,一方面保证学生在课堂上的参与度。课堂上教师在点评中随机激励对学生也会产生积极的影响,有利于学生核心素养的培养。

课后：针对学生撰写的总结反思，在钉钉作业提交之后，教师对作业进行激励评价，或是选择优秀作业进行展示，能促使学生尽最大努力完成作业，提高探究课程的效能"五维度"。

（三）设计思路总括

基于上情，本课拟采用"三程"即"课前、课上、课后"学习单的形式，采用"三策三式"策略组织"探究《论语》对话语境"展示评价课。课前准备背诵、准备符合《论语》对话语境的剧本表演、梳理整个学期的探究过程和结果制作 PPT 准备交流。在"三程"学习过程中贯穿"三策三式"，扩大课堂的容量度，加大课堂拓展度，提高课堂的育人度，加强课堂的愉悦度，提升课堂的促思度，以提高整体的学生"四素养"和课堂实施效能"五维度"。在"三程"学习过程中，着重在以下五环节中来落实课堂效能的提升。

1."背诵激励"环节：学生通过个人参与背诵构成小组背诵成绩进行比赛，通过竞赛激励，巩固本学期《论语》的名句积累。培养学生文化理解和传承的语文学科核心素养。

2."剧本展演"环节：通过学生小组合作，确定探究专题，搜集整理《论语》相关语录，结合电影《孔子》的台词整理分析、电视剧《孔子》的观看分析和探索剧本创作的相关知识，撰写小组的专题剧本并进行排练表演。培养学生的信息搜集整理归类的能力、文言文阅读的能力、合作想象能力、剧本创作表演能力和合作交流学习的能力。

3."点评交流"环节：按照教师出示的评价标准参与评价、听取评价，培养学生的自我判断归纳能力、展示交流能力、评价能力和倾听同学交流的能力。

4."汇报交流"环节：学生通过课前的小组合作搜集和整理关于本学期探究课程的资料，制作演示文稿，来培养合作收集和整理资料的能力、与同学进行沟通的能力；通过制作 PPT，梳理本学期的探究过程和收获，了解探究课程的基本学习流程。在与同学合作交流、分享信息的过程中感知合作学习的必要性，培养学生信息素养和自我反思善学乐学的核心素养。

5."总结反思"环节：教师课后小结，学生在探究记录本上自我总结反思，培养学生及时总结反思的能力，学会学习的核心素养。

【教学目标】

（一）知识与技能

1. 学生通过课前的小组合作搜集和整理关于本学期探究课程的资料，制作演示文稿，来培养合作收集和整理资料的能力、与同学进行沟通的能力；通过制作 PPT，梳理本学期的探究过程和收获，了解探究课程的基本学习流程；通过探究，了解《论语》中蕴含的丰富的思想和该书重要历史文化地位。

2. 学生通过交流合作学习的成果和研读有关《论语》语录,感受孔子及其弟子学习生活等场景,明白《论语》中蕴含的丰富的思想文化对中国社会产生的深远影响。

3. 通过课堂交流合作成果,培养学生的成果展示能力和倾听能力;培养学生借助《论语》认识世界、认识自我,并思考古代经典与自己学习、生活关系的能力。

4. 通过之前课堂探究《论语》对话语境和剧本创作知识,选取小组研究的专题并撰写相关剧本进行修改和表演,培养学生文言文阅读能力和文学剧本创作能力以及表演能力。

(二)过程与方法

运用"三程学习单"引导、学生课前背诵《论语》内容,准备小组合作交流课前的本学期探究学习成果和表演创作的相关剧本,课上进行背诵比赛、表演比赛和学期汇报交流展示,课后撰写总结反思。

借助量规评价法培养学生的合作搜集材料能力、归纳总结能力、自我反思的能力、成果展示能力和剧本创作与表演能力。

锻炼善于合作学习、独立学习、撰写反思体会和借助信息技术、学习单进行探究学习等能力;提高社会实践类探究型校本课程实施效能的"五维度";体悟小组独合结合"三程"整合"三策三式"所蕴含的学习方式方法。

(三)情感态度与价值观

1. 学生通过小组合作搜集整理资料、制作课件、撰写剧本、排练表演剧本、展示成果、交流评价等方式,能全面参与合作交流,体会合作学习与个人学习相结合的方式,学会探究,学会合作,学会学习。

2. 在合作收集资料,讨论、分析本学期探究过程和收获的过程中,提高学生从学习经历和成果中分析和反思自我的能力。增强责任和担当意识;培养团队合作意识;形成对课本剧创编演评的交流表达和反思的精神;增进独合结合"三程"整合实施"三策三式"探究文言典籍和剧本表演的兴趣。

【教学重点】

从合作交流本学期的探究过程的学习经历中反思自我和小组合作性学习的利弊。在剧本表演展示的过程中通过观看聆听和借助评价量表点评和自我反思来加深对《论语》的理解和对剧本创作与表演的认识。

【教学难点】

借助评价量表评价学习成果,形成自我认识和评价,促进自我反思和进一步探究改进。

【首次实践】

时间:2020年12月29日上午第3节课;对象:预备(4)班学生;地点:录播教室。

(一) 首次实践过程

时间分配(分)	教学环节	教师活动	学生活动	课题研究
6	一、背诵竞赛引入 运用竞赛激励的策略组织学生进行背诵比赛	1. 借助PPT出示《论语》名句背诵要求。 2. 组织比赛,背诵组组长随机抽取比赛题号。 3. 教师随机激励。 4. 说明:探究《论语》对话,传承文化经典,首先从名句积累开始。	1. 独立观看比赛规则,准备参加比赛。 2. 背诵组同学依次抽取题号,一人一句回答问题。 3. 评价组独立观看,选派一人评价正误并统计比赛结果。	激发参与背诵和竞赛的兴趣。学生在竞赛中独立参与背诵,促进学生积累《论语》名句,培养文化理解与传承的语文学科核心素养。学生将《论语》名句内化为个人价值观。
18	二、《论语》剧本表演 1. 问题导入	出示PPT.3:"学而时习之,不亦说乎?"这句名言告诉我们什么道理?	思考回答。	培养学生的知孝懂礼、友爱他人等人文底蕴素养、提高剧本合作表演的能力和评价交流的能力。
	2. 组织《论语》剧本合作表演和初步评价	1. 出示PPT.4:三组同学依次表演,其他不表演的同学,根据"探究《论语》对话语境的剧本表演评价量表"对三组表演进行评价打分。思考如何结合评价量表给小组剧本创作和表演进行点评。 2. 出示PPT.5:表演开始	1. 阅读、明确学习要求。 2. 认真观看,打分,并标出评价要点。	
	3. 交流评价 (1) 交流《百善孝为先》的剧本表演。 (2) 交流《仁者无敌》的剧本表演。 (3) 交流《为学》的剧本表演。	1. 出示PPT.6:说明展示交流评价标准。要求学生根据评价量表尝试小组合作评价其他小组的表演。 2. 组织各学生合作小组代表交流剧本表演的合作。 3. 倾听学生的发言,随机给予中肯意见和鼓励性评价;引导和补充学生的合作成果。 4. 整合学生评价团意见和评价打分,宣布评比结果。	1. 评价组独立观看记录;组长组织小组同学评价交流。 2. 评价组长汇总小组意见对三个表演的小组进行补充评价。 3. 表演组进行表演,表演完毕独自观看、思考评价。 4. 将观看倾听的内容内化为自己的收获。	课前合作,培养学生合作收集、整理历史信息的能力;课中培养学生合作成果交流展示能力、表演能力、倾听同学交流的能力和评价能力;激发学生合作学习的兴趣。

(续表)

时间分配(分)	教学环节	教师活动	学生活动	课题研究
18	4. 师生归纳	1. 根据3个小组的交流情况,出示PPT.7:剧本创作与表演要注意哪些方面？ 2. 倾听和引导评价,PPT.8同步显示师生归纳的内容。	1. 思考归纳,回答问题,互相补充。 2. 边思考边观看。	培养学生的自我判断、归纳能力。
15	三、汇报展示与交流 1. 小组交流 2. 讨论交流 3. 评价指导	1. 出示PPT.9:请三个小组依次展示本学期的探究过程和结果。 2. 组织合作小组进行讨论交流。 3. 倾听、随机评价。	1. 三个小组用PPT结合收集整理的资料展示课前合作学习的成果。 2. 其他同学不参与展示时观看思考,结合评价量表进行评价打分,并准备交流回答。 3. 听讲内化。	培养学生独立思考评价能力和合作交流能力。培养学生信息技术素养。
2	四、总结反思 组织学生合作小结	1. 出示PPT.10:根据本节课的学习内容,思考还有哪些方面需要在下学期的探究课进一步加以努力。 2. 出示PPT.11:利用假期,继续深入学习《论语》,完善本学期的探究学习,并撰写详细的探究学习报告。	1. 观看、记录、课后撰写反思。 2. 观、记。	落实点评—反思—改进策略,培养反思意识,促进学生勇于探究素养的发展。
	五、课后小结	要求学生独立完成课后学习单:本课总结反思,在钉钉作业中提交。	课后完成总结反思,并提交作业。	培养学生的自我反思意识。

（二）实践之实效、反思

1. 实效

（1）学生素养方面——核心"四素养"得到了"四个很大的提升"

① 从对学生最后的探究小结的研读,学生当堂展示效果呈现的分析,观课教师评价等角度可知,学生在人文底蕴素养方面,得到了很大的提升。

绝大部分学生在参与完成"三程"学习单的开展过程中,始终受到《论语》中各种思想的熏陶,尤其是在背诵《论语》章句的比赛和《论语》剧本创编演评的过程中,《论语》中的思想通过学生的口头表达、身体语言,内化于心,外化于行,懂得尊师重教,孝顺父母长辈,老吾老以及人之老,幼吾幼以及人之幼,在人文底蕴素养方面得到了很大的提升。

② 从对学生最后的探究小结的研读,学生课后反思总结的研读及教师在整个探究过程中的观察可知,学生在学会学习素养方面得到了很大的提升。

绝大部分学生在"三程"学习单的探究过程中保持了极高的积极性，同时能够在教师及"三程三单"的引导下独立或合作完成学习任务，梳理回顾整个探究过程，总结探究收获，培养了自身乐学善学的品质。

大部分学生在探究全过程中坚持独立完成反思小结，同时在展示交流活动中从他人身上看到自己的改进点，养成了勤于反思的意识。

绝大部分同学独立或小组合作完成了搜集资料、汇总筛选、制作展示PPT等任务，充分、自觉地运用信息手段帮助自己更高效地呈现探究过程与成果，提升了信息意识。

③ 从对学生最后的探究小结的研读，学生课后反思总结的研读及教师在整个探究过程中的观察可知，学生在健康生活素养方面得到了很大的提升。

受到《论语》章句的影响，尤其是通过包含着珍爱生命、孝敬父母、坚定志向等思想的名句背诵，学生懂得积极面对生活，怀抱健康生活态度。在创编演评环节中，学生投入地表演，体会到孔子与常人一样，受制于时代条件的制约，却能始终怀抱以人为本的思想，推行自己的学说，胸怀大志，不忘初心。深刻的体验提升了学生的思想道德水平，促使身心健康发展。

④ 从对学生最后的探究小结的研读，教师在整个探究活动中对学生的观察中可知，学生在责任担当素养方面得到了很大的提升。

全部学生在展评课上，或独立或合作完成学习任务中的各项挑战，落实了独立与合作学习策略的实施，学生既在小组活动中各司其职，专心于自己所负责的任务和板块，懂得履行自己的责任，为个人或小组获得荣誉勇于承担自己的责任，在责任的完成过程中始终保持昂扬乐观的情绪，极大地提高了为个人、为小组、为班级、为家庭、为社会、为祖国勇于承担责任的素养。

（2）教师素养方面

① 学科探究课程学材编制素养方面

通过探究成果展评课的实践，教师清楚地理顺了学科探究类校本课程的教学流程与环节，积累了一定的教学素材和组织经验。为《探究〈论语〉对话语境》和《音乐探究》等学材的编写与后续的修改积累了经验，教师自身的学材编制素养得到了提升。

② 课例研究素养方面

一是通过探究成果展评课的教案设计、课程实践与后续的课例撰写与修改，教师对于研究课的认知得以升级。

二是课例研究的能力得到较好的提升。教师通过设计"三程"整合实施"三策三式"，独立与合作学习相结合完成探究五环节，对于探究型校本课程学材的编制，课例研究主题的确定，学情、课标和教材"三情"依据的分析和课题研究之学生核心素养培养内容的选定、实施策略、形式与方法以及过程性评价、结果性评价的设计与实施、核心素养培养视角与本课化表述的"三维"目标的厘定，实践过程设计的教学环节的命名，师生活动的务实、细化、相互匹配的安排,既有了新的认识,也提高了课例研究的实际设计、实施、总结和成果表达素养。

三是更新了自身的教学观念。尤其是曹明老师反复强调研究中要注意"拟作"+指向,对自己教学过程中采取的行为要清楚指向的目的,给我后来的教学和研究指明了方向,从而促进了自身教学观念的更新。

③ 其他专业素养方面

一是教师安排组织了大量的小组学生独立与合作活动,提升了自身小组学习活动的创建与组织方面的能力。

二是开展与本学科深度融合的探究性教学,教科研的意识和能力得到了不同程度的提升,懂得更加规范地撰写课例。

三是促进了课例研究设计、实施、评价、总结等课题研究素养在语文学科日常教学和教研活动中的迁移运用。积累了语文课本剧编演实践学习的经验,进行了语文综合性学习模式的有效探索。

(3) 学校方面

一是更加充实了学校学科探究类校本课程实施方面的课例研究类实践成果,为后续开设类似的课程提供一定的借鉴;二是作为课程本身,丰富了学校开设的探究型课程的类型——学科探究类探究型课程,使学校课题研究成果得以完善。

(4) 实施效能"五维度"方面

① 容量度

教师在本次的研究课中,安排了3个小组参加背诵比赛、3个小组进行剧本表演展示、1个小组学期探究总结汇报,中间穿插点评交流以及教师的最后总结五个环节,所有预设任务全都如期完成,这与平时的探究课相比,已经达到了约增加40%的容量,且没有加重学生的负担。这是由于:一是学生了解每个环节的任务,做了比较充分的准备。尤其是剧本表演的小组,每个组都能流畅地进行表演。汇报学期探究过程和成果的小组是所有小组制作好课上交流的PPT后,教师对各个小组的PPT进行了点评和筛选,提出了修改意见,从中挑选了最佳的一组来展示,从而保证了在课堂上展示的高效进行。二是在点评交流环节中,教师让学生在观看过程中根据评价量表进行打分准备,据表评价,加快了评价速度,提升了评价质量。三是借助任务驱动策略、"三程三单"、信息技术和适时激励式等,评价组和参与组交错进行的形式,提升了对学生学习过程的引导和完成任务的速度和质量,有效化解了由于容量增大所带来的时间紧、任务重的现实,从而既保证了任务的基本完成,又提升了学生参与课堂学习的积极性、速度和质量,促进了约增加40%容量的达成。

② 拓展度

教师在本次研究课中,一是增加了学期探究过程回顾和总结的探究内容;二是进行了探究途径的拓展；三是强调增进小组合作、勇于探究、交流的勇气和责任心。从学生展示效果的呈现，教师活动过程中的观察可知，拓展度得到了较好的提升。

③ 育人度

由于教师在本次研究课中，第一，注意引导学生从《论语》章句的积累中感受其中蕴含的思想，意识到个人责任担当具有社会意义；第二，多次有机强调本课题的教育意义和人文价值；第三，强调小组有序、和谐合作，互帮互助的重要性；第四，强调探究过程及成果的梳理、PPT制作、剧本表演、探究成果展评等过程中的真实性、客观性和公正性——从而促进了相应育人价值的实现。

④ 愉悦度

通过教师对于学生展评交流活动过程的观察及学生课后与教师分享交流感想中可知，本课的愉悦度与平时的探究课相比，得到了很大的提升。如背诵组在课堂一开始就进入紧张的比赛中，组长抽选题号，小组同学依次作答，在激烈的比赛氛围下，大多数同学面对未知的选题从容镇定地背出《论语》中的名句，尤其是领航小队最后以百分百的正确率赢得冠军，既体现了个人的努力，也有小组合作的功劳。学生在对背诵比赛随机抽取题目的形式，感觉非常新颖，挑战难度虽然增加，但悬念设置牢牢地吸引了所有学生的注意力，极大地提升了愉悦度。而剧本创编演评的过程，学生投入地表演，每一个小组不同的表演主题，不仅受到《论语》中不同思想的熏陶，而且精彩的表演让所有同学都乐在其中。课堂上三个表演小组依次上台表演，"妙的人"小队身着汉服，或在古朴的室内诵读《论语》章句，或在翠绿的竹林进行思想的交流，不亦快哉！TNT炸药小队以"孝"为主题，在激烈的课堂讨论中呈现"孝道"，在生动可感的故事中传扬"孝"的精神，理解古代"以孝治国"的思想；天才队虽然表现的是儒家思想的核心内容"仁"，利用"仁"与"人"的谐音，引来大家的会心一笑，把诠释"仁"的学说作为表演的内容，选取离开鲁国的前一晚作为表演背景，既让人感受到儒家思想的博大精深，也让人体会到个人要达到仁的境界很难，在国家管理中推行"仁"更是难上加难，孔门师徒明知不可为而为之的努力更让人动容。表演组在台上表演无论是小小的拭汗喘气的动作，还是长篇的台词演绎都让人欣喜。课堂可谓精彩纷呈。学生在本课中能够持续地保持较高的愉悦度。与此同时，教师始终对学生的"三程"参学中的多元正向、积极的表现，注意加以表扬等适时激励，也增进了学习的愉悦度。

⑤ 促思度

点评—反思—改进策略的实施极大地促进了学生思维的发展，学生通过各抒己见，不仅锻炼自我的梳理、表达能力，同时对优缺点的分析能为以后的探究课程，甚至是其他课程有所助益。在实施这一策略时，提供明确细致的评价量规起到很大的引导作用，让学生点评有依据，反思有方向，改进也能落到实处。促使学生的思考更加全面，能够理性地反观自身或小组存在的缺陷。课堂上，点评环节大家的表现也精彩不断，评价组依据评价量规进行有针对性的点评,有的关注到小组的整体表现,有的注意到小组中个别同学的精彩之处,特别欣喜的是,评价组不仅对一直以来表现突出的同学能不吝表扬,而且对那些平时表现平平但本堂课上有明显进步的同学也能及时进行肯定性评价,既指出优点,也能坦陈不足,整节课既有欢声笑语,也有交流学习。

学期汇报交流中,天才队展示了非常翔实的内容,非常深邃的思考,非常精确的表达,不愧是"中华好队友",不愧是天才队!不仅表演很用心,总结也非常专业,洞悉探究课程的奥秘,给其他小组做了很好的示范!

通过学生独立撰写的反思小结、展示交流的成效、教师对于学生点评的分析等可知,学生对于在本次研究课的"三程"探究中,能够独立或合作思考如何解决探究过程中的问题,相互取长补短,提升了学生思维的深度。

2. 反思

除去所取得的实际效果,本节课仍然存在着几点问题:

一是时间管理存在问题。预设的教学环节,有些未能全部落实,比如补全评价量规未能当堂完成,交流环节也略显仓促,只有小组组长的代表性发言,没能让更多的同学有充分的交流时间,如果对剧本表演再稍作精简,让交流能更深入,课堂上能互相学习的地方会更多。

二是本堂课的探究成果展示方面,虽然已经可以看出学生对《论语》的对话语境有了一定的认识,但剧本创作与表演,还是需要更为专业的引领和指导。在学期汇报交流中,只选择了一个小组进行展示,如果有两个小组进行比较,应该能让学生在具体的对比中领悟更多的东西。

三是教学准备还要更充分,比如教学用具上要能预想学生在展示环节可能会出现话筒不会打开、话筒不能有序传递等情况,及早做好相关指导。还有剧本表演时的礼仪、站位、人物出场介绍等细节,因为考虑不够充分,还是出现了一些需要改进的行为。

【意义揭示】

(一)学科探究类校本课程基于学生兴趣、以学生为主体、以"三程"整合实施"三策三式"为保障,点燃了学生的学习热情,激发了学生的生命活力

一是基于学生的兴趣。在学习《论语》的过程中,评选《论语》名句,让学生把背诵积累规定内容的行为变为背诵内容我做主的行为,极大地激发了学生的学习热情。学生对《论语》进行诵读、剧本创作、改编、表演的探究学习活动,有着浓厚的兴趣。

二是学习过程不是灌输式,是探究式的。"三程"的学习,都是以学生独立思考和合作探究相结合,结合整合实施"三策三式"为保障,因而在教师的引导和帮助下,从搜集资料,到剧本创作修改,从展示分享,到相互点评,围绕《论语》对话语境挑战"三程"中的学习任务,均是学生个人或小组合作完成的。剧本表演是小组经过观看相关电影、模仿表演,参照评价量规

不断完善之后呈现的,整个探究过程体现了以学生为主体,教师为主导,以探究式、讨论式作为学习的常态,每个学生在这一过程中,既发挥了个人的优势,也集合了小组的力量。

三是学习的过程与结果,是有成就感的。学生在"三程"学习的全过程参与中,不断地积累着每一阶段的学习所带来的收获与成就感,保证了整个学习探究过程的愉悦情绪。同时通过组与组的交流、竞赛,在教学的各环节都有不同的体验和收获,在积极愉悦的课堂中展现蓬勃的活力,获得全面和谐的发展,真正激发学生内在的生命活力!

(二)信息技术的运用较好地提高了学生探究性学习的效率,与任务驱动式和适时激励式等一起,确保了课堂的容量度、拓展度

学生在课前、课中、课后,大量运用信息技术手段,或搜集与《论语》或孔子相关的影视资源,或利用PPT制作表演的背景和梳理学期探究过程和结果,总结探究感受和体会,帮助课堂展示更加清晰高效。这些信息技术手段的运用,结合与任务驱动式和随机点评激励式等举措的整合运用,使得学生能够在有限的课堂时间内,更加高效地进行探究性学习,提升了课堂及探究中的容量度、拓展度。

(三)"三程学习单"、独立与合作学习相结合的策略、评价量表的使用,进一步加深了学生的责任担当意识,促进学生学会学习,积累人文底蕴,增强了本课的育人度

本课主要的目的之一,即通过对《论语》对话语境的探究,培养学生热爱国学,积累人文底蕴,激发学生的责任担当意识,学会学习。

"三程学习单"注重从课前、课中和课后设计教学,对探究型校本课程的实施而言,能有效地保证各阶段的教学有效性。特别是课前学习单的设计和完成,为课中学习单的顺利进行提供了保障,课后的反思学习单也让学生对自己为主体的探究性学习从内容到形式,从个体到小组,多层次多角度地进行深入思考,有效发展思考的本能,提高思维能力。教师和学生明白整个学习过程的学习任务,懂得整个学习过程环环相扣,哪一个环节出现纰漏,都会影响课程的实施效能。尤其是针对自主研发学材的教学,如果没有严格的学习单的导引,课堂很容易出现"巧妇难为无米之炊"的尴尬,交流很容易出现准备不充分导致的时间空耗。以培养学生的核心素养为目的的探究型校本课程的教学要行之有序,探之有效,教师和学生努力完善"三程学习单"既是保障也是创新。

同时,在小组为主的合作探究学习过程中,组员分工明确,齐心协力,荣辱与共。学生明确感知到,自己的认真参与与否会很大程度上影响到自己所在小组的最终探究成效,通过组员间的合作交流,学生首先确立了身为探究课学生的责任,进而树立了身为组员的责任感与

荣誉心。小组在台上认真表演自己创作修改的剧本，不仅能深化对《论语》蕴含的思想的理解，而且锻炼舞台表演能力和综合评价能力，学生学得愉快，能力也得到了锻炼。

评价量表的设计，具有客观公正性，课中结合评价量表对探究小组《论语》剧本表演和学期探究过程与结果的汇报展示进行评价，使评价有标可循，促进了结果性评价的公开公正性。而补充量表的任务又让学生在评价的维度上加强了思考，促进学生学会学习，培养学生的核心素养。

参考文献

[1] 上海市教委.上海市中小学研究型课程指南[Z].2011.

[2] 中华人民共和国教育部.义务教育语文课程标准(2011年版)[M].北京:北京师范大学出版社,2012.

[3] 李臣之.校本课程开发[M].北京:北京师范大学出版社,2015.

[4] 杨向东.崔允漷.课堂评价[M].上海:华东师范大学出版社,2012.

[5] 夏桂敏.基于核心素养的校本课程建设[J].未来教育家,2017(8):10-18.

[6] 孙微.实施"五策"提高数学单元复习和自我监控能力培养实效——以《图形的运动》复习课之区级课题研究课两次实践与分析为例[J].浦东教育研究,2018(2):48-51+7.

[7] 朱律维."独合结合"语文实施体验式提升学生写作详略素养探索——以"叙事要详略得当"区级课题研究课实践与分析为例[J].浦东教育研究,2019(8):53-57.

基于美术核心素养实施"五式五法" 以版画形式表现浦东本土文化(古镇建筑)的探究型校本课程实施效能

——以"屏'刻'版画·家乡的粉墙黛瓦"研究课的实践与分析为例

上海市罗山中学　黄奕荣

【执教时间和地点】

时间:2020年5月6日下午第7节课。对象:预备(3)班。地点:录播教室。

【设计思路】

（一）设计依据

1. 学情分析

预备(3)班的学生通过一个学期浦东本土文化探究,查找资料及实地考察等形式发现浦东本土文化历史;信息分析、汇总并以小报设计及展示的形式展现浦东本土文化特色两个环节的独立探究实践,对浦东本土文化有了一定的了解。但大部分同学的了解程度仅仅停留在对图形、文字的收集复制,而在浦东本土民居——徽派建筑的艺术特点方面,图文信息的提炼与知识的内化都缺少更深层次的审美判断及文化理解。

在木刻版画的认知方面,学生已经通过网络查找信息,对木刻版画的概念、刻制拓印制作程序、艺术特点等方面进行探究学习,通过"木刻版画探究学习单"进行概括总结,并对相关知识进行梳理归纳以PPT的形式呈现。在操作实践方面通过临摹木刻版画作品,刻制拓印完成一幅版画习作。刻印的过程中,体现出该年龄段的学生对刻刀的控制能力相对不足,刻制的版画难以达到预期的效果。同时对完成的版画作品优、缺点的认知还存在不足,缺少对该画种的审美判断。

为初步掌握运用绘图软件模拟木刻版画技法表现具有木刻版画特点的作品,通过两课时以教师引导为辅,学生自主探究为主的方式摸索Sketchbook软件工具的使用,初步掌握了运用软件的哪些工具能够模拟不同刻刀刀痕的效果。由于Sketchbook软件即"刻"即现的效果及易于修改的特点,学生使用掌握的工具进行屏"刻"版画创作,兴趣更加浓郁,更容易获得成就感。

2. 教材分析

预备年级第二学期以单元教学为主,第10课《造型广场》单元的《电脑美术:版画效果》

要求运用电脑软件绘制仿版画效果（以 Windows 画图板的使用为例），通过多媒体软件的运用使学生既能学习版画知识，又能体验用电脑进行美术创作，尝试初步掌握相对便捷地制作版画效果的另一种方法。

本课是教师自编一课时的教学内容，通过对高桥古镇建筑图片的欣赏，了解古镇徽派建筑的风格特点；编选珂勒惠支《母亲》《自画像》及优秀的版画作品，引导学生分析、了解木刻版画的艺术特点。教学内容来自学生的生活，更容易激发学生的学习热情，并由此引导学生养成主动观察、发现生活美的习惯，由此加深对民族传统的文化理解，提升图像识读及审美判断素养。

表现媒介的选择方面，Sketchbook 软件与 Windows 画图板相比，使用上都比较便捷，但 Sketchbook 软件的功能更加丰富多样。教学实践"学习掌握运用 Sketchbook 软件进行仿木刻版画效果的创作"是本课的重点，引导学生结合 Sketchbook 软件工具的使用，探究结合多媒体绘画技术表现木刻版画艺术魅力。在这个创作过程中，"木刻版画中形体的概括及画面黑、白、灰的创作表现"是本课的难点。

教具准备：电脑、平板电脑、多媒体课件、背景音乐、仿版画微视频、实物投影仪。

学具准备：平板电脑、Sketchbook 软件。

3. 课标分析

《中华人民共和国国家教育部艺术课程标准》中，鼓励艺术教师根据不同区域特定的自然环境和人文背景，因地制宜，多渠道、多方式地加以充分开发和利用。学生周边的高桥古镇具有 800 多年的历史，被市政府列为历史文化风貌区，是浦东历史上四大名镇之一，建筑具有浓郁的传统民居徽派建筑风格，有着深厚的文化底蕴。本课程充分挖掘本土艺术文化资源，利用古镇风貌与美术学科学习内容相契合的特点，引导学生认识和了解古镇的建筑特点，增加对浦东本土文化底蕴的理解，激发学生对家乡的热爱之情。

《上海市初中美术学科教学基本要求（实验本）》要求学生在探索体验中学会绘画软件相应工具的使用方法和技巧进行创意实践，感受电脑绘画的效率和魅力。本节课教师选择使用 SEEWO 配套教学设备平板，运用 Sketchbook 软件进行仿版画效果的创作练习。平板电脑具有可携带移动的特点，便于同学之间相互讨论、交流及展示，配备的感压笔比鼠标更具有操控的准确性，而且在操作界面上具有电脑所不具备的快捷、流畅、易用的特点。

（二）课题研究内容

1. 学生美术核心素养方面

本次研究课通过"五式五法"的实施，拟培养学生图像识读、美术表现、审美判断、创意实践、文化理解五方面的美术核心素养。

(1) 图像识读

通过对高桥古镇建筑(图片)的欣赏，认识和了解古镇传统民居的徽派建筑风格特点；通过欣赏绘画大师珂勒惠支作品和优秀的木刻版画作品，分析、理解木刻版画的艺术特点，培养审美感知、审美理解和审美领悟能力。

(2) 美术表现

结合对木刻版画艺术特点的分析、理解，运用 Sketchbook 软件的工具模仿木刻版画的美术语言，以美术的表现方式表达自己的思想和情感。

(3) 审美判断

通过古镇建筑和版画作品的赏析、感悟所构建的审美意识，以实践创作作品的形式呈现，并在此基础上同学之间相互进行评价、判断与表达，进而感知现实生活和美术作品的美感及艺术特点，并由此内化为系统的理解与认知。

(4) 创意实践

通过对木刻版画创作方法的学习，结合构图取景，概括取舍，画面黑、白、灰处理，以高桥古镇的建筑(局部)为主题，"雕梁画栋，添砖加瓦"，大胆构思，创新版画表现方法。

(5) 文化理解

通过图片欣赏高桥古镇具有 800 多年历史的具有浓郁徽派建筑风格的传统民居，感受古镇风貌深厚的文化底蕴，坚定文化自信，提升学生的民族文化认同感，激发对家乡、对祖国的热爱。

2. 实施形式——"五式"

(1) "三程三单"式

"三程"指课前、课中、课后的三个学习过程，"三单"指每个学习过程教师编制的学习单。课前"木刻版画探究学习单"从概念、制作步骤、艺术特点等方面引导学生探究木刻版画的相关知识，并围绕所选择的作品进行分析，了解学生对木刻版画特点的理解程度。课中学习单围绕"内容、过程、成效、参与度"四个方面，从"有待提高""合格""良好""优秀"四个习得维度进行课堂学习评价，课后学习单对"创作过程中遇到的问题和收获""作品的可改进之处"方面进行课后反思。课程学习单的使用，使学生的学习任务与学习要求更加明确，明确教学环节的指向性、目的性，促使学生更加关注学习重点并时刻提醒自己在课堂教学过程中保持学习的状态，从而提高课堂教学实效。

(2) 独立学习式

课堂探究学习中，学生通过图片欣赏、识读、信息的分析、归纳形成知识的认知，并自主围绕构图，画面黑、白、灰处理，绘图软件工具使用等方面就创作练习"雕梁画栋、添砖加瓦"进行造型表现创意实践。

(3) 合作探究式

在创意实践环节小组合作学习，创作过程中遇到问题互相讨论。作品展示环节各小组围绕"木刻版画艺术特点""木刻版画创作表现方法"讨论推荐组内成员优秀展示作品。

(4) 信息技术整合式

导入过程通过观看前期学生的探究视频，回忆学习过程和探究的知识内容，保持学生对"浦东本土文化"探究学习的兴趣。版画创作的微视频，与学生同步进行创作练习，能对学生就工具的使用或画面的处理起到很好的提示引领作用；背景音乐《渔舟唱晚》古筝乐曲营造课堂的传统文化氛围。

在创作实践中，平板摄像头构图取景的功能使构图和把握形体比例都更加简单便捷，因此大大降低了对学生绘画能力的要求，Sketchbook 软件的应用，使学生都能够将学习的重点放到仿木刻版画效果的创作中，并且软件画面效果的即时性、修改的便捷性也很大地激发了学生的学习兴趣与学习信心。信息技术的整合既提高了课堂效能，也促进了学生信息技术应用能力的提升。

(5) 激励式

① 预设激励

在版画刻板的习作效果分析环节，对与范图相比较效果差别较大的习作，表示不一定不好，展示珂勒惠支的作品《母亲》，画面中能找出学生刻板练习中类似的"刀痕"效果，激励学生：你只要再努力一点，也有成为大师的潜质。以此提高学生的学习信心。

作品展示、互评环节，各小组推荐 1—2 位同学展示习作，被推荐的同学会由此获得荣誉感、成就感，并能增加美术学习的兴趣。

② 随机鼓励

对积极发言的同学用"非常好！""回答得真到位！"等肯定的语句进行表扬；对即使回答并不准确的同学，也用"你的观点真独特！也许可以从这个角度再分析一下……"等进行口头鼓励，促进学生参与课堂教学的积极性，保持对课堂活动的专注度。

在学生创作练习的巡视过程中和作品展示点评中，尽量找出作品中的闪光点进行表扬，对不足的地方作正面评价，委婉地提出修改的建议，以此激励学生学习信心，维护学生学习兴趣。

3. 实施策略——"五法"

(1) 讲授法

美术学科本体的知识与技能是一个分门别类的知识体系，每一门类的美术内容都自成体系，在美术本体共性之外又有其相对独立的知识构成系统及风格各不相同的表现形式。本课木刻版画的知识内容及艺术风格是学生以前接触极少的一个相对陌生的绘画种类，学生采用其他的学习方式难以达成课堂学习内容的深度，因此，在"高桥古镇建筑（图片）欣赏""木刻版画创作表现方法"等环节以讲授法为主，在有限的时间内保证教学内容的质与量，调节课堂信息密度及运行节奏。

（2）比较法

通过教师启示进行有目的观察，引导学生树立正确的比较方法，做到观察比较目的明确、方法正确，使学生懂得从哪些方面去欣赏作品，获得对画面因素的准确认知，学会从哪些角度去评价作品，提高对作品分析的综合能力，提升审美判断素养。

在"版画刻板习作效果分析"环节，寻找自己习作中与大师版画作品中形象近似的刀痕效果进行比较，认识到刀法没有绝对的"好"与"坏"，而在于如何控制与运用；在"作品展示、互评"环节，引导学生根据"木刻版画艺术特点"从整体观察比较画面的整体效果，围绕"木刻版画创作表现方法"从局部观察比较画面的局部表现，结合自己的作品进行比较，发现彼此作品的优点和不足，进行认知的重新构建与内化。

（3）创作法

通过"雕梁画栋、添砖加瓦"创作练习，将习得的知识结合一定的技能表现，以图形、图像的形式呈现并论证知识构建的准确性及技能掌握的程度，通过创意实践加以运用，锻炼及培养美术表现和创意实践素养。

（4）展评法

在作品展示、互评环节，同学结合自己已获取的认知而构建的审美判断，再度审视、分析与思考，围绕版画作品的艺术特点、创作表现进行评价，进行知识的重新构建与内化。学生参考点评、互评的过程，既体现出学生对知识的习得情况，也锻炼对作品鉴赏的语言表达能力，培养图像识读和审美判断能力。

（5）归纳法

通过结合对标学习单"内容、过程、成效、参与度"等方面，对整个课堂教学进行思考、分析和归纳，达到从知识感知碎片化发展为知识认知的系统化，得出结论并运用到创意实践过程中，通过创作练习进一步论证结论的可靠性，内化学习内容，课后反思个性化学习经验。

【教学目标】

（一）知识与技能

加深对古镇徽派建筑特点的认知与木刻版画艺术特点的理解；掌握运用 Sketchbook 软件进行仿木刻版画效果的创作技巧。

（二）过程与方法

基于美术核心素养实施"五式五法"，通过欣赏画家的版画作品，了解木刻版画的形式特点，探究及实践运用软件工具模仿木刻版画的笔触效果；结合教师示范讲解及学生自主探究，尝试使用感压笔创作具有木刻版画效果的习作（电子作品）。

（三）情感态度与价值观

感受木刻版画的独特魅力，体验多媒体硬件（平板电脑）与绘图软件（Sketchbook）在仿木刻版画绘制过程中方便快捷且能及时修改的特性，激发学生学习电脑美术的兴趣，获得美术创作的成就感；通过对古镇传统民居徽派建筑风格的认知和了解，加深文化理解，提升民族文化认同感及自豪感，激发对家乡、对祖国的热爱。

【实践过程】

实践板块	教学环节	教师导学	学生活动	课题研究
一、导入	1. 学习场景视频播放	借助多媒体回顾上学期各小组"浦东本土文化"合作探究过程和以小报设计、展示的方式展现的6个主题探究成果。	观——回顾学习过程；听——聆听教师点评；思——内化探究收获。	保持学生对"浦东本土文化"探究的学习兴趣。
	2. 借助多媒体，引入新课	以版画的形式表现浦东本土文化魅力——屏"刻"版画·家乡的粉墙黛瓦。	独立观、听、思，准备学习新课。	产生对新的学习内容的好奇与期待，激发创意实践的动力。
二、新授内容	1. 高桥古镇建筑（图片）欣赏	引导学生了解古镇建筑特点： 1. 粉墙黛瓦； 2. 观音兜、马头墙； 3. 高翘的飞檐； 4. 纹饰精美的瓦当。	认识和了解古镇传统民居的徽派建筑风格，提升民族文化认同感及自豪感，激发对家乡、对祖国的热爱。	提升学生图像识读及审美判断素养，加深对民族传统的文化理解。
	2. 版画刻板习作效果（图片）的分析	1. 部分习作与范画从图形、刀痕效果相比较； 2. 展示珂勒惠支的作品《母亲》，找出自己版画习作中与大师作品中类似的"刀痕"效果。	通过对比分析，了解刻刀运用的大致效果。	通过预设激励提高学生的学习信心。
	3. Sketchbook软件工具运用	演示并提问： 1. 软件工具绘制出的图形分别是什么刻刀的"刀痕"效果？ 2. 当出现绘制错误可用什么工具进行修改？ 3. 画面的放大、缩小及还原如何操作？桌面工具栏如何显示/隐藏？	思考、发言，并在自己的平板电脑上操作，回忆并熟悉对软件工具的使用。 填写课堂学习单。	锻炼学生表达能力，促进学生勇于探究。利用信息技术整合式，培养学生的信息意识素养。
	4. 木刻版画艺术特点	1. 黑白对比强烈； 2. 画面主题突出； 3. 丰富的"刀痕"韵味； 4. 油墨的肌理效果。	通过对范画的图像识读、归纳，理解木刻版画艺术特点。 填写课堂学习单。	培养学生归纳能力，提升图像识读素养。
	5. 木刻版画创作表现方法	1. 构图取景，概括取舍； 2. 拉大黑、白的反差； 3. 把握特征，简化细节； 4. 灰面的层次处理。	通过对图像的识读、对比，了解木版画创作表现方法。	提升图像识读素养，培养分析归纳能力。

(续表)

实践板块	教学环节	教师导学	学生活动	课题研究
三、创作练习	"雕梁画栋、添砖加瓦"	要求： 以高桥古镇的建筑（局部）为主题，创作一幅具有木版画艺术特点的习作。 播放软件制作版画的微视频。	大胆构思，创新绘画表现方法，运用 Sketchbook 软件工具制作古镇建筑的版画习作。 小组合作学习，创作过程中互相讨论。 填写课堂学习单。	培养合作学习，锻炼及培养学生美术表现、创意实践素养。激发对自然美、生活美、作品美的情感。
四、作品展示	作品互评	请各小组推荐 1—2 位同学展示习作，请同学围绕"木刻版画艺术特点""木刻版画创作表现方法"点评展示作品。	根据评价标准要求，倾听、观察、思考，结合自己的审美判断进行评价； 参考点评、互评的意见，将之前生成的认知通过分析、比较，进行知识的重新构建与内化。 填写课堂学习单（作品美感）。	培养语言表达能力，培养图像识读和审美判断能力。
五、总结拓展	归纳总结、提升	1. 木刻版画艺术特点； 2. 木刻版画创作表现方法。 用画笔描绘美丽的家乡，用图画渲染伟大祖国的美丽。	倾听、回忆、思考，内化学习内容，反思个性化学习经验。	培养思考、分析、归纳、总结能力。培养学生的爱国主义情怀。
		引导学生对学习过程进行反思，对实践成果进行优化。	填写课后学习单。	培养反思—改进的良好学习习惯。

【实效与反思】

（一）实效

尹少淳教授提出"基于学科核心素养的美术教学就是要在现实情境中去引导学生发现问题，明确任务，以自主、合作、研究等方式去获取知识技能，将知识技能加以运用来解决问题、完成任务。"这节课的教学内容联系学生的日常生活、情感经验、文化背景等成长环境，采用现实生活中身边的高桥古镇为创意表现主题。这种熟悉的成长环境也让学生有较强的代入感，学习过程也变得更加鲜活充实，从而培养、发展、维护学生探索问题的兴趣，获得持久的学习动力。同时通过对古镇传统民居徽派建筑风格的认识和了解，加深了文化理解，培养文化自觉，坚定文化自信，提升了民族文化认同感及自豪感，激发出学生热爱生活、热爱家乡、热爱祖国的情感。

教学环节设计结合"五式五法"在课程教学活动过程中的实施、应用，围绕培养学生图像识读、美术表现、审美判断、创意实践、文化理解五大美术核心素养培养开展，指向清晰，方式合理，施策得当，提高了教学效率，增强了教学效果，使学生五大美术核心素养都得到一定的提升。

（二）反思

著名哲学家 H.伽达默尔曾说过："我们可以将每一个陈述都当作对某个问题的反应或回答，而要理解这个陈述，唯一的办法就是抓住这个陈述所要回答的那个问题。"所以，讲授法的运用不仅仅局限于知识内容的简单信息"辐射"，还要"把产生知识的'问题'还给学生"（王大根教授语）。因此在每个知识点上以结合提问的形式，引导学生对图像进行观察、比较、概括、提炼，使学生始终处于倾听、观察、思考的学习情境中，并随时保持准备回答问题的状态，真正构建一个以"学生为主体"的活动课堂。

在高桥古镇建筑（图片）欣赏、木刻版画艺术特点、创作表现方法的讲授法的运用方面，在把"产生知识的'问题'还给学生"方面做得不够，学生可能记住了一些知识，却忽略了促进学生去发现问题的敏感与习惯，应在图例欣赏的基础上结合比较法、归纳法设置更多的问题情境，将学习活动引向新的思维角度，通过对现象（图片）的识读、比较、归纳等方法去感受美术情景中的内在规律，提升美术鉴赏能力。

作品展示、互评环节，时间略显仓促，作品分析、互动交流不够充分。而这个环节往往是课堂中非常重要的一个环节，它是学生对原有的认知通过分析、比较，进行知识的重新构建与内化的重要过程。

以上两个方面主要是由于课堂容量上教学内容设置略多，造成时间分配的不足。可以将"版画刻板习作效果（图片）的分析""Sketchbook 软件工具运用"两个教学环节安排在课前完成，为更好地凸显课堂重点，丰富教学形式提供时间。

【意义揭示】

在美术教学活动中结合教学内容特点，合理利用多媒体技术，能拓展学习主体的参与性，增加学习内容的丰富性，增强学习探究的自主性，提高学习方法的趣味性，提升学习过程的实效性。

相对大部分学生来说，美术实践过程中的技法运用往往成为禁锢他们表现观念的最大障碍。如果对学生能力的实际情况了解不足，课程设计的环节难度过高，很多学生就会因为无法达到预期的学习目标而丧失学习信心进而游离于教学活动之外。动机心理学把它称为"学习绝症"现象——如果学生真的认为他们缺乏某种能力，他们通常会以为自己将永远无法获得这种能力。因此，他们往往会停止努力，甚至完全放弃。鉴于此，作为传统版画教学方式的补充，本课灵活选用多媒体技术工具，不仅学习容量更大，同时结合平板电脑及 Sketchbook 软件利于操作、便于修改的特点，根据学情设置相应的实践方式，通过在平板电脑上绘画这一个性的体验形式，营造出宽容、轻快、积极的学习氛围，整个课堂活动学生们基本摆脱了美术绘画能力不足造成的画面表现的困扰，即使平时对美术课积极性不高的同学也饶有兴致地投入创意实践练习当中，学习成为乐趣而不是负担，使他们相信自己发现问题、解决问题的能力,树立学习信心,将精力主要集中在创意、欣赏、评论等教学环节中,通过观察、思考、实践,丰富获取知识的技巧,开拓思维的广度,拓展探究的深度,深化对知识的理解,维护对学习的兴趣,使知识建构的自主性得以充分发挥。

参考文献

[1] 上海市教育委员会教学研究室.上海市初中美术学科教学基本要求:(试验本)[M].上海:上海书画出版社,2019.

[2] 尹少淳.美术核心素养大家谈[M].长沙:湖南美术出版社,2018.

附:

木刻版画探究学习单

班级_____ 姓名_____ 学号_____

概　　念	
制作步骤	
艺术特点	

作品欣赏	作品(图片)	艺术特点

课堂学习单

班级_____ 姓名_____ 学号_____

学习内容、过程	有待提高	合　格	良　好	优　秀
理解木版画的艺术特点				
熟练使用 Sketchbook 软件"工具"				
主动进行古镇风貌"屏刻"创作思考				
作品美感				

课后学习单

班级_____ 姓名_____ 学号_____

创作过程中遇到的困难	
作品的可改进之处	

实施"三策四式四法" 提高"西方主题电影鉴赏"探究型校本课程实施效能

上海市罗山中学 李雪萌

【执教时间和地点】

执教时间:2021年6月11日上午第4节课。对象:预备(8)班学生。

执教地点:乐学楼3楼录播教室。

【设计思路】

(一)设计依据

1."三情"分析

(1)学情分析

在多番探讨之后,我和预备(8)班同学们最终将探究主题设定为西方主题电影鉴赏。电影赏析课就是通过欣赏电影作品,感受到不一样的童真生活岁月,同时深刻体味电影中的父子情、母子情、师生情和友情,有助于陶冶学生的情操。在欣赏之余,我会鼓励学生写出自己的真实感受,引导学生为电影配音,撰写独具特色的影评,并为自己最喜爱的电影绘制海报,启发学生去比较不同艺术形式的内在特质,感受并领悟文学艺术之美。

从整体上来说,预备年级的学生对探究课程上课模式了解不多,对电影发展历程、如何来鉴赏一部电影也知之甚少。但是初中生随着年龄的增长,逐渐渴望了解外部世界,也开始对内心进行探索,好奇心和探究精神给学生增添了学习的动力。从知识层面来讲,本课程将通过寓教于乐的方式引导学生自主探究电影鉴赏方法。从技能角度来看,通过观看海外经典电影,帮助学生了解并尊重异国文化,开阔国际视野,增进对社会和自我的认识,从而促进学生的全方位成长。

(2)课标分析

随着全球一体化进程的加快,英语在国际社会上的应用越来越广泛。在我国,英语是义务教育阶段学生最重要的必修课程之一。然而,纵观现实的初中英语课堂,存在教学形式单一、过分服务于应试教育、忽视初中英语教学的根本意义(提高学生实际的语言运用能力)等问题。英文电影内容丰富，是最接近实际生活的会话型语言。现如今全国已有 321 所中小学和幼儿园加入了电影课，电影课也被列入了全国教育科学"九五""十五""十一五"规划课题中。早在 1987 年 Carr & Duncan 就提出在课堂教学中带着目的去观看英文电影，探讨一部影片特别是某一精彩片段，比毫无目的地观看整部电影效果要好得多。我国闻名中外的翻译大家严复和林语堂都一致认为学生想要学好英语，最有效的办法就是要多看纯正的英文电影，提高学生听力，训练学生口语，如此一来自然就能把英语说得地地道道。此外，《英语课程标准》也要求要"丰富课程资源，扩展英语学习渠道"。显然，将英文电影融入课堂不啻是一种很好的学习渠道，它不仅弥补了英语课本和语言教学材料的不足，还为学生提供了新的学习途径。

（3）教材分析

本课的教材是根据学校总课题的要求，参考上海义务教育初中英语学科的相关课程标准，学校探究型校本课程相关学材编制的示例，自编而成。本课校本课程学材的"活动展评"，主要介绍了课堂实践过程中进行小组电影鉴赏 PPT 展示的操作方法及鉴赏维度和评价标准。这样一来，学生可以在课前对于这门探究课程的学习目标和考核评价要求有一个先前预设，在教材之外提前准备起来，如开始思考如何组建小组，选择哪部电影进行鉴赏等。

2. 课题研究内容

学生探究综合成果展评素养培养内容：

从知识层面来讲，在本轮探究型校本课程的实施过程中，通过寓教于乐的方式引导学生自主探究西方电影鉴赏方法，帮助学生了解并尊重异国文化，开阔国际视野，增进对社会和自我的认识。

从技能层面来看，学生通过观看海外经典电影，培养了艺术鉴赏能力；从生活体验、艺术享受、文化熏陶等方面提升跨文化交际能力；通过小组合作完成不同阶段的任务，提高了完成任务的速度、质量和一定特色的能力；通过借助信息技术、口头说明和"评价标准"，进行小组探究综合成果的展评能力培养学生语言表达能力；通过"独合结合"信息技术的全面运用，提升了信息技术运用能力。

从探究精神层面来看，学生通过参与"五大板块·17 项活动"探究的过程，参与探究的主动性、个体责任心、协作和质疑精神、求证精神，也有所增强；随着知识视野的拓展、多元能力的提高，对"独合结合"开展学科拓展类校本课程学习的价值认同感得到增强。

总之，本课程的实施，具有促进学生的全方位成长的价值。

3. 提高课程实施效能的维度——"五维度"

（1）容量度方面：教师根据学生之前的探究进度，同时考虑到本班学生的能力情况以及本次展示的难易程度,适当地提升了本课程的容量度。在一课时的研究课中,教师安排了5组小组展示、穿插的点评交流以及教师的最后总结三个环节。为了在有限的时间内完成这三个环节,教师在研究课前做了大量的铺垫。学生制作PPT后,教师对各个小组的PPT进行了逐一点评,提出了修改意见,保证在课堂上展示的高效进行。同时点评交流环节中,教师在之前的课程中已经尝试实施过几次,本次又将评价的各个维度投影在屏幕上,确保课堂上这一环节的推进顺利。通过精心准备,提升整堂研究课的容量度。

(2) 拓展度方面:对于一般人而言,欣赏电影就是了解电影情节,对其中的正反面人物产生喜爱或者厌恶的情感。但是作为研究课的学生,需要更加深入地了解可以从哪些维度来鉴赏一部电影,透过电影来了解西方文化,并且产生一些批判性的思考。通过课程学习,我们发现,还可以从电影的叙述手法、时代背景、背景音乐等常常容易被人忽视的角度来进行深入的赏析。同时学生透过电影鉴赏对于西方的经济大萧条、个人英雄主义、难民和种族歧视问题等有了更加深刻的认知。

(3) 促思度方面:本轮西方电影鉴赏探究课程就是通过欣赏电影作品,感受到不一样的童真生活岁月,同时深刻体味电影中的父子情、母子情、师生情和友情,这有助于陶冶学生的情操。同时结合电影中的情节以及电影角色人物特点,引导学生进行思考和讨论。自然而然地帮助学生提升思想道德品质,形成正确的人生观和价值观。

(4) 愉悦度方面:电影作为艺术形式,给观众带来了欣赏的愉悦和无限的欢乐。在引导学生从情节、人物特色、背景音乐、时代背景等维度对电影进行鉴赏的过程中,学生对电影的理解进一步加深,从赏析中能够获取到更深层次的情感体验与内心满足。通过小组展示与评价活动,学生的能力得到锻炼,在与同伴合作取得成效的过程中自信心得到提升。

(5) 育人度方面:初中生随着年龄的增长,逐渐渴望了解外部世界,也开始对内心进行探索,好奇心和探究精神给学生增添了学习的动力。通过观看海外经典电影,帮助学生了解并尊重异国文化,开阔国际视野,增进对社会和自我的认识,从而促进学生的全方位成长。

4. 实施策略

(1) 任务驱动策略

在本次课中,教师会要求6个小组分别选取自己最喜欢的一部电影来进行鉴赏,最终以PPT的形式进行小组汇报。由组长来根据各小组成员的特点和优势来进行职责分工。职责内容包括:制作PPT,进行影片背景、内容介绍,进行人物介绍,选取电影主题,拍摄、记叙手法,背景音乐,题材,演员演技,特效等特色维度进行鉴赏(选取1—3个特色维度进行鉴赏即可)。

具体而言,教师总计实施如下7项任务:

① 确定主题与分工;

② 资料收集与筛选；
③ PPT 加工与制作；
④ 当堂小组展示；
⑤ 当堂点评交流；
⑥ 当堂小结归纳；
⑦ 课后笔头反思。

通过明确各项任务,首先能够确保本次研究课课前活动的参与度。学生有明确具体的任务,通过各项任务参与到本课中来。其次能够帮助学生更好地开展课题的探究,明确详细的任务使得学生在探究时有整体的框架,有具体的操作依据,有明确的达成目标。再次也能大幅提高课堂的效率,一名学生做一件事,就能更加专注于它,就能更加保质保速地完成。最后还能够培养学生对于整个探究过程的一种深入思考。

(2) 小组合作展评策略

在台上每组学生进行电影鉴赏汇报展示之时,计分员会给台下每小组观众分发一张评分表对各小组表现进行评分,最终根据总分排名选出 3 个优胜组并颁发奖励。评价内容可概述为 7 类指标:PPT 主题是否丰富且突出,PPT 结构是否完整且合理,选材是否契合且新颖,多媒体技术使用是否娴熟流畅,文字表达是否清晰文雅,PPT 讲解是否情绪饱满且声音洪亮,团队分工是否合理且默契。教师倾听每组学生的汇报展示后,也会对每小组的表现给予中肯评价和改进建议,帮助学生进行自我能力提升。

(3) 点评—反思—改进策略

教师倾听每组学生的汇报展示后,也会对每小组的表现给予中肯评价和鼓励性建议,帮助学生发现自己的闪光点以及不足,进一步提升自我能力。同时请其他小组同学进行口头点评,教师指导学生从 PPT 内容、PPT 制作和展示者三个角度进行优缺点的点评,帮助学生增强敢于质疑的素养。再者,指导教师在课后布置书面反思总结,针对自身在这堂课上的不足和优点来进行讨论,同时落实到书面,更客观地看待自己本课的表现,并整理出来。最后是改进,针对他人提出的问题和自己发现的不足加以改进,取长补短,使得自己下一次的课堂活动表现能够更加出彩。通过这三步,学生充分掌握本课程的探究思路,同时能够及时反思并且反馈到下次的课上,促进了整堂课的有效性

5. 实施形式——"四式"

(1) 借助"二程二单"引导式

"二程"指课前、课中的两个学习过程,"二单"指每个学习过程教师编制的学习单。本课程学习单的设计围绕学习"内容、过程、成效、参与度"就"有待提高""合格""良好""优秀"四个习得维度进行单项评价,并对"学习过程中遇到的困难与收获"方面进行课后反思。课程

学习单的使用,明确了学生的学习任务与学习要求,如何学习,学什么,怎么学。引导学生积极思考,主动参与课堂教学并更加关注学习的重点,更加明确了学习的指向性,提高了课堂教学的实效性。同时,学习单的填写,也记录学生学习过程留下的思维痕迹,培养学生养成及时反思、即时改进的良好学习习惯。

(2) 合作探究式

在课堂中,组织学生对三个合作小组电影鉴赏 PPT 展示活动开展评价,对课前制作的 PPT 内容、课堂交流的情况进行优点和缺点的评价,通过看 PPT 内容是否通俗易懂,内容是否丰富、有趣味,交流的学生讲解是否清晰明了,组织活动是否有序等开展点评以及建议,来培养学生健康审美意识,并指出探究交流学习中的优点和缺点,让学生拥有较强的责任意识以及审视学习状态的意识。在课尾,组织全班学生合作梳理、总结和表达本次学习活动所学内容、方法和个性化的体会,锻炼全体学生合作课尾集中小结的方法;增进小结意识,促进良好课尾小结习惯养成。

(3) 借助信息技术式

导入过程以 PPT 的形式呈现电影知识竞赛,帮助学生回忆学习过程和探究的知识内容,激发学生对电影探究学习兴趣的延续。通过播放泰国微电影《我的爸爸是个骗子》(*My Daddy is a Liar*),使同学运用我们已经总结出的电影鉴赏维度和方法来对微电影进行再次鉴赏点评,加深学生对于电影鉴赏方法和维度的掌握。

(4) 随机激励式

在课前,当学生搜集资料准确、完成任务速度较快时,教师会进行个别的口头表扬。在课中,当演讲展示学生表达清晰有条理,或者是展示方式有新意时,教师会在全班面前进行点名表扬,并给予奖励积分;当学生评价他组表现时抓住关键且用语规范时,教师会进行口头表扬;学生回答问题积极时教师也会进行口头表扬。同时,在最后的总结环节,教师会对表现最为突出的小组给予奖励积分,并对其他在制作过程中付出的同学进行全班面前的正式点名表扬。通过奖励积分和点名、口头表扬,一方面激励学生完成相应任务的热情,另一方面保证学生在课堂上的参与度。

6. 实施方法——"三法"

(1) 讲授法

本节课程通过电影知识竞赛进行引入,通过竞赛答题方式引导学生对于电影发展历程、放映技术和鉴赏方法进行讲解,教师再根据学生回答的内容进行补充和总结讲解,使得传统的教师讲授,转换成了师生共同讲授,以增进学生在讲授环节的积极性,加深对上述所讲授内容的印象,提高后续学生小组参与相关"西方主题电影鉴赏·综合探究成果展评活动"的速度和质量。

(2) 量表法

在本课的师生归纳环节,学生6个小组就自己最喜爱的西方主题电影鉴赏探究成果,借助 PPT 和口头说明,进行展示交流;台下的观众(学生)和教师依据评价标准(见表1),对各小组的探究成果综合表现进行点评和评分;最终,根据总分排名选出 3 个优胜组并颁发奖励。锻炼学生小组合作探究能力;锻炼根据评价标准进行客观、公正评价和评价说明的能力;增进评价结果的客观性和可信度;增进小组对合作探究成果精心准备、精致交流和客观公正评价的意识。

表 1 小组合作探究成果综合展示交流活动评价标准

评价指标Ⅰ(分)	评价指标Ⅱ(分)	评价要求(分)	计分	小计
PPT 主题(20)	突出	突出(10—9);较突出(8);一般(7—6);不突出(5—0)		
	丰富	丰富(10—9);较丰富(8);一般(7—6);不丰富(5—0)		
PPT 结构(20)	完整	完整(10—9);较完整(8);一般(7—6);不完整(5—0)		
	合理	合理(10—9);较合理(8);一般(7—6);不合理(5—0)		
PPT 选材(20)	契合	契合(10—9);较契合(8);一般(7—6);不契合(5—0)		
	新颖	新颖(10—9);较新颖(8);一般(7—6);不新颖(5—0)		
多媒体技术使用(20)	娴熟	娴熟(10—9);较娴熟(8);一般(7—6);不娴熟(5—0)		
	流畅	流畅(10—9);较流畅(8);一般(7—6);不流畅(5—0)		
文字表达(20)	逻辑	清晰(10—9);较清晰(8);一般(7—6);不清晰(5—0)		
	文字	优美(10—9);较优美(8);一般(7—6);不优美(5—0)		
PPT 讲解(20)	音量	洪亮(10—9);较洪亮(8);一般(7—6);声音小(5—0)		
	情绪	饱满(10—9);较饱满(8);一般(7—6);有气无力(5—0)		
团队合作(20)	分工	合理(10—9);较合理(8);一般(7—6);不合理(5—0)		
	配合	默契(10—9);较默契(8);一般(7—6);不默契(5—0)		

(续表)

评价指标Ⅰ(分)	评价指标Ⅱ(分)	评价要求(分)	计分	小计
特色加分 (20)	1. 能从各维度分析电影,思考深刻; 2. 对团队稍加介绍,表现力强; 3. 其他(自填):_____	符合(20—16) 大多符合(15—11) 一般(10—6) 较少或不符合(5—0)		
总计			等第	
评价说明	1. 满分:140分; 2. 特色加分处理:计入总分,但计入后,不超过满分; 3. 评价主体:权重一致; 4. 分数与等第间的转换:各评价主体的原始总分相加后,除以评价主体总人数后—— 140—126分为优;125—111分为良;110—96分为合格;95—0分为需努力			

(3) 展评法

展评学习法要求教师把学习的主动权转交给学生,提供给学生更多的时间和空间,让他们建构自己的知识框架;提供给学生更多的展示机会,展示自己的思维方式和学习策略;提供给学生更多的权利,解释和评价他们自己的思维结果。

在电影鉴赏PPT展示、互评环节,同学们根据评价标准细则,结合自己的审美进行判断评价。学生参考点评、互评的意见,倾听、观察、思考,对之前生发的认知通过分析、比较,进行知识的重新构建与内化,同时提高语言表达能力,培养电影鉴赏和审美判断能力。

(4) 归纳法

本节展评课要求学生根据泰国微电影《我的爸爸是个骗子》(*My Daddy is a Liar*)归纳总结出一些实用的电影鉴赏维度和方法,如电影的主题、背景音乐、情节、拍摄手法、特效和演员演技等,并运用这些维度来鉴赏自己最喜爱的一部电影进行小组展评。这能充分锻炼学生的观察力、归纳总结能力和将多学知识运用到实际中的能力。通过这一活动,能引导学生深刻认识到,所谓的知识并不是似高山流水般曲高和寡、高不可攀的。它从实践中来,也能被运用到实践中去。学会总结归纳,有助于我们的学生实现认知的飞跃和实践水平的提升。

(二) 教学目标

1. 知识与技能

了解"西方主题电影鉴赏·综合探究成果展评活动"的相关知识;锻炼借助文字、口头说明和PPT,对小组所选主题电影鉴赏的综合探究成果进行现场展示交流能力;依据"小组合作探究成果综合展示交流活动评价标准",进行学习理解、赏析交流情况和参与小组合作评价的能力。

2. 过程与方法

围绕"西方主题电影鉴赏·综合探究成果展评活动",经历课前、课堂与课后"三程"整合实施"三策四式四法",6个小组合作进行综合探究成果交流知识引入、各小组依次进行电影鉴赏PPT展示、参与全班合作小结和课后独立完成在课后学习单上的总结反思、在钉钉作业中分享学习的过程。锻炼撷取交流知识、小组合作进行成果文本框架构建、文字表述、口头讲解和PPT制作能力;锻炼主题、结构、选材和多媒体技术使用能力;锻炼根据评价标准进行客观、公正评价和评价说明的能力;锻炼课后独立学习影评撰写方法、尝试选择自己最喜爱的电影进行影评撰写(尤其是对电影角色的分析)能力和分享交流能力;体悟"三程"整合实施"三策四式四法"进行小组合作展评和课后独立撰写影评所蕴含的学习策略和方式方法。

3. 情感态度价值观

在6个小组的合作交流综合探究成果和互评中,增进加强团结协作、保持和谐与健康向上的品格的意识;注意尊重异国文化,增强国际化视野;增进评价的客观性和可信度;促进小组合作综合探究成果展评进行精心准备、精致交流和客观公正评价的良好行为习惯养成;激发和保持"三程"整合实施"三策四式四法",借助英语进行探究学习的兴趣,增进学好英语的自信。

时间分配(分)	教学环节	教师导学	学生活动	课题研究
8	一、知识竞赛引入 运用竞赛激励的策略组织学生进行电影知识比赛,带领学生回顾已学知识,加深学生对于电影发展历程、放映技术和鉴赏方法的理解。	1. 竞赛前,引导6个小组做简单自我介绍(喊队名、喊口号)。 2. 借助PPT.2到PPT.5出示5大竞赛题目。 3. 教师随机激励(答对题的小组在其队标上贴一个"赞")。	1. 独立观看比赛规则,准备参加比赛。 2. 各竞赛小组同学关注PPT上出现的竞赛题,思考后及时抢答。 3. 评价组独立观看,选派一人评价正误并统计比赛结果。	激发参与电影知识竞赛的兴趣。学生通过知识竞赛,加深对电影相关知识的理解(如电影发展历程、放映技术、类型和鉴赏方法),促进学生积累电影相关知识名句,培养对于电影文化的热爱。
25	二、电影鉴赏PPT展示 (一)视频引导导入,要求学生运用鉴赏方法来鉴赏影片,培养鉴赏微电影思考探究能力	出示PPT.5,提问:"你喜欢这部微电影吗?""我们可以从哪些方面来鉴赏这部微电影?"	观赏微电影,思考并回答问题。	培养电影鉴赏能力,能够感受身边的文学艺术之美。提高PPT演示合作表演的能力和评价交流的能力。

(续表)

时间分配(分)	教学环节	教师导学	学生活动	课题研究
	(二)组织电影鉴赏小组PPT展示和初步评价,培养学生的PPT讲演和展示能力、团结合作能力	1. 出示PPT.6,要求4组同学依次表演,其他不表演的各组同学,根据已学的电影鉴赏维度和方法,在台下以组为单位对台上各组表演进行评价打分,并思考如何结合评价量表给各组表演进行点评。	1. 阅读、明确学习要求。 2. 认真观看,打分,并标出评价要点。	培养电影鉴赏能力,能够感受身边的文学艺术之美。提高PPT演示合作表演的能力和评价交流的能力。
25	(三)按序小组合作展示交流综合探究成果和借助量表进行互相评价,锻炼综合探究成果交流、客观、公正评价能力 1. 交流《飞屋环游记》电影鉴赏的表演。 2. 交流《寻梦环游记》的剧本表演。 3. 交流《放牛班的春天》的剧本表演。 4. 交流《血战钢锯岭》的剧本表演。	1. 出示PPT.6;说明展示交流评价标准。要求学生根据评价量表尝试评价其他小组的表演。 2. 组织各学生合作小组代表交流剧本表演的合作。 3. 倾听学生的发言,随机给予中肯意见和鼓励性评价;引导和补充学生的合作成果。 4. 整合学生评价团意见和评价打分,宣布评比结果。	1. 评价组独立观看记录;组长组织小组同学评价交流。 2. 评价组组长汇总小组意见对4个表演的小组进行补充评价。 3. 表演组进行表演,表演完毕独自观看、思考评价。 4. 将观看倾听的内容内化为自己的收获。	课前合作,培养学生合作收集、整理电影信息的能力;课中培养学生合作成果交流展示能力、表演能力、倾听同学交流的能力和评价能力;激发学生合作学习的兴趣。
	(四)师生归纳,培养学生的综合、评价归纳能力	1. 根据4个小组的交流情况,提出问题:小组电影鉴赏PPT演示表演要注意哪些问题? 2. 倾听和引导评价,归纳总结出的内容。	1. 思考归纳,回答问题,互相补充。 2. 边思考边观看。	培养学生的自我判断、归纳能力。
5	三、总结反思 组织学生合作小结,培养反思意识。	1. 出示PPT.7提出要求;根据本节课的探究内容,思考还有哪些方面需要在下学期的探究课加以改进。 2. 出示PPT.8,利用假期,继续深入学习,完善本学期的探究学习,并撰写详细的探究学习报告。	观看、记录、课后撰写反思。	落实点评—反思—改进策略,培养反思意识,促进学生勇于探究素养的发展。
2	四、课后小结	要求学生独立完成课后学习单:本课总结反思,在钉钉作业中提交。	课后完成总结反思,并提交作业。	培养学生的自我反思意识。

（三）实效与反思

本节课仍然存在着几点问题：

一是教学准备还要更充分，比如教学用具上要能预想学生在展示环节可能会出现话筒不会打开，话筒不能有序传递等情况，及早做好相关指导。还有在为各小组纸质评分表格算分的记分员安排不足，导致最后全部小组展示讲解结束，等了一段时间才把全部小组得分算完。

二是时间管理存在问题。预设的教学环节，有些未能全部落实，比如小组电影鉴赏后的评价环节，只有小组台下通过纸质评价表格打分互评，没有安排学生代表发言，没能让更多的同学有充分的交流时间，这不利于对于讲演结束的同学予以及时的意见反馈。如果对前面的电影知识竞赛再稍作精简，让交流能更深入，课堂上能互相学习的地方会更多。

三是本堂课的探究成果展示方面，目前只安排各小组绘制探究展板，展示本轮探究成果，然后安排每个小组撰写探究感悟，但是最终这个探究感悟成了每个小组长的任务。如果能安排每个同学都撰写探究活动感悟，并在班级中作汇报交流，就会有更多的同学对自己的探究进行反思与总结，收获成长。

（四）意义揭示

1. 通过异国电影鉴赏分析有助于学生核心素养提升

"西方主题电影鉴赏"引导学生通过英语电影了解西方文化，在提高语言水平的同时加深对西方电影和文化的了解，介绍电影的基本元素和理论，并选取经典电影详细分析，真正实现对电影的"赏"和"析"。语言流畅，深入浅出；例证充分，具有很强的知识性和趣味性，提供生词注释、背景介绍和中文译文，有助于学生增进理解，更深入地进行学习。

2. 建立多维度的评价体系有助于小组实践活动开展

在课程设计之初，我们设计了很多小组活动，如为电影片段配音、绘制电影海报、写影评以及做最后围绕展评课开展的电影鉴赏 PPT 展示。但是这些活动都有一个问题：缺乏量化可实施的评价标准。因为学生可能出现在活动开展过程中没有明确目标参照，同伴间的点评随意不客观等问题。为此，笔者为每一项小组活动都设计了清晰的评价标准和维度。这样一来，学生的活动有了目标参照，同学课程评价也有了明确的维度和打分机制，有助于实践活动的开展。

3. 后续课堂开展过程中可引入东西方文化比较研究

在课程实施过程中，笔者发现因为每个同学对于西方文化的了解深度和程度不同，知识背景也有很大差异，部分学生对于电影的鉴赏还是仅停留在"情节"和"人物"的赏析层面，较少谈及"文化"。因此，笔者希望在后续课程实施过程中，首先对于东西方文化各自特点和差异做一个主题介绍，其次融入中西方文化对比的环节。通过鉴赏同一主题背景下东西方的电影来感受东西方文化差异，让学生在鉴赏过程中"有话可谈"，更多参与到课堂实践活动中来。

参考文献

［1］中华人民共和国教育部.义务教育化学课程标准（2011年版）［M］.北京：北京师范大学出版社，2012.

［2］林崇德.21世纪学生发展核心素养研究［M］.北京：北京师范大学出版社，2016.

［3］杨向东，崔允漷.课堂评价［M］.上海：华东师范大学出版社，2012.

［4］彭炆.基于核心素养的校本课程建设研究综述［J］.教育科学论坛，2017.

［5］梁洁.西方电影鉴赏课程对学生跨文化交际能力的影响［J］.海外英语，2016.

第四篇　教师心得

第四章 次の時代へ

用"倾听"催生观念，以"合作"获取认知

上海市罗山中学　黄奕荣

"小报设计"这堂课是在结合学生对浦东本土文化图像、文字信息提炼概括的基础上，以多媒体软件为工具、图文小报为载体、静态展示为形式的设计类探究课堂活动。根据设计类课程的特点，采用多媒体软件的运用作为画面的表现手段，突破了传统绘画表现手段在短时间的课堂教学中难以达成教学目标的瓶颈，不仅更容易控制、调整、修改画面，还能获得良好的画面效果，而且学生在思维上具有更大的灵活性，他们可以轻松地通过各种教学实践活动去认知、体验版式设计的美感，从而激发学习兴趣。

从活动过程、学习效果方面来看，这种教学手段受到了全体同学的欢迎，即使平时对美术类课程活动参与积极性不高的同学也饶有兴致地加入整个教学活动中。同学们已经基本摆脱了美术绘画能力不足造成的画面表现的困扰，他们可以专注于通过实践体验对通过自主探究而生发的观念加以分析、论证，由此产生的精彩观念已经成为知识探究的切入点，每个人都可以坚持自己的看法，在整个探究的过程，从观念的形成、方案的实施，到最后作品的表现都由学生自主完成，个体的观念已经基于合作学习中冲撞、重组、研析、判断，从而在群体中得到自主观念的确立、发散、拓展，学生创新精神的培养成为这一探究型课堂教学活动的一个主要方面。

一、提供学生诞生精彩观念的机会，把握"对观念的对话"——教师通过"倾听"选择与学生对话时机的把握

在课堂教学过程中出现这样一个情况：在课程的导入环节，请学生看班级小报的照片，谈谈自己对这些小报的看法。有一幅小报的主题不够突出，构图过于呆板，缺少变化，但是版面中的一些插图是他们非常感兴趣的图像。显然，他们完全被板报局部的图像所吸引了，纷纷表示这张小报更好。而在我的备课计划中，这幅小报是教学设计的"负面"参照对象，是用来进行"教学解剖"的反面范例。这时我意识到这是对学情分析的误判导致的。"教学最大的被动就是知晓答案。"不能武断地告诉学生这幅小报如何不好，应该是怎样；而应按照学生的认知需求来实施论证和评价！必须及时调整预设的教学环节以适应学生看待事物的方式，避免过于遵循教师的认知习惯与经验。于是，我和学生们一起对原课堂计划后面才展示

的优秀板报进行欣赏、分析、比较,讨论小报设计的基本要求,分析主题字体大小、颜色与整体的对比关系,以及图、文组合协调,画面均衡的构成关系。之后,再返回到原来那幅小报,这时,它存在的问题很快就被学生们发现了。同时,产生的新观念马上被应用到实际的对象当中,许多改进的建议也随之产生。

对新知识的认知,大都是基于学生原有观念的基础上生发的,而教师对学生源于自身"经验"生成新的认识的敏锐性、态度及处理方式,会对学生学习兴趣的保持与延续产生非常大的影响。所以,教学要注重培养、发展、维护学生探索问题的兴趣,使他们相信自己揭示问题的能力,使他们学习的主动性在教学过程中得以充分发挥。

二、确立学生发现、探究、合作的学习机制

不同的学生个体有不同的观念,这时学生的观念正确与否并不是最重要的,重要的是问题来自学生自己,来自对知识的直接接触,被自己发现的问题吸引,这是真实的认知过程的良好开始。

学生通过前面相应的教学活动,已经获得了一定的知识认知,而且这种认知是学生主动探索、建构的。这时需要提供相应的实践活动,让学生自由支配所获取的知识,通过实践活动来验证这种新信息的正确度。

我把学生分成六个小组设计小报版式,通过集体的讨论甚至争辩,提供学生努力理解与之相联系的新经验和新信息的条件,重新调整、梳理、运用所获取的知识。这种合作学习的方式,还可以调整自己的认知方式:是坚持自己的观念并说服别人认同自己,还是改变自己的观念迎合集体。这是一个再认知的过程,这个过程有利于吸收经常变化和不断发展的知识以及新的信息和情报,促进学生不断产生获取知识的兴趣和渴望。

在课堂活动设计上,整个过程活动内容丰富、环节紧密流畅、气氛轻松活跃。通过引导学生探究,提升他们的学习兴趣,丰富获取知识的技巧,深化知识的理解,体验成功的喜悦。从课堂探究活动中学生的练习情况来看,这节课达到了学生主动参与发现问题,通过实践验证认知,完成作品获得"成功"的预定教学效果。不足的是教学内容略微过多,在分组练习阶段学生互评方面开展不够深入。而这恰巧是学生对学习过程和结果进行反馈评价的体现形式,比较容易诞生精彩观念的一个教学环节,应该铺展开来进行深入的讨论,适时创建生动形象的、富有个性的体验形式,营造宽容、轻快、积极的学习氛围;让学生充分"动"起来,并准确地诱导学生不断提出问题、解决问题,保证认知活动健康发展。出现这种失误是由于自己把握教学时机的能力不足,在以后的工作学习当中,应该通过对教学研究进行不断深入的实践与思考,积累教学经验,提升教学智慧,和学生一起体验"学"的快乐。

自主探究的教学活动,就应该是学生把通过探究所获得的认知与教师进行对话的过程。这种对话不仅是观念的碰撞,是敢于质疑形成的碰撞,也是认知的融合,是深入理解产生的融合。

下课了,为何"孔子"和他的"弟子们"还意犹未尽……
——以学科探究型校本课程之"探究《论语》对话语境·探究成果展评"活动为例

上海市罗山中学　王聿娟

一、下课了,学生们还意犹未尽

2020年12月29日上午,"探究《论语》对话语境·探究成果展评"活动课在学校小剧场如期举行,王老师宣布下课后,同学们没有如往常一样排队回教室,却围着王老师,一脸兴奋地叽叽喳喳,"老师,我今天的孔子演得不错吧!""老师,胡鹤腾今天演得太好了!""老师,我演的颜回怎么样?""戴梓澄的孔子比李晨曦演得好!""天才队太有才了!""老师,我们组第一耶!""老师,我们组下次还有机会吗?"……

"孔子"和他的"弟子们",为什么还意犹未尽呢？回顾一学期走过的探究之旅,我的心情也开始起伏,这群充满热情与活力的孩子学期初在问到"你对探究课怎么看"这个问题时懵懂的情状似乎还在昨日,现在却充满期待与渴望,这一切还需要先从本课程的学材编制说起。

二、学材编制质量是基础

虽然多年前曾带领学生进行过语文学科探究"探究演讲的奥秘""传记写作体验",与美术学科综合的跨学科探究"彩笔绘诗情,墨韵传文意"社区生活探究"小广告,大行动"等,积累了一定的经验,但第一次例会上了解到学材编制的要求时,我还是深深感到课题背景下开展探究课教学必须与时俱进,而学材编制是基础。

第一次编制,是按照学校原有的探究型校本课程编制的程式——基本上都是封闭型设定的内容,缺少真正的探究特性;缺少学生独立探究和小组合作探究的互动安排设计;缺少过程监控与评价;总结性评价也不够完整。这些方面的修改,在与浦东教育发展研究院曹明老师多次互动后,根据曹老师的"三类探究型学材修改建议和要求",我逐步明确了曹老师所指学材正文的主要板块"九个变"的编写思路。这"九个变"的编写思路,让我醍醐灌顶,特别是学材编制要从封闭走向开放的设计,不仅是学材编写形式的变化,也让我在整个探究教学过程中,想方设法确保以学生为主体的学习地位,给了学生提出问题的空间和解决问题的时间。

三、精心设计活动方案是保证

（一）精心设定活动依据

1. 把准"三情"依据

（1）把准学情依据

学情是学习活动设计的起点,对学科探究性学习来说,我既要考虑预备年级学生的身心特点,语文学习的能力起点,通过探究性学习可以提升的水平与层次,也要考虑《论语》作为学习材料对不同水平的学生来说存在的难点和能够解决的重点。有了上述思考,最后确定以与研究主题有关联的学生整体、少部、个别三类学情作为活动设计依据。

任教的预备(4)班 37 名学生,在本学期的探究课程中,已完成小组创建、课题遴选和确定、《论语》部分章节的学习和分类研究、观看电影《孔子》(周润发版)、电视剧 1991 年版《孔子》和收看百家讲坛《实话孔子》等活动,目前学生对《论语》中孔子的思想有了一定的了解。从"仁""礼""孝""学习""为政""交友"等方面,在泛读的基础上,每个小组选择一个方面进行深入研读,合作选录书中关于这一方面的论述进行重组,借鉴其他影视资料和专家解读,再结合小组同学的合理想象,对这些论述内容阐述的语境进行剧本创作和合作表演,以期对《论语》中的思想有更深入的理解。

经过一个学期的探究活动,学生对参加竞赛表现出浓厚的兴趣。尤其是对课本剧的创作与表演兴致很高。本学期探究接近尾声,通过对每节探究课的过程记录与反思总结,每个小组基本上都能用 PPT 来反映探究的流程与结果,都能进行口头和书面的反思总结。

（2）把准课标依据

在寻找课标依据时,了解了与研究主题有关联的两个课标。《义务教育语文课程标准》(2011 年版)中关于"总体目标与内容"明确提出:认识中华文化的丰厚博大,汲取民族文化智慧。倡导自主、合作、探究的学习方式。教学内容的确定,教学方法的选择,评价方式的设计,都应有助于这种学习方式的形成。强调语文综合性学习,有利于学生在感兴趣的自主活动中全面提高语文素养,是培养学生主动探究、团结合作、勇于创新精神的重要途径。

《上海市中小学研究型课程指南》中指出,研究型课程是在教师的指导下,学生自主地运用研究性学习方式,获得和应用知识,发现和提出问题,探究和解决问题的学习活动。

本课作为探究《论语》对话语境的学期成果汇报展评课,不仅关注到学生的个体差异,也努力让每一个学生在探究过程中,展示特长,取长补短,满足不同的学习需求。采用独立与合作学习相结合的方式,注重个人、组内、组间等多元的评价与反思,增进学生探究性学习的意识、提高综合性的探究能力,并促进此类学习相应的良好行为习惯的初步养成,进而提升学生核心素养,是符合课标的上述精神的。把准课标依据,活动设计也就顺理成章。

(3) 把准自编学材(以"三程"学习单呈现给学生)依据

《论语》是一部以记录孔子言行为主的语录体散文集,蕴含着丰富的教育思想,对培养初中学生的人生观、价值观、道德观,形成良好的道德品质意义重大,《论语》中关于学习的内容、方法、态度、作用等的论述言简意赅,时至今日仍然熠熠生辉,很多观念能给渐渐成长的初中学生以警醒。

孔子一直强调要做"君子",它既是人格的追求,也是才能上的追求。强调做人要有孝心孝行,不同的人问孝,孔子常常会给予不同的回答,但无论何时,对父母孝顺就要做到心怀诚心敬意且始终如一;强调培养学生要胸怀大志,积极实现志向理想;主张因材施教,不愤不启,不悱不发的为学之道……这些内容无论是对教师还是学生,都有很大的教益。

因此,笔者针对小组合作的探究学习情况,并根据预备年级学生阅读文言文的水平,对教材内容进行适当筛选,每一个小组在全班共同学习《论语》一段时间,对《论语》中的思想有了一定的了解之后,确定每个小组的研究方向,从"仁""礼""孝""学习""为政""交友"等方面重新整合教学资源。既考虑学生的兴趣,又兼顾时间的有限,为学生的合作学习铺设平台。

在曹明老师"不求全,不忘本"的六字要求下,抓住与研究主题有关联和"两个本体"的关键点,根据一学期学生的探究进程,最后确定了以"三程"学习单呈现给学生作为自编学材依据,为活动设计的顺利实施保驾护航。

2. 精设课题研究内容

(1) 厘定学生核心素养培养内容——"四素养"

人文底蕴:本课通过《论语》诵读和背诵、《论语》剧本创作与表演等环节帮助学生在探究中积累《论语》中的经典名句,理解和掌握孔子思想中所蕴含的思想。具有以人为本的意识,尊重、维护人的尊严和价值;具有发现、感知、欣赏、评价美的意识和基本能力;具有健康的审美价值取向;具有艺术表达和创意表现的兴趣和意识,围绕某一专题,能进行巧妙构思与合理想象,艺术地呈现对《论语》的理解。

学会学习:通过独立与合作学习相结合的方式,让学生在学习意识形成、学习方式方法选择、学习进程评估调控等方面具备乐学善学、勤于反思、信息意识等方面的能力。

健康生活:通过本次课程的学习,帮助学生从探究《论语》中获得认识自我、发展身心、珍爱生命、规划人生、提升道德修养、健全人格、健康生活的能力。

责任担当:通过组织学生探究《论语》的对话语境,了解书中为人处世的思想,积极入世的观念,知行合一的原则,学会为自己负责,为自己的未来负责,在处理与社会、国家、国际等关系方面形成正确的情感态度、价值取向和行为方式,增强承担责任的意识。

(2) 明确提高课程实施效能——"五维度"

容量度：课前学生背诵准备，教师制作背诵比赛课件、小组制作学期汇报交流的 PPT 等可以有效提升容量度。小组剧本创作后，教师对各个小组的剧本创作进行了逐一指导，提出有针对性的修改意见，保证课堂展示时能高效进行。课前和学生一起探究评价量表中各个评价的维度，确定评价量规，有效地提高课堂的容量度。

上课时采用"三策三式"提升容量度：课堂上如果每一组单独表演加上小组评价，需要每组 10 分钟；改用三组表演的同时，另外三组借助评价量规进行评价，然后再汇总交流，能节省 6 分钟左右的时间，有效提升容量度。把每个小组表演的背景用 PPT 做展示，避免布景耗时，确保每一环节的顺利推进。通过精心准备，提升整堂课的容量度。

课后反思表格的设计，让学生对课堂的每一个环节及时进行记录并撰写反思，增加本课容量度。

拓展度：对于一般初中学生而言，《论语》的学习常常只停留在教材中有限的几句选录的名句上。本节课上，学生的角色不断发生变化，有时是活动的参与者，有时是活动的评价者，不同角色的体验，拓展了课程学习的难度和深度。"三程"学习单的方式，把课堂内外有机地衔接起来，有效地保证了课堂拓展内容的时间，学生把《论语》的章句，变成剧本中的故事，变成表演中的台词，拓宽了学习的内容。

育人度：本节课进行《论语》经典名句的背诵比赛，促使学生课前认真准备背诵，口诵耳闻中能让学生体认《论语》中的思想，在自己的道德修养、为人求学、处世担当等方面受到熏陶。《论语》剧本表演的三个小组，通过舞台表演，让表演者和观众在喜闻乐见的形式中受到"孝"的感染，体会"仁"的内涵，学习"为学"的思想，内化为自己的行为准则。课后反思总结表格的填写，能增强学生的反思意识，大大提高本课的育人度。

愉悦度：剧本表演对于预备年级学生来说，既具有挑战性，也充满趣味性，参与表演或进行观看评价，本身是充满愉悦的。探究型课程要注重学生的兴趣的保持和课堂感受的愉悦。通过设计最佳背诵奖、最佳编剧小组、最佳表演小组的奖励评比，并始终对学生的各种正向、积极的表现加以表扬、激励，能让学生保持在本课上的愉悦度。

促思度：教师使用研读展示—点评指导—反思改进策略，帮助学生不断直面探究过程中存在的问题，引导其更好地完成下阶段的任务，通过这一策略可以大大提升学生的思维深度。学生在本次探究展示课的过程中，通过完成各项任务如观看表演，运用评价量表进行打分，结合评价量表对表演进行点评，从而促进自己对剧本表演的更进一步的认识。通过观看其他小组的展示活动，反思自己小组存在的问题，积极探讨解决问题方案。通过实施"三程学习单"的过程，学生个人与小组和全班同学在思维碰撞、预设、探索、总结、展示、评价、反思中，对《论语》对话语境的研究有较为全面、深入的认识。围绕本节课的具体任务，尝试采取个人独立完成或小组合作的方式解决问题，在主动、深入思考解决探究过程中的各种问题中,提升本课的促思度。

（3）精设落实举措——"三策"与"三式"

任务驱动策略：利用"三程学习单"在课前、课上、课后布置相应的探究任务,引导学生围绕"《论语》名句积累、剧本创作表演、学期总结汇报展示"这三个主任务,开展探究课的学习。

点评—反思—改进策略：在"三程学习单"的实践过程中,组织学生进行点评,在师生点评、生生点评中,发现其他学生的闪光点,针对不足提出改进措施。

独立与合作学习策略：针对不同的活动环节,采取或独立或合作,或是先独立后合作的学习策略,既让学生个人得到了能力上的锻炼与提升,也能让组员间相互合作,组长组织督促,取长补短,互帮互助地完成探究相关任务,提高学生的团队合作意识,促进探究型校本课程实施效能的提高。

评价量规引导式：在探究过程中,引导学生对即将进行的探究活动设计必要的评价标准和具体的量化内容,来引导学生学习,更有效地完成探究任务。

信息技术整合式：在整个探究过程中使用各种信息技术手段来帮助学生完成探究任务,辅助教师引导学生,以提高学科类校本探究课程的实施效能。

竞赛与随机激励式：在教学过程中,根据教学内容和学生的知识储备情况,设置各种形式的竞赛,激励学生为实现个人或集体的学习目标而努力,以此实现教学目标,竞赛与随机激励策略在本课"三程学习单"的活动过程中贯穿始终。

3. 宏观把握整体设计思路

经过反复梳理,基于以上的"三情"依据和精设的研究内容,确立了本课的整体设计思路：作为学期末的展示评价课,拟采用"课前、课上、课后"三程学习单的形式,运用"三策三式"策略组织"探究《论语》对话语境"。"三策"指采取任务驱动策略、点评—反思—改进策略、独立和合作学习策略,"三式"指评价量规引导式、信息技术整合式、竞赛与随机激励式,课前准备背诵、准备符合《论语》对话语境的剧本表演、回顾整个学期的探究过程和结果制作PPT准备交流。在"三程"学习过程中贯穿"三策三式",扩大课堂的容量度,加大课堂拓展度,提高课堂的育人度,加强课堂的愉悦度,提升课堂的促思度,以提高整体的学生"四素养"和课堂实施效能"五维度",在"三程"学习过程中,着重从背诵激励、剧本展演、点评交流、汇报交流、总结反思五个环节来落实课堂效能的提升。

教师在课前对本课的设计思路反复推演,以提高核心素养为目标,提高课堂效能为指向,高处着眼,低处着手,始终做到宏观把握,了然于胸,为课堂有序有效进行提供了保障。

（二）精准定位教学目标——核心素养视角的"三维"表述目标

1. 知识与技能

（1）学生通过课前的小组合作搜集和整理关于本学期探究课程的资料,制作演示文稿,来培养合作收集和整理资料的能力、与同学进行沟通的能力;通过制作PPT,梳理本学期的探究过程和收获,了解探究课程的基本学习流程。通过探究,了解《论语》中蕴含的丰富的思想和该书重要历史文化地位。

(2)学生通过交流合作学习的成果和研读有关《论语》语录,感受孔子及其弟子学习生活等场景,明白《论语》中蕴含的丰富的思想文化对中国社会产生的深远影响。

(3)通过课堂交流合作成果,培养学生的成果展示能力和倾听能力;培养学生借助《论语》认识世界、认识自我,并思考古代经典与自己学习、生活关系的能力。

(4)通过之前课堂探究《论语》对话语境和剧本创作知识,选取小组研究的专题并撰写相关剧本进行修改和表演,培养学生文言文阅读能力和文学剧本创作能力以及表演能力。

2. 过程与方法

运用"三程学习单"引导、学生课前背诵《论语》内容、准备小组合作交流课前的本学期探究学习成果和表演创作的相关剧本,课上进行背诵比赛、表演比赛和学期汇报交流展示、课后撰写总结反思。

借助量规评价法培养学生的合作搜集材料能力、归纳总结能力、自我反思的能力、成果展示能力和剧本创作与表演能力。

锻炼善于合作学习、独立学习、撰写反思体会和借助信息技术、学习单学习进行探究学习等能力;提高社会实践类探究型校本课程实施效能的"五维度"(容量度、拓展度、育人度、愉悦度、促思度);体悟小组独合结合"三程"整合"三策三式"所蕴含的学习方式方法。

3. 情感态度与价值观

(1)学生通过小组合作搜集整理资料、制作课件、撰写剧本、排练表演剧本、展示成果、交流评价等方式,能全面参与合作交流,体会合作学习与个人学习相结合的方式,学会探究,学会合作,学会学习。

(2)在合作收集资料,讨论、分析本学期探究过程和收获的过程中,提高学生从学习经历和成果中分析和反思自我能力。增强责任和担当意识,培养团队合作意识,形成对课本剧创编演评的交流表达和反思的精神,增进独合结合"三程"整合实施"三策三式"探究文言典籍和剧本表演的兴趣。

(三)精致设计"三程·十二项"活动

在曹明老师指导下,根据若干教学环节时间(分)和名称(做法+指向)+师生活动+课题研究的形式,精心设计了"三程·十二项"活动,并逐步加以细化。

四、精致实施活动过程是关键

整节研究课,围绕的"探究《论语》对话语境·探究成果展评"活动,课前、课堂与课后"三程"整合实施"三策"和"三式",引导学生以小组合作探究为主、独立探究如何表现表达展评成果为辅,精致完成了以下"三程·十二项"活动。

课前学习单:

1. 积累《论语》章句,准备背诵;

2. 撰写体现《论语》思想,符合《论语》对话语境的剧本;

3. 依照剧本创作与表演评价量表,修改剧本并进行排练,准备表演;

4. 总结本学期的探究活动,制作PPT,准备交流。教师挑选最优秀的一个小组进行展示。

课上学习环节:

1. 背诵组进行背诵比赛,表演组进行评价打分;

2. 表演组进行剧本表演,背诵组根据评价量表进行打分;

3. 让制作学期汇报交流PPT最优秀的一个小组进行展示交流;

4. 观看学期汇报的小组同学根据已经给定的评价量表进行打分,并完成评价量表中没有列明的一个维度,进行打分;

5. 交流评价结果和完成量表的评价维度。

课后学习单:

1. 回顾探究过程,写下对这堂课的记录探究体会;

2. 根据课后总结反思的表格,写下反思和改进举措。

五、学生为主是核心

无论基于学情的设计依据,还是研究主题提升学生的四项核心素养,还是课堂三大任务十二项活动都体现了学生为主这个核心。一切出发点是学生的实际情况,目的的达成是为了提升学生核心素养,学生在三程学习的过程中,始终保持主体地位,让学生在整个过程中无论是个体活动还是小组活动,都能保持很高的参与度和愉悦度,这也是他们课后意犹未尽的根本原因。

六、水到渠成——收获"三个提升·一个促进"多元成效

正是有了上述学材编制质量作基础、精心设计活动方案作保证、精致设计与落实实施活动过程作核心,自然就有了开头那一幕的"意犹未尽"——从而实现了以下四大方面"三个提升、一个促进"的多元成效。

(一) 提升了学生核心"四素养"

1. 学生在人文底蕴方面的素养,得到了很大的提升

绝大部分学生在参与完成"三程学习单"的开展过程中,始终受到《论语》中各种思想的

熏陶。尤其是在背诵《论语》章句的比赛和《论语》剧本创编演评的过程中，《论语》中的思想通过学生的口头表达、身体语言，内化于心，外化于行。尊师重教，孝顺父母长辈，"老吾老以及人之老，幼吾幼以及人之幼"，人文底蕴得到了很大的提升。

2. 在学会学习方面的素养得到了很大的提升

绝大部分学生在完成"三程学习单"的探究过程中保持了极高的积极性，同时能够在教师及"三程学习单"的引导下独立或合作完成学习任务，梳理回顾整个探究过程，总结探究收获，培养了自身乐学善学的品质。

大部分学生在探究全过程坚持独立完成反思小结，同时在展示交流活动中从他人身上看到自己的改进点，养成了勤于反思的意识。

绝大部分同学独立或小组合作完成了搜集资料、汇总筛选、制作展示 PPT 等任务，充分、自觉地运用信息手段帮助自己更高效地呈现探究过程与成果，提升了信息意识。

3. 在健康生活方面的素养得到了很大的提升

受到《论语》章句的影响，尤其是包含着珍爱生命、孝敬父母、坚定志向等思想的名句背诵，学生懂得积极面对生活，怀抱健康生活态度。在创编演评环节，学生全身心投入表演，深刻体会到孔子与常人一样受时代条件的制约，但却能始终秉承以人为本的思想，努力推行自己的学说，胸怀大志，不忘初心。这种陶醉式体验提升了学生的思想道德水平，促使身心健康发展。

4. 在责任担当方面的素养得到了很大的提升

全部学生在展评课上，或独立或合作完成学习任务中的各项挑战，落实了独立与合作学习策略的实施，学生在小组活动中各司其职，专心于自己所负责的任务和板块，懂得承担自己的责任，为个人或小组获得荣誉勇于挑战，在责任的完成过程中始终保持昂扬乐观的情绪，极大地提高了为个人、为小组、为班级、为家庭、为社会、为祖国勇于承担责任的素养。

（二）提升了课程效能"五维度"

1. 容量度

教师在本次的研究课中，安排了三个小组参加背诵比赛、三个小组进行剧本表演展示、一个小组学期探究总结汇报，中间穿插点评交流以及教师的最后总结五个环节，所有预设任务，全都如期完成，这与平时的探究课相比，已经达到了约增加 40% 的容量，且没有加重学生的负担。

2. 拓展度

教师在本次研究课中，一是增加了学期探究过程回顾和总结的探究内容；二是进行了探究途径的拓展；三是强调增进小组合作、勇于探究、交流的勇气和责任心。从学生展示效果的呈现、教师活动过程中的观察可知，拓展度得到了较好的提升。

3. 育人度

教师在本次研究课中,第一,注意引导学生从《论语》章句的积累中感受其中蕴含的思想,意识到个人责任担当的社会意义;第二,多次有机强调本课题的教育意义和人文价值;第三,强调小组有序、和谐合作,互帮互助的重要性;第四,强调探究过程及成果的梳理、PPT制作、剧本表演、探究成果展评等过程中的真实性、客观性和公正性——从而促进了相应育人价值的实现。

4. 愉悦度

通过教师对于学生展评交流活动过程的观察及学生课后与教师分享交流感想中可知,本课的愉悦度与平时的探究课相比,得到了很大的提升。如剧本创编演评的过程,每一个小组选择不同的主题进行创编和表演,这种体验不仅能让自己受到《论语》思想的熏陶,而且精彩的表演让所有同学都乐在其中。这既让人感受到儒家思想的博大精深,也让人体会到孔门师徒执着的努力。表演组无论是动作还是台词都在课前经过反复修改练习,舞台效果都让人欣喜。学生在本课中能够长久保持较高的愉悦度。与此同时,教师始终对学生的"三程"学习中的多元正向、积极的表现,适时加以表扬激励,也增进了学习的愉悦度。

5. 促思度

点评—反思—改进策略的实施极大地促进了学生思考维度和深度的发展,学生在课堂上各抒己见,锻炼了对问题的梳理能力、对优缺点的分析与表达能力,这些能力的获得不仅有利于以后的探究课程学习,也能助益其他课程学习。在实施这一策略时,明确细致的评价量规也起到很大的引导作用,让学生点评有依据,反思有方向,改进也能落到实处。促使学生的思考更加全面,能够理性地反观自身或小组存在的缺点与不足。

(三) 提升了教师多素养

1. 学科探究课程学材编制素养方面

通过探究成果展评课的公开课实践,教师理顺了学科探究类校本课程的教学流程与环节,积累了一定的教学素材,获得了宝贵的教学经验。为《探究〈论语〉对话语境》和《音乐探究》等学材的编写与修改打下了坚实的基础,教师自身的学材编制能力也得到了提升。

2. 课例研究素养方面

一是通过探究成果展评课的教案设计、课堂实践与课例的撰写与修改,教师对于探究性教学的认知得以升级。

二是课例研究的能力得到较好的提升。教师通过设计"三程"整合实施"三策三式",独立与合作学习相结合完成探究五环节,对于探究型校本课程学材的编制,课例研究主题的确定,学情、课标和教材"三情"依据的分析和课题研究之学生核心素养培养内容的选定,实施策略、形式与方法以及过程性评价、结果性评价的设计与实施,核心素养培养视角与本课化表述的"三维"目标的厘定,实践过程设计的教学环节的命名,师生活动的务实、细化、相互匹配的安排,既有了新的认识,也提高了课例研究的实际设计、实施、总结和成果表达素养。

三是更新了自身的教学观念。在课前设计中,深受曹明老师反复强调要注意"拟作＋指向",清楚自己教学过程中采取的行为要指向怎样的目的,这种观念给我后来的教学和研究指明了方向,从而促进了自身对教学本质认识的更新。

3. 其他专业素养方面

一是教师安排组织了大量的学生独立与小组合作的活动,提升了自身在小组学习活动的创建与组织方面的能力。

二是进行与本学科深度融合的探究性教学,不仅对《论语》一书的研读更深入,教科研的意识和能力也得到了不同程度的提升,撰写的课例也更加规范。

三是促进了课例研究设计、实施、评价、总结等课题研究素养,在语文学科日常教学和教研活动中能够迁移运用,为项目化学习活动的开展做了很好的铺垫。积累了语文课本剧编演实践学习的经验,对语文综合性学习模式进行了有效探索。

（四）促进了学校激发展

一是更加充实了学校学科探究类校本课程实施方面的课例研究成果,为后续开设类似的课程提供一定的借鉴;二是作为课程本身,丰富了学校开设的探究型课程的类型——学科拓展类探究型课程,使学校课题研究成果得以完善;三是为语文组提供了综合性学习的范例和研究资源。

七、"意犹未尽"显价值

（一）以学生为主体的学科探究类校本课程以基于学生兴趣、以学生为主体、以"三程"整合实施"三策三式"为保障,点燃了学生的学习热情,激发了学生的生命活力

一是基于学生的兴趣。在学习《论语》的过程中,评选《论语》名句,让学生把背诵积累教师或教材规定内容的行为变为背诵内容我做主的行为,极大地激发了学生的学习热情。学生通过对《论语》进行诵读、剧本创作、改编、表演的探究学习活动,不仅对文言文学习产生了兴趣,对课本剧编写和表演、古代文化也产生了浓厚的兴趣。

二是学习过程不是灌输式,是探究式的。"三程"的学习,都是以学生独立思考和合作探究相结合,整合实施"三策三式"为保障,因而在教师的引导和帮助下,从搜集资料到剧本创作修改,从展示分享到交流点评,围绕《论语》对话语境挑战"三程"中的学习任务,均是学生

个人或小组合作完成的。剧本表演是小组经过观看相关电影、模仿表演，参照评价量规不断完善之后呈现的，整个探究过程体现了以学生为主体，教师为主导，以探究式、讨论式作为学习的常态，每个学生个体在这一过程中，既发挥了个人的优势，也集合了小组的力量。

三是学习的过程与结果，是充满成就感的。学生"三程"学习的全过程中，不断收获，不断成长，整个学习探究过程充满愉悦情绪。通过组与组的交流、竞赛，在教学的各环节中都有不同的体验和收获，感受到成就带来的喜悦。在积极愉悦的课堂中展现蓬勃的活力，获得全面和谐的发展，真正激发学生内在的生命活力！

学生的积极参与、投入演出，真正体现了学习活动中学生的主体地位，才会出现本文开头"孔子"和"弟子们"围着王老师，纷纷提问、提出建议、希望……意犹未尽的动人场景。

（二）提升学材编制质量是基础、精心设计活动方案是保证、精致实施活动过程是关键

前面已有较为具体的交代，此处不再展开。

（三）发挥了"三程学习单"（即"三程三单式"）和借助信息技术式的独特价值

前者作为引导展评探究的学材，后者作为探究课程开展的辅助技术，分别在引导学生小组合作＋其下的独立探究，快速地完成"三程·十二项"展评类探究任务，有效地表达探究展评成果，激发学生参与兴趣、提升生命活力和提高课程实施效能"五维度"方面，具有不可替代的价值。

参考文献

[1] 上海市教委.上海市中小学研究型课程指南[Z].2011.

[2] 中华人民共和国教育部.义务教育语文课程标准(2011年版)[M].北京:北京师范大学出版社,2012.

[3] 李臣之.校本课程开发[M].北京:北京师范大学出版社,2015.

[4] 杨向东.崔允漷.课堂评价[M].上海:华东师范大学出版社,2012.

[5] 夏桂敏.基于核心素养的校本课程建设[J].未来教育家,2017(8):10-18.

[6] 孙微.实施"五策"提高数学单元复习和自我监控能力培养实效——以《图形的运动》复习课之区级课题研究课两次实践与分析为例[J].浦东教育研究,2018(2):48-51+7.

[7] 朱律维."独合结合"语文实施体验式提升学生写作详略素养探索——以"叙事要详略得当"区级课题研究课实践与分析为例[J].浦东教育研究,2019(8):53-57.

从"小富翁"里获得的宝藏
——"成为'小富翁'从现在开始"主题课程探究活动分析

上海市罗山中学　王文颖

一、课程主题来源与探究设计思路

（一）主题来源

理财是一个很宽泛的概念，如何使理财更有意义，是大家认可的探究的主要目标。为了能准确地设定本轮探究课的目标，首先要了解学生对于理财的看法，大部分的孩子对钱基本没有概念，平时有什么喜欢的就告诉父母，让父母买，对于理财的概念知之甚少。除了零花钱和压岁钱的使用，平时生活和理财有关的实践经验几乎为零。在了解到学生们的现状后，指导教师再次与学生们进行了讨论活动，为了让本轮的探究课能取得较好的成效，我们最终选择了记账和银行理财为主要探究活动，并且确定本次探究活动的目标为：成为"小富翁"从现在开始。一是通过记账，了解自己的日常开销，合理使用零花钱；二是了解银行利率，学会银行存款，结合本学期应用题里的银行利率问题，做到把探究和学科教学结合起来；三是通过影视作品了解一些基础的金融知识；四是设计"圣诞活动计划"，学会合理花钱。

（二）探究设计思路

本课题基于学生乐学善学背景下的核心素养的探究型课程学习效能(学习意识、学习能力和学习行为)进行设计，实施"三程"和"独合结合"，实施多元化评价，注重过程评价，关注课堂表现和学习成效。

在这一轮的探究活动中，我和学生都积极参与体会了"成为'小富翁'从现在开始"这个探究课程。当然整个探究的过程，就是发现问题、解决问题的过程，我们在探究活动逐步开展的过程中，遇到了许多问题和困难，但师生的齐心协力，开动脑筋，发挥智慧，克服了困难，解决了问题。课前采用学生独立探究和合作探究的形式，学生个人体验赚钱的过程，记录个人的收入和支出，策划一次圣诞节的合理使用钱的活动，小组合作调查钱生钱的方法为交流做准备，合作制定评价方案。课中也采取个人与合作相结合的方式。交流展示个人的赚钱和花钱过程，小组讨论从影视作品中了解到的金融知识与小组合作展示钱生钱的方法和评价结果。交流自己在整个探究过程中的收获。课后规划明年一整年的赚钱花钱计划。整个探究课程使学生从自己的生活走进课堂,尽可能使每一个学生都能获得成功的体验,从而激发他们进行数学学科探究的兴趣,培养学生了解生活、发现生活中的数学的兴趣,发展学生的生活探究素养。

二、课程目标——专注实现目标

(一)知识与技能

独立尝试制订"圣诞活动计划"和小组合作创造"班级小富翁"计划能力;独立记录每天的收入和支出能力;独立了解生活中一些物品的价格能力;"有独有合"体会赚钱的辛苦;能合理使用自己的零用钱;小组合作体验合理赚钱的方法;尝试独立总结自己和小组合作探究成果、制作PPT、准备课堂交流的能力;尝试对探究成果进行自评互评能力、反思改进能力,规划下一年合理用钱计划能力,内化评价的鉴定、诊断、引导和促进改进功能;增进探究成果展评之价值的认识。

(二)过程与方法

经历课前独立尝试制订"圣诞活动计划"和小组合作创造"班级小富翁"计划,独立完成"记账""赚钱""圣诞活动合理购物"和组员分工搜集与"钱生钱"方法有关的资料,"有独有合"完成所选主题探究成果、制作PPT,参与课堂交流、答问说明,课内外反思完善探究成果,课后规划下一年金钱的合理应用计划等任务,提高社会实践探究成果展评有效性的容量度、积极度、科学度、促思度,有机提升所定相关人文底蕴、科学精神、学会学习、健康生活、责任担当等五大方面核心素养方面的能力。

(三)情感态度与价值观

激发积极发现生活中的美好意愿;培养注意合理使用每一元钱的精神,发挥钱的最大功能;增强"有独有合"课前完成探究成果撰写、制作PPT、交流准备意识;课堂有效交流、分享体会,根据要求客观公正参评意识和合作精神;增进反思改进意识;激发这样进行探究成果展评学习的兴趣。

三、课程结构与内容——搭建科学架构

(一)课程结构要点

在课程结构的布局上,我采用了传统的组织行动六步法,将从认识思考到吸收总结的整

体环节作为框架公式,并代入探究主题的内容,结构如下:

1. 引入探究
2. 准备探究
3. 组织探究
4. 计划探究
5. 实施探究
6. 总结探究

以上述结构为框架,相应展开的具体内容均围绕其相对应的主题与教学教育目标,确保整个探究内容时刻紧密地贴合主旨,有效地进行课程节奏的调整及加强容错。

(二) 框架内容展开

1. 引入探究

在这学期的探究活动中,学生们积极参与探究课"成为'小富翁'从现在开始"。探究学习的过程,就是发现问题、解决问题、获得成长的过程。学校开设这门课程就是要培养学生遇到困难开动脑筋,团结合作,学会思考问题、克服问题的能力。

2. 准备探究

(1) 对理财的认识

在与同学们的交流中了解他们对金钱的观念,平时的花钱习惯以及零用钱是如何取得的,怎样管理自己的零用钱以及压岁钱等。

(2) 了解课程走向

简要介绍上海市中小学课程体系是由基础型课程、拓展型课程和研究型课程三类课程组成的;展示学校已经成功完成的探究课程案例,让学生在看完之后说说对探究课程的基本认识。

3. 组织探究

探究活动刚开始,我是不任教这个班级的,由于不是任课老师的关系不认识班级的学生,且班级纪律比较难管理,他们也对探究课很不了解,第一节课我首先做的是让他们了解什么是探究课,如何放开来活跃他们的思维,所以先用分组来开始。按照我的要求,班级 36 个学生被分成 6 个小组,每个小组 6 人。我首先要求他们做的事就是排座椅,学生们没有想到排完桌椅以后我让他们即刻回忆了刚才排桌椅的过程中自己做了什么?为什么这样做?整个排桌椅的过程是否到位、快速、有效?班级整体状况如何?还可以怎么改进?……一系列的问题,让孩子直观地了解了探究的核心,发现问题,解决解决,也引发了他们的学习兴趣和热情。探究小组创建后小组成员合作确定小组名称、活动口号、小组徽标等并以探究小组为单位进行小组文化的展示交流,为后续小组学习活动的开展做好了铺垫。

4. 计划探究

（1）确定探究内容

分组完成以后，选出各组的组长，先由有想法的同学提议本学期的探究课题。接着各小组讨论自己想探究的课题。各小组发表自己的意见，为大家拓展思路。并试着写自己设想的初步探究计划。各自完成初步探究计划之后，再由小组讨论，交流探究计划，选出最好的计划在班级里分享。教师不断引导制作计划要考虑到的问题，计划如何做得可行，有操作意义又能为大家所接受认同。各组选出代表分享自己组的探究课题，进行拉票。最后全班投票选出最终的探究主题——理财。

（2）设计探究计划

确定本次探究活动的目标：成为"小富翁"从现在开始。第一步：记账来了解日常开销，学习合理使用零花钱。第二步：结合本学期应用题里的银行利率问题了解银行利率学会银行存款，把探究和学科教学结合起来。第三步：观看与理财有关的影视作品，进一步了解基础的金融知识。第四步：设计"圣诞活动计划"，学会合理花钱。

围绕本次的探究目标，学生们又提出了许多想要研究的问题，如"生活中的常遇到的金融知识""适合学生的理财方式？""怎样使财富增值""学生如何赚钱？"等。最终将本次探究课程分为五个阶段：了解理财基本概念、学习记账、观看与理财有关的影视作品、理财亲自体验、总结感悟。

5. 实施探究

探究活动过程中的各阶段的情况。

第一阶段：了解理财基本概念

首先，班级展开"大富翁游戏"，通过游戏收集同学们对理财的困惑和疑问，比如"怎么买地最合理？""什么是所得税""怎样积累财富""房价和税收的关系""学生如何赚钱？"等。带着好奇心要求班级同学参与游戏，并最终根据游戏结果评选出班级"小富翁"。

第二阶段：学习记账

（1）在家准备一个本子；

（2）记录每天的花费情况，每一笔花销都记录下来；

（3）每周统计一下本周花销，分析哪些地方花钱最多，哪些钱可以省。

这个过程中孩子都深切体会到了自己花钱的主要地方，经过计算发现积少成多，自己每月花费还是非常多的，主动感觉需要学习节俭。

第三阶段：观看与理财有关的电影，从电影中学习金融知识

（1）《百万英镑》一名穷人如何成为一名富翁，树立正确的价值观；

（2）《股疯》了解股票，并调查采访身边炒股票的家人或亲戚；

（3）《大而不倒》了解美国次贷危机；

（4）小组合作制作PPT，分享展示学习成果。

整个过程是培养学生的团队意识、合作意识、分析问题的能力、与他人的沟通交流能力，这些能力在探究中得以培养，为学生将来的发展也打下了基础。

第四阶段：结合数学课亲自体验

（1）本学期数学第三章涉及银行利率问题，认识银行的各类凭证、银行卡；

（2）了解各个银行的利率情况，并进行认识和分析；

（3）进入银行亲自体验存钱，了解存钱的过程，会计算利息，比较如何存钱获利最大，如何存钱最合适。

第五阶段：设计圣诞活动计划及分享展示

（1）通过圣诞节活动合理使用钱，体验合理用钱带来的欢乐；

（2）临近期末的课堂上展示自己本学期的"记账本"以及圣诞节活动方案，小组分享钱生钱的方法，评选班级"小富翁"。

实施阶段每一个学生都参与其中，体会到探究的乐趣以及学习"理财"的成就感。

6. 总结探究

在本轮探究课的每次活动中，教师都要求学生反思不足的地方，加强整个探究活动各个环节的相关性和过渡，也同时对每个精彩的活动亮点进行表扬和小结，引导学生们加深自己的探究经历，并不断有更出彩的表现，同时也结合本学期数学课银行利率问题，使实践体验对教学内容起到了加深理解的作用，最后撰写个人的活动总结。

四、总结与反思

由于前期准备较充分，课堂活动比较丰富，本课程取得了较好的课堂教学效果。主要原因是本课题符合乐学善学核心素养发展培养的目标。校本探究课程经过了小组创建、理论学习、赚钱花钱实践，最后迎来了交流展示环节，班级同学进行了一些活动，比如记账、赚钱、策划圣诞节合理用钱等，评选出班级"小富翁"，让同学们体会到花钱能给家人带来幸福感，分组寻找钱生钱的方法，体现出同学们的合作意识。本课程从学生生活实际出发，关注学生的经验和思想的横向拓展和纵向生长，借助区级重点课题的大力推动，培养师生的核心素养，实现让每个学生在探究中学会学习、学会合作、学会思考、获得快乐学习幸福体验。生活离不开金钱，培养学生们正确的价值观，要以正确的心态看待金钱，勤俭节约，学会花钱与生活的平衡。

论学科拓展类探究型校本课程的多元文化拓扑与融合
——"中美节日美食的文化探究"主题开展并延伸文化的内容活动分析

上海市罗山中学　邱自菊

一、课程主题来源与编写思路——把控核心思想

（一）主题来源

在日常与学生们的交流中，我试图去发现我与学生们在生活中的"最小公倍数桥梁"。显然，在生活背景下，通过共鸣、共识性的话题进行切入是最有效的途径之一，这有助于我将教学内容与教学目的更加完整地进行传输，并提高学生们的接收效能。在我考虑通过以文化为轴心，在不改变学生自有思维特点与整体教学文化意识统一的前提下，带动学生思维与认知的全面提高完善，拓宽学生思维视界，并以此挖掘更多个体的学习潜能的目标基础上，我发现许多学生都对美食很感兴趣，这使我产生了以不同文化与美食相融合的方式来进行探究切入的想法，并且最终我决定以"中美节日美食的文化探究"作为主题教学的思路。

（二）编写思路

为了保证教学目标与教育目的相协调，我确立了以中国文化为核心，辩证分析美国节日美食文化的不同与思考内容。那么在此背景下，通过单线式的"论点—论据—论调—总结"就显得不足够包容和涵盖。既然是辩证分析，那么在思维思路上就应当更多强调对立与对抗，让学生们在不同的背景下进行思维碰撞，并且从逆境碰撞的火花中寻找并发现属于自己的不同答案。因此，我在本篇论述中也着重强调了小组、文化代表、交流等重点词，并希望借此打开学生们的思维大门，使得他们在学习英语的过程中拥有更多的感官体验，最终让学习效率与学习思路得到提升。

由上所述，在思考了探究主题与目标方法的前提下，我在传统教育教学的形式中转变了以下编写思路：

1. 从单方面的独立文化分析转为中美双背景文化的融合分析；
2. 从文化特点的整理总结转变为文化特点的辩证思考；

3. 从个人观点思路表述转变为小组观点思路整合；
4. 从个体间的认知辩论转变为小组间的认知内化；
5. 从简单的语言表达形式转变为多种辅助表演的综合表达形式。

二、课程目标——专注实现目标

为了达到先底层、后表面，先了解、后学习，先认识、后思考的目的，并最终实现由浅入深、由深到浅的教育效果，我确立了由以下三方面组成的目标实现逻辑：

（一）文化背景融合

1. 了解中美节日美食的区别，认识不同文化背景；
2. 了解不同美食形式与内容，思考不同文化背景下的思路差异；
3. 练习在不同文化背景下的思考能力，突破单一局限的认知框架；
4. 了解不同文化对生活的影响表现，锻炼学生的底层逻辑思维。

（二）核心文化的拓扑

1. 通过节日美食的对比，认识传统文化的魅力与优劣势；
2. 垂直深入了解中国美食的渊源，拓展学生从美食本身到美食相关知识的由点到面的认知思维；
3. 以节日美食为切入元素进行文化生活的延展讨论，深化学生对生活的理解。

（三）辩证与发展

1. 通过以小组为主体进行的内部讨论，加强学生融入集体的自我整合能力；
2. 通过小组间的对抗，加强学生的组织意识与集体荣誉感；
3. 通过接触与分析不同小组的观点思路，强化学生辩证思考的思维能力；
4. 通过思考不同背景下的逻辑认知，加强学生对新知识新文化的吸收与辨别能力。

三、课程结构与内容——搭建科学架构

（一）课程结构要点

我在课程结构的安排中，运用了传统的六步组织行动法，将认知思考、吸收总结等整体环节作为框架公式，并结合探究主题的内容进行了布局。

为了确保整个探究过程贴合主旨、调整课程节奏并加强容错,需要围绕着相应的主题和教学教育目标展开具体的内容,且这些内容要与结构的框架相符。

(二) 框架内容展开

一、引入探究

导言

通过导言向学生引入中美文化美食的背景,对本次探究内容的总述以及分支概括,使学生们的体感官意识在良好的准备情况下进入探究课程,使得学生在探究过程中的吸收与思考状态更加积极。

二、准备探究

(一) 认识中美文化

本环节将为学生们提供相应的电影或图片资料,并向其讲述或展示中美节日美食的具体内容与形成背景,确保学生们在探究的过程中拥有足够的背景知识与文化理解。

(二) 了解课程走向

简要介绍上海市中小学课程体系是由基础型课程、拓展型课程和研究型课程三类课程组成的;展示学校已经成功完成的探究课程案例,让学生在看完之后说说对探究课程的基本认识。

展示课例:朱弘老师《石库门文化》(公开课视频)

陈力老师《蔬菜种植》(电子故事)

汤翔华老师"小成分大用途"(探究课程资料包)

(说明:从这些已经完成的课例中选择各自的侧重点给学生展示,让学生在观看中初步感知探究课的流程,学习探究课程要注意资料的收集整理,要对探究内容和成果有初步的预设⋯⋯)

三、组织探究

(一) 建立交流小组

在探究型课程的学习活动开展过程中,以小组为单位的合作学习是必不可少的。由于在探究型课程的开展过程中要求全体学生都能充分地参与探究学习活动,尽可能地让每位学生都能发挥自己的作用并有所收获,所以组建探究小组的方法必须尽可能地保障发挥小组合作的实施效果。组建探究小组的方法有很多,根据现状建议采用由指导教师规定每个小组人数(一般每组6人),再由学生们自主协商,选择比较合拍的伙伴,自由组合成探究活动小组,最后再由指导教师汇总分组情况,并根据实际问题进行个别调整,最终完成探究小组的建立。

组建合作小组问卷表：

你希望合作小组的人数是：
你希望组内男女生各有几个？
你希望小组成员性格相同吗？
你希望自由组队还是老师分配呢？
你希望跟学习能力不同的人组队吗？

为了让探究小组在之后的学习活动中能充分发挥积极作用，就需要在每个探究小组推选一位组长来进行管理，责任心、领导力和协调能力是担当组长的必要条件。指导教师可以先说明担任组长的条件、承担的责任和具有的权力，再以小组为单位进行自荐、推荐、讨论和表决，最后确定每个小组的组长。建议选举产生1名课代表，协助指导教师组织开展探究学习活动，以便于日常师生的沟通联系。

（二）创立小组文化

探究小组创建后可以安排在组长的带领下，组织小组成员通过相互合作，进行小组名称、活动口号、小组徽标等的设计和创作，并由每个小组成员介绍自己的特长特点，最后以探究小组为单位进行小组文化的展示交流。上述活动为每个学生提供了一次展示自己的机会，增进了探究小组成员的相互了解，初步尝试了小组合作的学习方式，为后续小组学习活动的开展做好了铺垫。

表1 探究小组文化设计表

小组名称	
行动口号	
小组徽标	
小组愿景	

(续表)

组员姓名	特长特点

四、计划探究

（一）确定探究内容

为了明确探究学习的内容和目标，教师首先引导学生开展对中美节日饮食历史文化的交流活动，可以针对"据你所知中美都有什么代表性的节日""对于中国的传统节日，哪些节日你们会特地庆祝呢，在这些节日上有什么特定食物吗？""对于国外的节日，譬如圣诞节，你会参与庆祝吗？"等各个方面请学生发言，建议采取问卷调查的形式，根据实际情况得到更加精准的信息。

根据大多数人的情况，通过上述活动，能够得出以下结论：

1. 大多数同学在庆祝诸如端午节、元宵节、除夕等中国传统节日时会吃特定的节日食物；

2. 对于国外节日，圣诞节更为同学们所了解，且都有一定的庆祝活动；

3. 对于国外节日特定食物，大家只对火鸡比较了解。

（二）设计探究计划

围绕上述探究内容，引导同学们谈谈"对中美节日饮食文化有哪些进一步了解的意愿（来源、文化因素、区别等）"，搜集同学们的问题，并以小组为单位进行整理。

（三）组内探究交流

根据组内成员的不同观点，可由组长牵头整理，或由组内成员民主表决，最终确定小组的统一主流观点，并将此探究结论作为小组的探究结论标准。

五、实施探究

（一）小组合作探究

在小组合作探究环节，小组将得到一张表格，并以该表格为基准进行相互间的意见交换或结论交流，不同小组间可通过与其他小组的沟通得到更多有效信息，并以此完善或巩固本小组的结论。（表格详见第六条表格评价系统）

（二）观看影视作品

在充分了解中美节日后，同学们说到在中国，感受到外国节日气氛最浓烈的是圣诞节。每年的圣诞节各个商场都装扮得很漂亮，圣诞歌不绝于耳。而后，我选取了经典的圣诞主题影片《一路响叮当》放给同学们看，看完影片后，同学们对圣诞节背后的文化因素理解加深了许多。在同学们的感想中看到许多同学对电影的故事情节非常感兴趣，鉴于同学们对节日文化的了解和对表演的剧本浓厚兴趣，鼓励学生创作短剧。

（三）制作小组剧本

在课上，我们重新梳理了经典圣诞题材电影的故事情节及发展方向，并一同学习了剧本创作的相关知识并进行总结：

1. 写剧本，首先我们要有个故事。所谓有个故事，可以理解为有一条故事线，就是我们想讲一个什么人或者什么事。故事线也可以简单地理解为"某人要做某事"。

2. 有了故事线后，我们接下来就是写大纲。大纲等于说"我如何讲这个故事？"

3. 大纲写完之后，便落笔写剧本。写剧本的时候，只要记住一个"由远及近"的选择，写剧本就至少不会错。

简单学习了理论知识后，同学们便开始创作自己的剧本。创作剧本时，同学们对照评分表的内容，力求做得更好。当欣赏其他组的剧本时，我们利用评分表进行评价，并给出建议。

（四）观点表演表述

在同学们撰写好情景剧的剧本后，我们进入下一个表演准备和实际表演的阶段。

1. 表演设计

情景剧包括角色、道具、布景、剧情四个要素。在上一阶段，学生已经撰写好剧本，所以剧情已经设计好。在这一步，我们需要完成角色分工，确定需要的道具，并设想表演场地的布景。

首先，在确定角色时，学生组内讨论，进行人选初定。每个人拿到角色后，我们选取重要桥段进行表演，以确保在组内，每个同学有自己最合适的角色并进行后面的表演。

在道具的选择上，大部分由组员讨论，小组长确定并上报教师，而后进行采购准备。

布景由小组讨论，组际交流，教师给出相关建议后，各小组确定舞台不同的布景。

2. 表演准备

在准备阶段，我们分为准备剧本的熟悉与排练、道具以及场地所需物品的准备两个部分。

在小组对剧本进行角色分工以后，组内成员需先熟悉台词，捋顺故事情节，排练并改进剧本等工作。在根据小组互提建议和教师提出的修改建议再三修改后，各小组进入紧张的排练阶段。在排练的过程中,我们也一起学习了表演的基本知识并进行总结。

(1) 说话。首先音量要够大。表演是在规定的时间、地点完成,观众只能听一遍,不能问。如果演员的音量太小,语音不清晰,会整个影响观众的情绪,同时也失去了话剧和戏剧舞台表演的意义。

(2) 动作。动作的幅度一定要大,需要做得特别夸张,才能让全场的观众看得清楚、明白。

(3) 表情。演员表情的变化是按照剧情人物的需要而做出来的。不同的剧情人物往往有不同的表情,悲与喜、惊与喜、怒与喜之间的突然转变,这是成为出色演员的重要条件。演员的表情要转变得快,有意识地去控制,才能让观众跟随演员的情绪变化融入剧情中去。

(4) 胆量。怯场和紧张是每个演员,特别是初学者必然产生的一种自然心理现象,也是成为一名优秀演员的成长过程中不可避免的心理现象。在上场前以及在表演过程中,注意力一定要集中,把自己的心放到刻画的人物形象中去,才能自然地去表演。

(5) 想象。想象力是每个人都具备的,问题是想象力是否发挥和利用是一个关键。想象力也是要练的,通过训练可以使我们的想象力更加丰富。

(6) 交流。交流有很多种:与对手的直接交流;与观众的间接交流;与一个不存在的对象交流;自己和自己交流。交流的对象可以是物,可以是人。

(7) 肢体语言。肢体语言(体态语)也称为态势、身姿语、体语,是通过目光、表情、手势、姿势、服饰等方式传递信息的一种有效的无声语言形式,是人类运用姿态和姿势等辅助言辞表达情感的能力与技巧。我们必须把优美的肢体动作和丰富的面部表情很好地结合在一起,才能获得良好的表演效果。肢体语言是在无声中表达极为丰富的、微妙的感情世界,是一种非词语性的人类社会交际工具,肢体语言的表现应当简练鲜明、自然适度。面部表情是肢体语言表现的核心,是心灵的屏幕,我们要通过富于变化的眼神目光、脸部表情和肢体动作的协调统一,加之精彩的口语表达,从视觉和听觉两个渠道留给观众深刻的印象。

3. 实际表演

经过理论知识的学习,同学们对表演有了更多了解,对自己的表演也更有信心了。在表演过程中,同学们依据表演评分表的内容进行互评。

六、总结探究

(一) 表格评价系统

在总结探究的过程中,我将使用不同的评价标准来制定评价表格,并以此对应不同的考察目标与教学目的。应用在表演、设计、逻辑等不同元素的环节中,表格的内容也

不尽相同,为了方便查看整理,我将表格案例统一展示如下。(表 2 至表 6)

表 2　小组合作探究计划表

课题名称	
班级	指导教师
所需时间	

课题研究价值的概述(叙述开展主题探究性学习的价值)

课题研究目标(描述该课题研究所要达到的主要目标)

知识与技能:
过程与方法:
情感态度与价值观:

研究内容的过程(对课题研究内容和学习活动的过程进行简要的概述,参加过"现代教育技术"培训的教师可附上相应的思维导图)

过程描述:

所需教学材料和资源(在此列出学习过程中所需的各种支持资源)

信息化资源	
常规资源	
教学支撑环境	

学习评价(评价内容:1.对知识、理解、技能的评价;2.对思考力、判断力、表现力的评价;3.对学习兴趣、爱好、态度的评价)

表 3　小组展示内容选定评价表

评价项目	评价内容	评价标准	记分	小计
主题	主题是否明确	明确	10—9	
		较明确	8	
		一般	7—6	
		主题含糊	5—0	
	主题与话题的契合度	与主题十分契合	10—9	
		与主题基本契合	8	
		一般	7—6	
		与主题相关性不大	5—0	
内容新颖	内容具有吸引力	内容有趣,大家都感兴趣	10—9	
		内容比较有趣	8	
		一般	7—6	
		内容很无聊	5—0	
	内容具有实用性	很实用,我出国可能会用到	10—9	
		比较实用	8	
		一般	7—6	
		基本不会用到	5—0	
特色加分	1. 每个小组成员都参与海报制作,分工明确; 2. 海报纸干净整洁; 3. 海报设计独具匠心,非常亮眼	全部符合(20—16) 大多符合(15—11) 一般(10—6) 不太符合(5—1)		

建议:

表 4　小组 PPT 展示活动评价表

评价项目	评价内容	评价标准	记分	小计
团队合作	分工是否明确	分工明确	10—9	
		分工较明确	8	
		一般	7—6	
		分工混乱	5—0	

(续表)

评价项目	评价内容	评价标准	记分	小计
团队合作	成员是否各司其职	各司其职	10—9	
		大部分成员很用心	8	
		一般	7—6	
		大部分不知所措	5—0	
PPT 内容	制作精良度	制作非常精美且别具风格	10—9	
		制作精美	8	
		一般	7—6	
		制作不精美	5—0	
	主题契合度	与主题十分契合	10—9	
		与主题基本契合	8	
		一般	7—6	
		与主题相关性不大	5—0	
PPT 讲解	语言表达	思路清晰，表达流畅	10—9	
		思路基本整体清晰，表达基本流畅	8	
		表达一般	7—6	
		出现忘词，表达磕磕碰碰	5—0	
	整体精神面貌	激情洋溢，声情并茂	10—9	
		声音清晰且洪亮	8	
		精神面貌一般	7—6	
		无精打采，略显颓废	5—0	

你的建议：

表5　小组PPT展示活动评价表

评价项目	评价内容	评价标准	记分	小计
主题	主题是否明确	明确	10—9	
		较明确	8	
		一般	7—6	
		主题含糊	5—0	

(续表)

评价项目	评价内容	评价标准	记分	小计
主题	主题的契合度	与主题十分契合	10—9	
		与主题基本契合	8	
		一般	7—6	
		与主题相关性不大	5—0	
结构	伏笔	有很多可被理解的伏笔	10—9	
		有一些伏笔	8	
		有几个伏笔	7—6	
		伏笔较少或没有	5—0	
	呼应	与前文伏笔呼应	10—9	
		有较多呼应	8	
		基本呼应	7—6	
		基本没有呼应	5—0	
情节	情节合情	合情	10—9	
		较合情	8	
		一般	7—6	
		情节含糊	5—0	
	情节合理	合理	10—9	
		较合理	8	
		一般	7—6	
		不太合理	5—0	

你的建议：

表6　表演评价表

评价项目	评价内容	评价标准	记分	小计
剧情内容	剧本创意	创意非常新颖	10—9	
		较新颖	8	
		一般	7—6	
		比较老套	5—0	

(续表)

评价项目	评价内容	评价标准	记分	小计
剧情内容	剧情感染力	感染力极强	10—9	
		较有感染力	8	
		一般	7—6	
		比较沉闷	5—0	
表演能力	演员表演	表演张弛有度,渲染能力强	10—9	
		表演较有吸引力	8	
		一般	7—6	
		表演不自然或紧张	5—0	
	台词表述	台词清晰,情感到位	10—9	
		较清晰的表达	8	
		一般	7—6	
		表述较模糊	5—0	
受欢迎程度	同组评价	很喜欢	10—9	
		较喜欢	8	
		一般	7—6	
		不太喜欢	5—0	
	组际评价	很喜欢	10—9	
		较喜欢	8	
		一般	7—6	
		不太喜欢	5—0	

(二)回顾探究活动

在课程的结束阶段,引导学生们对整个探究学习活动进行回顾,可以帮助学生对学习收获进行梳理,巩固学习活动中掌握的各项能力。可以由所有探究小组的组长组成团队,在指导教师的协助下对探究学习活动的各类资料进行汇总和整理,再以探究活动过程为主线制作PPT等形式的电子故事,然后组织全班同学一起观看学习。在观看的过程中学生们可以要求进行增补说明,最后由指导教师对课程实施的整体情况进行点评。

(三)总结经验体会

先由每个探究小组的组长组织全组成员针对探究任务的完成情况、探究活动中的收获和小组成员的表现等开展交流讨论,再由每个组长汇报各小组讨论的结论,最后由指导教师对每个探究小组整体和组员个人的情况进行点评。其后,可要求每个学生在完成各阶段行动记录的基础上进行梳理,从描述自己的表现、总结自己的收获、列举自己的问题和提出后续活动设想等方面撰写个人探究活动总结。

(四) 评价探究学习

本课程的评价可采用过程性评价和总结性评价相结合的方式,评价主体可选择学生自己、同组伙伴和指导教师三元进行多元主体的评价。可在探究活动过程中用"探究学习活动记录表"对每个学生进行过程性评价的基础上,在探究活动结束时用"探究型校本课程学生学习评价表"对每个学生进行总结性评价,综合两项评价数据后得到每个学生的最终评价。

(五) 制作探究展板

一般可以由各探究小组的组长组成制作团队,也可由各位组长推荐有才能的学生加入团队,在指导教师的协助下,一起完成制作探究展板的任务。制作探究展板的素材可以在回顾探究活动中汇总资料的基础上进行梳理,把能客观反映本课程探究学习的活动的典型素材挑选出来,作为制作探究展板的主要素材,还可以加入优秀学员的探究总结,甚至可以请学生即兴创作素材,然后根据展板大小设计布局,最后把素材按预设的布局进行张贴,制作出具有课程特色的探究展板,参加学校探究型校本课程汇报展出。

四、总结与延展——思古论今方成未来

(一) 多元化的教育需要多元化的方法

作为拓展类探究课的定位而言,其意义显要体现在主体教育方向上的分支扩展,是稳当下、拓未来的重要教育表现形式,在国际化的大背景之下,想要使得学生们对复杂的全球化未来更加具有包容性,就需要在当下开拓他们对世界不同文化理解的视觉死角,而传统的教育思路则过多注重知识本身,而非文化背景。在这样的多文化背景探究课中,不仅可以使学生们的心思跳出教室,同时也是一种对知识更深刻的应用。

(二) 教书育人应同步进行

在知识脱离了时代与现实背景的前提下,很难实现教书育人的同步性和稳定性,而学科拓展的平台空间则提供了温室般的良好环境。由实际故事和文化背景引申而来的知识运用,不仅可以轻松实现学以致用的过渡,还可以让学生亲身体会到知识的乐趣与重要性。

总而言之,国家的文字体现了国家的文化,而国家的文化与生活又是紧密结合的。我们只有了解了外国的习惯风俗,才能渐渐地了解到他们的文化,体会他们写作的情感,从他们

的角度感悟他们的心灵,达到学习文字的目的。而节日是一个民族文化的集中体现,作为生活一部分的饮食文化既是接地气的,又蕴含着文化因素。了解外国的节日文化有利于我们辩证地看待"洋节"与我们的传统节日,培养跨文化交际的意识与能力,为培养具有全球视野、全球胸怀,具有与国际对接、交流、沟通能力的国际公民奠定基础。

参考文献

[1][美]罗恩·理查德,马克·丘奇,卡琳·莫里森.哈佛大学教育学院思维训练课[M].北京:中国青年出版社,2014.

[2]贺国庆,崇文富.外国教育史[M].北京:高等教育出版社,2009.

[3]张海燕.浅谈分层教学法在初中英语教学中的应用[J].英语教师,2015,15(23):47-48.

[4]拉尔夫·泰勒.课程与教学论的基本原理[M].施良方,译.北京:人民教育出版社,1994.

如何提升学科拓展类探究型校本课程学材编制质量

——以"西方电影作品鉴赏"校本探究课程学材编制和活动展评研究课实践与分析为例

上海市罗山中学　李雪萌

笔者将从课程主题来源与学材编写思路、课程目标、课程结构与内容、课程过程性和总结性评价、主要成效与反思、特色与意义这六个方面来对"西方电影鉴赏"这门学科拓展类探究型校本课的学材编写做一个主题式案例分析。

一、课程主题来源与学材编写思路

（一）主题来源

一开始，我在设定探究主题的时候，想要使它跟我所授课的英语学科相关，所以选定的是英语电影配音。后来，在与探究项目组教师和专家沟通中发现，这个主题还不够"探究"。在教授配音方法，带领学生进行配音的过程中，学生是比较缺乏自主性的，更多的是模仿。学生们发现问题、提出问题、解决问题的能力难以得到很好的锻炼。而我本人是西方文学专业出身，对于西方电影也有所研究。此外，《英语课程标准》也要求"丰富课程资源，扩展英语学习渠道"。显然，将英文电影融入课堂是一种很好的学习渠道，它能弥补英语课本和语言教学材料的不足。初中生随着年龄的增长，逐渐渴望了解外部世界，他们对电影发展历程和如何鉴赏一部电影也知之甚少，但却有着强烈的好奇心和探索新鲜事物的兴趣。所以最终我和学生共同将探究主题设定为西方电影鉴赏。

西方主题电影赏析探究课程就是引导学生通过小组合作为主、独立为辅的方式进行西方主题电影作品鉴赏，感受到不一样的生活岁月，同时深刻体味电影中的父子情、母子情、师生情和友情。在欣赏之余，我会鼓励学生写出自己的真实感受，引导学生为电影配音，撰写独具特色的影评，并为自己最喜爱的电影绘制海报，启发学生去比较不同艺术形式的内在特质，感悟文学艺术之美。这有助于发展学生的探究意识、能力和良好行为习惯。

（二）编写思路

开始，本课程的学材是按照学校原有的探究型校本课程学材编制的程式——基本上都是封闭型设定的内容，缺少真正的探究特性，缺少学生独立探究和小组合作探究的互动安排设计，缺少过程监控与评价、总结性评价（即本课程学习的结果性评价），总体不够完整，评价标准的设计要素不够规范，也没有评价说明。在与学校聘请的课题指导专家上海市浦东教育发展研究院曹明老师多次互动后，根据曹老师的"三类探究型学材修改建议和要求"，我逐步明确了曹老师所指学材正文的主要板块"九个变"的编写思路：

1. 变封闭性交代为增加多样化开放性设计；
2. 变接受性学习为真正的探究性学习设计；
3. 变平面化叙述为立体化、多样化呈现；
4. 变大段陈述性表达为分类、分角度要点式呈现和案例式印证补充；
5. 变虚化、粗线条操作要求为分类、分小点的实化、细化的操作要求设计；
6. 变较少的资源罗列和链接提示等为增加多样的资源提示、附录和链接等；
7. 变少图和一般化选图为增多和增加针对性、经典性的选图；
8. 变缺少探究性学习过程实证案例性、数据对比性设计为适当增加实证案例性和数据对比性的过程安排设计和成果表述设计与要求；
9. 变较少显性的探究性学习过程性监控反馈为增加这方面的设计，发挥监控在探究性学习行动研究中引导改进、促进目标达成、成果总结方面的独特价值。

二、课程目标——核心素养视角的"三维"表述

基于科学精神和学会学习的核心素养要求，我从知识与技能、过程与方法、情感态度与价值观这三个维度，设置了以下本课程的"三维目标"：

（一）知识与技能

1. 了解电影发展历史，培养电影鉴赏能力；
2. 掌握配音基本技巧，学会撰写影评，设计凸显电影主题的海报；
3. 通过电影来了解西方文化，从生活体验艺术享受文化熏陶等方面培养跨文化交际能力；
4. 逐步提升对本课程价值的认识。

（二）过程与方法

1. 分析电影角色，模仿台词，以小组形式进行角色配音，提升学生对角色的理解能力和

口语表达能力。

2. 学习影评撰写方法，完成个人最喜爱的电影的影评撰写，加深学生对于角色的分析和电影的理解。

3. 以小组为团队，设计最喜爱的电影的海报，参加全班展示交流和根据评价标准进行自评互评，锻炼学生小组讨论能力，设计所选主题西方电影海报能力，参与全班交流能力，根据客观量化的标准进行自评互评和团队协作能力。

（三）情感态度与价值观

1. 激发和保持学生的英语学习兴趣，将兴趣转化为稳定的学习动机，增进克服困难的意志，在参与"西方主题电影鉴赏"的不断实践中，提高英语学习自信心和电影鉴赏水平。

2. 通过团队活动，让学生在实践中明白团结协作的重要性，促进和谐合作与健康向上品格的养成。

3. 通过鉴赏海外经典主题电影，能在加深了解、理解的基础上注意尊重异国文化，增强国际化视野。

这样，既引导了教师将其渗透到所编制的学材内容中，又引导了学生"独合结合"的探究的方向，还引导了课程的过程性和总结性评价的研究。

三、课程结构与内容

（一）"五大板块·17项活动"的整体框架

本课程学材的结构与内容设计：结合学校原有探究型校本课程的主要板块，根据本课程的特点，经过与专家老师的多番沟通，最终厘定为课程的学习导言＋"五大板块·17项活动"——具体见下：

学习导言

一、探究准备

（一）认识探究课程

（二）组建探究小组

（三）设计探究规划

二、理论学习

（一）西方电影发展历史

（二）电影主题与类型

（三）电影赏析维度

> 三、鉴赏与实践
> （一）个人英雄拯救世界
> （二）经济萧条带来的危机
> （三）难民何去何从
> （四）种族歧视问题
> 四、展评活动
> （一）活动内容
> （二）评价标准
> （三）汇报展示
> 五、回顾总结
> （一）回顾探究活动
> （二）总结经验体会
> （三）评价探究学习
> （四）制作探究展板

学习导言，使学生能够快速地了解本课程的性质、学习内容和学习建议等；"五大板块·17项活动"的课程结构与内容，则清晰地引导了学材编制和探究课程教与学活动的内容选择、目标与任务、过程安排——提高了编、教、学的速度和质量；17项活动的内容设计，较好地融入了指导专家曹明老师"九个变"的学材编制思路，较好地落实了学生在学科拓展类校本探究课程实施中的主体地位，促进了学生或独或合地进行自主探索性的学习，提高了对课程学习的兴趣，并为提高课程实施的效能奠定了良好的学材基础。

（二）课程学习的具体内容

在课程实施过程中，我首先带领学生了解西方电影发展历程、电影主题和鉴赏方法；接着，引导他们组建探究小组，设计小组，并进行展示和交流；接着，在引导学生鉴赏电影之余，尝试为电影配音，撰写独具特色的影评，并绘制小组所选相关西方主题电影海报，去学会比较不同艺术形式的内在特质，感受并领悟各自的魅力；最后，通过小组合作展示，绘制主题电影海报和绘制探究展板来展示小组的探究成果和进行自评互评。

这就较为全面地落实了学生在探究课程学习中的主体地位和课程目标，提高了课程实施的效能。

四、课程评价——过程性表现与量表法评价和总结性综合探究结果"展示·量表评价法"

（一）过程性评价中的内容表现性评价

如，我在学材的探究准备活动中，设计了对探究过程中以下"三个维度"的表现性评价内容：

1. 对知识理解技能的评价；
2. 对思考力、判断力、表现力的评价；
3. 对学习兴趣爱好态度的评价。

（二）过程性评价中的内容量表法评价

如，在课程板块三、鉴赏与实践下的（一）个人英雄拯救世界主题电影之"小组配音活动评价标准"（见表1）中，我们可以看到该评价表由语言表达、团队配合等7项表现性评价指标、特色加分项评价指标、各自四个层级的评价要求和最后的评价说明构成。这类过程性评价量表还有"个人影评活动评价标准"和"小组海报绘制评标准"等。这对学生个体和小组的探究过程具有较好的操作要求与表现评价的引导价值。

表1 小组配音活动评价标准（过程性评价量表）

评价指标Ⅰ（分）	评价指标Ⅱ（分）	评价要求（分）	计分 小计	计分 合计
语言表达（30）	语言表达流畅度	流畅(10—9)；较流畅(8)；一般(7—6)；不流畅(5—0)		
语言表达（30）	声音清晰与洪亮度	清晰与洪亮(10—9)；较清晰与洪亮(8)；一般(7—6)；口齿不清或音量小(5—0)		
语言表达（30）	情感投入度	投入(10—9)；较投入(8)；一般(7—6)；不投入(5—0)		
团队配合（30）	团队分工	合理(10—9)；较合理(8)；一般(7—6)；不合理(5—0)		
团队配合（30）	团队默契	默契(10—9)；较默契(8)；一般(7—6)；不默契(5—0)		
团队配合（30）	角色转换	顺畅(10—9)；较顺畅(8)；一般(7—6)；不顺畅(5—0)		

(续表)

评价指标Ⅰ(分)	评价指标Ⅱ(分)	评价要求(分)	计分 小计	计分 合计
特色加分(20)	1. 从表情和音色方面来说，角色模仿惟妙惟肖； 2. 从口型方面来说，与屏幕中人物口型能完全对应； 3. 其他（自填）：_____	符合(20—16) 较符合(15—11) 一般(10—6) 较少或不符合(5—0)		
综合评定	总分：		等第：	评价人（身份）：
评价说明	1. 满分：60分； 2. 特色加分处理：计入总分，但计入后，不超过满分； 3. 评价权重：权重一致； 4. 分数与等第间的转换：各评价主体的原始总分相加后，除以评价主体总人数——60—51分为优；50—41分为良；40—31分为合格；30—0分为需努力			

（三）总结性评价中的探究成果"展示＋量表法"评价

先由学生展示小组所选主题电影的探究成果展示；再由各组根据表2下的探究成果主题、探究成果和PPT呈现的结构、PPT的选材、多媒体技术使用、文字表达和探究成果讲解说明，团队合作7项一级指标（各有2项二级指标，共14项二级指标）加特色加分项，共8项一级指标，进行自评、互评和其他观课对象的参评；最后，根据评价得分和评价说明，进行分数与等第间的转换，得出小组综合评价等第。

表2 学科拓展类校本探究课程"西方电影鉴赏·海报"小组合作探究成果综合展示活动评价标准

评价指标Ⅰ(分)	评价指标Ⅱ(分)	评价要求(分)	计分 小计	计分 合计
主题(20)	鲜明	清晰(10—9)；较清晰(8)；一般(7—6)；不清晰(5—0)		
	契合	契合(10—9)；较契合(8)；一般(7—6)；不契合(5—0)		
构图(20)	清晰	清晰(10—9)；较清晰(8)；一般(7—6)；不清晰(5—0)		
	完整	完整(10—9)；较完整(8)；一般(7—6)；不完整(5—0)		
色彩(20)	鲜明	鲜明(10—9)；较鲜明(8)；一般(7—6)；不鲜明(5—0)		
	和谐	和谐(10—9)；较和谐(8)；一般(7—6)；不和谐(5—0)		
小组合作(20)	分工	合理(10—9)；较合理(8)；一般(7—6)；不合理(5—0)		
	配合	默契(10—9)；较默契(8)；一般(7—6)；不默契(5—0)		
特色加分(20)	1. 每个小组成员都参与海报制作； 2. 海报纸干净整洁； 3. 海报设计独具匠心，非常亮眼； 4. 其他（自填）：_____	符合(20—16) 较符合(15—11) 一般(10—6) 较少或不符合(5—0)		

(续表)

评价指标Ⅰ(分)	评价指标Ⅱ(分)	评价要求(分)		计分	
				小计	合计
综合评定	总分:		等第:	评价人(身份):	
评价说明	1. 满分:80分; 2. 特色加分处理:计入总分,但计入后,不超过满分; 3. 评价权重:权重一致; 4. 分数与等第间的转换:各评价主体的原始总分相加后,除以评价主体总人数——80—71分为优;70—56分为良;55—41分为合格;40—0分为需努力				

(四)总结性评价中的学生个人"西方电影作品鉴赏"影评活动评价(见表3)

表3 个人"西方电影作品鉴赏"影评活动评价标准

评价指标Ⅰ(分)	评价指标Ⅱ(分)	评价要求(分)	计分	
			小计	合计
标题(20)	明确	明确(10—9);较明确(8);一般(7—6);不明确(5—0)		
	简洁	简洁(10—9);较简洁(8);一般(7—6);不简洁(5—0)		
结构布局(20)	思路清晰	清晰(10—9);较清晰(8);一般(7—6);不清晰(5—0)		
	布局完整	完整(10—9);较完整(8);一般(7—6);不完整(5—0)		
主旨立意(20)	清晰	清晰(10—9);较清晰(8);一般(7—6);不清晰(5—0)		
	正确	正确(10—9);较正确(8);一般(7—6);不正确(5—0)		
文字表达(20)	语言流畅	流畅(10—9);较流畅(8);一般(7—6);不流畅(5—0)		
	书写规范	规范(10—9);较规范(8);一般(7—6);不规范(5—0)		
特色加分(20)	1. 契合主题; 2. 写作手法独特; 3. 立意新颖; 4. 其他(自填):_____	符合(20—16) 较符合(15—11) 一般(10—6) 较少或不符合(5—0)		
综合评定	总分:	等第:	评价人(身份):	
评价说明	1. 满分:80分; 2. 特色加分处理:计入总分,但计入后,不超过满分; 3. 评价权重:权重一致; 4. 分数与等第间的转换:各评价主体的原始总分相加后,除以评价主体总人数——80—71分为优;70—56分为良;55—41分为合格;40—0分为需努力			

以下结合2021年6月11日上午第4节课,在预备(8)班所上的公开研究课"西方主题电影鉴赏·综合探究成果展评活动"一课,分享下本课程的小组综合探究成果之"展示+量表法"评价的运用。

在成果展示与评价活动环节,分以下四步实施:6个小组,就自己小组最喜爱的西方主题电影进行鉴赏的探究结果"海报",结合 PPT 和口头讲解的形式,在课堂上进行汇报展评→教师倾听学生的汇报展示,并在全部小组展示结束后,给予中肯意见和鼓励性评价→台下观众(含各小组学生和观课教师),依据评价标准,对各小组的表现进行点评和给出评分→最终,根据各参评对象的总分,排名选出 3 个优胜组,并颁发奖励。

这一过程既引导了学生个人和小组参与"西方电影作品鉴赏"影评活动的总结性成果的发展方向;又明确了评价内容、评价要求及如何评价各小项分和评价说明的操作要求,提高了自评、互评、师评的清晰性、客观性,提高了学生个人和小组参与"西方电影作品鉴赏"影评探究课程的总结性成果评价的科学性和有效性;也为学校其他探究型校本课程总结性评价标准的清晰化提供了有益的参考。

五、主要成效与反思

(一) 学材编制方面

图 1 《西方电影作品鉴赏——主题电影探究》封面

本课程学材的编制历时 1 年多,经历过 20 多次修改打磨,最终有效地提升了学材的编制质量。主要体现在:

一是基本落实了曹老师"九个变"的学材编写思路的要求;

二是形成了如下"六个增强"的特色:与学生的互动性增强;对学生学习的引导性增强;探究实践的操作性增强;评价的客观性增强;发挥学生独立探究和小组合作探究的自主性增强;学材的可读性增强。

（二）学生核心素养发展方面

图 2　学生小组在海报展示中侃侃而谈

一是从知识层面来讲——在本轮探究型校本课程的实施过程中，通过寓教于乐的方式引导学生自主探究西方电影鉴赏方法，帮助学生了解并尊重异国文化，开阔国际视野，增进对社会和自我的认识。

二是从技能层面来看——学生通过观看海外经典电影，培养了艺术鉴赏能力；从体验艺术享受文化熏陶等方面提升跨文化交际能力；通过小组合作完成不同阶段的任务，提高了完成任务的速度、质量和一定特色的能力；通过借助信息技术、口头说明和"评价标准"，进行小组探究综合成果的展评能力培养学生语言表达能力；通过"独合结合"信息技术的全面运用，提升了信息技术运用能力。

三是从探究精神层面来看——学生通过参与"五大板块·17项活动"探究的过程，参与探究的主动性、个体责任心、协作和质疑精神、求证精神，也有所增强；随着知识视野的拓展、多元能力的提高，对"独合结合"开展学科拓展类校本课程学习的价值认同感得到增强。

总之，本课程的实施，具有促进学生的全方位成长的价值。

（三）教师素养发展方面

作为一名青年教师，在这一年多的学材编写和反复打磨过程中，吸收专家的悉心指导，课题组给出的宝贵建议，也给了我在科研道路上勇于探索、大胆实践的强大指引。本次校本课程学材的编写，对我既有观念上的洗礼，也有理论上的提高；既有知识上的积淀，也有教学技艺的增长。

图 3　学校部分学材编制组成员与专家互动(1)、
　　　李雪萌老师在现场指导学生小组文化团建(2)

（四）促进课程实施有效性方面

课程学材质量的有效提升，尤其是"六个增强"特色的形成，有效提高本课程实施的有效性"八维度"——容量度、拓展度、精深度、科学度、促思度、积极度、愉悦度和育人度。

（五）促进学校课题研究方面

一是落实了"九个变"课程学材编制的思路；二是形成了"六个增强"的特色；三是促进了本课程之公开研究课的实践研究和课例撰写；四是形成本篇提高探究型校本课程实施效能之学材编制层面的主题式案例成果。这些都在一定层面上促进了学校区级重点课题的研究，并在校内外具有一定的辐射意义。

六、特色与意义

（一）化解了曾经遇到的"四大困难"和总结了"四点研究经验"

化解了以下四个方面的困难：

1.缺乏中学校本教材编写经验，可借鉴资源少；2.格式问题、细节问题繁多，需专注并反复修改；3.需设计活动增强教材的趣味性及与学生的互动性；4.时间紧,任务重,需把握好有限的时间。

化解"四大困难"的过程,促进我反思,形成了以下"四点研究经验"：

1. 提前做好规划,合理安排时间,有序推进；
2. 教科研论文撰写注意格式规范,总结方法；
3. 提高"搜"商,学会从专业文献网站获取资源；
4. 有效沟通,做好记录,及时反馈结果。

(二) 实现了科研促进"六提升"

即实现了学材编制质量提升,课程实效"八维度"提升,学生和教师素养提升,学校课题研究成果质量提升和对外辐射影响有所提升。

(三) 彰显了传承与创新、个人努力与同伴合作、专家互动指导相结合进行课题研究的独特价值

即基于学校探究型校本课程基础,立足核心素养培养新视角和提升课程实效"八维度"的新要求,加强研究者的自主钻研、虚心听取学校有经验教师的意见,加强与科研专家的互动,是实现了科研促进"六提升"的关键与保证。

参考文献

[1] 中华人民共和国教育部.义务教育化学课程标准(2011年版)[M].北京：北京师范大学出版社,2012.

[2] 林崇德.21世纪学生发展核心素养研究[M].北京：北京师范大学出版社,2016.

[3] 杨向东,崔允漷.课堂评价[M].上海：华东师范大学出版社,2012.

[4] 彭炆.基于核心素养的校本课程建设研究综述[J].教育科学论坛,2017.

[5] 梁洁.西方电影鉴赏课程对学生跨文化交际能力的影响[J].海外英语,2016.

如何提升学科探究性学习课例研究实效和师生素养

——以学科探究型校本课程之"探究《论语》对话语境·探究成果展评"活动实践分析为例

上海市罗山中学　王聿娟

现在回想 2020 年，那段与学生一起探究的日子，那段得到专家悉心指导的日子，那段与同伴一起奋战编制学材、修改活动方案撰写课例的日子，仍然觉得痛并快乐着。痛是因为每一次设计、每一次修改都是焦灼的、煎熬的，快乐是因为和学生一起体验着探究本身带来的收获与愉悦不断在增长，是因为得到专家指导后，感觉到自己距离专业的研究者进一步又进一步的喜悦……

一、有幸赶上末班车

2020 年 8 月 28 日，一个很平常又意义非凡的日子。周丹妮老师在钉钉建群——2020探究小分队，我因为之前在初二、初三教学，只赶上了学校区级课题实施的最后一年，算是有幸搭上了末班车。这一次例会印象深刻的是校长热情洋溢的激励和周丹妮老师的严谨认真，了解到一年过后，我们要完成学材的编制，要开设公开课，要完成区级课题的结题汇报……心里感觉沉甸甸的。

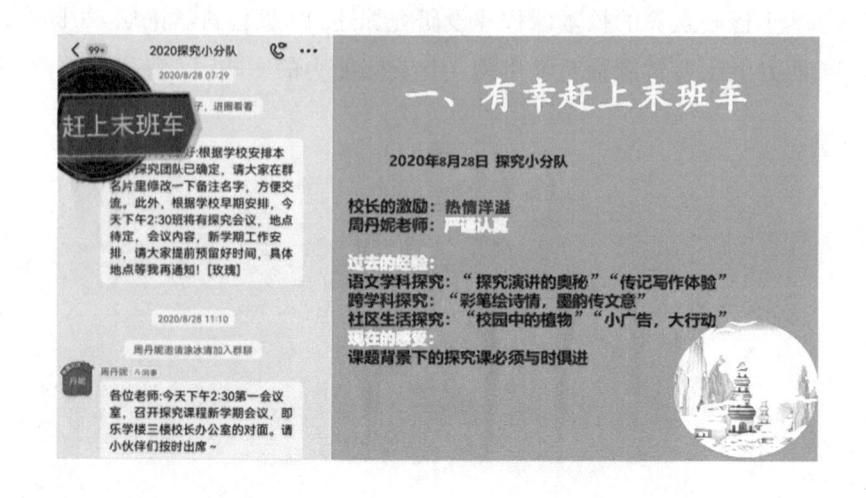

虽然多年前曾带领学生进行过语文学科探究"探究演讲的奥秘""传记写作体验",与美术学科综合的跨学科探究"彩笔绘诗情,墨韵传文意",社区生活探究"小广告,大行动"等,积累了一定的经验,但这第一次例会上的要求,既唤起了我以往的探究教学感受,又深感责任重大,同时明白课题背景下的探究课必须与时俱进。

二、深深震撼,以勤补拙

探究课程有条不紊地进行,直到 2020 年 10 月 27 日,第一次参加曹明老师的指导会议。曹明老师全程没有用 PPT,所有的有关论文撰写的内容和格式的要求全都成竹在胸,脱口而出,这让我深深震撼,敬佩之情油然而生。由衷地说,这是我见过在论文撰写方面最勤勉也是最专业的指导老师。但这仅仅只是开始,对于写作比较随性的我来说,如此高的标准和要求让我感到接下来的研究困难重重,尤其是接到了周丹妮老师布置的公开课上课任务,夜不能寐,思来想去唯有以勤补拙,应对挑战。

于是有了公开课设计的第一稿,共 8 页 5 000 余字;我心怀忐忑地在将自认为很认真写的设计第一稿交给曹明老师之后,得到的是被曹老师用红笔标记得密密麻麻的修改要求,我再一次被震撼了。

但也因此有幸得到曹老师将近 3 个小时的面对面的指导,曹老师甚至因此错过了学校的午餐时间,心怀歉疚的我除了努力按照要求进行修改,没有第二种选择。于是又有了课例版本的第二稿,共 13 页 1 万余字;在这之后,不知道有多少次指导,也不知道修改过多少次,课例的最终稿完成时,我清楚地看到文档下方的字数统计:14 页 18 931 字。

三、不敢懈怠,反复修改

下面我将从六个方面,来展现曹老师的指导下我不断反复修改的过程。

第一,课例标题的修改。

1. 探究《论语》对话语境学期汇报课设计

2. 核心素养背景下实施"五步三策三式"提高学科探究型校本课程实施效能的实践研究——以"探究《论语》对话　传承文化经典"语文学科探究型校本课程活动为例

3. 核心素养背景下实施"三程学习单式"提高探究型校本课程实施效能的实践研究——以"探究《论语》对话语境·探究成果展评"探究型校本课程活动为例

4. 核心素养背景下实施"三策三式"提高学科探究型校本课程实施效能"五维度"——以"探究《论语》对话语境·探究成果展评"探究型校本课程活动实践与分析为例

四次更改,看似寻常,但每一次都是字字斟酌,反复推敲。公开课前,重点在教学研究内容的确定和教学设计,随着研究内容的不断明确,标题也更具体。公开课后,重点是课例撰写与修改,是从活动设计的方案到课例撰写的转变,也是不断对研究主题进行界定的过程。

第二,规范了设计依据。

印象最深刻的是,曹老师的六个字:"不求全,不忘本"。

不求全,求贴切,紧密贴合研究主题:提升学生核心素养四方面和提升课程实施效能五维度。不忘本,不忘学生本体和研究问题的本体。最后修改写成了与研究主题密切关联的学情分析、课标分析、学材分析。

第三,明确研究内容两方面:核心素养方面和课程实施效能方面。

首先结合探究《论语》对话语境的课题,确定了核心素养的四方面人文底蕴、学会学习、健康生活、责任担当并且加以细化。然后是课程实施效能,在曹老师的指导下我确定了本课在提升探究型课程实施效能的五个维度,即容量度、拓展度、育人度、愉悦度和促思度,并且进行具体细化。

第四，确定实施策略和形式。

作为实施一学期后的探究成果展评课，曹老师让我根据教学研究内容也就是如何提高探究型校本课程的实施效能思考每一个教学环节该如何提高实施效能，使用怎样的教学策略，能提高哪些效能的维度？这些原本很混沌的问题，在曹老师反复强调拟作＋指向的影响下，我豁然开朗。

最后采用了任务驱动策略、点评—反思—改进策略、独立与合作学习策略、评价量规引导式、信息技术整合式、竞赛与随机激励式的实施形式。

（四）确定实施策略

利用"三程学习单"在课前、课上、课后布置相应的探究任务，引导学生围绕《论语》名句积累、剧本创作表演、学期总结汇报展示"这三个主任务，开展探究课的学习。 —— 任务驱动策略

在"三程学习单"的实践过程中，组织学生进行点评，在师生点评、生生点评中，发现其他学生的闪光点，针对不足提出改进措施。 —— 点评—反思—改进策略

针对不同的活动环节，采取或独立或合作，或是先独立后合作的学习策略，既让学生个人得到了能力上的锻炼与提升，也能让组员相互合作，组长组织督促，取长补短，互帮互助地完成探究相关任务，提高学生的团队合作意识，促进探究型校本课程实施效能的提高。 —— 独立与合作学习策略

（四）确定实施形式

（针对情况或问题、实施目的、素养培养内容、实施原则、基本过程、途径、策略、模式形式方式／三者取一、方法、评价等）：标题＋拟做＋指向

在探究过程中，引导学生对即将进行的探究活动设计必要的评价标准和具体的量化内容，来引导学生学习，更有效地完成探究任务。 —— 评价量规引导式

在整个探究过程中使用各种信息技术手段来帮助学生完成探究任务，辅助教师引导学生，以提高学科类校本探究课程的实施效能。 —— 信息技术整合式

在教学过程中，根据教学内容和学生的知识储备情况，设置各种形式的竞赛，激励学生为实现个人或集体的学习目标而努力，以此实现教学目标，竞赛与随机激励策略在本课"三程学习单"的活动过程中贯穿始终。 —— 竞赛与随机激励式

在反复修改细化之后，最终确立了借助三程学习单，采取"三策三式"提升学生核心素养四方面、提高探究型课程实施效能五维度的整体设计思路。

整体设计的确定过程，让我不仅对探究型教学有了新的理解，也让我不断去反思自己的语文教学，过去处理教学问题凭感觉和经验，现在对这个问题的思考更趋于理性和专业。

第五，细化过程的设计。

（五）细化过程设计——十二环节

若干教学环节时间（分）和名称（做法+指向）+师生活动+课题研究

课前：
（1）复习《论语》章句，准备背诵；
（2）小组合作撰写体现《论语》思想、符合《论语》对话语境的剧本；
（3）小组依照剧本创作与表演评价量表，修改剧本并进行排练，准备表演；
（4）小组总结本学期的探究活动和收获，制作PPT，准备交流。

课堂：
（1）背诵组进行《论语》名句的背诵比赛；
（2）表演组完成比赛评分，宣布比赛结果；
（3）确定小组剧本表演交流内容和方式，明确表演组和评价组的职责要求；
（4）小组剧本表演、完成比赛评分、宣布比赛结果、评价交流；
（5）小组展示交流学期总结汇报；
（6）当堂小结归纳。

课后：
（1）回顾探究过程；
（2）写下总结反思。

这是第一次实习实施中的十二环节，在曹老师的要求下进行了修改，教学环节精确到分钟、明确师生活动，结合研究主题等要求对十二环节进行了具体的细化。

（五）细化过程设计——十二环节的细化

若干教学环节时间（分）和名称**（做法+指向）**+师生活动+课题研究

时间分配（分）	教学环节	教师导学	学生学习	课题研究
	一、背诵竞赛引入 运用竞赛鼓励的策略组织学生进行背诵比赛，培养学生的记背能力，将《论语》思想内化于心。	1.借助PPT出示《论语》名句背诵要求。 2.组织比赛，鼓通组组长随机抽取比赛题号。 3.教师随机激励。 4.说明：探究《论语》对话，传承文化经典，首先从名句积累开始。	1.独立观看规则，准备参加比赛。 2.鼓通组胜出者依次抽取题号，一人一句回答问题。 3.评价组独立观看，选派一人评价正误并统计比赛结果。	激发参与背诵和竞赛的兴趣。学生在竞赛中独立参与背诵，促进学生积累《论语》名句，培养文化理解并与语文学科核心素养。学生将《论语》名句内化为个人价值观。

过程的细化，保障了探究型课程的实施效能的提升，每一个过程对于师生活动的明确，对研究主题的落实起到了重要作用。

第六，评价量表的完善。

第一次评价量表是在参考网上相关资源后，针对剧本表演设计的，曹老师手把手地指导我，从评价要素、评价内容、能力层级、计分方式和评价说明每一点都与本课进行了具体的融合，印象深刻的还有评价量表的完善，这是我对评价量表设计的第一稿，在曹老师的指导下，最终修改成了针对探究《论语》对话语境中的剧本表演的评价量表和针对小组学期探究过程和成果汇报的评价量表。

修改后的量表简单又实用，充实了探究课程的评价体系中的过程性评价，也有效地保证了课堂实施效能的提升。

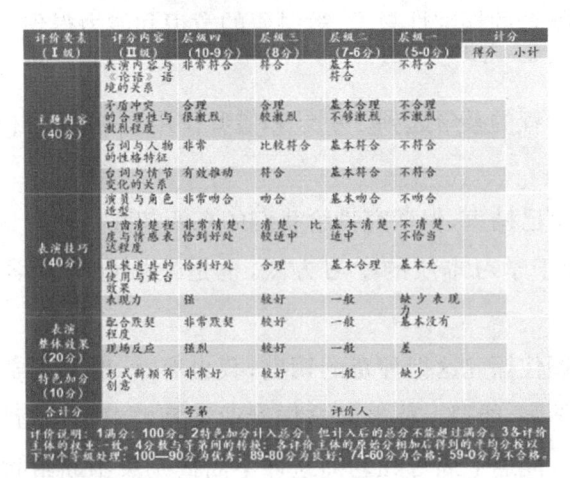

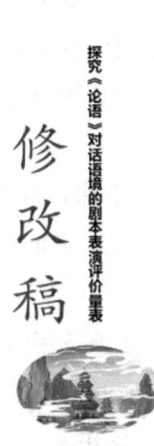

四、实践反思,继续前行

有了课前充分的预设和学生充分的准备,才有了 2020 年 12 月 29 日课堂上的精彩纷呈。

如剧本创编演评的过程,学生投入的表演,让人印象深刻,每一个小组展示不同的表演主题,三个表演小组依次上台表演,"妙人"小队身着汉服,或在古朴的室内诵读《论语》章句,或在翠绿的竹林进行思想的交流,不亦快哉!TNT 炸药小队以"孝"为主题,在激烈的课堂讨论中呈现"孝道",在生动可感的故事中传扬"孝"的精神,理解古代"以孝治国"的思想;天才队表现的是儒家思想的核心内容"仁",利用"仁"与"人"的谐音,引来大家的会心一笑,巧妙地选取离开鲁国的前一晚作为背景来诠释"仁"的学说,既让人感受到儒家思想的博大精深,也让人体会到个人要达到"仁"的境界很难,在国家管理中推行"仁"更是难上加难,孔门师徒明知不可为而为之的努力让人动容。表演组在台上表演时,无论是小小的拭汗喘气的动作还是长篇的台词演绎都可圈可点,让人欣喜,课堂真可谓精彩纷呈。这些实践体验不仅使学生受到《论语》中不同思想的熏陶,也让所有同学都乐在其中,课堂上学生能够持续地保持较高的愉悦度。

这次的实践经历也给我留下了很多思考。

学生角度:提升了探究性学习能力,包括意识方面、能力方面、行为习惯方面;提升了学习语文的整体能力——口头表达能力、文言理解能力、写作能力;也提升了学生四方面的素养——人文底蕴、责任担当、学会学习、健康生活。

教师方面:提升了自身探究型课程的设计能力、积累了语文课本剧编演实践学习的经验、进行了语文综合性学习模式的有效探索、编写独立完整的探究型课程学习材料。(已经完成两本纸质学材的编写,一个课例和一个举主题式案例,两篇探究教学体会)提升了其他的专业技能;进行与本学科深度融合的探究性教学、教科研的意识和能力得到了不同程度的提升、撰写的课例也更加规范。

学校方面:对其他教师探究课程的教学起到了引导和借鉴作用,丰富了学校区级课题的研究成果。

这堂课早已下课,这门课程早已结束,但探究带给我们的东西却弥足珍贵。因为探索本身充满着无限魅力,它是最接近于学习本质的学习方式,也是最接近于教学本质的教学方式。

学生有幸,在预备年级就能握住探究这把神奇的钥匙;我也有幸,能遇上学校给我们提供的平台,在探究的天地中一展拳脚,能遇上曹老师这样专业又精益求精的指导专家,让我在教研领域向更深更专业处钻研,能遇上周丹妮老师这样不断鼓励又不断给我们良好示范的好伙伴……我将带着感激与收获继续前行。

参考文献

[1] 上海市教委.上海市中小学研究型课程指南[Z].2011.

[2] 中华人民共和国教育部.义务教育语文课程标准(2011年版)[M].北京:北京师范大学出版社,2012.

[3] 李臣之.校本课程开发[M].北京:北京师范大学出版社,2015.

[4] 杨向东,崔允漷.课堂评价[M].上海:华东师范大学出版社,2012.

[5] 夏桂敏.基于核心素养的校本课程建设[J].未来教育家,2017(8):10-18.

[6] 孙微.实施"五策"提高数学单元复习和自我监控能力培养实效[J].浦东教育研究,2018(2).

[7] 朱律维."独合结合"语文实施体验式提升学生写作详略素养探索——以"叙事要详略得当"区级课题研究课实践与分析为例[J].浦东教育研究,2019(8):53-57.

用好学材提升课堂效能，透过实践优化学材质量

——以社会实践类探究型校本课程"属于垃圾的 place"学材编制和研究课实践与分析为例

上海市罗山中学　冯　矗

一、课程主题来源与学材编写思路

（一）主题来源

2019年2月20日，上海正式公布了《上海市生活垃圾管理条例》（以下简称《条例》）全文，并宣布将于当年7月1日起施行。《条例》的发布一时间引发了社会层面的广泛讨论，从主流媒体到街头巷弄，"垃圾分类"一词俨然成为人们热议的话题。不难预见，《条例》的实施必定会很大程度地改变市民的生活方式，进而对于全社会产生积极的影响。

教师通过对学生日常学习生活的观察（主要源自学生的每周随笔、课后的聊天话题等），发觉大部分学生也关注到了这一社会话题。但在进一步与部分学生讨论到"垃圾分类"时，发现学生对于本问题的认识较为浅显，仅停留在"听说过"这一层面。教师结合"垃圾分类"这一主题与社会实践类探究型校本课程研究对象高度吻合的特点，最终在与学生商议后确定了这一课程主题。

（二）编写思路

起初，本课程的学材是按照学校原有的探究型校本课程的编制的程式进行编写的。教师在原有模板的基础上，增添了与"垃圾分类"这一课程主题相关的知识、预设的活动流程及教师对预设活动的理论阐释等。学材的编写与呈现基本上都是封闭式的，主要包括了对探究型课程的介绍，垃圾分类的知识呈现及其他相关辅助资料的汇总三个方面。

由于学材的封闭性、理论性较强，在实际学生使用本学材的过程中，遇到了诸多问题。

一是社会实践类探究型校本课程的课程特点就要求教师与学生需要基本遵循"发现问题—思考问题—尝试解决—总结反思"这样一条路径来开展探究活动。而初版学材的编制过程中，教师直接将预设的活动流程及后续可能用到的知识直接在学材中呈现出来，在一定程度上代替了学生自主的思考和选择，使得探究课丧失其探究性和学生的主观能动性，学生

科学精神方面的勇于探究素养以及学会学习方面的三点素养均难以得到有效提升。

二是由于初版学材的预设内容多、不留空，编写过程中所选择的辅助性知识也无法很好地匹配、符合学生在探究过程中随机生成性的所需、所思，故在使用过程中数次出现了"文不对题"的情况。导致学材的使用效果有限，探究过程的推进及课堂的实施效能无法充分提升。

三是初版学材中理论性的，指向教师教法的阐述说明的部分过多。这些文字学生难以理解，对于探究活动也并非必要。学材编写的本意是为了提供学生使用，帮助学生更好地进行"垃圾分类"问题的探究活动的开展，提升教师在实施校本课程时的课堂效能，而初版教材的这一问题显然背离了这些初心。

四是初版教材在编制中忽略了过程监控与评价、总结性评价及反思相关板块。学生在探究过后，不能及时有效地依据学材对自己前期的探究过程进行评价与反思。不利于学生勤于反思素养的形成和提升。

在发现初版学材的上述问题之后，教师与探究型课程团队的其他老师进行了充分的交流讨论，并结合学校聘请的课题指导专家上海市浦东教育发展研究院曹明老师所给出的意见进行了如下修改：

1. 变封闭性交代为增加多样化开放性设计；
2. 变接受性学习为真正的探究性学习设计；
3. 变平面化叙述为立体化、多样化呈现；
4. 变大段陈述性表达为分类、分角度要点式呈现和案例式印证补充；
5. 变虚化、粗线条操作要求和为分类，分小点的实化、细化的操作要求设计；
6. 变较少的资源罗列和链接提示等为增加多样的资源提示、附录和链接等；
7. 变少图和一般化选图为增多和增加针对性、经典性的选图；
8. 变缺少探究性学习过程实证案例性、数据对比性设计为适当增加实证案例性和数据对比性的过程安排设计和成果表述设计与要求；
9. 变较少显性的探究性学习过程性监控反馈为增加这方面的设计，发挥监控在探究性学习行动研究中引导改进、促进目标达成、成果总结方面的独特价值。

通过随后的研究课实践及后续探究活动的开展实效来看，修改后的学材在很大程度上解决了上述四方面的问题，很大程度上成为学生探究过程中的有效助力，帮助提升了课堂实施效能的同时也培养了学生学会学习、科学精神、责任担当三方面的核心素养（简称核心"三素养"）。

二、课程目标——核心素养视角的"三维"表述

（一）知识与技能

1. 了解垃圾分类的意义、几种生活垃圾的主要成分、作用与危害；

2. 熟悉和掌握"可回收物、有害垃圾、湿垃圾和干垃圾"这一垃圾分类四分法(属性视角),并详细了解具体内容;

3. 知晓其他城市(含部分国外城市)垃圾分类上的优秀做法、经验;

4. 从新闻中了解上海垃圾分类的现状;

5. 从课中交流、听取归纳总结与课后独立撰写课前、课中学习反思和下次课上小组代表参与交流中进一步内化垃圾分类的重要性、垃圾分类四分法和具体垃圾属性的细分内容。

(二)过程与方法

1. 经历基于所定学生核心素养(科学精神、责任担当和学会学习三方面)培养内容,围绕"垃圾分类的意义、垃圾分类的做法、垃圾分类的推广"这三个主任务,课前、课中与课后"三程"结合,以六个小组合作探究为主、独立探究为辅,整合实施"三策三式"(任务驱动、点评—反思—改进与合作学习"三策"和"三程三单"引导、借助信息技术与适时激励"三式"),完成七项具体的任务的探究过程。

2. 能从网络、新闻、课中交流、听取归纳总结与课后独立撰写课前、课中学习反思和下次课上小组代表参与交流中,提高掌握垃圾属性分类四分法的熟练度,锻炼善于合作学习、独立学习、撰写反思体会和借助信息技术、学习单学习进行探究学习等能力,提高社会实践类探究型校本课程实施效能的"三维度"(容量度、拓展度和促思度)。

3. 体悟小组合作为主、独立为辅"三程"整合"三策三式"所蕴含学习方式方法。

(三)情感态度与价值观

1. 增进对参与"垃圾分类"的社会责任感;

2. 培养团队合作意识;

3. 激发对"垃圾分类"等社会问题的勇于探究、交流表达和反思的精神;

4. 增进小组合作为主、独立为辅"三程"整合实施"三策三式"探究社会生活现象的兴趣。

三、课程结构与内容

(一)整体框架

本课程学材的结构与内容设计:结合学校原有探究型校本课程的主要板块,根据社会实践类探究型校本课程的特点,经过与专家老师的多番沟通,从初版学材包含的"探究型课程介绍、垃圾分类知识呈现、预设探究活动理论阐述"三大方面的较为无序的组织结构,转变为"探究准备、理论学习、实践行动、回顾总结"这四大板块循序渐进,并且细化了下属的14项具体活动任务。

(二) 课程学习的具体内容

在课程实施过程中,教师组织安排了以下几个系列的探究活动:

1. 利用学材中以往的探究课例来了解、感悟探究课程的特点。

2. 按照自由分组的原则下,结合学材中的分组注意事项,进行探究小组的组建及小组文化的创设。

3. 学生独立或小组合作结合学材中的相关链接及信息获取方式的提示对于垃圾分类的相关理论知识进行探究学习。

4. 以小组为单位将理论知识的学习成果与自身的理解感受相结合进行当堂的交流展示,并利用学材中的评价标准进行评分和反思。

5. 以小组为单位,选择不同形式(海报、倡议书、实地志愿者活动等)展开"垃圾分类"的推广宣传实践。

6. 独立或合作完成本课程的回顾、总结与反思。

四、课程评价——过程性表现与量表法评价和总结性综合探究结果"展示·量表评价法"

(一) 过程性评价中的内容表现性评价

教师在对初版学材的改进过程中,增添了对探究的课前活动过程中以下"三个维度"的表现性评价内容:

1. 对知识理解技能的评价

(1) 了解垃圾分类的意义、几种生活垃圾的主要成分、作用与危害

(2) 掌握"可回收物、有害垃圾、湿垃圾和干垃圾"这一垃圾分类四分法(属性视角)及其分类原理

2. 对思考力、判断力、表现力的评价

(1) 对于课程中遇到的问题,主动寻找相关的资源进行探究学习;

(2) 完成对于感兴趣的垃圾分类相关知识,自行探究,加深对这一主题及社会影响方面的理解。

3. 对学习兴趣爱好态度的评价

(1) 对于课程中的资料搜集、演示文稿制作、小结撰写等活动充满兴趣,态度积极。

（2）在小组合作中能够积极承担任务，主动帮助他人。

（二）过程性评价中的内容量表法评价

在课程板块二、三的课堂及课后活动中，教师在初版的基础上增加了对应的活动评价标准。该类评价表基本由自我评价、组员互评、教师评价三角度下的6—7项表现性评价指标、特色加分项评价指标、各自四个层级的评价要求和最后的评价说明构成。这类过程性评价量表，具体有：宣传海报制作评价标准、个人倡议书评标准等。这对学生个体和小组的探究过程，具有较好的操作要求与表现评价的引导价值。

（三）总结性评价中的探究成果"展示＋量表法"评价

在课程板块四的回顾总结环节中，由学生展示小组所选主题的探究成果展示；再由各组根据"表1'属于垃圾的place'小组PPT展示活动评价标准"下的探究成果主题、探究成果和PPT的结构、PPT选材、多媒体技术的使用、文字表达、口头讲解和团队合作7项一级指标（各有2项二级指标，共14项二级指标）；加特色加分项，共8项一级指标，进行自评、互评和其他观课对象的参评；最后，根据评价得分和评价说明，进行分数与等第间的转换，得出小组综合评价等第。具体见下表1。

表1 "属于垃圾的place"小组PPT展示活动评价标准

评价指标Ⅰ （分）	评价指标Ⅱ （分）	评价要求（分）	计分	小计
探究成果主题 （20）	突出	突出（10—9）；较突出（8）；一般（7—6）；不突出（5—0）		
	丰富	丰富（10—9）；较丰富（8）；一般（7—6）；不丰富（5—0）		
成果和PPT的结构 （20）	完整	完整（10—9）；较完整（8）；一般（7—6）；不完整（5—0）		
	合理	合理（10—9）；较合理（8）；一般（7—6）；不合理（5—0）		
PPT选材 （20）	契合	契合（10—9）；较契合（8）；一般（7—6）；不契合（5—0）		
	新颖	新颖（10—9）；较新颖（8）；一般（7—6）；不新颖（5—0）		
多媒体技术的使用 （20）	娴熟	娴熟（10—9）；较娴熟（8）；一般（7—6）；不娴熟（5—0）		
	流畅	流畅（10—9）；较流畅（8）；一般（7—6）；不流畅（5—0）		

(续表)

评价指标Ⅰ(分)	评价指标Ⅱ(分)	评价要求(分)	计分	小计
文字表达(20)	逻辑	清晰(10—9);较清晰(8);一般(7—6);不清晰(5—0)		
	文字	优美(10—9);较优美(8);一般(7—6);不优美(5—0)		
口头讲解(20)	音量	洪亮(10—9);较洪亮(8);一般(7—6);声音小(5—0)		
	情绪	饱满(10—9);较饱满(8);一般(7—6);有气无力(5—0)		
团队合作(20)	分工	合理(10—9);较合理(8);一般(7—6);不合理(5—0)		
	配合	默契(10—9);较默契(8);一般(7—6);不默契(5—0)		
特色加分(20)	1. 能从不同切入点分析"垃圾分类"相关内容,思考深刻 2. 对团队稍加介绍,表现力强 3. 其他(自填):_____	符合(20—16) 大多符合(15—11) 一般(10—6) 较少或不符合(5—0)		
综合评定	总分:	等第:	评价人(身份):	
评价说明	1. 满分:140分; 2. 特色加分处理:计入总分,但计入后,不超过满分; 3. 评价主体:权重一致; 4. 分数与等第间的转换:各评价主体的原始总分相加后,除以评价主体总人数——140—126分为优,125—109分为良,108—76分为合格,75—0分为需努力			

五、主要成效

（一）学材编制方面

本课程的学材编制从课程开始前由教师"闭门造车",根据模板进行编制所得的初版;到经历了在课堂实践后暴露出的种种问题而着手修改的再版;再到结合专家指点持续性进行修改的最后版本。扎根于课堂实践,不断发现不足并加以优化,最终有效地提升了学材的编制质量,并达到了借此提升课堂实施效能的目标。

从课堂实施效能来看,学材编制的改进切实提升了课堂实施效能的"五维度":

1. 容量度

通过学材从务虚、粗略地编写向细化分类、实际任务指向的转变,学生能够在探究的过程中做到有章可循。有效地利用学材中提示的一项项小任务,逐步去解决某一类的问题,使得学生在探究活动的实施中更为高效,教师引领学生探究的过程更为顺畅,从而提升整个课程的容量度。例如在课堂展示交流环节中,教师就充分指导学生利用好学材中的提示,做足了当堂展示交流的课前准备。教师能够安排 5 个小组展示、穿插的点评交流以及教师的最后总结三个环节,增加了当堂课约 30% 的容量。

2. 拓展度

通过学生充分利用学材中改进、增补的多样的资源提示、附录和链接,能够在自己的能力、视野范围之外获得新的信息甚至是获取信息的渠道,大大地提升了本课程的拓展度。同时,学材从纯粹的知识性内容的排列展示向教会学生探索知识、技能的方法的转变,也使得学生在对"垃圾分类"这一主题拓展认知的基础上,拓展了对于探究方法的认识。通过学生在板块四的总结交流活动成效及学生的小结中可知,本课程的拓展度得到了有效的提升。

3. 育人度

通过学材从平面化叙述向立体化、多样化呈现的转变,学生对于"垃圾分类"这一问题所形成的认识不再是来自"高高在上的训诫",而是自我思考后的价值判断,提升了学生自身对于社会主人翁意识。从学生课后的感悟小结、教师对学生的后续观察中可以得知,本课的育人度得到了提升。

4. 愉悦度

通过学材从平面化叙述向立体化、多样化呈现的转变;从少图和一般化选图向增多和增加针对性、经典性的选图的转变;从封闭性交代向增加多样化开放性设计的转变,学生在使用学材进行探究活动过程中能够感受到充分的挑战性、趣味性,保持在探究过程中的愉悦度。

5. 促思度

通过学材从封闭性向开放性设计的转变;从接受性学习向真正的探究性学习设计的转变,学生做到了真正调动自身思维,主动思考、主动探究、主动尝试解决问题。从展示交流的成效,教师对于学生点评的分析等可知,学生能够在学材的引导和提示下,围绕"垃圾分类"的三大方面七项具体任务,从社会现象中主动思考并发现社区居民分类意识不强、实际操作知识缺乏等问题,能够与同伴共同思考,借助学材案例,尝试模仿采取宣传、指导等手段解决问题,从而对"垃圾分类"具备了完整且深入的认识,促进了主动思考社区垃圾分类问题和主动、深入思考如何解决探究过程中的问题。这些都提升了学生思维的深度。

(二) 学生探究素养发展方面

核心"三素养"得到了"三个很大的提升"

1. 从对学生最后的探究小结的研读,学生当堂展示效果呈现的分析,观课教师评价等

角度可知,学生在科学精神方面的素养得到了很大的提升:

绝大部分学生在参与完成"三大方面、七大任务"的开展过程中,遵循着遇到问题、思考问题、解决问题的路径,逐渐养成了敢于质疑,不断思考的科学精神。

大部分学生在尝试解决"垃圾分类"中存在的问题时,能够在结合自身已有经验的基础上,不断汲取新的知识和处理方法,进而独立或合作推动这一探究过程的顺利完成。

2. 从对学生最后的探究小结的研读,教师在整个探究活动中对学生的观察中可知,学生在责任担当方面的素养得到了很大的提升:

全部学生都主动关注到"垃圾分类"这一身边的社会现象,在围绕着这一主题开展的探究活动的过程中,逐步建立起想要通过自身努力来改善现状的意识,提升了自己的社会责任感。

同时部分学生在小组合作的过程中,为了完成共同的探究目标,在根据分工的基础上又主动承担起了许多复杂困难的任务,或者帮助组员共同完成本不属于分工内的探究任务,在一定程度上又提高了自身的责任意识。

3. 从对学生最后的探究小结的研读,学生课后反思总结的研读及教师在整个探究过程中的观察可知,学生在学会学习方面的素养得到了很大的提升:

绝大部分学生在"三大方面、七大任务"的探究过程中保持了极高的积极性,同时能够在教师及三程三单的引导下学会尝试新方法、解决新问题,培养了自身乐学善学的品质。

大部分学生在探究全过程中坚持独立完成反思小结,同时在展示交流活动中从他人身上看到自己的改进点,养成了勤于反思的意识。

绝大部分同学独立或小组合作完成了搜集资料、汇总筛选、制作展示 PPT 等任务,充分、自觉地运用信息手段帮助自己更高效地推进探究,取得更好的展示成果,已经具备了信息意识。

(三) 教师素养发展方面

1. 社会实践探究课程学材编制素养方面

通过两次研究课的实践,教师清楚地理顺了社会实践类探究型课程的教学流程与环节,积累了一定的教学素材和组织经验。"垃圾分类"的"三程三单"编写与后续的修改过程中,教师自身的学材编制能力也得到了提升。

2. 课例研究素养方面

一是通过两次研究课的教案设计、课程实践与后续的课例撰写与修改,教师对于研究课的认知得以升级。

二是课例研究的能力得到较好的提升。教师通过设计"三程"整合实施"三策三式",独立为辅、小组合作为主完成探究七任务,对于探究型校本课程学材的编制、课例研究主题的确定、学情、课标和教材"三情"依据的分析和课题研究之学生核心素养培养内容的选定、实施策略、形式与方法以及过程性评价、结果性评价的设计与实施、核心素养培养视角与本课化表述的"三维"目标的厘定,实践过程设计的教学环节的命名、师生活动的务实、细化、相互匹配的安排,既有了新的认识,也提高课例研究的实际设计、实施、总结和成果表达素养。

三是更新了自身的教学观念。因为在撰写"垃圾分类"相关研究课的两次教学设计时,接触、了解了不少教学理论,从而促进了自身教学观念的更新。

3. 其他专业素养方面

一是教师在"垃圾分类"研究课的两次实践的课前,安排组织了大量的小组学生活动,提升了自身小组学习活动的创建与组织方面的能力。

二是在课中,通过前后两次实践的反思与改进,理顺了课堂展示环节中的时间把控细节,提升了组织课堂活动展示相关的能力。

三是促进了课例研究设计、实施、评价、总结等课题研究素养,在化学学科日常教学和教研活动中的迁移运用。

(四)促进学校课题研究方面

一是作为主题式教学案例充实了学校社会实践类探究型课程相关领域的研究资料;二是作为课程本身,丰富了学校开设的探究型课程的类型——社会实践类探究型课程,并细化、丰富了该类课程的分支,更加完善了探究型课程的体系;三是学材的不断改进过程中落实了学材编写的相关要求,为学校其余学科的学材创编提供可借鉴的经验。

六、意义揭示

(一)社会实践类探究型课程的学材创编基于学生兴趣、以学生为主体、贯穿"三程"实施"三策三式",确保了学生在学习过程中的愉悦度与促思度

一是学材创编时,从初版的教师视角逐步转变为基于学生的兴趣进行编写。学材通过引导学生更进一步地关注"垃圾分类"这一社会热点现象,从而开展探究性学习活动,学生对于这一探究内容能保持较高的兴趣。

二是学材的编写过程中,从灌输式、接受式学习的思路转变为探究式学习的思路。贯穿"三程"的学材内容,从初版的封闭性结构,大段资料或观点的直接呈现到最终的开放式、活动式、引导探究式的编写,使得学生在借助学材的基础上能够做到从搜集资料到筛选汇总,从展示分享到交流点评,围绕垃圾分类展开的"三程"中的学习任务,均为自发地、独立或小组合作完成,显示了探究性学习的学生主体地位。

三是学材编写通过增加了部分活动的评价表与展示性活动,使得学生在探究过程中能

够获得成就感。学生"三程"的学习全过程的参与中,借助学材的这些内容,不断地记录、积累着探究中的收获与成就感,保证了整个学习探究过程的愉悦情绪。

四是从主题的选定到探索的过程与探究的结果,学材从最初的给出答案、提供知识转变为现在的通过给出相似案例启发思考,通过记录书写留下思考,通过活动引导和相关链接深化思考,借助学材学习的过程从单纯的学生听变为学生逐步深入思考的过程。即学生个人与小组和全班学生在思维碰撞、预设、探索、总结、展示、评价、反思中,确保了能够对于"垃圾分类"这一社会话题有较为全面、深入的认识;能够围绕"垃圾分类"的三大方面七项具体任务,尝试采取进行宣传等实践,试图解决问题;在主动思考社区垃圾分类问题和主动、深入思考如何解决探究过程中的问题中,都提升了学生思维的深度。

(二)信息技术的运用较好地提高了学生探究性学习的效率,与任务驱动式和适时激励式等一起,确保了课堂的容量度、拓展度

学生在课前、课中、课后,大量运用信息技术手段,或搜集"垃圾分类"相关的政策信息,或利用Word汇总筛选分工合作的信息,或制作演示文稿帮助课堂展示更加清晰高效。初版的学材对于这些活动环节并没有加以分类与细化,学生在使用学材时往往会缺乏方向和全局观。而通过实践与改进,学材中的活动往往环环相扣,教师能用学材来落实任务驱动式的教学,学生也能按图索骥,摸索出一条探究的路径。学材更加细致、落实的变化使得学生能够在有限的课堂时间内,更加高效地进行探究性学习,完成更多的事情,同时也帮助学生接触到更多学生自身不曾关注和掌握的信息、观念,从而提升了课堂及探究中的容量度、拓展度。

(三)贯穿"三程"的学材利用、合作学习策略、评价量表的增添与细化,进一步加深了学生的责任担当意识,增强了本课的育人度

本课主要的目的之一,即通过对于"垃圾分类"这一社会现象的观察、思考与探究,激发学生的社会主人翁意识。而通过在学材中增加了三程中的诸多细致的活动,学生能够在探究的过程中,接受到编者(即教师)的观念引导,对于社会观尚未完善的学生,学材中的活动设计、所提出的思考问题,能较好地引导学生注意增强社会责任意识。

同时,通过在学材中安排一定的小组任务及活动,使得学生在小组为主的合作探究学习过程中,借助学材明确了分工,齐心协力,荣辱与共。学生感知到,自己的认真参与与否会很大程度上影响到自己所在小组的最终探究成效,通过组员间的合作交流,学生首先确立了身为探究课学生的责任,进而树立了身为组员的责任感与荣誉心。

学材中评价量表的增加,使得学生的评价更具有客观公正性——课中结合对学生小组

综合探究成果的展示作评价,增进了据标评价的意识,促进了结果性评价的公开公正性。

参考文献

[1] 上海市教委.上海市中小学研究型课程指南[Z].2011.

[2] 上海市教育委员会教学研究室.公民社会参与——社区问题的探究实践[M].上海:上海教育出版社,2008.

[3] 李臣之.校本课程开发[M].北京:北京师范大学出版社,2015.

[4] 杨向东.崔允漷.课堂评价[M].上海:华东师范大学出版社,2012.

[5] 夏桂敏.基于核心素养的校本课程建设[J].未来教育家,2017(8):10-18.

[6] 孙微.实施"五策"提高数学单元复习和自我监控能力培养实效——以《图形的运动》复习课之区级课题研究课两次实践与分析为例[J].浦东教育研究,2018(2):48-51+7.

[7] 朱律维."独合结合"语文实施体验式提升学生写作详略素养探索——以"叙事要详略得当"区级课题研究课实践与分析为例[J].浦东教育研究,2019(8):53-57.